グレアム・ウォーラスの思想世界——来たるべき共同体論の構想◎目次

略号一覧

序　章 …… 13
I　視座の設定 …… 13
II　先行研究の状況 …… 18
III　本書の構成 …… 24

第一章　初期ウォーラスの社会主義論 …… 30
I　序 …… 30
II　初期ウォーラス社会主義論の三つの淵源 …… 31
1　社会経済的背景　31
2　精神的背景　33
3　知的装置としてのアリストテレス　36
III　フェビアンによるマルクス主義批判 …… 37
1　革命思想とマルクスからの影響　37
2　革命は望ましいか　39
3　革命は必然か——価値論の問題　41
4　ウォーラスによるマルクスやウィックスティードの価値論の評価　44
IV　経済論 …… 47

1　三レント理論　47
2　経済論に対するアリストテレスの影響　52
3　生き方としての社会主義と「三レント理論」　56

V　政治論……59
1　意識改革の是非　60
2　フェビアンの社会民主主義論　61
3　ウォーラスに見られる社会民主主義論的理解　64
4　多数者支配としての社会民主主義論が抱える問題──ウェッブとショウの議論　66
5　政治論に対するアリストテレスからの影響①──多数者支配の問題　69
6　政治論に対するアリストテレスからの影響②──民主主義の意義　71

VI　倫理論……74
1　政治思想の基盤としての倫理論　74
2　倫理論におけるアリストテレスからの影響　77
3　社会性と社会有機体　79
4　芸術と教育とによる社会性の涵養およびアリストテレスの影響　81

VII　小括……86

第二章　ウォーラスの英国史研究と歴史認識……109

I　序──歴史家としてのウォーラス……109

II　歴史認識と英国史研究の主題……111
1　背景としての社会発展論　111
2　ウォーラスによる社会発展論批判と歴史における理念の役割の強調　114
3　英国史研究における四つの主題　117
III　福祉の歴史的変遷――救貧法と公教育……123
1　救貧法　123
2　公教育　129
IV　行政・統治組織の歴史的変遷――教区と学務委員会……136
1　二つのシラバスから窺われるウォーラスの視角　136
2　教区　138
3　学務委員会　141
V　英国における民主化の歴史……149
1　議論の背景　149
2　国民的運動としての民主化　151
3　民主化指導者の精神の在り方　154
4　プレイスに見る改革家の精神的在り方　156
VI　小括――ウォーラスにおける英国史研究の意図……162
第三章　世紀転換点におけるウォーラスとフェビアン……178

I　序　178
II　ボーア戦争と帝国主義の問題　181
1　ボーア戦争におけるフェビアン協会の対応　181
2　ウォーラスの立場　184
III　教育改革の問題　188
1　問題の状況　188
2　フェビアン指導部および多数派の立場　189
3　ウォーラスの立場　192
IV　関税改革の問題　196
1　問題の状況　196
2　フェビアン多数派の立場　198
3　ウォーラスの立場　203
V　フェビアン指導部とウォーラスとの思想的亀裂の淵源　206
1　フェビアン的思考様式――共同体の強調と意識的管理　206
2　フェビアン的思考様式のもつ欠落――大英帝国の意義に関する二つの理解　211
VI　ウォーラスにおける世界志向的な観点　214
1　世界の一体化と「世界倫理」の必要性　214
2　何を「世界倫理」とするべきか　217

Ⅶ　小括　220

第四章　「巨大社会」のための政治思想の構想　236

Ⅰ　序　236

Ⅱ　後期ウォーラス思想の理論的枠組　238

1　「巨大社会」の出現とその問題性　238

2　合理的人間像とスペンサー的人間像とに対する批判　243

3　人間性と環境　246

Ⅲ　「国内的協働」の実現　252

1　同意の重要性　252

2　社会経済問題の位置づけ　255

3　政治論①——問題の焦点　262

4　政治論②——代議制民主主義と専門家　265

5　政治論③——職能団体理論の問題　274

6　政治論④——ウォーラス自身の政治制度の構想　281

Ⅳ　「世界的協働」の実現に向けて　284

1　「世界的協働」の必要性　284

2　国民国家の絶対性に対する批判　286

3　第一次世界大戦に対する評価　293

4 大戦後の国際秩序に関する構想 301

V 思考・判断の問題 311

1 後期ウォーラス思想における思考論・判断論の背景 311
2 理論・科学と価値判断との間の問題 315
3 ウォーラスの思考論・判断論——予備的考察 324
4 ウォーラスの「思考」の概念 326

VI 小括 335

終 章 358

あとがき 374
参考文献・引用文献 巻末
人名索引・事項索引 巻末

装幀――伊勢功治

グレアム・ウォーラスの思想世界——来たるべき共同体論の構想

略号一覧

本書において参照する雑誌およびウォーラスの著作について以下の略号を用いる。

雑誌名

CR: *The Contemporary Review*
FN: *Fabian News*
IJE: *The International Journal of Ethics*
NR: *The New Republic*
OC: *Our Corner*
PS: *The Practical Socialist*
TD: *To-Day*

ウォーラスの著作名

PUS: 'Property Under Socialism' in *Fabian Essays* (London, 1948)
　初版は一八八九年に出版されているが、本書では一九四八年発行の Jubilee Edition を用いる。
LFP: *The Life of Francis Place 1771-1854* (London, 1925)
　初版は一八九八年に出版されているが、本書では一九二五年に発行された第四版を用いる。
HNP: *Human Nature in Politics* (London, 1920)
　初版は一九〇八年に出版されているが、本書では一九二〇年発行の第三版を用いる。
GS: *The Great Society: A Psychological Analysis* (London, 1925)
　初版は一九一四年に出版されているが、本書では一九二五年発行の再版を用いる。
OSH: *Our Social Heritage* (London, 1921)

AT: *The Art of Thought* (London, 1926)
SJ: *Social Judgment* (London, 1934)
MI: *Men and Ideas* (London, 1940)

序 章

I 視座の設定

本書は、『政治における人間性』で知られる英国[1]の政治学者グレアム・ウォーラス（Graham Wallas, 1858-1932）の思想を再検討し、次の点を明らかにすることを目的とする。①ウォーラスの思想が、当時の英国社会における産業化・組織化・非人格化によってもたらされた新たな諸問題に対処するために構想されたこと、②その際に、十九世紀英国政治思想において支配的であった「個人主義」＝自由放任主義の克服と、個人における（ウォーラスの言葉では）利他的・社会的な思考・判断の涵養を通じた共同体の再構築とが図られていることの二点が、それである。この目的のため、本書では、ウォーラスの思想を一八八〇年代後半から一九三〇年代前半に亘る世紀転換期[2]における英国の政治史的・経済史的・思想史的文脈のなかで捉え直し、その全体像を明らかにすることを試みる。

これまでの一般的なウォーラス像と言えば、その『政治における人間性』において、従来の法律論的・機構論的政治学を離れて政治学に心理学的方法を導入し、大衆民主主義時代の政治行動に見られる非合理的要素を明らかにした政治学者というものではないだろうか。ウォーラス政治学のこの特徴は、チャールズ・E・メリアムやハロルド・D・ラスウェルといった米国シカゴ学派の行動論的政治学に大きな影響を与えたとされ、それゆえに、ウォーラスは、

『統治過程論』を著したアーサー・F・ベントレーと並ぶ現代政治学の祖と見なされてきた。(3)

しかし、このような評価はいささか物足りないと言わざるを得ない。というのも、第一に、ウォーラスはアカデミックな世界だけではなく現実政治にも積極的に関わっていた思想家だったからであり、しかも、第二に、ウォーラスの思想的営為は、政治学という特定の学問領域を超えてずっと拡がりをもっていたからである。

確かに、ウォーラスは一方で一貫してアカデミックな世界に所属し続けた。一八八一年にオクスフォード大学コーパス・クリスティ・カレッジを卒業し、一時期、古典の教師として口を糊していた彼は、一八九〇年からロンドンおよびオクスフォードの公開講座講師となり、一八九五年からは新設されたロンドン大学経済学政治学学校（LSE）で教鞭をとった。一九二三年以後は同校の名誉教授となっている。

しかし、他方で、彼はさまざまな形で現実政治にも積極的に関わっていた。たとえば、彼は、一八八六年から一九〇四年まで英国の代表的な社会主義団体の一つであるフェビアン協会の一員であり、特に一八八八年から九五年まではジョージ・B・ショウやシドニー・ウェッブと並ぶ執行委員としてその中心にいた。また、一八九四年からは、最初は学務委員会委員として、学務委員会廃止後はロンドン・カウンティ参事会（LCC）の議員もしくはその教育委員会委員として、ロンドンの教育行政にも携わっている。さらに、一九一二年から一九一四年までは、公務員制度改革のための王立諮問委員会であるマクドネル委員会の一員であった。最後に、一九一四年に始まる第一次世界大戦に際しては、当初、ジョン・A・ホブソンとともに英国中立委員会（British Neutrality Committee）を設立し、開戦後は、英国におけるさまざまな国際連盟構想に大きな影響を及ぼしたブライス・グループに参加していた。このような経歴を見ても、政治心理学者ウォーラスという像は一面的にすぎることがわかるであろう。

しかも、ウォーラスが関心を寄せた学問領域自体には、民主主義論等の狭義の政治学や分析手法として導入された心理学だけでなく、経済学や歴史学等も含まれていた。そもそも、『政治における人間性』の公刊が一九〇八年であることからわかるように、彼が政治や社会の心理学的な分析を本格的に展開するのは、五十歳を迎える二十世紀初頭以降である。それ以前の時期、つまり、彼が二十代後半から四十代であった一八八〇年代後半から二十世紀初頭までの時期において携わったのは、むしろ、社会主義運動と英国史研究とであった(4)。そうしたなかで、経済学は、特に価値論を中心にフェビアン時代のウォーラスによって考察されている。また、ウォーラス初の単独の著書となった『フランシス・プレイス伝』(一八九八年)は、この頃の英国史研究の成果であった。さらに、倫理の問題も、教育に深い関心を寄せていたウォーラスにとっては大きな問題であった。

このように特定の専門分野を超えて広い知的関心をもっていたウォーラスは、逆に言えば、十九世紀に急激に進んだ知的専門化には批判的であった。彼は次のように述べている。

いまや、我々は次のことを認識せざるを得ない状況に追い込まれている。それは、関連づけられていない専門分野群だけで知的指針(intellectual direction)が構成されるような社会は漂流せざるを得ず、そして、もうこれ以上我々はあえて漂流してはいられないということである。我々は、ギリシアの思想家たちと同じように、新しい世界に立っている。そして、その世界が新しいがゆえに、専門家の部分的な観察も、過去の蓄積し続ける記録も、実務家(practical man)の狭い経験も、我々を満足させることはできないと我々は感じている。我々は、自らの文明を正当化するか改革するまで、精神が生の全条件を自由に扱い続けるようにしなければならない(5)。

ここに示されているように、ウォーラスは、個々の狭隘な専門知識では眼前の社会が経験する未曾有の変化に対応できないと考えていた。換言すれば、彼が政治心理学を超えて広い知的関心をもっていたのは、当時の英国が直面した重大な問題群に正面から対峙しようとしていたからだったのである。

それらの問題群とは何だったのだろうか。田中治男は、十九世紀ヨーロッパ政治思想の遺産として、（欲望の体系としての）市民社会・階級社会・大衆社会の三つの大問題を挙げ、それぞれの問題に対する代表的思想家としてヘーゲル、マルクス、トクヴィルを挙げているが(6)、十九世紀後半から二十世紀前半を生きたウォーラスは、これら三つの問題に加えて、帝国主義の興隆や第一次世界大戦の勃発によって問われた国際秩序の問題とも切り結ぼうとしたと言える。

具体的に言えば、ウォーラスがその思想を展開した一八八〇年代後半から一九三〇年代前半までの世紀転換期の英国は、社会状況および知的状況における二つの大きな変化を経験していた。つまり、一方では、交通・通信網の発達、都市化、産業化によって、社会の高度な組織化と相互依存関係の地球規模への拡大とが見られていた。ウォーラスが一九一四年に「巨大社会（the Great Society）」と呼ぶことになるこの状況の出現は、次のような四つの問題を生み出すこととなった。①産業化によってもたらされた貧困問題、②組織化された社会の関数となった個人の疎外の問題、③これら①②の問題と一八六七年および一八八四年の第二次・第三次選挙法改正とによって登場した大衆民主主義の問題、さらに、④覇権国家英国の衰退と米独という新興国家の抬頭とによる帝国主義の進展や国際秩序再編の問題が、それである。

しかも、このような社会的変化の他方で、十九世紀における英国の民主化と産業化とを支えた自由放任主義という政治思想的パラダイムが、その理論的有効性を問い直されていた。それは、これらの問題群の噴出や社会の複雑化によって私益の自由な追求による公益の実現という予定調和の観念に疑問が差し挟まれたことにもよるが、いま一つ大きな要因は、ウォーラスが生まれた翌年（一八五九年）に発表されたチャールズ・ダーウィンの『種の起源』であった。というのも、人類と他の動物との血縁的つながりを暗示したこの書は、人間の本能的・非合理的側面に関心を向けさせることとなり、その結果、個人の自律性と合理性とを前提した自由放任主義の思想的基盤を打ち崩したからである。

このように十九世紀的パラダイムの有効性が失われていくなかで、噴出する諸問題にどのように対応するのか。ここに、ウォーラス思想の根源的な問題関心があった。本書は、このような視角からウォーラス政治思想を再検討し、その全体像の解明を試みたい。その際、特に注目したいのはウォーラスの思想がもつ次の三つの側面である。

第一に、その多面性である。ウォーラスは、社会主義論を通じて（欲望の体系としての）市民社会や階級社会の問題に取り組み、大衆民主主義や労働の疎外に対する考察を通じて大衆社会の問題を扱い、ボーア戦争や第一次世界大戦への対応を通じて国際秩序の問題を考察している。本書では、具体的な政治史的・経済史的・思想史的文脈を探りながら、それぞれの問題に対するウォーラスの思想的応答を検討し、彼の思想の拡がりを実証的に示す。

しかし、これだけでは彼の思想の中核的な問題関心を明らかにしたことにならない。そこで、本書では、自由放任主義的世界観の問題性を克服しようとしたウォーラスが、初期の頃から一貫して、①個人（もしくは構成単位）の自己利益以上に共同体全体の利益を重視し、②その実現のために意識的な統御・管理の必要性を強調したこと、と同時に、③その鍵として、共同体の構成員における利他的・社会的な思考・判断の涵養を重視していたことを示す。その際、これらとの関連で、ウォーラスにおけるアリストテレスとベンサム主義との影響を分析する。

最後に、ウォーラス思想における変化・発展の側面がある。今述べたように、利他的・社会的な思考・判断を鍵とする共同体の再構築を目指した点で一貫していたウォーラスは、しかし、一九〇四年のフェビアン協会脱会を大きな契機として、自らの思想が解決すべき最重要課題を設定し直している。具体的には、フェビアン時代には国内での経済的・政治的平等の実現を最も重要な課題としていたが、世紀転換点におけるボーア戦争・教育改革・関税改革といった政治的争点においてフェビアン主流派と思想的に袂を分かっていくなかで、自らの中心的な課題を、社会の組織化・相互依存化・非人格化が進展する際に顕在化する問題、すなわち、共同体として考えられるべき社会規模の拡大と共同体意識の稀薄化との間の溝をどのように埋めればよいのかという問題に再設定している。本書ではこの側面も十分照射する。

II　先行研究の状況

市民社会・階級社会・大衆社会・国際秩序の諸問題をウォーラスの思想的課題と見なしたうえで、その多面性・一貫性・発展に注目する試みは、政治学における一般的理解とは別に何点か存在する先行のウォーラス研究においても、これまで十分になされてきたとは言えない。

たとえば、ウォーラスが提示した「(巨) 大社会」という概念は、大衆社会問題への関心の高まりから、一九五〇年代半ばにはすでに田口富久治や松下圭一によって注目されていた(7)。しかし、彼らの研究において、その重心は、あくまでも「大社会」に対するウォルター・リップマンおよびジョン・デューイの思想的応答（田口）ないしは、「巨大社会」に対する応答としてハロルド・J・ラスキの集団理論がもつ画期性（松下）におかれており、ウォーラスの重要性は副次的に止まる。

実際、田口は、ウォーラスの「大社会」について、ラスキ、カール・マンハイム、カール・シュミットといった「われわれの時代のもっとも卓抜した政治学者社会学者」に「直接的間接的に政治学問題設定の基本的フレームを提供した観念」だったと高く評価する一方で、「このような診断に基づく彼の『大社会』の病理に対する対症療法については、ここで立ち入って考察する必要がない」と断じる。「なぜなら、それは前著『政治における人間性』を指す」と同様、『心理学者によって蓄積された知識を現代の文明生活の実際的問題にタッチさせるという実践的目的』（心理＝行動分析と再適応理論）によって貫徹されており、また彼の現代政治学史における画期的意義は、まずなによりもその問題設定の決定的重要性に求められるからである」[8]。また、松下も「巨大社会」がウォーラス由来の枠組みであることに後記で触れているだけで、本論のなかではほとんどウォーラスを扱っていない[9]。

こうしたなかで、最も画期的であったのは、マーティン・J・ウィーナーの研究であろう[10]。生涯に亘るウォーラスの思想的変遷を初めて本格的に辿った同氏の研究は、政治論・経済論・倫理論・英国史研究・心理学等に及ぶウォーラスの思想の多面性を紹介しただけでなく、ウォーラスの思想における一貫した思考枠組の要素として、福音主義、ベンサム主義、そしてアリストテレスの倫理的共同体論の影響を指摘した。そのなかでも、ウィーナーが特に強調したのは、ウォーラスが英国国教会の聖職者である父から受け継ぎ、その思惟の持続低音として鳴り続けた福音主義的エートスである[11]。これらの点において、ウィーナーの研究は、従来のウォーラス像を刷新するものであった。

だが、このようなウィーナーの分析は、政治思想家としてウォーラスの意義を評価する際にある曖昧さを残していた。それは、ウォーラスを専ら「ヴィクトリア朝」と「現代」という「二つの世界」の間に立った「過渡期の」思想家として捉えようとするために、福音主義やベンサム主義といったウォーラスのなかでの「二十世紀にまで生き残ったヴィクトリア朝的特徴」に主たる注意を向けていることからくる。このような分析は、確かに思想家ウォーラスの思考枠組の淵源を明らかにするかもしれない。しかし、ウォーラスが、眼前の社会状況に問題を見出しながらも自由放任主義という十九世紀的パラダイムの有効性を疑うなかで、政治思想家として中心的な思想的課題をどこに見出し、それにどのように対処しようとしたのかという重要な問いを正面から扱わないままに残してしまうのである。換言すれば、政治思想家としてウォーラスの意義を再考しようとすれば、次の二つの問題にもっと光が当てられなければならない。

一つは、ウォーラスが、自らの思考枠組の要素としてベンサム主義やアリストテレスの倫理的共同体論を摂取する際に、それらのどの側面を選択したかという問題である。ウィーナーは、この問題に関して確かに重要な指摘をしているが、いくつか不十分な点が残されている。(12) たとえば、ウォーラスが自由放任主義の理論的支柱ではなく作為にもとづく政治の理論としてベンサム主義を読み替えていること、また、アリストテレスの『政治学』に対して選択的に読解している事実等が十分検討されていない。同じような不十分さは、やはりウォーラスの知的変遷を生涯に亘って跡づけながらも、ウォーラスの思想の持続低音として、福音主義的エートスよりもむしろ古代ギリシアのポリスにおける倫理的共同体の観念の影響を強調するテレンス・H・クォルターの研究にも見られる。(13)

さらに重要なのは、一貫した思考枠組をもったウォーラスが、眼前の社会が提出する諸問題の根源をどこに見出したのか、その意味で、解決すべき最重要課題をどこに見出したのかという問題である。これがもっと検討されるべき第二の問題である。この問題が未開拓であるという印象が生じるのは、ウィーナーやクォルターの研究では、一八八〇年代後半から一八九〇年代半ばにかけての初期思想と一九〇〇年代初頭以後の後期思想との両方に目が配られてはいるものの、両者の関係性が十分考察されず、ウォーラス思想の発展過程が十分に検討されていないからである。

ウォーラスは、一八九八年出版の『フランシス・プレイス伝』は別として、残りの単独の著書をすべて一九〇四年の彼のフェビアン協会脱会以後に発表している。(14) しかし、『政治における人間性』を初めとするこれら残りの著作において、彼は、個々の著作の関係や自らの政治思想の視座設定を必ずしも体系的に説明していない。したがって、後期ウォーラスの諸著作を紹介しただけでは、各々の著作が扱う問題はわかるものの、そのさらに奥に潜んでいて彼が解決しなければならないと考えている最重要課題が明らかにならない。その解明のためには、フェビアン協会脱会までのウォーラスの思想を検討し、そこにおける問題意識や思考枠組を明らかにしたうえで、それらが二十世紀に入ってからの後期ウォーラスの思想においてどのように発展するのかを検討する必要があるのである。

ウィーナーおよびクォルターの研究から受けるこのような印象は、膨大な一次資料を駆使して初期フェビアンある

い は同時代の自由主義者・社会民主主義者の群像を描き、その登場人物の一人としてウォーラスを扱ったマッケンジー夫妻やピーター・クラークの研究にもあてはまる。(15)

以上のような状況に対して、政治思想家としてのウォーラスの姿を明確にすべく、これまでいくつかの試みがなされてきた。その一例は、杉田敦による研究である。(16) ウィーナー、クォルター、クラークの業績を「伝記」と評するその研究の特色は、『組織化』の時代のなかで新たな公共性を模索するわれわれ」という問題意識にもとづいて、決定論・エリート理論・集団理論の思想史的背景のなかで「個人の自発性」を固守したウォーラス像を強調した点にある。(17) その際、杉田は、「人間性と環境」というウォーラスの「政治理論の基本構造」を掘り起こしたうえで、次の三点に注目している。ウォーラスが、①ウィリアム・ジェイムズの心理学だけでなく「意志」論の影響をも受けながら、ウィリアム・マクドゥーガルのような本能決定論に抗して自由意志の可能性を模索したこと、②平等主義と訣別しつつもエリートとマスを峻別する二極分解的人間観にも反対し、大衆民主主義下における操作に抗すべく、記号・場・能力をめぐって政治的コミュニケーションの改善を図ったこと、③集団ではなく個人の多様性に注目することで政治的多元主義と袂を分かち、「個人の自発性を発現させる政治社会(18)」として『偏差』にもとづく民主主義(19)」を構想したことが、それである。

こうした杉田の研究は、ウォーラスの政治理論の基本構造を明らかにし、その政治社会の構想として『偏差』にもとづく民主主義」を指摘した点で見るべき点が多い。しかし、分析対象がウォーラスの著書にかぎられているために初期ウォーラスの検討が十分ではなく、そのために共同体の観念の強調というウォーラスの特徴は後景に退いている。加えて、最重要課題の再設定という初期ウォーラスから後期ウォーラスへの思想的発展過程も、関心の範囲外にある。

また、前田康博は、杉田論文だけでなく、おそらく田口論文・松下論文をも意識しながら、「ウォーラスが真に何を言おうとしたのかを、いわばテクスト実証的に素描」しようと試みている。(20) 具体的には、前田は、ウォーラスの中心的課題を「大規模社会における民主主義の可能性条件(21)」にみ、彼の真意はアリストテレスの実践知につながる「慎慮の政治学(22)」の実現にあるとしたうえで、彼が提出した「定量化（quantification）」、「政治的実体（political entity）」、「私領域（privacy）」という観念の重要性をこの視点から読み直している。こうした指摘は注目に値する。しかし、前田論文も考察対象を『政治における人間性』にかぎっており、ウォーラスの全体像を明らかにすることを目指してはいない。

こうした杉田や前田の研究に対し、名古忠行は、ウィーナー、クォルター、クラーク、マッケンジー夫妻らの先行研究を踏まえたうえで、ウォーラスを「精神的自由と社会的平等」という「両方の価値理念」がその「内面において衝突し、たたかい合っていた」思想家、つまり、「自由主義」と「社会主義」との間で揺らいだ思想家と捉えている。その際、名古は、ウォーラスが、①国教会牧師を父にもちその福音主義から強い影響を受けつつも学生時代に不可知論に進み、「精神のもっと自由な発展をねがった」点と、②一八九四年頃からニューリベラルとの知的交流を深め、一九〇四年にフェビアン協会を脱会した点とに注意し、ウォーラスのもつ「リベラルの核心がフェビアン協会の社会主義の核心とぶつかって火花を散らし、その結果、彼はフェビアンたちから離れた」としている。この意味で、名古はウォーラス思想の発展・変化の側面に目を配ったと言える(23)。

確かに、フェビアン協会脱会後のウォーラスは、自由主義と社会主義との狭間にあったと言える。たとえば、ウォーラスの娘メイ・ウォーラスは「彼（ウォーラス）は、戦後期に一度、総選挙では、候補者の人格に応じて、自由党か労働党の候補者に投票するつもりだと言っていた」というエピソードを紹介し、晩年の彼は政治的にはどの政党にも全面的に賛成していたわけではなかったと指摘している(24)。

しかし、ここで前提とされている社会主義か自由主義かという二者択一的な分析枠組は、世紀転換期の英国政治思想を理解するに際して、一定の注意を要する。というのも、自由主義と社会主義との間で揺らいだ思想家と結論づけることによって、かえって、その思想家における自由主義的要素と社会主義的要素とのユニークな組み合わせが見失われる可能性があるからである。

このことに関連して興味深いのは、一九一四年以後の英国自由主義を論じる際に、当時の政治的イデオロギーの特質を家具の置かれた部屋に譬えた次のようなマイケル・フリーデンの説明である。

……イデオロギーは、各々の問題に対処するために付与された多くの基本的構成単位をもっている。たとえば、分配は必要か能力か社会的帰属にもとづき得る。しかし、イデオロギーを独特のものとするのは、部屋を居住できるようにするためにそのイデオロギーが利用する家具の独自のパターンである。したがって、諸イデオロギーがそれぞれの構成要素においてお互いに排他的であると見なすことは思い違いである。なぜなら、たとえば、分配という問題に対する基本的な接近方法よりも単純に多くのイデオロギーが存在するからである。複数のイデオロギーがある概念や観念を共有することは不可避なのである。独自性の刻印は、部屋の中の家具の配置にあり、また、どの構成単位がお互いに両立可能かに関する決定にある。(25)

本書も、このようなイデオロギー観に沿ってウォーラスにおける思想的発展を理解したい。それは、初期ウォーラスの否定やそれとの相克として後期ウォーラスを理解するよりも、両者の間の最重要課題もしくは座標設定の変化に注目することを意味する。貧困問題、自由放任主義、大衆民主主義、教育問題といった諸問題は、初期と後期とにおいて、この最重要課題の解決を中心としたそれぞれ異なった視座構造から論じられているというのが、本書の立場である。

III　本書の構成

以上のような先行研究の状況を踏まえて、本書では、次のような形で、一方では初期ウォーラスの思想に見られた思考枠組が後期ウォーラスの思想にも見られることを明らかにしながら、他方ではウォーラスの思想が初期から後期へと発展するにつれてその中核的な課題を変化させたことを示し、世紀転換期という時代に対峙しようとしたウォーラスの思想がもつ多面性・一貫性・発展という三つの側面を示すことに努めたい。

まず第一章と第二章とでは、一八八〇年代後半から一九〇〇年前後までの初期ウォーラス思想を検討し、初期から後期まで一貫して見られるウォーラスの思考枠組の淵源と特色とを探る。

その際、第一章では、フェビアン時代のウォーラスの社会主義論を検討する。ここでは、個別的な論点としては初期ウォーラスの社会主義論を経済論・政治論・倫理論に分け、これら三つの要素の内在的な論理連関を明らかにするほか、ウォーラスにおける社会主義論とマルクス主義批判との関連、およびアリストテレス理解との関連を明らかにする。しかし、ウォーラスの思考枠組との関連で言えば、この章の重要な点は、彼による共同体の観念と利他的・社会的な知性・想像力との強調である。それは、一八八〇年頃に大きく問題化した貧困問題と生き方の問題とを解決するために、従来支配的であった自由放任主義を克服しようとして、アリストテレスからの強い影響を受けながら生まれたものであった。

続く第二章では、ウォーラスの英国史研究とそこに控えている彼の歴史認識について検討を加える。この章では、ウォーラスの英国史研究の内容を実証的にやや詳しく紹介するが、彼の思考枠組との関連では次の点が重要である。それは、ウォーラスが、英国史の発展を、産業化・都市化といった不可逆的な歴史的趨勢に対する人間の理念の対処の過程と捉え、この理念による作為的な対処の過程の一つとして、共同体の再構築の問題に注目している点である。ウォーラスが、英国史の発展のなかでも特に十九世紀前半の諸改革を高く評価し、フランシス・プレイス等のベンサム主義者に注目しているのは、まさにこの点と関連していた。というのも、ウォーラスの解釈によれば、ベンサム主義者は、産業化や都市化によって必要とされるようになった公共の福祉を提供するために、功利主義という「科学的な」観点にもとづいて作為的に新たな行政・統治組織を創り出そうとした（その意味で新たな共同体を構築しようとした）からである。

このようにウォーラスの思想の連続性を扱う第一章・第二章に対し、第三章では、ウォーラス思想における非連続性をもたらす転機を扱う。具体的には、ボーア戦争・教育制度改革・関税改革という世紀転換点における英国政治史上の三つの争点を取り上げ、そこにおけるシドニー・ウェッブやショウ等のフェビアン主流派とウォーラスとの間の思想的異同を明らかにすることで、一九〇四年におけるウォーラスのフェビアン協会脱会の背景を探る。

ここでは、ウォーラスとフェビアン主流派との意見の相違の背景には、ウォーラスも含めたフェビアンの盲点となっていた共同体の外枠をどこに設定するかという問題があり、この点に関して、大英帝国を中心的な共同体と考えたフェビアン主流派と大英帝国を超えた地球規模の共同体を視野に入れたウォーラスとで見解が異なったことを示すが、後期ウォーラスとの関連で重要な点は、これらの争点を通じて、ウォーラスが自らの思想が解決すべき中心的課題を大きく変化させたことにある。すなわち、彼は、国内の経済的・政治的平等の達成を最重要課題と考えたフェビアン社会主義を超えて、非人格化・組織化・相互依存化が進む「巨大社会」において、共同体として考えられるべき社会規模の拡大と共同体意識の稀薄化との間の溝をどのように埋めるべきかという問題を自らの思想の中核的な課題とすることになるのである。

以上を踏まえて、第四章では、ウォーラスが、第一章と第二章とで明らかにされた思考枠組を用いながら、第三章で示された自らの思想の新たな課題に対してどのように応答しようとしたのかという問題を扱う。具体的には、「人間性と環境」という彼の心理学的な分析枠組は、共通の利害関心にもとづく「連帯」を要請する「巨大社会」状況と生物学的にそれに適応していない本性をもつ人間との間の溝を、「科学的な」観点に立って人為的に埋めるために導入されたことを示し、さらに、彼がこのような問題関心と心理学的な分析枠組とにもとづいて提示したさまざまな改革案を検討する。その作業を通じて明らかにされるのは、これらの改革案が、社会経済制度や政治制度における改革だけでなく、人間の思考力や判断力の改善にまで及ぶ幅広いものだったことである。

終章では、本書の内容を踏まえたうえで、ウォーラスの共同体観・自由観・民主主義観の特異性を改めて考察し、彼の思想がもつ現代的意義と彼が我々に残した課題とについて、簡単に指摘しておきたい。

（1）周知のように、国民国家の相対化がすすむ現代においてはBritainとEnglandとの概念的区別が重要になってきており、「英国」という用語自体が問題になり得る。しかし、本書で扱っている時代には、この概念的問題性はさほど鋭く認識されていなかったのではないかと筆者は見ている。事実、ウォーラスやその周囲の知識人は、ブリテン諸島全体を表す場合も含めて大抵はEngland（English）の用語を用いている。もちろん「帝国」との関連でBritishも使用されるが、その場合でもEngland（English）との概念的区別がはっきりとなされているようには見えない。したがって、本書では、基本的にはこの広い意味でのEngland（English）にあたる邦語として「英国」をあて、Britain（British）やUnited Kingdomが原語の場合には適宜示すこととする。なお、以上の点に注意している例として、遠山隆淑『「ビジネス・ジェントルマン」の政治学——W・バジョットとヴィクトリア時代の代議政治』風行社、二〇一一年、二一八頁。

（2）本書では、以下、ウォーラスがその思想的営為を本格的に展開した一八八〇年代から一九三〇年代前半までを世紀転換期と呼び、そのなかでも、ボーア戦争・教育改革・関税改革という三つの政治的争点が問題化した一九〇〇年前後を世紀転換点と呼ぶことにする。

（3）たとえば、「ウォーラス」（『世界大百科事典CD―ROM版第二版』日立デジタル平凡社、一九九八年）、「ウォーラス」（『新訂版　現代政治学事典』ブレーン出版、一九九八年）、「ベントレー、A・F」（『政治学事典』弘文堂、二〇〇〇年）等を参照せよ。

（4）ウォーラスの歴史への興味はこの時期にかぎられるわけではなく、終生続いていると言ってよい。しかし、歴史の叙述そのものを主目的としたウォーラスの講義や作品は、一八八〇年代後半から二十世紀初頭までに集中している。

（5）*GS*, p. 15.

（6）田中治男「ヘーゲル・マルクス・トクヴィル――一九世紀のヨーロッパ思想が残したもの」（『創価法学』第二九巻第三号、二〇〇〇年三月）、一七九―九六頁。

（7）田口富久治「『大社会』の形成と政治理論」（『社会集団の政治機能』未來社、一九六九年所収。なお、初出は「思想」一九五六年十一月号）、松下圭一「『巨大社会』における集団理論」（『増補版　現代政治の条件』中央公論社、一九六九年所収。なお、初出は「年報政治学」8、一九五七年）。

　また、大衆社会化する日本社会への応答といった田口や松下の問題意識よりも、ベンサム研究者の立場から「一八・九世紀啓蒙合理主義における主知主義的人間観」が二十世紀においてどのように批判され、再受容されたのかという関心にもとづいて、ウォーラス、リップマン、メリアムが重視する「巨大社会」における「計画化」「プランニング」の意味を考察した研究として、西尾孝司「主知主義的人間観批判と近代政治学の形成――ウォーラス、リップマン、メリアムの啓蒙合理主義批判」（『法学新報』第八〇巻第六号、一九七三年）。但し、西尾もウォーラスの思想は「問題提起におわっている」（二六頁）と評している。

（8）田口前掲論文、二八九、二九〇頁。

（9）松下前掲書、三〇五―八頁。

（10）Martin J. Wiener, *Between Two Worlds: The Political Thought of Graham Wallas* (Oxford, 1971).

（11）ウィーナーは、このエートスを「堅固な道徳的価値、人生を意志の闘争と見なす感覚、奉仕と義務とへの献身、道徳的・精神的向上を追求し唱える熱烈な衝動」と表している (ibid., p. 1)。

（12）そもそも、アリストテレスの影響については序論で触れられていない（ibid., pp. 1-2）。なお、本論中でアリストテレスの影響を論じた箇所としては、ibid., pp. 11-3, 27, 103, 157 等を参照のこと。ウォーラスは、アリストテレスに倣って「善き生」を実現するためには「善き社会」＝「道徳的共同体」が必要だと考え、「シヴィック・エートス」の確立を究極的には求めていたというのが、その要点である。また、ウォーラスにおけるベンサムの影響としては、ibid., pp. 60–2, 127-9 を参照せよ。ここで、ウィーナーは、ウォーラスがベンサムの影響の下に「科学」にもとづいた社会改革を提案しようとし、その意味で「社会発明家」たろうとしたことを的確に指摘している。だが、「社会的発明」を強調するウォーラスのこうした視座が、十九世紀的な自由放任主義から見れば新しい議論だったことはもっと注意されてもよい。

（13）Terence H. Qualter, *Graham Wallas and the Great Society* (London, 1980). クォルターの場合は、ウォーラスの思想的中核として「人間の尊厳」や「自発的に共有された社会的責任」のうえに成り立つ倫理的共同体の観念を指摘する。その際、この中核の背景を、物質的豊かさのみを強調する「自由主義的資本主義者」に対するアンチ・テーゼとして捉え、その意味で、ウォーラスをジョン・ラスキンやウィリアム・モリスと類似性をもつ思想家と考えている（ibid., pp. 36–7, 39, 46–8, 110-3, 169-70）。こうした評価のうち、ウォーラスの思想を古典派経済学批判と関連づけて理解した点は注目に値する。しかし、筆者自身は、共同体のイメージや位置づけも含めて、モリスとウォーラスとの思想的差異をもっと重視すべきだと考える。なお、クォルターの見るウォーラスによるベンサム理解に関しては、pp. 19–22 を参照せよ。

（14）これらの著書とは、『政治における人間性（*Human Nature in Politics*）』（一九〇八年）、『巨大社会（*The Great Society*）』（一九一四年）、『我々の社会的遺産（*Our Social Heritage*）』（一九二一年）、『思考の技術（*The Art of Thought*）』（一九二六年）であり、さらに、一九三二年のウォーラスの死後に、彼の娘メイ・ウォーラスによって編纂された『社会的判断（*Social Judgment*）』（一九三四年）と『人と思想（*Men and Ideas*）』（一九四〇年）とが存在する。

（15）Norman and Jeanne MacKenzie, *The First Fabians* (London, 1977)（土屋・太田・佐川訳『フェビアン協会物語』ありえす書房、一九八四年）; Peter Clarke, *Liberals and Social Democrats* (Cambridge, 1978). なお、以下において邦訳のある著作から引用する場合には、邦訳を参照しつつ、適宜筆者がそれに手を加えている。

（16）杉田敦「人間性と政治――グレアム・ウォーラスの政治理論」（上）（『思想』第七三九号、一九八六年一月）、（下）（『思想』第七四一号、一九八六年三月）。

（17）杉田前掲論文（上）、九九頁、（下）、一四〇、一四一頁。

(18) 杉田前掲論文（下）、一三七頁。

(19) 杉田前掲論文（下）、一四〇頁。

(20) 前田康博「G・ウォーラス考：大規模社会の民主主義――〈政治的実体 political entity〉・〈定量化 quantification〉・〈私領域 privacy〉」（「千葉大学法学論集」第一巻第一号、一九八六年）、五三頁。

(21) 前田前掲論文、五五、五八頁。

(22) 前田前掲論文、七五頁。

(23) 名古忠行『イギリス社会民主主義の研究――ユートピアと福祉国家』法律文化社、二〇〇二年、第三部第四章「自由主義と社会主義――グレアム・ウォーラス」、特に、一三〇、一三一、一三五、一四〇、一四四頁を参照せよ。なお、この論考の初出は、「グレアム・ウォーラスの政治思想」（「同志社法学」第四一巻第五号、一九九〇年）。

(24) May Wallas, 'Unfinished Biographical Notes on Graham Wallas' (undated), W. P. File 19/3, pp. 46-7.

ちなみに、おそらくメイも参照している一九二二年四月のギルバート・マレイ宛手紙で、ウォーラスは、「政治においてどちらかの側につくことは皆の義務だと信じる」が、現段階では労働党と自由党との間で揺れていると述べ、当時の自由党の自由主義と「自分を魅了する種類の自由主義」との齟齬について語っている。（Graham Wallas to Gilbert Murray (April 14, 1922), W. P. File 1/93; Graham Wallas to Gilbert Murray (April 17, 1922), W. P. File 1/93.）

(25) Michael Freeden, *Liberalism Divided: A Study in British Political Thought 1914-1939* (Oxford, 1986), p. 3.

第一章　初期ウォーラスの社会主義論

Ⅰ　序

本章では、初期ウォーラスの政治思想、特に、彼のフェビアン社会主義とそれに深い影響を及ぼしている彼のアリストテレス理解とを検討する。

すでに紹介したように、ウォーラスは一八八六年から一九〇四年まで英国の代表的な社会主義団体の一つであるフェビアン協会に所属し、その中心的メンバーの一人でもあった。しかし、当時の彼が実際にどのような政治思想を温めていたのかについての研究は、皆無ではないものの、体系的かつ実証的にまとめたものとなると数少ない。(1)これは、初期ウォーラスの原稿類がほとんど未公刊なうえ、シドニー・ウェッブやG・B・ショウといった他のフェビアンと比べるとそれほど豊富ではないために、ウォーラスの原稿を読んだだけでは彼の思想の全体像が見えにくいことによると言えるだろう。

そこで、本章では、これまで紹介されることの少なかったウォーラス初期の原稿・講演・論説類を参照しつつ、初期ウォーラスの社会主義論の全体像を、そのアリストテレス理解との関連も含めて掘り下げることを試みたい。扱う時期は、ウォーラスが社会主義者を自認して公共の場で講演をするようになった一八八六年から、彼が社会主義者を名乗ることに違和感を覚えるようになりフェビアン協会の執行委員を辞任した一八九〇年代中頃までとする。(2)その際、ウェッブやショウ、シドニー・オリヴィエといったウォーラスと親しかったフェビアンの思想をも検討することとしたい。(3)というのも、こうした作業によって、比較的断片的で相互の関係や文脈を把握しにくい初期ウォーラスの原稿類がどのような歴史的文脈や問題関心で書かれたのかが明らかになり、初期ウォーラスの全体像を浮かび上がらせることができると考えられるからである。

II　初期ウォーラス社会主義論の三つの淵源

1　社会経済的背景

ウォーラスやその周囲のフェビアンの思想形成を考える際に見落とすことのできない歴史的背景には二つある。一つは社会経済的な背景であり、いま一つは精神的な背景である。

ウォーラスが公共の場で最初に講演を行ったのは一八八六年の春、ケルムズコット・ハウスで開かれていたウィリアム・モリス主宰の日曜講演会においてであった。当時のウォーラスは二十七・八歳、オクスフォード大学のコーパス・クリスティ・カレッジを卒業して五年ばかり経った時期であるが、英国の政治史においては、グラッドストン的自由主義が次第に衰退していく時期であった。つまり、グラッドストン率いる自由党は、ディズレーリの膨張主義的な帝国外交政策に反対して「平和・経費節減・改革」を唱えていたが、アイルランド自治問題を契機として一八八五年から八六年にかけて動揺した。その結果、ジョゼフ・チェンバレン率いる統一派は自由党から分裂して保守党と提携するに至り、以後約二十年間、保守党の優位が続くのである。経済史的には、英国は一八五〇年代の好況から転じて一八七三年から長い不況の時期に入っていた。その背景には、米国やドイツといった新興工業国の抬頭と第一次産品国からの食糧輸入の急増とがあった。

実際、この「大不況」は大量の不熟練労働者の失業をもたらし、英国社会に緊張と混乱とを起こしていた。たとえば、一八八六年二月にはロンドンのトラファルガー広場で失業者のデモが起きている。同じようなデモは翌年十一月にも起こり、これは結果的にデモ隊が警官隊に蹂躙されたため「血の日曜日事件」と称されることとなった。さらに、一八八八年にはロンドンでマッチ工場の女工が、八九年にはガス労働者と港湾労働者とが、それぞれストライキを起こしている。(4)

こうした「大不況」下の状況に呼応して、一八八〇年代後半には失業問題への社会的関心が高まっていく。しかし、すでに、それより以前の八〇年代前半には「社会主義の復活」と言われる現象が生じていた。具体的には、一八八四年にヘンリー・M・ハインドマンがそれまでの民主連合を改めて社会民主連合を組織し、同年末にはウィリアム・モリスやベルフォート・バックスなどが社会民主連合の機関紙である「ジャスティス」の編集権問題や路線対立を理由として社会民主連合と袂を分かち、社会主義連盟を結成した。また、フェビアン協会も一八八三年暮れの新生活同志会としての萌芽的な時期を経て一八八四年一月に誕生する。これらの団体に参加した社会主義者は、失業者を組織して不熟練労働者主体の新しい形態の労働運動を組織していくことになる。

一八八五年にロンドンに移ったウォーラスもまた、八四年冬にシャーロット・ウィルソンを中心にカール・マルクス・クラブとして始まったハムステッドでのマルクスやプルードンの読書会に八五年二月から参加して、ウェッブ、ショウ、オリヴィエらと議論を重ねていた。(5) また、八六年四月には、すでに入会していたショウ、ウェッブ、オリヴィエを追ってフェビアン協会に入会し、こうした社会経済問題と格闘することになる。八八年のマッチ女工ストライキに際しては、アニー・ベザント、ヒューバート・ブランド、オリヴィエ、ショウといった他の初期フェビアンとともに参加し、ストライキ本部で会計を務めた(6)。

2　精神的背景

大半が中・上流階級出身であるウォーラスや彼の周囲のフェビアンの思想形成を考える際に考慮に入れておくべきもう一つの歴史的背景は、ダーウィニズムがキリスト教信仰に与えた衝撃である。

ウォーラスが生まれた一八五八年は、チャールズ・ダーウィンが『種の起源』を世に問うた一年前にあたる。この『種の起源』に示された人間の祖先は猿だという含意は、当時の英国の中流階級で大きな影響力をもっていた福音主義の信仰を大きく揺るがした。というのも、聖書中心主義を採り儀式よりも個々人の信仰を重視した福音主義にとって、人間の祖先は猿だという含意は、人間を地上に堕ちた天使つまり理性的存在と見なすことを否定するだけでなく、この見方の前提となっている神による創造の七日間、つまり『創世記』の冒頭をも否定することになるからである。もちろん、ダーウィニズムの影響のみによって英国におけるキリスト教信仰が失墜したわけではない。事実、キリスト教の衰退は十九世紀後半以前から見られた現象であった。しかし、『種の起源』はルター以来の精神的革命を惹起したというエドワード・R・ピーズの証言を見れば、やはり、ダーウィニズムはウォーラスらの世代に大きな影響力をもっていたと言うことができる(7)。それは、数多くの無神論者や不可知論者を生むこととなった。

ここで重要なことは、進化論が信仰の基礎を崩した結果、信仰に代わって生活の核をなす新たな知的体系もしくは精神的羅針盤が必要とされるようになったことである。当時心霊研究が流行し、オーギュスト・コントの社会学が非常な注目を浴びた背後には、こうした文脈があった。心霊研究は、キリスト教の有効性に疑義がさしはさまれた状況において死後の世界や魂の不死をいかに考えるか、さらに人間の道徳的能力を何に基礎づけられるかという問題関心とつながっており、コントの社会学は、「宗教」ではなく「科学」にもとづいて、社会をどのように考えるべきかを教えたからである。(8)

ウォーラス自身、これと同じような精神の危機を経験していた。「私が学校に通う少年だったとき、お互いに学んだのは、ある者は五書がモーゼによって書かれたことを否定し、別の者は、たとえば牧会書簡が聖パウロによることを否定していることだった。この知識は、学校の礼拝堂で警戒を促されていた『懐疑』を強めた。我々は皆自身の懐疑と闘った。その闘いに勝利した者は、ほとんどが聖職者となった。失敗した者は、不可知論者となった」。(9) この述懐にも示されるように、福音主義派の国教会牧師を父にもった彼は、少年時代は熱心なクリスチャンであった。しかし、「歴史知識の、聖書原理主義への破壊的効果」、すなわち聖書の文学的・歴史的研究である高等批評を通じて次第に信仰に疑いをもち始め、オクスフォード在学中にはキリスト教のみならずすべての形而上学を拒否する不可知論に行き着いている。(10) そして、彼もまた、友人のオリヴィエやウェッブとともに、短い期間ではあったが、コントの社会学と「実証主義」とに興味を寄せた一人であった。(11)

これまでもしばしば指摘されてきたように、ウォーラスの場合、信仰に対するこの懐疑は頑固なまでに根強いものであった。たとえば、第三章で扱うように、ウォーラスがウェッブらと教育行政のあり方に関して対立し、フェビアン協会を脱会した一因もここにあった。それだけではない。ウォーラスは、一八八一年のオクスフォード卒業後、一時期フィルバード私立学校（Philberd preparatory school）に古典教師として勤めたのち、八四年には、十六世紀に創立されたグラマー・スクールであるハイゲイト・スクール（Highgate School）に就職したが、この不可知論のために聖体拝領の儀礼を拒否し、わずか二学期で職を失っている。その後、九〇年にウェッブの口利きでロンドンやオクスフォードの

公開講座講師の職を得るまで彼の生活は決して安定していなかった。(12)

以上のような状況を考えると、ウォーラスや周囲のフェビアンがその思想形成にあたって前提としていた問題関心は次の二点にまとめられるだろう。

一つは、なぜ貧困が生じるのかという経済的な問題関心である。フェビアン協会の政策提言小冊子であるフェビアン・トラクト第一号が『なぜ多くの者が貧しいのか』と題されていることからもこの問題への関心の高さが窺われる。また、ウェッブは、さらにはっきりと、社会主義の出発点は、産業革命による過去二百五十年の巨大な変化の結果、地代や資本が巨大となり富も爆発的に増加したにもかかわらず、貧困が根絶されるどころか軽減もされていない事実にあると述べている。(13)

もう一つは、巨大な貧困を目前にして、富める階級の一員としての自分はいかに生きるべきかという問題である。たとえば、ピーズは、一八八〇年代の自分たちは、ディズレーリやグラッドストンといった当時の長老政治家が断続的にしか社会問題に関心をもたなかったことに強い不満を抱き、進化論を信じず『創世記』を宇宙の起源と信じるような父母の世代を「宗教・科学・哲学の指導者として役に立たない」と認識していたと述懐している。(14) 親の世代の前例に倣って生きるのを拒否した彼らは、しかし、社会主義者を自認しながらもその大半が中・上流階級出身であり、彼らにとって、自らが所有階級の一員であるという意識はほとんど罪の意識にまで高められていた。

当時エドワード・カーペンターやヘンリー・ソルトらによって提唱された「簡素な生活」の考え方がフェビアンの間でも広く受け入れられた一因はここにあった。そこには、資本主義社会で蔓延している金儲けから遠ざかり、喜びを与える本来の労働に従事する理念があったからである。こうして、たとえば、株式仲買人として資本主義社会における金儲けに荷担することに耐えられなくなったピーズは、その職を捨てて肉体労働である大工仕事に一時期従事し、また、シャーロット・ウィルソンは、カール・マルクス・クラブの拠点ともなったハムステッドの家屋を贅沢すぎると考え、もっと質素な家屋へと引っ越してしまっている。[15]

3 知的装置としてのアリストテレス

以上の二つが、ウォーラスがその初期政治思想の背景として周囲のフェビアンと共有していた問題関心であるが、彼の場合には、大きな力を及ぼしたもう一つ別の要素があった。アリストテレスからの影響がそれである。

オクスブリッジ出身ではないシドニー・ウェッブやショウと異なり、少なくとも学歴上は体制エリートのコースを辿ったウォーラスは、オクスフォードに進学する前は名門のパブリック・スクールであるシュルーズベリ校に通っていた。彼は、そこの一教師の影響で、プラトンやアリストテレスの古典を自分の興味関心に沿って自由に読むようになったと言われる。[16] 実際、一八八六年と八八年とに書かれたアリストテレスの『政治学』についての二つの解説は、それが彼の初期政治思想に深い影響を与えたことを示している。[17]

ここで注意すべきなのは、ウォーラスは、アリストテレスの個々の具体的な論点を全面的に受け入れたわけではなく、アリストテレスの『政治学』を通じて、政治思想を考える際の基本的な視座を学んだことである。その視座とは、国家もしくは共同体はただ生きるためではなく「善く生きる」ために存在するということであった。これはウォーラスが晩年まで堅持した考え方でもあった。[18]

この視座に立って、ウォーラスは、アリストテレスの『政治学』を経済論・政治論・倫理論の三つの側面に分けて理解していた。そして、ウォーラス初期の講演・論説を検討すると、ウォーラス自身の社会主義もほぼこの三つの側面に沿って構想されていたことがわかる。

そこで、以下、アリストテレスのウォーラスへの影響をも絡めつつ、彼の初期政治思想を経済論・政治論・倫理論の三つの側面から検討してみることとしたい。最初に取り上げたいのは経済論であるが、その前に予備的考察として、フェビアンによるマルクス主義批判を検討したい。

III　フェビアンによるマルクス主義批判

1　革命思想とマルクスからの影響

一九一六年に出版されたピーズの『フェビアン協会史』に寄せた書評のなかでウォーラスは次のように回顧している。

社会思想の全般的な発展における〔フェビアン〕協会の主たる意義は、協会が社会主義の名前と威光とを用いて、歴史・産業・人間の動機についてのマルクスの分析から自由な、そして、しばしばそれに反対するような運動のために役立てたこと、それゆえ、英国の非社会主義的な政治的意見に影響を及ぼし、ドイツ社会民主主義の修正主義を鼓舞する手助けをするような運動のために役立てたことにあった(19)。

ここからわかるように、ウォーラスらフェビアンはマルクス的社会主義に反対し、漸進主義にもとづく社会主義論を展開した。フェビアンのこうした批判の背景には、一八八〇年代から九〇年代にかけての英国の社会主義運動がマルクスの影響を大きく受け、階級闘争と資本主義社会の根本的変革とを主張する革命思想を抱いていたという事情があった。マルクスからのこうした影響は、その議論がどこまで正確に理解されたかは別として、社会民主連合を主宰したH・M・ハインドマンや、そこから分岐して社会主義連盟を設立したウィリアム・モリス、ベルフォート・バックス、エレノア・マルクス等に色濃く見られていた。[20] 特に、ハインドマンが社会民主連合の前身である民主連合の綱領として発表した『万人のための英国』のなかで労働と資本とを扱った二つの章は、マルクスの『資本論』を英国に紹介したほぼ最初の試みであった。[21]

マルクスの影響を受けたこれらの論者のなかで、特に強く革命の意義を主張した一人はモリスである。彼の社会主義は必ずしも正統的なマルクス主義とは言えない。しかし、資本主義体制の根本的な変革の必要性を認識し、歴史の発展法則から社会主義の必然性を説くマルクスの議論を高く評価した意味で、マルクスから大きな影響を受けていた。[22]

そのモリスの社会主義論は「労働の喜び」という観念を中心としていた。社会主義者である以前に芸術家であり、ジョン・ラスキンのゴシック様式讃美や前ラファエル派のいう生活と不可分に結びついた芸術という考え方から大きな影響を受けたモリスは、労働の報酬が「生きることそのもの」であり「創造の喜び」であるような社会、つまり、仕事に従事している者が「芸術家」であるような「新しい社会」の実現を目指していた。

しかし、こうした「新しい社会」は、資本主義社会の根本的な変革なしには実現不可能であった。なぜなら、生産費用の削減と金儲けとを最重要課題とする資本主義体制は、労働者から収奪して労働を苦痛に変える体制であり、また、「真の必需品」ではなく「偽の必需品」を大量に生産し消費する体制であったからである。つまり、「使うためではなく売るために」商品を作る体制である資本主義体制の下では、モリスが理想とするような「労働の喜び」は実現せず、したがって、労働の産物も芸術品とはなり得なかった。しかも、こうした「偽の必需品」を大量生産・大量消費する生活を豊かな生活と捉える理解は、所有階級だけでなく労働者階級にも蔓延していた。

こうした観点から、モリスは革命と教育との重要性とを説いた。彼が、議会への参加を通じて集団主義（collectivism）を実現しようとするハインドマンやフェビアン等の議論に反対した背景には、議会への参加は、非生産階級との無用な妥協を生むだけで右のような特徴をもつ資本主義体制を維持するにすぎないという判断があったと言ってよい。[23]

しかも、このようにマルクスの革命思想からインスピレーションを受けたのは社会民主連合や社会主義連盟の論者だけではない。一八八五年頃までのショウもまたその一人であった。当時のショウは、各人が自分で投下した労働量に見合う分だけの富を享受し、その富を他人と交換するようにすれば貧困は解決すると考えていた。こうした議論の主たる源泉は、「財産は窃盗である」と論じたプルードンや、地代論にもとづいて土地単税論（単一税論）を打ち出したヘンリー・ジョージらであったが、マルクスの「科学的な」労働価値説もこうした議論を補強する役割を果たした。なによりも、自らの理想とする右のような「正直な」社会を実現するためには、他人から富を搾取する資本主義体制を根底から破壊しなければならないと論じたショウにとって、革命の必然性を説くマルクスの議論は大きな魅力をもった。そこには、「革命は道徳的・実践的必要である」という正統的なマルクス主義に通じる理解があったと言えよう。[24]

それでは、当時の社会主義運動にこうした大きな影響を及ぼしたマルクス主義をウォーラスらフェビアンはどのように批判したのであろうか。

2　革命は望ましいか

この問いに結論的に答えれば、彼らは、革命は望ましいだけでなく歴史的必然でもあるというマルクス主義的議論に対して、革命は必ずしも望ましいものではなく、また、歴史的必然でもないことを示そうとしたのであった。

革命を望ましいとする議論に対する批判は、ウェッブに典型的に見られる。彼は、「個人主義的な基盤から集団主義的な基盤への突然で同時的な社会の変化は、けっして可能でも想像できるものでもない」がゆえに「暴動主義(Insurrectionism)」は反対されなければならないという立場であった。(25) 類似した立場は、ウォーラスにも見られる。たとえば、一八八六年に行われた教育に関する講演で、彼は、社会改革のためには革命は必ずしも必要ないだけでなく、革命を改革の絶対的条件とすれば、革命を起こす前に可能なはずの改革をおろそかにしかねないと指摘している。彼によれば、確かに、現今の教育体制下において学校や良質な教員は不足している。しかし、革命が短期間で成功裡に終わったとしても、革命政権下で着任した教育相も全く同じ問題に直面せざるを得ず、「十年以内に自分の仕事の四分の一が達成できたら幸運」であるにすぎない。したがって、我々にとって必要なのは、「革命を待たなければ、我々がヨリ拡充され完全な教育を人々に提供し始めることができないというのは本当に正しいかどうか」を問うことなのである。(26)

ウォーラスは、また別の講演で、革命を主張する社会主義者が、革命を待望するあまり「現体制の下で労働者階級の苦しみと無力さとを増やし、したがって、懲罰(Retribution)の日をさらに近くする傾向があるものすべてを喜ぶ」傾向にあることを指摘し、「そのような考えを習慣的に抱く人は、神でないのならば、悪魔になる危険を犯している」と批判している。ウォーラスにとって、「革命をもたらす道徳的熱情が訪れる」のは、「被抑圧者の苦しみの最も小さな増加も最も大きな増加と同じように強く意識し、また、彼らの運命の最も小さな改善も最も大きな改善と同じように喜ぶ人々」であるはずであった。(27)

こうしたウォーラスの批判と比べ、オリヴィエは、革命によってもたらされる労働者階級の独占という考え方に対して道徳的立場から反対した。彼によれば、経済的側面だけでなく倫理的側面をもつ社会主義は、資本主義だけでなくそれよりも広い概念である「個人主義」の反対概念であるため、反資本主義的であるだけでなく個人主義的動機を克服するはずのものであった。したがって、社会主義においては、富は、「自分にとって何が利益か」という問いによって規定されるのではなく「他者にとって何が有益か」という問いによって規定される。しかし、労働者が自らの取り分を増やすために物理的暴力に訴えることを是認し、また、ある階級の他の階級に対する憎悪を助長するような議論は、反資本主義的ではあるものの個人主義的思考の延長にすぎないのであり、「社会主義の精神では為され得ない」のであった。(28)

3　革命は必然か――価値論の問題

けれども、このように革命の不必要性を論じたとして、マルクスによって「科学的に」論証された革命の必然性をどのように批判し得るだろうか。ウォーラスを含むフェビアンがスタンリー・ジェヴォンズの限界効用論を利用してマルクスの価値論を批判したのは、まさにこの文脈においてであったと言ってよい。つまり、彼らは、労働価値説から剰余価値論へと進み、資本蓄積論と階級闘争論とを主張して革命の必然性を説くマルクスの議論を、根底から覆そうとしたのである。(29)

しばしば指摘されるように、フェビアンがジェヴォンズの限界効用論に注目するようになるうえで大きな影響を及ぼしたのは、一八八四年十月の「トゥデイ」誌上にフィリップ・H・ウィックスティードが発表した『資本論』――一つの批判」である。(30)この論説で、ウィックスティードは、マルクスにおいて労働者の賃金が必要最低限の生活を維持できるにすぎない水準にまで低下する経済学的根拠とされているのは、景気循環と労働節約的な機械の導入、剰余価値の存在であるとしたうえで、剰余価値論を集中的に批判している。

ウィックスティードの理解によれば、剰余価値論には次の三つの前提がある。第一に、ある商品の価値はその商品の生産に平均的に必要な労働量によって決まるという労働価値説であり、第二に、理論的な目的上、商品はその価値において売買されていると名目的に仮定せざるを得ないほど、商品の価値とその商品の平均的な売値とは一致しているという観察である。そして、最後に、労働力も価値や交換に関して他の商品と同じ法則・条件に従い、ある労働者の労働力の価値は、彼が自分と家族とを養うのに必要な価値を生み出せるだけの労働量によって決まり、その価値で売られるという前提である。しかし、資本家は、市場において労働力をその価値において購入するにもかかわらず、実際にそれを使用する際にはその価値が前提としている労働量以上に労働させるため、そこに剰余価値と搾取とが生まれるとされる[31]。

こうした剰余価値論に対し、ウィックスティードは、第一の前提と第三の前提とを批判する。まず、第一の前提である労働価値説については、ジェヴォンズ的な限界効用論にもとづいて批判している。その批判によれば、マルクスは商品交換における効用の要素を十分に考慮に入れていないのであった。つまり、ウィックスティードによれば、商品の交換が成立するために必要な「同質性」は、その商品を生産するのに必要とされた労働量ではなく、その商品がもつ「抽象的かつ一般的な定量的効用」なのである。「外套は仕立屋の仕事によって特定の目的のために有用となる。しかし、それが特定の目的のために有用なのは（つまり使用価値をもつのは）それが我々を保護するからである。同じように、それは、抽象的に有用な仕事によって価値をもたされるが、それに価値があるのは、それが抽象的な効用をもつからである」。したがって、投下される労働量が同じであっても、その商品の効用が高ければその交換価値は上がり、反対に低ければ下がる。また、生産過程の改良によって商品の交換価値が下がるとしても、それは商品の増加によってその商品が有用性を減じたからであり、投下される労働量が減ったからではない[32]。

加えて、ウィックスティードは、労働力を商品と捉え他の商品と同じ交換法則に従うとする剰余価値論の第三の前提をも批判する。彼が支持するジェヴォンズの限界効用論に立てば、ある商品の生産に際して、効用が同じであれば、必要とされる労働時間が少ない方の生産が進み、必要とされる労働時間が同じであれば効用が高い方の生産が進む。

そうしたなかで、ｘ日の労働が、商品Ａのｙ単位の生産と商品Ｂのｚ単位の生産とに自由に切り替えられるとき、初めて双方の商品の限界効用が均衡するように労働は割り振られる。しかし、労働力という商品に関してはこうした商品生産と労働量との関係性は成り立たない。なぜなら、奴隷の生殖（slave-breeding）でも認められないかぎり、労働力という商品の生産における労働を自由に割り振ることはできず、その価値は限界的な供給での効用によって決定されるにすぎないからである。雇用者は、たとえば帽子と労働力とを同じ商品と見なして限界効用が一致する点で帽子の生産から労働力の生産へと切り替えることはできない。かくして、労働力の価値と他の商品の価値とをそれらに各々具現化されている労働量の比率で比べることができるような経済法則は存在しないのであり、マルクスの剰余価値論は成立しないのである[33]。

ウィックスティードのこうした労働価値説批判は、オリヴィエやウォーラスにも影響を与えている。たとえば、労働者階級の独占という観念は社会主義ではなく個人主義の延長にすぎないとマルクス主義の議論を批判したオリヴィエにとっても、マルクス主義の誤謬の理論的原因はその労働価値説にあった。つまり、オリヴィエによれば、マルクスにおいて、価値は社会的効用に由来するという議論と投下された労働量によって生み出されるという議論とが混同されており、「労働は価値の尺度」〔傍点は原文イタリック〕なのではなくて「労働は価値の原因」〔傍点は原文イタリック〕とされてしまっている。その結果、価値は労働によって作り上げられたのだから労働者がその価値を独占すべきだという議論になり、革命主義的な結論に行き着くのである。しかし、オリヴィエによれば、価値の原因は効用なのであり、したがって社会主義に重要なのは「社会的富」や「社会的価値」といった観念なのである。こうして、彼は労働価値説から革命へと至るマルクス主義的な論理連関を断ち切ろうとする[34]。

4　ウォーラスによるマルクスやウィックスティードの価値論の評価

このようなオリヴィエの議論と比較して、ウォーラスの場合は、マルクスの経済論に対してもっとバランスの取れた判断を示し、マルクスの経済論の欠陥だけでなくその利点をも指摘している。彼は、この議論を、ウィックスティードの『経済学のアルファベット』に寄せた書評において、マルクス的価値論とウィックスティードのジェヴォンズ的価値論とを比較考量するかたちで展開している。

この書評において、ウォーラスは、まず、マルクスの価値論に対する一般的批判が必ずしも当たっていないことを指摘する。つまり、彼によれば、マルクスが「他の条件が等しければ」労働量の変化が商品の交換比率を変えると言うとき、マルクスは「他の条件が等しい」とは考えておらず、炭鉱や工場の状況にしたがって生産における労働効率が異なることも知っていたし、市場に流通する商品の量によって「効用」が異なることも知っていた。つまり、マルクスは、一般に批判されるほど労働量を価値の源泉として絶対視してはいなかったのである[35]。

しかも、価値の源泉の主たる要素として労働量に注目する議論は、賃金労働者の生活実感に馴染みやすいという利点があった。つまり、賃金労働者は、個人的な技量・生産地の立地条件・監督の効率・市場における商品ストックの程度といった問題を捨象し、通常必要とされる労働時間を計算することで商品を比較することに慣れているのである。加えて、マルクスが執筆していた時期において、工場制機械工業の発達のために労働時間が長くなり労働が苛酷になったことは、労働時間の長短にしたがって労働の価値を考えるという傾向をさらに助長することになった[36]。

しかし、ウォーラスによれば、こうした特長をもつマルクスの価値論にもいくつかの欠点がある。一つは、マルクスが、「労働費用[37]」以外の交換比率の変動要素を認めていたにもかかわらず、その議論を忘れて「労働費用」のみに着目する傾向があったことである。たとえば、剰余価値の説明にしても、実際には剰余価値は同じ労働量の生産物の価値が常に変動していることからきているのに、マルクスの場合は、すべての同じくらい効率的な労働の生産物は価値が同じであると前提することから説明しており、生産に必要な労働量を強調する説明になっている。「労働費用」のみに着目するこの傾向は、マルクスの「熱烈な追随者」にはさらに顕著に見られ、彼らの場合には「労働費用」以外の交換比率の変動要素を否定するまでになっているのである。(38)

もう一つの欠点は、マルクスにおいては商品の「労働費用」の変化が交換比率の変化をもたらすとされているものの、こうした変化の過程が十分に論じられていないことである。ウォーラスは、『資本論』において論じられていないこの問題は、『賃労働と資本』において詳しく論じられていると認めつつも、その議論でさえも十分ではないと主張する。これは、いわゆる資本蓄積論に対する批判につながる。

つまり、『賃労働と資本』において、マルクスは、資本家同士の競争と販路拡大のための商品の不可避的な低価格化、そして、平均「労働費用」を表す価格への最終的な到達を描いている。しかし、ウォーラスによれば、マルクスは、競争の効果はあまりにも確実で不変であるため、価値の科学的な分析においてその作用を詳細に検討する必要はないと考えてしまった。だが、マルクスの時代以来、製造業者たちは、彼らが消費者の「ヨリ緊急な」必要だけを満たすことに同意すれば彼らの利潤が相当増えることを発見したし、この目的のためにマルクスが普遍的と見なした競走を断念しているのである。ウォーラスは、現段階でマルクスが議論をするならば、買占めやシンジケートといった「需要と供給の法則に対する干渉」が数多く見られるために、価値の「労働費用」法則という自らの議論は成立しないことを認めただろうと論じている。(39)

マルクスに対する以上のような評価に比べ、ウィックスティードに対するウォーラスの評価は比較的簡単である。彼は、ウィックスティードの経済論が「流出微積（fluxional calculus）」を用いることで独立かつ同時に変化する数多くの要因を考慮に入れようとしており、経済学を「科学」たらしめるために最も必要な試みをしている点で利点がある反面、その価値論が「効用」や「需要条件」に注意を向けるあまり「供給条件」に注意を十分払っておらず、「ブルジョワ的な風味」をもってしまっていると批判している。(40)

以上のようにマルクスの価値論とウィックスティードのそれとを比較考量したウォーラスは、結論として、マルクスとウィックスティードとは「非常に異なってはいるが一貫しているような諸法則」を異なる角度から説明したのだと論じ、価値変動の要因として、一方は供給条件に着眼し、他方は需要条件に着眼したのだという理解を示している。(41)

しかし、ここで注目しておきたいのは、こうした折衷的なウォーラスの結論よりも、彼が価値論に何を求めていたのかという問題である。結論的にいえば、それは、労働者階級と所有階級との間の経済格差の原因を暴露しながらも、革命の必然性は結論しないような議論であったと言ってよい。ウォーラスが、一方でマルクスの価値論が労働者階級の生活実感に馴染んでいる点を評価しながらも、他方でマルクスの資本蓄積論を批判し、資本集中の結果、階級闘争が激化し最終的にプロレタリアートによる革命がもたらされるという革命論の論理的連関を批判したことから、ウォーラスのこうした視点が窺われる。それでは、こうした視点をもったウォーラスは、どのような経済論を展開したのだろうか。

IV　経済論

1　三レント理論

この問いを解く鍵となるのが、ウォーラスが他のフェビアンとともに唱えた「三レント理論（Three Rent Theory）」である。(42)

経済学説史的にはデイヴィッド・リカードの地代論を発展させた理論とされるフェビアンの「三レント理論」は、(43)基本的には、生産条件の優劣によって個人の産出する富の量に相違が生じると考え、最低条件下で産出された富から生じる利益とそれよりもよい条件下で産出された富から生じる利益との差を「レント（差益）」と呼ぶ。ただ、その生産条件の要素として、リカードが想定した土地のほかに資本と能力とを付け加え、土地・資本・能力の三種類のレントを考えるのである。つまり、「土地のレント」とは「耕作において最悪の土地と比べた場合に、ある与えられた土地が卓越していることから生じる利益の全体」であり、「資本のレント」とは、裏通りの臨時の靴職人に対して最も精密で高価な機械を用いて靴を製造する工場の職人を考えた場合のように「生産において、全く最低限以上のある与えられた資本を用いたことからくる利益の全体」である。また、「能力のレント」とは、ある女性が他の女性よりも三倍シャツを作った場合その女性が三倍の賃金をもらえるように「ある与えられた労働者が、職をみつけた最悪の労働者に対して生産において有する利益」である。(44)

ウォーラス自身が示唆し、また、しばしばこれまでの研究においても指摘されているように、この「三レント理論」がもつ政治的な含意は、「我々〔フェビアン〕の自由党および他の非社会主義政治組織への部分的『浸透』を可能にした」ことにあった。つまり、「レント」概念を土地だけでなく資本や能力にまで拡大し、「レント」受益者を地主だけでなく中流階級全体および熟練労働者にまで拡大することによって、フェビアンは、『資本主義』や『搾取』を階級闘争や実力行使による革命といったショック戦術によって破壊されるべき単一の事実とみなす代わりに……個人が土地・債権・頭脳・訓練を相続し獲得することによって享受する経済的優位（economic advantages）を程度の問題とみなす」ようになったのである。この結果、土地や不労所得に対する課税といった部分的な改革をも「一時的な緩和剤」ではなく「自分たちの理想に向かう実際の一歩」とみなすことができるようになったのであった。[45]

「三レント理論」のもつ政治的含意に関してもう一つ注意しておきたいのは、それが、労賃決定の仕組みを明らかにする一助とはなるものの、マルクスの剰余価値論と異なり、自壊へと必然的に向かう資本主義固有の法則を明らかにするわけではないことである。その主眼は、むしろ、いかにして富を公正に分配するかという問題におかれていた。

こうした特色を示すために、まず、「三レント理論」を一つの理論的前提として労賃決定の仕組みを論じ、「土地と資本とが私的独占の下にあるかぎり個々の労働者の報酬は永久に増加しないこと」を明らかにしようとしたウォーラスの講演から検討してみたい。

ウォーラスによれば、賃金決定の仕組みの前提として考えておかなければならないのは、賃金は労働者によって異なること、そして、労働効率も立地条件や地質によって異なることである。これらの相違が「三レント理論」と関わってくる。つまり、ある土地の地質が最悪の土地のそれよりも卓越していることによって生じる「土地のレント（地代）」は、自由競争の下では通常地主によって取り立てられ「良い土地・悪い土地の双方で、経営者・労働者の賃金と資本に対する利子とが同じになるように」される。同じことは「資本のレント」についても言え、最低限必要な分より多くの資本を利用したことによる利益は資本家によって取り立てられ、たとえば、裏通りの臨時の靴職人と近代的な工場の靴職人との賃金は均等化される(46)。

同じ理屈からいけば、「能力のレント」についても、ある労働者が職を見つけた最低の労働者よりも能力的に卓越していることから生まれる利益はその分の賃金上昇となってその労働者の手に渡るはずである。しかし、ウォーラスによれば、この原則はほとんどの場合成立しない。というのも、土地や資本の場合と異なり、ほとんどの労働では職業上の慣習や労働組合等によって自由競争が成立しないからである。

この点から、ウォーラスは「一般の経済学者」の賃金論を再検討する。彼によれば、これらの経済学者が「賃金」という場合には、労賃における「偶発的な相違」を捨象するために「任意の時間に任意の職業で職を見つけることができた最悪の労働者の報酬」という高度に専門的な意味で用いる。これは、労働者が死や救貧院入りをなんとか免れる賃金でもある(47)。

だが、こうした「例外的に悪い労働者の所得」が最低賃金となるのは、自由競争が成立している非常に稀な事例においてだけである。したがって、ほとんどの職業において最低賃金とは「自分や家族を養うために必要であると労働者が考える賃金」〔傍点は原文下線〕なのであって、「各職業における大多数の労働者の所得」である。そして、こうした実際の最低賃金を制度的に保障してきたのは、徒弟制についての労働組合の規定や労働者自身による最低賃金についての了解等であった。これらは、熟練労働者の数を人工的に稀少に保ち、また、一定の賃金以下では働かないことを暗黙の了解とすることによって最低賃金がある基準以下に低下することを防いできたからである(48)。

ところが、いまや賃金低下の歯止めとなってきたこうした制度が機能不全に陥り、労賃は労働者が最低限の生活を維持できるにすぎないレベルにまで下降してきている。ウォーラスによれば、その要因は二つある。一つは、資本と労働との移動が極度に容易になったことである。「資本および労働双方の極度な流動性は、労働者と闘う際に親方に大きな優位を与えている」。つまり、雇用者は労働組合の影響力の外部にある安価な労働力に頼ることができるようになったのである。これは、ある基準以下の賃金では仕事を引き受けないという規定をもつ労働組合に属する労働者は全く仕事を得ることができなくなったことを意味した。こうした例として、ウォーラスはチェルシー地区の公共事業を挙げている。この事例においては、ロンドンの賃金相場が高いため、公共事業は相場の安いブライトンの会社に発注されたのであり、しかも、ロンドンの労働者は労働組合の規定によって相場より低い賃金で働くことを許されなかったのであった[49]。

いま一つは、熟練労働者による技術の独占が困難になったことである。その背景には、日進月歩の技術革新、機械の導入、技術教育の普及といった要因があった。これらの要因によって「人生の半分をかけて習得されてきた技術は完全に無用となり、少年や不熟練労働者が経験豊かな機械工とほとんど同じ賃金条件で競争することが要求される」ようになった。要するに、熟練労働者と不熟練労働者との間の技術的格差が消えたのである。ウォーラスは、たとえば、天井の建築方法が変化したことによって漆くい職人のほとんどが職を失うかもっと簡単な仕事で普通の労働者と競争するようになった例や、起重機の導入によって煉瓦運び職人の単位時間あたりの仕事が苛酷になった例を挙げている[50]。

こうした議論から、ウォーラスは、現代において土地と資本とが無制限の私的所有の下におかれていれば、結局、労働者の「能力のレント」は搾取されてしまうと結論づける。つまり、「技術、勤勉、節約、禁酒が労働者の間で例外的であるかぎりは、それらは報酬を受けるが、一度それらが一般的となると報酬は完全に資本家に渡ってしまう[51]」（傍点平石）。

以上のようなウォーラスの議論から明らかになるのは、「三レント理論」自体は実際の賃金決定機構をほとんど明らかにしていないことである。たとえば、実際の賃金は「一般の経済学者」が想定するような「例外的に悪い労働者の所得」やそれに「能力のレント」を加算した金額ではなく、労働組合の規定や職業上の慣習によって決められた額であった。また、「三レント理論」は、マルクスの剰余価値論と異なり、労賃低下の原因を理論的に解明したものでもなかった。というのも、ウォーラスの説明では、労賃の低下をもたらした要因は、資本主義固有の法則よりも、むしろ、資本や労働の移動の自由化、技術革新、機械化、技術教育の普及といった歴史的条件であったからである[52]。

　とすれば、「三レント理論」の意図はどこにあったのか。結論的に言えば、それは富の公正な分配にあった。つまり、彼らは、貧困の原因を生産条件の優劣によって不可避的に生じてしまう「レント」の不公正な分配に求め、「レント」の共有化によって貧困問題を解決しようとしたのである。ウォーラスの場合、こうした意図は、彼が一八八九年にヘンリー・ビートン主宰の会合で行った「利子の道徳」という講演に示されている。

　ウォーラスは、この講演の主題を「利子は不道徳か」という問いに読み替えたうえで、「人は受け取った利子をどのように使うべきか」、「誰が利子を受け取るべきか」という二つの問いに分けて考察している[53]。

　彼によれば、第一の問いに対する答は明白である。というのも、道徳を論じるどの学派も「我々は皆最大量の人間の幸福をもたらすよう生きるべきだ」という実践上のアドヴァイスを与える点では同じであり、したがって、もし人が本当に心から道徳的に生きようと決心したならば、「利子、地代、能力もしくは勤勉に対する報酬という三者の間の倫理的区別は瞬時に消え去」り、利子の正しい使い方とほかのものの正しい使い方とはなんら変わりないからである。つまり、「一時間一時間、一シリング一シリングをどう過ごしどう使うかは、自分がしようとしていることが人間の幸福の総量を増やすただ一つの方法であるかというたった一つの問題によって決定される」のであって、「もし、人が外套を二着持っていた場合、彼がそれを作ったのか、相続したのか、それとも盗んだのかという問いは、一着も持っていない兄弟に対する彼の義務とは全く関係ない」。つまり、二着持っている者は全く持っていない者に一着与えなければならないのである。

それでは、「最大量の人間の幸福」をもたらすためには「利子は誰が受け取るべき」なのか。ウォーラスは、この第二の問いを、本来の議題である利子だけではなく地代や能力の「レント」の場合にまで拡大して詳細に検討している。[54]しかし、こうした個々の具体的・実際的な議論の背後にある基本的な理念は、「公正な取り分（fair share）」の実現であった。このことは、たとえば、「最近ほぼ例外なく包み隠されてきたことは、優位性の平等（an equality of advantages）のようなものを自動的に作り出す傾向のある法や慣習が最善であることである」[55]というウォーラスの主張に示されている。この議論の背後には、さらに、「個人の努力に負っているものは個人の消費のために残されなければならないが、それでもなお、全体の生産物のうち、生産上の最も良い機会と最も悪い機会との相違から生まれた部分については、それがいかなる個人の努力にもよらないがゆえに、共同体化（communalised）されても差し支えない」[56]という意見に対する支持があった。

2　経済論に対するアリストテレスの影響

以上が、ウォーラスが彼の周囲のフェビアンとともに唱えた「三レント理論」の特色であるが、彼の場合、こうした経済論を展開するうえでアリストテレスから一つの引照枠組を得ている点に特徴がある。

ウォーラスは、アリストテレスの経済論を紹介するにあたって次の二点に注目している。第一点は、蓄財よりも富の利用の目的を重視するアリストテレスの経済への視点であり、第二点は、アリストテレスの私有財産論である。ウォーラスは、第一点については高く評価し、ここから当時の資本主義を理論的に支えていた古典派経済学を批判する視点を得たが、第二点については批判した。このどちらの評価も、「三レント理論」の特色と密接に関連していると言うことができる。

「いかなる富も、用途である目的へのはっきりとした引照なしには、そして、その目的が生産に要する時間が余暇に割かれたとした場合の価値よりも価値があるのでなければ、生産されることのないように取り計らわれなければならない。」[57]これが、ウォーラスがアリストテレスの「家政術（economics）」論から学んだ経済への視角であった。それは、家政術もしくは経済において重要な問題は富を使用する際の目的であると言っているにすぎない。しかし、ここで重要なことは、この視角がそれまでの経済への視角に対する批判となっており、ウォーラスにとって非常に新鮮なものであったことである。

つまり、ウォーラスが、アリストテレスに倣って富をどのような目的に消費するかが経済を考えるうえで重要な問題だと強調した背後には、富をいかに多く蓄えるかという問題は重要ではないという含意があった。それは、ウォーラスが、アリストテレスの経済論について「財産を獲得する……技術は、家政術（economy）とは別個の、しかも家政術に服すべきものである。獲得することによって家政術が用いる富が供給される」[58]と解説し、また、「家政術」は「金儲け」では決してないと強調していることからも理解されよう。

そして、この「金儲け」の観点こそ、当時まで支配的であった古典派経済学の観点であった。

一世代前には、英国の誰もが、経済学は無制限に金儲けをする技術のための材料を用意する科学だと考えていたし、新聞はいまでもそう考えている。ヨリ高度な技術の概念、つまり、人間の幸福の物質的源泉をしかるべく供給し管理することを目指すアリストテレスの「家政術」は、いまだに我々の間では新奇なものであり、したがって、それに対する名称もなんら意見の一致を見ていない。[59]

この「経済学」批判から窺われるのは、ウォーラスなりの資本主義の理解とそれへの批判とである。つまり、彼は、自由放任主義的な古典派経済学によって理論的に支えられ、ヴィクトリア時代に飛躍的発展を遂げた資本主義を、「無制限に金儲けをする」体制と理解し、そこから、貧困問題を解決する鍵は富をこれ以上いかに多く生産するかではなく、産業革命の結果すでに大量に産出されている富をいかに管理し配分するかという問題だと考えていたと言ってよい。「三レント理論」が公正な分配の実現を主眼とした背景には、アリストテレスを通じたこのような資本主義への理解と経済に対する視角の転換とがあったのである。

しかし、ここでさらに問題となるのは、「人間の幸福」のために富の「しかるべき供給と管理」とを行う場合、具体的に個人の財産を私有とするか共有とするかという問題である。ウォーラスがアリストテレスの経済論を紹介する際、その経済への視角だけでなく私有財産論にも注目したのはこうした問題関心からであった。その際、彼は、次の二つに焦点をあてている。一つはプラトンの共産主義に対するアリストテレスの批判であり、もう一つはアリストテレスが私有財産を肯定した理由である。この二点は互いに密接に関連していた。

まずウォーラスは、アリストテレスがプラトンにおける「機構への過大な信頼」を批判し、「お互いに常時密接な仲間関係のうちに人々が生きるように強い、私的利益ではなく公共善を主要な動機として彼らの前におくような制度は、実際に存在する人間性を全く無視している」[60]と論じている点に注目する。彼は、アリストテレスのこの議論を「いまだに有効」であると考え、現実の人間性を考慮に入れるアリストテレスの姿勢を高く評価する。[61]

アリストテレスの場合、このプラトン批判から私有財産制肯定に行き着く。つまり、財産の共有は、個人が投下する労働量と彼に分配される富とが必ずしも比例しないためにかえって人々の間に不和をもたらすとされ、そのため、むしろ人々が私有財産に抱く愛情を利用し、かつ彼らがさらに道徳的になることを期待して、財産は私有だがその使用の点では共同にする方がよいとされる。その際、私有財産への「愛情」自体は自然であって非難されるべきではなく、非難されるべきは「過度の自愛」であるとされる。アリストテレスにとって、問題は財産が共有でないために生じるのではなく、人々の「邪悪さ」のために生じるのであり、したがって、財産の共有よりもむしろ教育による人間の有徳化が財産問題解決の鍵なのであった。(62)

しかし、ウォーラスはアリストテレスのこの私有財産論にも批判的であった。なぜなら、時代状況の相異によって、現代ではアリストテレスの議論も受け入れることはできないからである。ウォーラスは、一方で、代議制民主主義の観念も誕生しておらず個人主義もいまだ萌芽的であったアリストテレスの時代においては、アリストテレスが「親切な感情が広がることで私有財産が我慢できるものになることを願ったことはおそらく正しかった」と認める。しかし、他方で、「産業の発展が一方で協同的労働（associated labour）を必要とし他方で私有財産から生じる不平等を途方もなく増加させ」、「政治知識と政治機構との発展が労働者からなる自治的国民を可能とし」、さらに「個人主義が実際には生き残っているものの理論においてはほとんど姿を消している」現代においては、アリストテレスの私有財産論は通用しないと結論づけるのである。(63)

こうして、ウォーラスは、現実の人間性を論拠としたアリストテレスによるプラトンの共産主義批判を高く評価する一方で、アリストテレスの私有財産論に対しては時代状況の違いから批判的であった。ここで注意しておきたいのは、「三レント理論」が、こうしたプラトンの共産主義とアリストテレスの私有財産論との中道を指し示す特徴をもったことである。最低条件下で生産された分とそれを超過した分である「レント」とが理論的に区別され得るこの理論では、共有財産とされるべきレントの部分が、人間性にもとづく実現可能性とは関係なく、客観的に区別され得るからである。ウォーラスがこの点を理解していたことは、彼が、「アリストテレスの時代以来、我々はレントを発見した」としてアリストテレスの私有財産制度を批判する一方で、多くの社会主義者は、「定期的に分割され、各々が……自分の好むだけ貢献するような巨大な蓄え」をつくろうとは望まないだろうとも述べてプラトンの共産主義をも批判し、そのうえで、「レント」が「財産権」に従ってでたらめに配分されるか、それとも「共通の目的のために共同体によって熟考のうえで用いられるべきか」が問題だと指摘していることに示されている。[64]

実際、ウォーラスは、『フェビアン論集』に寄稿した「社会主義下の財産」において、「三レント理論」を基盤に据えつつ、アリストテレスに倣って現時点で所与である利己的な人間性をも考慮しながら、「社会民主主義国家」の財産制度や富の分配のあり方を提示している。「人は、いまだに、生産された富の消費における協同(association)よりは、報酬の公正な分配を伴った生産における協同に適している」以上、公有化は生産手段にとどめ、消費手段の私有を認めることが社会主義者の「実際的な目的」だとしているのは、その一例である。その際、生産手段の所有についても、場合によっては、土地や資本の「知的な利用」を促すために、搾取を含まないかぎり、現状におけるそれらの私有が認められ、そのうえでレントへの課税が提案される。また、怠惰な人間と勤勉な人間とが存在するなかで、「例外的な能力」の持ち主がその能力を最大限に発揮するように、「経験」にもとづいて報酬に差をつけることも認められる。[65]

3　生き方としての社会主義と「三レント理論」

だが、「三レント理論」は、公正な分配の実現による貧困問題解決の鍵となっていただけではなかった。それは、ウォーラスがフェビアンと共有していた「いかに生きるべきか」といういま一つの問題にも答えるものであったのである。そもそも、当時のフェビアンにとって社会主義は経済の問題以上に生き方の問題であった。このことは、たとえば、ピーズの「倫理学と社会主義」と題する講演からも窺われる。

ピーズは、この講演において、社会主義は集団主義という富の再配分機構についての考え方以上のものであり、道徳的要請にもとづく世界観であると論じている。具体的には、彼は「汝自身のごとく汝の隣人を愛せ」という倫理上の第一原理を最初に立て、そのなかの「愛」の観念を「すべての人への愛」である「正義」に、そしてその「正義」を

「幸福への平等な機会」に読み替える。そして、彼は、この原理がほとんどすべての宗教体系の基礎であると主張するとともに、(66) 競争的な産業体制の下では、「賃金奴隷制」によって貧困が生み出され、「幸福への平等な機会」という倫理上の第一原理が侵害されるから、倫理上の諸原理達成のためには、富の不平等な分配の是正を唱える社会主義の大義を実現しなければならないと主張するのである。こうして、ピーズにあって、社会主義は、「キリスト教徒であろうと不可知論者であろうといやしくも自らを道徳的人間と任ずる人はすべて(67)」与すべき、倫理的な大義に他ならなかった。

しかし、ピーズは社会主義が倫理的に要請される生き方であることを示したものの、富の不平等な分配を是正するために具体的に何がなされるべきかまでは示していない。この問題に「三レント理論」でも鍵となる「公正な取り分」の観念を鍵として答えたのがウォーラスの講演「現体制下の個人的義務」であった。

ウォーラスがこの講演において主題としているのは、「現体制下」つまり資本主義体制下において人は何を「義務」としてなすべきかという問いである。彼はこの問いを「自分の時間と金とをどう処置すべきか」というヨリ具体的な問いに置き換えている。

この問いに対して、ウォーラスは、中流階級出身者で、その教育費が何人かの貧者を無知と絶望とから救えるほどの多額に至っていない者および自らに割り当てられるはずの正当な配分よりも多くの富を操っていない者はほとんどいないこと、また、先天的・後天的に得られた能力によって富よりも大きな優位とそれに比例した責任とを与えられていない者はおそらく全くいないこと、したがって、こうした諸優位において自分たち中流階級は「社会にレントを負っている」ことを主張する。(68) 要するに、ウォーラスは、所有階級が自らの財産と思っている富や能力が、実は下層階級からの搾取とその犠牲とのうえに成り立っているにすぎないと論じるのである。

しかし、すでに検討したフェビアンのマルクス主義批判からも予想されるように、ウォーラスがここで所有階級に対する労働者階級の革命を叫ぶことはない。彼が「義務」として提案したのは、むしろ所有階級による公正さの自覚と利他的・社会的な行動・動機とであった。

彼はなすべき「義務」をいくつか提案するが、最も重要なものは、富にせよ能力にせよ「公正な取り分」以上を個人的用途に用いてはならないという提案である。たとえば、富の場合、資本の公正な分配が実現した際に手に入るはずの富以上の富を用いる場合には、その富は他者に属す以上、その他者のためにその富を用いるよう心がけるべきだとされ、また能力の場合、自分の知的優位は共同体の財産であるから共同体のためにその知的優位を習得し、また超過分である「レント」を支払うべきだとされるのである(69)。

また、ウォーラスは「公正な取り分」自体をいかに使うかという問題にも触れている。彼は、この問題に関しては仏教徒に倣って「在家」の「義務」と「出家」のそれとを区別するが、その「在家」の「義務」として彼が提唱するのが、生活を簡素にし、かつ、財を購入する際にその価格の背後に控えている労使関係や生産関係を賢明に判断して、「レント」が公正に分配されるように配慮することである。ウォーラスは、ある商品が不当に安価もしくは高価である場合には、正常な価格との差が労働者ではなく資本家や地主の利益となる場合があると指摘する(70)。

これに対して「出家」の義務とされるのは、自分のもつ富について、「公正な取り分」かどうかではなく絶対的な価値としてどれほどかを考えることである。たとえば、「出家」した者は、自分のもつ五シリングが、「公正な取り分」に関係なく絶対的な価値として、ある家庭の多くの者がもつ一人頭の金額全体よりも多いことを思い出さなければならないとされる(71)。

以上のような内容をもつウォーラスの講演は、「多かれ少なかれ魂に傷を負っていたフェビアンから寄せられた多くの質問がウォーラス氏によって『権威をもって』答えられた(72)」とのピーズの評からもわかるように、当時のフェビアンが共有していた精神的苦悩に応えるものであった。

貧困の除去と自らの生き方の模索というフェビアンの二つの課題に応える以上のような初期ウォーラスの経済論は、しかし、貧困解決のために共有化された「レント」を利用できる可能性を指摘はしても、誰がその「レント」を共同体のために管理すべきかという問題を残している。それは、単にどの政治主体がレントの共有化を担うかという問題にとどまらない。というのも、すでに触れたように、たとえば、ウォーラスが構想した「社会主義下の財産」において、「例外的な能力」の持ち主には例外的な報酬が認められていたからである。つまり、「三レント理論」は確かに生産された富のうち最低の生産条件によって生産された部分とそれ以上の部分（レント）とを理論的に区別するが、各人の「公正な取り分」は（「個人的義務」としてはともかく）必ずしも最低の生産条件で生産された分の富と等価であるとはかぎらないのである。一度共有化されたレントは、それを管理する政治主体の判断によって、共同体全体の利益を考えて、「例外的な能力」の持ち主に再分配される可能性もある。ウォーラスらフェビアンが限界効用論を利用してマルクスの労働価値説を批判した以上、これは当然のことであった。ウォーラスらフェビアンにとって、ここで政治論が問題化する。最初に、意識改革の是非の問題を検討したい。

V　政治論

本節において初期ウォーラスの政治論を検討するが、現存する関連資料は数少なく、しかも断片的でしかない。そこで、ここでは、他のフェビアンの議論によって断片的なウォーラスの政治論を補いながら当時の彼の政治論を再構成し、彼の言説の行間からその政治論を読み取ることを試みたい。

1　意識改革の是非

一八八〇年代後半のウォーラスらフェビアンにとって重要であった問題の一つは、「レント」共有化の具体的手段として所有階級の意識改革はどこまで有効かという問いであった。この問題を考察する際に、彼らが一つの考え方として参考にしたのが、意識改革による貧困の解決を強く主張した「実証主義者」（コント主義者）であった。(73)ウェッブは、この「実証主義的な」理想に則った社会組織がいかなるものであるかをその講演「実証主義的共同体の経済学」において紹介している。

それによれば、この社会組織が現体制と異なるのは、専ら外面よりも内面においてであり、経済学的側面よりは倫理的側面においてであった。すなわち、この社会組織は、資本家・地主・世界資本のマネージャーを産業の監督者として残し、私有財産をも残すが、自己愛（self-love）や自己利益ではなく、人道性・道徳性・利他主義によって基礎づけられる。そして、この利他主義のおかげで、地代・資本への利子・熟練労働者の技術といった超過する取り分は、個々人ではなく社会の利益のために使用されるのである。(74)ウェッブは、この「実証主義的な」理想を「高貴である」と評価し、同じ頃に行われた別の講演においては、集団主義やアナキズムと並んで社会主義的な理想を実現するための具体案の一つと捉えている。(75)

しかし、そのウェッブでさえ意識していた問題は、「これから数え切れない世代において、おそらくすべての人類が善人であり教養あるようになることは不可能(76)」ということであった。つまり、現体制下における所有階級の意識改革には限界があるということであり、実際、当時のウェッブが自らを「実証主義者」ではなく「社会主義者」と規定していたのは、まさに、「実証主義」のこの問題点ゆえであった。(77)

ウォーラスも、意識改革の可能性に対するウェッブのこのような評価を共有していたと言える。すでに紹介した彼の講演「現体制下における個人的義務」を考えても、そこで説かれていたのが中・上流階級が「現体制」下で果たすべき利他的「義務」であった以上、彼も個人の意識改革による貧困問題解決の可能性を否定したわけではない。

しかし、その一方で、ウォーラスがアリストテレスのプラトン批判を高く評価したことに窺われるように、彼は現時点での意識改革の限界をも鋭く自覚していた。実際、すでに紹介した講演「利子の道徳」において、彼は、「誰が利子を受け取るべきか」という問題を考察するためには、「人は道徳的ではなく賢明でもないこと、ほとんどすべての人が富と余暇との公正な取り分以上のものを自身のために望むこと、そして、超過分をもっていながらそれを他者に与えようとする一握りの人々はどのようにそれを与えたらいいのか知らないこと」を考慮に入れなければならないと論じ、「優位性の分配（the distribution of advantages）を自発的なものよりは自動的なものにするのが最善と考えられるのは、最善の人でさえも他者の要求を理解する力はほとんどもっていないため、経済的分配の方法としての利他主義はひどく無駄だとわかったからである」と主張している(78)。

とすれば、「レント」の共有化を達成し、富の公正な分配を実現するためには、個人以外の何かが共有財産の管理にあたらなければならなくなる。

2　フェビアンの社会民主主義論

シャーロット・ウィルソンらの一部のアナキストを除き、ウォーラスを含むフェビアンの大半が社会民主主義を唱えた理由はここにあった。それは、富を生産し管理する主体として個人ではなく国家や地方自治体等の共同体を重視する政治論であった。これまでの検討から明らかなように、この政治論は経済論を起点としていた。というのも、あるべき政治制度の構想が、富の公正な分配を実現するためにいかに共同体によって富を管理するかという問題関心を出発点としているからである。

この事情をよく示すのがショウの次の議論である。彼は、社会主義の経済的目的は不可避的に生じてしまう「レント」を現在占有している階級から「全人民」に移すことだとしたうえで、次のように「人民」という観念が示す具体的な意味内容を問う。「誰が人民なのか。何が人民なのか。我々はトムもディックもハリーも知っている。しかし、別々に個々人として知るだけである。三者一体としての彼らは存在しない。誰が彼らの受託者、守護者、代理人、管理人、そして秘書であり係争物受寄者（stakeholder）でさえあるのか」[79]。

この問いに対して、ショウは、「国家」こそが人民の代表者かつ受託者なのだと答える。これが社会民主主義の立場であった。つまり、ショウがそれを説明して「民主主義を通じて全人民を国家のうちに集め、そうすることで、国家に一国のレントを、そして最終的には土地・資本・国有産業の組織――つまり、いまは無責任な私的個人の貪欲に委ねられている生産のすべての源泉――を任せるようにする」[80]立場だと述べるように、社会民主主義は、「国家」ないし「共同体全体」[81]が「全人民」の受託者および代表者として富の生産と管理とに関わるべきだと考える。こうした立場ゆえに、社会民主主義者は、個人の自発性と私的管理（private administration）とを強調して「分権派」「連邦共同体派（the party of the federatic commune）」を自認していたアナキストとの対比で、「中央集権派」「国家派」「集団主義者」と称されることもあった[82]。

このような社会民主主義論の背後には次の三つの理解が前提として控えていたと考えることができる。一つは、国家は、民主化を達成し、かつ十分な手続きを必要条件とすれば、信頼に足る受託者かつ代表者として公的利益を実現し得るという国家観である。たとえば、ショウは、「十分な試験に合格することを行政部に入る際の不可避的な予備条件とし、行政部が政府に対して責任をもつようにし、政府が人民に対して責任をもつようにすれば、国家の諸部門は誠実と効率とを保証される」[83]と論じる。こうした国家観は、国家が一部の階級の利益を実現するための権力装置となることを危惧し、それに最低限の権限しか与えようとしなかった十九世紀前半の夜警国家観とは正反対の国家観であるが、ショウによれば、ヘーゲルの「完全な国家という概念」が、リカードやベンサム、オースティンらのものとは異なるこうした国家観を可能にしたのであった[84]。

もう一つは、国家は、それを構成する個人もしくは単位の単純な結合以上の存在であるから、個人もしくは単位を規制する力をもつ資格があるという理解である。この理解の一例はシドニー・ボール[85]に見られる。彼は、「社会」が単に諸単位の結合体であるのに対し、「国家」は諸単位すべての利益を代表し、それらのうちのいかなる一つに対しても行使できる強制力を有する単一の人格であると論じる。したがって、彼にとって「国家」は「国家」の機能のうちの一つであるにすぎない「社会」や「政府」に還元できない存在であり、「組織され実力を有する社会」なのである。こうした立場から、彼は「国家は集団的目的のために経済事象の『自然な』成り行きに介入することによって『全体善(the good of the whole)』を優先すべきである」というアリストテレスの立場を肯定的に評価している[86]。

用語法は異なるものの、シドニー・ウェッブも、社会有機体の観念にもとづいて類似した理解を示す。彼の場合、「国家」よりは「社会」や「共同体」という言葉を用いるが、「個人は、いまや自身が一部を形成する社会有機体によって創り出される」以上、「共同体の生命はそのどの構成員の生命をも超越する」のであった。つまり、彼によれば、「社会有機体の存続と正常な健康なくしては誰も生きることも栄えることもできない」ため、「その永続は個人の至上目的となる」のであり、したがって、「我々は自分が独立した単位であると考えるうぬぼれをやめ、自らの陶冶に専心している我々の嫉妬深い心を、共同体(Common Weal)というヨリ高い目的に従属させなければならない[87]」。

共同体を重視するこのような理解から社会民主主義論の第三の前提が出てくる。それは、自由放任よりも意識的な公的管理の方が優れているという理解であった。たとえば、シドニー・ウェッブは、「富の生産と分配とは、他の公的機能と同様に、個人の無制限の自由に委ねられては安全ではあり得ず、共同体全体の利益のために組織され管理される必要がある」と主張して、各社会有機体の単位間における「意識的に律せられた連携（consciously regulated cordination）」の必要性を説くのである。[88] それは、具体的には代議制統治下での法的規制にもとづく産業管理を意味していた。[89]

3　ウォーラスに見られる社会民主主義論的理解

以上のようなフェビアンの社会民主主義の観念を下敷きにすると、ウォーラスもまた同様な社会民主主義の観念を抱いていたことが断片的な彼の言説から浮かび上がってくる。

たとえば、彼も人民の信託を受けた国家を富や産業の重要な管理主体として理解していたことは、彼が、「集団的な国民の意志を代表する」はずの中央政府や国会が「ある一つの産業においてたった一ペニー賃金を上げることができず、たった一つの商品の生産を増加も減少もさせることができない」と論じ、これらは雇用者や借地農の非公式な集会によって決定されていると嘆いていることから窺われる。[90]

その際、ウォーラスは、国家だけでなく地方自治体も公有化の主体として考えていた。そのことは、彼が公有化を国有化と同一視していないことに示されている。たとえば、主たる通信・交通手段に関しては、管理される範囲が広いほど高い効率が見込まれるため、最終的には国際的管理をも視野に入れた国有化が望ましいが、土地に関しては、地代の差異は「自然的要因による優位（natural advantage）」よりは「住人の勤勉さや性格の相違」によるため、国よりも自治体による所有の方が公正だとされる。また、鉱山・港湾・水源は「国民全体の必要物」である以上国有化されるべきであり、そのような資源を独占的に有する地方は、土地自体はその地方の所有であるとしても、その歳入の幾分かを国庫に納めなければならないのであった。[91]

こうした生産手段の管理主体の問題と並んで、ウォーラスが「自治」を「集団的思考に先行され統御された集団的行動[92]」と定義する際の用語法は、彼が、国家ないし共同体を、それを構成する個人もしくは単位全体を代表する存在であり、かつ、それらに対して強制力をもつ存在であると見なしていたことを示している。というのも、「集団的（collective）」という用語は、フェビアンにおいてまさに共同体のこうした性質を表すために用いられたからである。たとえば、後述するように、ウェッブは、私的利益よりも公的利益を代表するために代議制統治下になされる産業の法的規制をまさに「集団的行動」と呼び、それを、労働者が雇用者に産業的に依存する「巨大産業（Great Industry）」の時代における「人民」の唯一の「自治」の手段であるとしている。

しかも、ウォーラスの場合にも、ウェッブの場合と同様に、こうした国家観ないし共同体観の裏には社会有機体の観念が控えていた。たとえば、彼は「共同体にとってよいもの」を「共同体全体を単一の有機体として見られるようにしておくもの」と表現しており[93]、また、国教制廃止の影響に関して、国教制廃止とともに古い社会有機体が完全に消え去り、物質的・精神的無秩序が訪れるだろうと述べている[94]。

最後に、社会民主主義論の背後にある意識的管理への志向も、社会ダーウィニズムに対するウォーラスの批判のなかに見出すことができる。彼は、肉体的・精神的発達にせよ制度上の発展にせよ、人間の進歩は生存競争と適者生存とによるという社会ダーウィニズムの議論に対して、意識的・計画的な管理こそが進歩を導くと論じる。つまり、ウォーラスによれば、動植物界の肉体的・物質的進歩は、そのほとんどすべてが人間の意図的な保護と先見とによるのであり、盲目的な生存闘争によるのではない。たとえば、梨の木を改良しようとするときに庭を閉鎖して二・三千年待つ人は一人もいないのであり、改良したい人はむしろ土地を注意深く耕し、枝を剪定し、水をやるのである。ウォーラスにとって「これこそ人類改善のための社会主義的な計画」なのであった。その際、彼は、肉体面だけでなく、人間の精神的進化や制度における進歩も、やはり「盲目的な偶然」よりは「理性、先見、そして人間の協力」に拠っていると主張する。その例として、彼は、人間の精神的進化を示す科学的発見も、それを成し遂げるためには、高価な装置を購入し報われない労苦を何年も重ねるなど計画性の要素を必要とすると指摘している。(95)

しかも、この意識的・計画的管理は「科学」にもとづいてなされるべきであった。ウォーラスのこうした理解は、次章において詳しく検討するように、彼が、「科学的な」精神的習慣をもちベンサム主義という「科学的な」政治原理にもとづいて改革を進めたフランシス・プレイスを高く評価したことに表れている。ウォーラスは、プレイスが「特定の目標を達成するか特定の不都合を防ぐ目的のための一時的な措置」にもとづくその場しのぎの統治を批判し、ベンサム主義や古典派経済学という「一般原理」にもとづいた統治を主張したことに注目していたが、ウォーラスのこうした視点は、彼自身が哲学的急進主義や社会ダーウィニズムに代わる有効な「一般原理」を求めていたことに由来していた。(96) 古典派経済学やマルクス主義経済学に代わるものとして提出された「三レント理論」は、科学的な「一般原理」を追究するこのような試みの産物の一つであったと考えてよいであろう。

4　多数者支配としての社会民主主義論が抱える問題――ウェッブとショウの議論

以上のようなフェビアンとウォーラスとの社会民主主義論は、しかし大きな問題を抱えていた。それは、「個人主義」（すなわち古典的自由主義）のもっていた個人対国家という対立図式がこの議論では強調されず、個人もしくは少数者の意見がどこまで尊重されるのかが明確ではないという問題にほかならない。実際、個人に対する共同体の優位を説くウェッブらの議論において、権力からの個人の自由はどうなるのか、また、共同体の利益とは実質的には何を指すのかが問題とならざるを得ない。ボールは「国家は個人の外側に存在する何か神秘的な実体ではなく、単に共通の目的のために組織された諸個人を地方の議会もしくは国会において代表するにすぎない(97)」と論じているが、民主化された共同体が「全人民」のために産業を管理するといっても、当時の英国の社会構成を考えれば、それは労働者階級という多数者のための統治を実質的に意味しかねない。したがって、多数者の専制の危険性と多数者である労働者階級の政治的能力の有無とが問題とされるのは当然のことであった。当時の個人主義、アナキズム、および保守主義による社会民主主義批判はまさにこれらの問題に焦点を合わせていたのである。(98)

フェビアン自身、こうした問題や批判を意識していた。たとえば、ウェッブは個人の自由の問題を次の二つの観点から論じている。すなわち、彼は、一方で、「安楽階級（comfortable classes）が現在享受している自由と独立とは何にもとづいているのか」と問い、「社会主義はそのような自由の喪失を意味する。残りの者の抑圧によってのみ享受され得る自由は僭主の放縦にすぎない」と論じて、所有階級に対して個人の自由を認めれば労働者階級という大多数の人々の自由を否定することになると階級的観点から個人の自由を議論する。(99)

他方で、ウェッブは、社会民主主義下において労働者が享受する自由は、権力からの個人の自由であるよりは権力への参加を通じて得られる自由であると論じている。この議論の背景には、ウェッブの次のような理解があった。つまり、彼によれば、産業革命の結果普及した工場制的な「巨大産業（Great Industry）」においては、それまでの家内制的な「零細産業（Small Industry）」と異なり、「相互依存」関係が発達し分業が高度に発達している。したがって、労働者は、自立的な生産単位ではなく、いわば巨大な組織の歯車として雇用され、雇用者によって労働条件を管理されざるを得ない。しかも、自らの労働力しか交換する商品を所有していない労働者は、こうした「巨大産業」から逃避して自由を求めることは不可能である。こうした状況において労働者に自由をもたらす手段こそが、代議制民主主義を通じて産業を法的に規制することであった。ウェッブは、こうした産業管理を「集団的行動」あるいは「産業民主主義」と呼ぶが、彼によれば、この「産業民主主義」の下でこそ、「集団的生活の『ヨリ高度な自由』」〔傍点平石〕が達成されるのであった。なぜならば、「大勢の人民が個人的自由を獲得することは、産業革命が所有階級の手に渡した個人的自由に代えて産業界における民主主義的な自治を達成することによってのみ可能となる」からであった[100]。

また、ショウのアナキズム批判にも、共同体全体の利益を強調する社会民主主義を擁護する議論を見出すことができる。この議論において、ショウは、多数者支配である社会民主主義は多数者の専制にすぎないというアナキストの批判に対して次の二つの視点から批判を試みている。

まず、ショウは、ウェッブと少しニュアンスが異なるものの、やはり権力からの自由よりも権力への参加の必然性と必要性とを説いている。具体的には、個人の自由を絶対視することは国家だけではなく社会の「集団的力（collective force）」を廃することを意味するが、それは不可能だと論じられる。というのも、自然によって生産上の条件や機会が不均等に与えられている以上、人間が自然の力を克服してある程度物質的に快適な生活を送るためには、人々は集住し、「集団的力」の行使にもとづく社会生活を送らざるを得ないからである[101]。したがって、ショウによれば、「理想的で、無責任で、絶対的な自由と比べれば、多数者支配が奴隷状態であることは否定できない。しかし、我々の厳しい女主人である自然が我々に許す最善の選択肢であるロビンソン・クルーソーの奴隷状態に比べれば、それはおそらく『自由』と描写される」のである[102]。かくして、ショウは、アナキストによる現存の国家への厳しい批判に共感を覚えつつも、国家の廃絶が不可能な以上、国家を諸階級ではなく人民全体のものにすることが必要なのであり、廃絶できない政治権力をいかに利用し懐柔するかが問題なのだと主張している[103]。

そのうえで、ショウは、多数者支配は必ずしも多数者の専制を意味しないとも弁護する。というのも、第一に、多数決原理下において多数者が力で勝っても、少数者の抑圧はなんらかの代償を必要とするため多数者が力に訴えるのはよほどの緊急性がないとあり得ないからであり、第二に、各個人は複数の集団に所属するため個人内における多数派と少数派との間の利害交差があり得るからであった。また、アイルランド国民党に見られるように多数派の間で少数派が大きな影響力をもち得ることや、分権化によって多数派の力を制限できることなども指摘される。以上から、ショウは、「集団的行動」が必要となる際に、国家を国民全員のものにし、行政を信頼できるものにし、各個人に、そして最終的には少数者に、最大限の権力を確保するのは社会民主主義であると結論づけるのである。(104)

5　政治論に対するアリストテレスからの影響①――多数者支配の問題

ウェッブやショウがこのように社会民主主義の擁護を行ったのと同じ歴史的文脈が、ウォーラスにアリストテレスの政治論を解読する際の視角をもたらし、また、彼の講演「自治の条件」をも生むことになる。端的に言えば、そこには、労働者階級主体の多数者支配をどのように評価するかという問題関心が控えていた。まず、ウォーラスによるアリストテレスの政治論の紹介を見てみよう。彼は、労働者階級が多数派となる民主主義の可能性との関連で、アリストテレスに見られる二つの矛盾した考え方に着目する。

一つはアリストテレスの奴隷制肯定論である。ウォーラスはこの問題を市民とは何かという問題と関連づけて理解する。彼によれば、古代ギリシアにおいて自由な労働者というのは語義矛盾であった。というのも、労働者の生活は「不自由な」生活を意味し、徳を実践する機会を失うことと考えられたため、市民が徳を実践できるように奴隷制が肯定されたからである。しかし、現代においては「産業の進歩が奴隷制正当化のわずかな痕跡をも奪い去った」(105)。別の講演において、ウォーラスは、すべての者が余暇のある人間的な生活を送ることは不可能であるから、せめて一部の者だけにでも文明を享受させるべきだという「独占の擁護者」の議論に反対して、急速な機械化はすべての者に知的興味と生活を人間的なものにする諸芸術とのための余暇を与えるだろうと論じているが(106)、ここからもわかるように、彼は、産業革命による機械化の進展によって労働者も余暇をもてるようになったため、いまや自由な労働者たることは可能であると理解していた。もっと言えば、彼は、余暇をもった労働者は共同体の構成員として徳を実践する市民たり得ると考えていたのである。

ウォーラスがアリストテレスの政治論で注目したいま一つの点は、多数者支配という意味での民主主義の是非に関するアリストテレスの議論である。彼は、一方で、多数者支配に対するアリストテレスの批判を紹介する。それによれば、多数者が少数者から財産を奪っていいという法は「明らかに間違って」いた。というのも、法にもとづいて多数者が少数者から財産を接収したとしても、今度はその多数者のなかで多数者と少数者とが形成されて同じ過程が繰り返されるからであり、もしこの法が「正当だとしたら多数者が富裕者を抑圧するように僭主も主権で他者を抑圧するにすぎないため僭主のすべての行動も必然的に正しくなる」からであった(107)。

しかし、その一方で、ウォーラスはアリストテレスによる多数者支配の擁護にも注目し、アリストテレスは、多数者による抑圧の危険性があるにもかかわらず、最終的には多数者が権力を握るべきだと結論していると論じるのである。アリストテレスがこのように結論づけたのは、ヨリ危険の少ない少数者を選ぶ方法はなく、しかも、ものを使う者はものを作る者に負けず劣らず優れた判断者である場合があり、「集団的」に行動する一団の人々の方が団体のなかのどの一人の構成員よりもしばしば賢明で物事に通じていると考えたからであった(108)。

このように、ウォーラスは、一八八六年にアリストテレスの政治論を紹介した際には、一方では歴史的相対化の立場からアリストテレスの奴隷制肯定論を退けるが、他方ではアリストテレスによる多数者支配の擁護を受容して、労働者階級主体の民主主義の可能性をかなり楽観的に考えていた。彼は、産業革命による機械化の結果、余暇を得た労働者は「集団的に」賢明な判断を下す市民となるだろうと考えていたのである。しかし、この講演の六年後になされた講演「自治の条件」に至ると、彼は、なお民主主義の可能性を模索しつつも、その実現可能性に対してかなり醒めた認識をもつようになる。

この講演において、ウォーラスは、「自治の条件」という問題を「集団的行動」である「自治」に先立つべき「集団的思考」が効率的である条件は何かという問題に具体化している。そして、「集団的思考」には「集団的討論」が必要であるとしたうえで、この「集団的討論」が成功するさまざまな条件を検討しているが、こうした検討の背景には、明らかに、彼が民主主義の実現は困難であると認識したことがあった。それは、彼が、いまだにアリストテレスにならって、討論が成功すれば全体は一人が到達し得るよりも賢明な決定を採用し得るとしながらも、十分な討論なしになされた投票は、しばしば、最も賢明でないメンバーが自身で到達し得るよりも劣った決定を生むと大きな留保を付けていることから窺われる。さらに、彼は、「文明化した共同体」においてはあまりにも多くの「集団的行動」と決定とが必要とされるため、どうしても分業して討論に専門的に携わる人々をさまざまな方法で選ぶ必要が生じるが、選挙による選択が最も重要で難しいと指摘する。それは、アジ演説・投票勧誘・煽動などの影響を受けて選択がなされ、有能な人物が選ばれないからである。(109)

こうして、ウォーラスは「自治の条件」では「人民代表は市民がいくらかの公共精神と寛容とをもっている国においてしかうまく働かないが、制度がよければそれだけ常にかつさらにうまく機能するだろう」と述べて、民主主義制度の改善の必要を訴えつつも、最終的には市民の「公共精神」という人間性の問題が控えているという理解を示すのである。(110)

6　政治論に対するアリストテレスからの影響②——民主主義の意義

しかし、ここで一つの問題が浮上する。それは、民主主義に対して醒めた認識をもつようになったにもかかわらず、ウォーラスがなぜ民主主義の可能性をあきらめなかったかという問題である。これまでしばしば指摘されたところでは、後年ショウらが民主主義への失望から次第にエリート主義に傾いていったのに対し、ウォーラスは人民の「理解」

にもとづく政治が必要であると考えて民主主義の可能性をあきらめなかった。[111] しかし、それはなぜなのであろうか。

この問いを考察するうえでの手がかりは、制限選挙の是非をめぐるアリストテレスの議論についてのウォーラスの紹介に見出される。ここでウォーラスが特に注目するのは、アリストテレスの回答よりも、この問題を考える際のその基本的な視座、すなわち、国家は「善き生」のために存在するという視座であった。つまり、ウォーラスによれば、アリストテレスは、人々が経済的動機から行動し富に対する考慮からのみ集住するとすれば、制限選挙制が採られると考えていた。それは、経済的な動機が主要な場合には私有財産の観念が優先されるため、国家における役割分担は財産の多寡に比例しなければならず、したがって平等な選挙権の観念は採られないからである。しかし、アリストテレスが強調したのは「国家が存在するのは善き生のためであって生活だけのためではない」[112] という原則、つまり、国家が存在するのは物質的繁栄や安全のためだけではなく、それ以上のもの——「完全で自足的な生活」——のためであるということであった。[113] この紹介においてウォーラスは自身の意見を一切差し挟んでいない。しかし、以上の紹介の仕方から、彼が、アリストテレスのうちに、国家は物質的・経済的な生以上の「善き生」のために存在するから平等な選挙権を達成しなければならないという議論の可能性を読み取っていたと言ってよいであろう。

すでに論じたように、一般にフェビアンにおいては経済論が政治論の起点となっており、ウォーラスにもその視点は存在した。しかし、彼の場合はそれだけではない。民主主義はそれ自体で「完全で自足的な生活」つまり「善き生」のための条件であった。彼があくまでも民主主義にこだわった理由はここにあった。

ウォーラスがアリストテレスの政治論を紹介するにあたって注目したほかの点も、こうした彼の民主主義理解と関わる。つまり、政治論が経済論の起点であり、民主主義を達成するために必要な経済的条件は何かが主題となっている。

たとえば、ウォーラスは、貧富の差が国家にとって危険であるというアリストテレスの指摘に注目している。この議論によれば、ポリスは「同等で類似した者」つまり「中流階級」によって構成されるべきであり、そうすることで国制も安定する。というのも、貧者は政治的義務を嫌悪してそれを果たそうとしないため「いかに命令を下すかを知らず奴隷のように支配されなければなら」ず、逆に、富者もしくは権力者は権威に服そうとせず服すこともできないため「専制的に支配することができるだけ」だからである。(114) この議論が展開されるのは『政治学』第四巻であるが、ウォーラスがこの巻の紹介に際して注目したのはこの議論だけであり、第四巻の大部分を占める国制の分類をほとんど無視している。こうした紹介の仕方から浮かび上がってくるのは、おそらくウォーラスにとっても社会主義を通じての経済的平等の達成と中流階級の育成とが民主主義実現のための一つの条件として考えられていたことである。

さらに、『政治学』第六巻の解説においても、ウォーラスは、他の点をほぼ無視して民主政下の変革をいかに防ぐかについてのアリストテレスの議論に焦点を合わせている。その議論によれば、民主政下における指導者の役割はいたずらに人民に迎合することではなく民主政を維持することであり、しかも極端な貧困は民主政を腐敗させるため、採られるべき方策は、いたずらに貧者を喜ばせる一時的な施しよりは、人民が財産を長期間保持できるよう彼らが農業や商業を始められるようにすることであった。(115) この紹介からも、やはり、ウォーラスが、民主政を安定させるための経済的条件の重要性を学んでおり、政治論を起点として経済論を考えていることが理解できよう。

以上から明らかなように、ウォーラスが民主主義を擁護した背景には民主主義それ自体に「完全で自足的な生活」という「善き生」の条件を見出したことがあった。しかし、民主主義の実現困難性に関するウォーラス自身の分析は、彼の政治論の存在理由そのものを問い直しかねない。というのも、富の公正な分配は個人の意識改革のみでは達成できないがゆえに、政治制度として「集団的行動」や共同体全体の利益を強調する社会民主主義を採用したにもかかわらず、その社会民主主義も「公共精神」の獲得という意識改革なくしてはうまく機能しないことが判明したからである。結局、経済問題だけでなく政治問題においても、意識改革もしくは人間性改革が根本的な解決として取り上げられざるを得ない。こうして、ウォーラスにとって人間性や倫理・道徳に関わる問題は避けて通れないものとなる。そこで、最後にウォーラスの倫理論を検討したい。

VI 倫理論

1 政治思想の基盤としての倫理論

ウォーラスにとって倫理論が重要であったのは、彼を含むフェビアンにとっていかに生きるべきかという問題関心が重要だったことからも説明できる。実際、何が「善き生」かという問いはウォーラスの政治思想の基盤をなしたと考えてよい。その問いが答えられて初めてあるべき経済制度や政治制度が決まってくるからである。

一八八〇年代後半から一八九〇年代前半にかけての英国政治思想史の潮流において、このように倫理論のうえに政治思想を築き上げようとした試みとしては、トマス・H・グリーンの強い影響を受けた英国理想主義(British Idealism)の議論があった。グリーンは、快楽の追求と苦痛の忌避とを人間の根源的な動機とし、そのうえに政治思想を築こうとした功利主義の自然主義的な立場を批判するために、善の観念を人間の本能的な動機よりも高次の次元で哲学的に設定し、この善の実現を達成することを自由と捉える政治思想を構想した。

具体的には、彼は、動物と異なる人間の場合には、欲求対象に対する自然的な欲望や衝動に触発された行動でさえも、去来する多様な感覚から自らを区別しそれらを超越しながら統一する自己意識的主体の自我満足の念にもとづくと考えた。そして、このように自我満足の念を欲求と行動との間に介在させることで、人間の行動における自由と責任とを説いたのである。しかも、グリーンにとって、個人的善に対する欲望の充足を目指す自我満足の念は、必ずしもそのまま「道徳的善」の実現に結びつくとはかぎらない。「道徳的善」は、個人的善が「諸能力の実現」「自我の実現」「人格の完成」と結びつき、「決して終わることがなく、常に始まりつつある」無始無終の「永久意識」を実現するときに初めて具現化されるからである。そして、グリーンの場合、この「道徳的善」は社会制度と個人的善との間の交換作用的展開によって実現されていくと考えられていた。つまり、「道徳的善」は「盗むなかれ」「殺すなかれ」といった社会的な要請や期待となって社会制度のなかに具現化される一方で、その社会制度の内容も個人的善によって変化していくと考えられていたのである。(116)

このようなグリーンの思想は、キリスト教が衰退していくなかでその良心の観念を新たな形而上学のうえに基礎づけようとした試みであった。したがって、ウォーラスらフェビアンがおかれていた精神的危機から考えて、彼らがキリスト教の代理宗教として理想主義を受け入れる可能性は十分にあった。実際、ロビン・G・コリングウッドによれば、英国理想主義は、「オクスフォードの哲学思想や教説」においてはほとんど影響力をもたなかったものの、講壇外の実務的・実際的世界においては非常な影響力をもち、ハーバート・H・アスキス、アルフレッド・ミルナー、リチャード・B・ホールデインといった政治家やアーノルド・トインビーといった社会改革家に影響を与えたのである。(117)

ウォーラスの場合には、英国理想主義に対するこのような講壇内外からの対照的な態度の両方から影響を受けていたと言える。というのも、彼は、オクスフォードのコーパス・クリスティ・カレッジにおいて、理想主義に対する「論敵の筆頭」であったトマス・ケイスをチューターとし彼の下でJ・S・ミルの思想を学ぶ一方で、理想主義の影響を受けたセツルメント運動や慈善組織協会との関わりをももっていたからである。(118)

これらの事実から考えて、意識的にせよ無意識的にせよ、ウォーラスが英国理想主義の影響を全く受けなかったと言うことはできないだろう。だが、彼は、自らの政治思想を語る際に、こうしたグリーンの思想や英国理想主義の議論にほとんど言及していない。それはなぜなのだろうか。ウォーラスは、オクスフォード在学中の一八七八年にグリーンの講義をベイリオル・カレッジまで聴講しに行った際のことを次のように述懐している。

講義は人間の不可死性を主張する議論であった。この議論の論拠となっていたのは、我々が自らの肉体の存在を知るのは我々の意識的な精神の検証によるのであるから、肉体の消滅が意識的な精神の持続的な存続に影響すると信じる先験的な理由は一切ないという主張であった。……私は、ダーウィンを読んで新鮮な気持ちになっていたので、彼に、グリーンの議論は犬の意識的な精神にも適用されるのかと問うた。彼は、自分は犬には関心をもっていないと答えた。(119)

この一節はよく引用されるが、ここでウォーラスが批判しているのは、グリーン倫理論の中核である「永久意識」の観念がダーウィニズムという科学を全く考慮に入れていないことである。グリーンからすれば、犬の意識的な精神に興味がないのはその倫理論から考えて当然のことであった。なぜなら、グリーンは、動物的な衝動から自らを区別し「永久意識」につながる人間の自己意識を哲学的に設定したことで、人間の行動における自由と責任とを説くことができたからである。(120)しかし、ウォーラスの場合、関心はそこにはなかった。彼の場合、問題は、ダーウィンによって他の動物との連続性を証明された人間が、グリーンの言う「永久意識」につながるような自己意識を現実問題としてもち得るのかということであった。ここには、プラトンの共産主義を批判したアリストテレスを高く評価するウォーラスの視点が窺われる。だが、こうした立場の相違にもかかわらず、以下に見るように、ウォーラスにとっても倫理論はその政治思想のなかで重要な位置を占めていた。この点では、ウォーラスはグリーンと同じ立場であったと言ってよい。

2　倫理論におけるアリストテレスからの影響

ウォーラスが政治思想を倫理の問題を基盤として構想したことは、彼のアリストテレス理解に窺える。たとえば、これまで何度か触れたように、ウォーラスは『政治学』を読む際に、国家は単なる生活のためではなく「善き生」のために存在するという論点をアリストテレスの中心的なテーゼとして把握していた。また、「国家の最善の形態を正しく探求する者は、まず、最も望ましい生活とは何かを決定すべきである。これが不明確である間は国家の最善の形態もまた不明確であるに違いない」というアリストテレスの言葉を紹介し、これを「ギリシア人の間では明らかに自明の理であったが、我々の間では忘れ去られた原理」であると論じている。[121] ウォーラスがこの「忘れ去られた」問題意識を呼び戻そうとしていたのは明らかであろう。

それでは、ウォーラスにとって「善き生」とはなんであったのか。彼の経済論を考えれば、物質的・経済的条件に関しては、それは貧困が解決された生活であったと言ってよい。精神的・倫理的条件に関しては、それは、これから明らかにするように、人間の行為が利他的・社会的な動機にもとづいている生活であった。そして、この利他的な社会性は、富の公正な分配を容易にするだけではなく、それを制度的に保証する社会民主主義を実現するための最終的な条件でもあった。

ウォーラスが、ある制度を考える際に現実の人間性を考慮することの重要性を主張し人間の利己的・反社会的側面を強調したことは、すでに経済論の箇所で触れた。しかし、「アリストテレスが言うように、最初に、もしくは同時に、教育や優れた法によって平均的な人間を改善しようと努力しないかぎり、現時点で平均的な人間が働くことに適していないような国制を実現するよう努力すべきではない」[122]〔傍点平石〕というウォーラスの言葉に示されるように、彼にとってそうした人間の利己的側面は現実に機能する制度を作り出すうえで常に考慮すべき性向ではあったものの、それが望ましいものであったわけではない。逆に、利他的で社会的な性向こそ望ましいものであった。

このことは、すでに紹介した彼の講演「現体制下における個人的義務」に明らかである。ここでウォーラスは予備的考察の一つとして義務とは何かという問いを取り上げているが、そこにおいて、「人類の義務」は、「私が人々にしてほしいさまざまなこと」、つまり善いがゆえになされるべきものと規定されるだけでなく、「人が他者の利益、つまり、自分の周囲の人や動物の利益、さらに宗教が教える目に見えない力の利益を考慮に入れようとする動機およびそうする行為のすべて」と定義されるからである。[123]

人間の行為の動機を「自分自身の利益を追求する」利己的動機と「利他的」動機との二項対立で把握したうえで、「善き生」の条件を後者にみるウォーラスのこうした議論には、いかに洗練された形式をとったとしても利己的であることを望ましいとした功利主義的観点に対する批判があると言える。それは、金儲けを最重視する競争的な資本主義体制の理論的基盤に対する批判にほかならなかった。

前述したように、この講演は中・上流階級の子弟がほとんどであったフェビアンを対象としていた。しかし、ウォーラスは、労働者階級には「利他的な」生き方とは別の「善き生」があると考えていたわけではない。そのことは、「労働者階級に対して自己犠牲を説くのは私にとって辛い仕事である。……彼らはそれを説かれなければならないし、彼らがそれを説かれるのはよいことである。しかし私はまだ彼らに説くつもりはない」[124]というウォーラスの言葉から知られる。ウォーラスは、労働者の貧困生活に同情して彼らに「自己犠牲」を説き得なかったにすぎない。

3　社会性と社会有機体

ウォーラスにおけるこのような「利他的」な「義務」の観念は、社会有機体や「共通の意味ある目的」といった観念と密接に関連していた。ウォーラスにとって「共通の目的」を有する共同体は有機体と見なされるべきであり、それを構成する諸個人は、共同体全体のことを考えて利他的・社会的に行動するべきであった。

ウォーラスが特に地方で社会を有機体として機能させる制度としてまず注目するのは英国国教会である。「教会は農業地帯においては……概してなんらかの重要な社会的機能を果たして」おり、「聖職者の勤勉と責任感とは年ごとに高まっている」と論じるウォーラスは、国教会が農業労働者の生活を改善する点で一定の社会的機能を果たしていると主張し、「国教制が廃止された暁には、古い社会有機体の最後の断片が消え去り、物質的・精神的無秩序も完全となるだろう」と指摘する。(125) こうした議論が暗示するのは、共同体の一員である労働者の経済的条件を改善することが、共同体が有機体として健全に機能するための条件であり、競争的な資本主義体制がその条件の実現を阻むのに対して、教会はその条件の実現を助ける存在であるというウォーラスの理解である。

実際、彼にとって、国教会はその社会的機能において重要なのであって、精神的意味においてではなかった。したがって、彼は、「司祭のなかでも最も神秘的な傾向をもった者たちは国教制の廃止を叫び求めているが、それは、どんなに富や地位が失われたとしても、精神的な問題において国家と単なる人道家の干渉との管理から自由になることの利点には代えがたいという理由からである」と指摘して、当時一部の聖職者が国教制廃止によって教会の精神的側面をさらに強調しようとしたことに対して反対している。(126) 彼が、宗教教育の内容をめぐるキリスト教諸派間の争いを強く批判した理由もおそらくここにあった。(127) 宗教に社会統合機能を求める彼にとって、宗教教育が共同体の分裂に終わることは本末転倒の事態であったからである。

しかし、このように国教制の社会的機能を高く評価しつつも、ウォーラスはいずれ国教制が廃止されるだろうと予測していた。それゆえ、彼は、「社会的な観念（social idea）のみが秩序と幸福とを再びもたらすだろう」と論じ、「社会的な観念は新しい宗教であるがゆえに、そして、それはいままで触れられたこともなく実現されたこともない思想の分野で機能するがゆえに、我々は、敵意も妥協もなく、いかなる神学体系の信者であろうとなかろうと、それをともに説教することができるだろう」と主張する。[128] ここでウォーラスは「社会的な観念」の具体的な内容を説明していない。しかし、それを自覚することこそ、共同体の成員が利他的・社会的な動機をもつことだと考えられる。

このことは、「社会的な観念」という「新しい宗教」が、教会や死の床ではなく、作業場や農場、集会といった「人間の協同生活」が営まれる場所に「最も高貴な活動範囲を見出すだろう」[129] とウォーラスが論じていることから窺い知られる。この主張が何を含意しているかは、彼による次のような産業国有化の擁護から理解することができる。

生産のために組織された国家は、現今の産業組織以上に知識と富とを意のままにできるし、同時に、大団体の人々が共通の意味ある目的を完全に自覚したとき、この国家は彼らを常に動かす巨大な興奮を十倍も自由にすることもできるだろうと我々は信じる。[130]

ここで、ウォーラスは国有産業の方が生産力があるから産業を国有化すべきだと主張しているが、同時に、彼が「国家」に「共通の意味ある目的」、つまり倫理的・道徳的意義を認めていることがわかる。実際、「共通の意味ある目的」と言うとき、もともとウォーラスは「意味ある（worthy）」という語の代わりに「高貴な（noble）」という語を用いていた。しかも、「国家」に対する彼のこの観念の背景には、それを「単一の有機体」[131] と見なす考え方が控えていた。以上から、ウォーラスが「国家」という共同体の共通の目的に個人が利他的に奉仕することに対して非常に大きな意義を認めていたこと、そして、「共通の意味ある目的」こそ「社会的な観念」であることが理解できるであろう。彼はこの「社会的な観念」の自覚を「公共精神」とも表現している[132]。それでは、この「社会的な観念」につながる人間の社会的・利他的な動機はどのように涵養され得るのだろうか。

4　芸術と教育とによる社会性の涵養およびアリストテレスの影響

この文脈で浮上してくるのが、ウォーラスの芸術論と教育論とである。まず、彼の芸術論を見てみよう。一八八七年か八八年のものと思われるこの講演において、彼は、芸術が所有階級によってのみ享受され、労働者階級がその恩恵に与っていないことを批判しているが、注目されるのは芸術の機能に対する彼の理解である。

ウォーラスの言う「芸術」とは、具体的には「絵画・彫刻・音楽・演劇・文学」といった「模倣的（imitative）・想像的（imaginative）芸術」であるが、彼は芸術を専ら心理的機能の側面から捉える。つまり、ウォーラスによれば、芸術は「我々の抽象能力を導くだけでなく、我々の連想の力に訴え、またそれを利用する[133]」ものであり、外界を知覚する際の前提となる抽象や連想を導く機能をもつ。彼にとって、このような機能をもつ芸術はまた「道徳的力（moral force）[134]」でもあった。なぜならば、芸術家は自分が働きかける人々のなかに自分の意識した思想や感情を抽象化して再生するわけであるが、その際、芸術家は、その「明確で単純な抽象」を通じて、「物理的世界（physical world）だけでなく精神的世界（moral world）においても、我々の混乱して雑多な印象を矯正し指導し得る」〔傍点平石〕からである[135]。

ギリシア人が、芸術の影響を、善かれ悪しかれ都市国家によって最も熱心に考察されるに値すると考えたことは、まさに理由のないことではなかった。我々は物事を賞賛したり非難したりする際に、我々が我々の理想と呼ぶ心象とそれらの物事との関係に従って行うが、世界の歴史においては、国民全体の理想が、画家や詩人、哲学者の傑出した成果の反映であった時代があったのである。(136)

このように、ウォーラスにとって、芸術は「理想」を提供すべきものであった。そして、この「道徳的力」としての芸術がもつべき役割の一つが、人々のなかに利他的・社会的な動機を涵養することであった。こうした理解は、たとえば、彼が、「人間の進歩と幸福とは多くの形態のサーヴィスを必要とし、自由と友愛との大義は美と明晰さ（clear-sightedness）との大義でもある(137)」と論じ、「自由と友愛との大義」を「美と明晰さとの大義」と同一視していることに窺うことができる。また、所有階級による芸術作品の独占に対する彼の批判にも、芸術の役割に対する同じ見方を読み取ることができる。というのも、彼は、労働者の「妻子に対する愛や同僚への忠誠心」は、労働者が芸術作品に接する機会をほとんどもたないために、彼自身の「本能と経験」とによって喚起されるだけで、「我々にとって文明を価値あるものとした、崇高に表現された偉大な思想および感情の遺産の全体」とほとんど関わりをもたないと嘆いているからである。(138)

結局、ウォーラスが芸術を重視したのは、その教育的・社会的機能のためであった。彼にとって、オスカー・ワイルドの唯美主義が唱えるような「芸術のための芸術」は「うぬぼれによって馬鹿になった人にだけ可能な理想(139)」にすぎなかったのである。

ウォーラスが学校教育を非常に重視したのも、そこに共同体の共通目的を自覚した利他的な社会性を涵養する機能を求めていたからであった。たとえば、彼は教育の目的に関して次のように述べる。

もし可能ならば、成人になるまでに、各人が理解と共感と謙遜とをもって国家という巨大な有機体――そこにおいて各人は共通の目的を完全に意識しつつ共有しており、共通の目的を達成するのであるが――において自分の場所をとる準備ができているようにしようではないか。

このように、ウォーラスは、人間の利他的な社会性を発達させることを教育の目的としたが、教育の重要性に対するこうした認識もやはりアリストテレスから受け継いだものであった。それは、「どのような社会の国制も、すべての市民によって共有され、かつ必要とされる種類の性格を生み出すよう思慮深く意図された教育にもとづかなければ、その国制が永遠であろうと期待することは馬鹿げているとアリストテレスは言う」とウォーラスが述べていることからわかる。彼は、「最も高貴な社会体制」を確立するためには教育による下支えが必要だと考えたのである。[140]

そしてまた、右の引用にも示されるように、当時のウォーラスが公教育を重視したことにも倫理的根拠があった。もちろん、彼が公教育を強調した背景には経済的根拠もあった。労働者の経済状態では教育費を賄えないため国家が費用を負担すべきだというのがその議論である。しかし、ウォーラスの場合、公教育は「市民」が「必要とされる種類の性格」を共有するために必要な制度であった。この考え方の源泉もまたアリストテレスであったことは、ウォーラスによる次のようなアリストテレスの公教育論の紹介に明らかである。[141]

都市全体は一つの目的をもつのだから、教育は単一であり誰に対しても同じであるべきであること、そして、それは公的であって私的であるべきではないことは明らかである。すべての人が自分の子供を勝手に養育し、自分の好きな種類の訓育を与える現在のようにするのではなく、共通の利益に関わる物事の訓練は誰に対しても同一であるべきである。いかなる市民も自分は自分だけのものだと考えてはならない。というのも、市民はすべて国家に属し、各部分を気遣うことは全体を気遣うことと不可分だからである。

ここで興味深いのは、このように公教育を重視するに際して、ウォーラスが、教育内容としては国家宗教の刷り込みではなく知性の育成を考えていたことである。実際、「知的生活」の実現は、ウォーラスにとって利他的な社会性の涵養と並ぶいま一つの教育目的であった。たとえば、彼は「国民は富裕になるために教養をもつよりは教養をもつために富裕になるべきだ」(142)と論じて教育が単なる技術教育や読み書き算術の教授に終わってはならないことを主張している。彼にとって教育とは、「大体十五、六歳のそこそこ知的な少年になら誰にでも訪れる精神の大きな目覚めと貪欲な知識欲と」(143)を適切に満たしてやり、また一部の特権階級だけでなく大多数の労働者階級にも「我々が文明と呼ぶ思想と科学との偉大な体系」に触れさせることであった。こうした教育にもとづく「知的生活」こそ「人間的な生活」にほかならなかったのである。(144)

しかし、宗教教義の刷り込みではなく知性の育成を図ったとして、それがどのように「市民」の利他的な社会性の涵養につながるのか。一つの手がかりは、「義務」の感情が「現体制下においてはほぼ完全に浪費されている」ことを指摘するウォーラスが、その原因を「習慣の巨大な影響」と「一般の人間の想像力の貧困」とに見ている点に見つかる。ウォーラスによれば、各人が想像力を働かせて自らの生活を反省すれば、個人的な安楽や贅沢のために必要とされる面倒な習慣の多くは不要と考えられるはずである。つまり、快楽よりも面倒を生むにすぎない余分な帽子や田舎の邸宅を男性はすぐに捨てるだろうし、女性は四フィートもの髪を保つのに一日二十分も時間を費やすことがなくなるのである。(145)

ここから判明するように、ウォーラスは「義務」の感情の陶治と「想像力」の豊かさとを同一視していた。つまり、ここで想定されているように「想像」することがあれこれと反省し検討することであるとすれば、彼は、知性の発達によって視野が広がり共同体の他者のことを考える利他的な感情も発達するはずだと理解していたのである。こうした理解をウォーラスはアリストテレスのなかにも見出していると言ってよい。彼はアリストテレスにおける教育の目的を次のように紹介している。

完全な市民には生まれ・習慣・理性のすべてが必要とされるとアリストテレスは言う。彼の教育は、理性と習慣とが一致し、かくして最良の調和を生み出すように管理されなければならない。教育の目的は個人の理性の発達であるべきだが、その発達にとって肉体と情念との訓練は最良の手段である。(146)

ここから直ちにわかるのは、ウォーラスが「個人の理性の発達」をアリストテレスにおける教育の目的であると理解していたことであるが、さらに注目したいのは、その教育は「完全な市民」という社会性を帯びた人間を育成する役割を担っていたことである。すでにみたように、ウォーラスがアリストテレスにおける教育の目的を社会的・利他的な「市民」を育成することと捉えていたことは、彼によるアリストテレスの公教育論の紹介から明らかである。したがって、ウォーラスはアリストテレスの教育論のなかに理性と利他的な社会性とを結びつける考え方を見出していたと結論してよいであろう。

以上、ウォーラスの倫理論を検討してきた。そこから明らかになったのは、ウォーラスにとって、利他的で社会的な行為や動機が「善き生活」の条件と考えられていたことであり、それを涵養する手段として芸術や教育が考えられていたことである。これらの点においてもウォーラスはアリストテレスから基本的な視座を得ていたことが確認されたであろう。

VII　小括

これまでの検討からわかるように、結局、初期ウォーラスの社会主義論はアリストテレスの『政治学』を引照枠組としつつ、その引照枠組とウォーラスが見た同時代的な問題とを突き合わせたときに生まれたものであった。つまり、その根幹には、国家もしくは共同体はただ生きるためではなく「善く生きる」ために存在するというウォーラスがアリストテレスから受け継いだテーゼがあり、このテーゼにもとづいて、ウォーラスは、自由放任主義的な「個人主義」の主張を批判し、利他的な義務や共同体の観念を強調する社会主義論を展開したのである。

この社会主義論は、相互に密接な関連をもつ経済論・政治論・倫理論という三つの側面からなっていた。そのうち、経済論は、最低の生産条件によって生産された部分とそれ以上の部分（レント）とを理論的に区分することで、「レント」の共有化を通じた富の公正な分配の可能性を示すとともに、特に中・上流階級が有する「レント」の社会への還元を「義務」と捉えることで、いかに生きるべきかという倫理的な問いにも答える側面をもっていた。また、政治論は、この「レント」共有化の具体的手段を考える際に要請されてくる。というのも、現実問題として人間の利己性を考慮した場合、「レント」の共有化は人間の利他的な社会性に訴える意識改革だけでは達成できず、政治権力を発動して強制的に達成する必要があることをウォーラスは自覚していたからである。

しかし、意識改革の難点を克服するための政治論も、想定された政治制度が民主政である以上、同じ人間性の問題に戻らざるを得なかった。なぜなら、多数派である労働者階級が富の公正な分配を実現できる有能な人物を選挙において選択できるとはかぎらないからであり、結局、ウォーラスは、民主主義がうまく機能するには「市民がいくらかの公共精神と寛容とをもつ」ことが必要であると結論することになった。彼の芸術論や教育論は、そうしたある種の道徳的能力の涵養のために要請される。ウォーラスにとって、利他的・社会的な動機や行為にもとづく生は、それ自体が「善き生」の実現であるだけでなく、富の公正な分配を容易にし、また、それを制度的に保証する社会民主主義を実現する最終的な条件でもあった。

こうしたウォーラスの社会主義思想は、現実の人間性に立脚して理想をその範囲内で実現しようとしつつ、他方で人間性そのものを改善しようと目論む二正面作戦を採っていたと言える。しかし、そこには曖昧な点も残されている。ここでは次の二点に注意を向けておきたい。

第一点は、「利他」的動機と共同体の観念の強調とはどこまで一致するかという問いである。すでにみたように、ウォーラスの社会主義論では、一方で「他者の利益、つまり、自分の周囲の人や動物の利益、さらに宗教が教える目に見えない力の利益」を考慮しようとする「利他的」な動機・行為が「義務」として強調されるが、その他方で、そうした動機や「義務」は共同体における「共通の（意味ある）目的」の自覚とも結びつけられていた。競争的資本主義を支える利己主義への反対という背景を考えれば、こうした連関は理解できる。しかし、共同体の境界によって「利他」的動機の普遍性が失われることはないのかという疑問は生じてこざるを得ない。この点は、公教育の内容を「想像力」とつながる知性の育成に見ていた点とも関わる。第三章では、こうした点に対してウォーラスがどのように対処したかが問題になる。

第一点と密接に関連するのが、当時のウォーラスを含むフェビアンにおける「共同体」の具体像は何かという第二の問題点である。そもそも、フェビアンが用いる「共同体」や「国家」の用語法には混乱が見られる。たとえば、ウォーラスは、「共同体」を「教区から国民まで社会民主的な単位を表す」語と定義し、「国家」と「自治体」とは区別している。[147] しかし、ショウは、「共同体」を中世における封建社会の要素とみなす一方で、「共同体全体（the whole community）」については「人民全体（the whole people）」「国民全体（the whole nation）」とほぼ同義で用い、社会主義下では、これらのために「人民の代表者かつ受託者」である「国家」がレントを徴収すると論じている。[148] また、ウェッブの場合には、「共同体」による所有は「国有化（nationalization）」「自治体所有化（municipalization）」と表現され、文脈からみて、「国家（the State）」も「共同体」とほぼ同じ意味で用いられる場合があるが、「国家」と「自治体」とは区別される場合もある。[149] これに対して、ボールは、すでに紹介したように、「国家」を、諸単位の単なる結合である「社会」と概念的に区別して、諸単位全体の利益を代表する概念として理解するが、同時に、その「国家」概念のなかに国会だけでなく地方議会も含めていた。

しかし、こうした用語法の混乱にもかかわらず、三つの特徴を指摘することはできる。その一つは、「共同体」の概念のなかには国家だけでなく地方自治体組織も含まれるということである。そのことは、ボールの特異な「国家」概念だけでなく、ウォーラスが社会主義下での生産手段の公有化を論じる際に、公有化と国有化とを同一視していないことにも示されている。類似の用法は、ウェッブにも見られる。[150]

しかし、こうした多元的な概念であるにもかかわらず、たとえばボールが指摘するように、「共同体」（ボールの用語法では「国家」）は、単なる諸単位の結合ではなく、諸単位全体の利益の代表と捉えられている点で共通する。これが第二の特徴である。もっとも、ボールはそれを「何か神秘的な実体ではなく、単に共通の目的のために組織された」ものと見るのに対し、ウェッブはそれを我々が「従属」すべき「ヨリ高い目的」をもった社会有機体と捉えており、「共同体」（ないしは「国家」）は諸単位を代表するにとどまるのか、それとも、それを「超越した」存在なのかに関しては、曖昧さが残る。この点は初期ウォーラスにも見られ、彼が「共同体」を「共通の目的」をもった「有機体」と見ていたことはすでに見たとおりである。なお、こうした「共同体」理解において、自発的結社は、「個人に認められている財産権を有している多くの個人から構成されているにすぎない」と判断され、「共同体」とは見なされない。[151] たとえば、ウォーラスは、「共同体と同一の拡がりをもたない〔「共同出資会社」「宗教団体」「共同生活集団」といった自発的〕結社に永続的な財産権を与える危険」を指摘している。こうした理解は、また、協同組合や労働組合などの自発的結社による産業管理を「同業者セクショナリズム」「共同出資個人主義」と批判し、「中央政府、カウンティ、市（town）、村会（parish council）のどの下であろうと、共同体全体の利益に沿って産業の公的組織を拡大する」[152]〔傍点平石〕べきだと主張するウェッブにも見出される。

　最後に挙げられるのは、多元的な共同体像が採られるなかで、国家の領域性に大きな重要性がおかれている点である。それは、暗に、国家が多元的な諸「共同体」の外縁と理解されていることを意味する。たとえば、ウォーラスは、「市民のいかなる自発的結社であろうと、それが生産手段に対する絶対的・永続的な権利をもつべきだとする提案は……社会民主的な理念全体の否定であるように見える」と述べ、財産保有に関する市民の区分けは「共同出資」ではなく「領域」に基礎づけられるべきだとする。そのうえで、彼は、「領域」にもとづいて「完全な包括性」を目指しても困難が生じると指摘し、移民制限の重要性を主張する。というのも、「新参者」である移民は「十全な個人の自由をもちながらも共通財産の分け前をもたない」と社会の不穏分子となるが、逆に、すべての移民に「十全な経済的権利」を認めた途端、「プロレタリアート的移民」が海外から押し寄せ、受け入れ国の生活水準を最低限に押し下げる危険があるからである。難民に対する残酷な仕打ちは防がれなければならないし、「我々の知的・産業的平均」を向上させる外国人の流入は妨げてはならないが、不幸な「人間のゴミ」の流入は防がなければならないというのが、ウォーラスの結論であった。[153] この「共同体」の外縁の問題も、第三章に関わってくる。

　以上のような特徴をもつ社会主義論を展開したウォーラスは、しかし、一八九五年頃から「社会主義者」を自認することに違和感を覚え始める。ビアトリス・ウェッブは、一八九五年九月二十五日の日記において、ウォーラスが

「危機」を経験し、「経験的行政（empirical administration）と『束縛されない』思考とに専念するためにフェビアン協会を去り、すべての定式と知的絆とから自由になりたい」ともらしていたことを記している。もっとも、こう述べたウォーラスは、まだ思想的にフェビアン協会と訣別したわけではなかった。というのも、彼は自分が変節したわけではなく「経験的な種類の経済的集団主義者」であり、フェビアン協会と思想的に一致していることを認めていたからである。ウォーラスが不満だったのは、「一部の協会員と公衆のヨリ大きな部分とが社会主義者という言葉を神学的な熱意を伴った無味乾燥な定式と同一視する」ことに対してであり、そのために学務委員会等において彼の立場が誤解されてしまうことに対してであった。(154)

しかし、一八九四年に初当選した学務委員としての仕事が忙しくなったこともあって、ウォーラスが次第にフェビアン協会や協会員との密接なつながりを失うようになったことも事実である。このことは、たとえば、それまで比較的頻繁に「フェビアン・ニューズ」において紹介されていたフェビアン協会におけるウォーラスの講演が一八九七年十一月を境にしばらく紹介されなくなったことに示されている。また、ビアトリス・ウェッブは、一八九八年のウォーラスのエイダ・ラドフォードとの結婚や、一九〇一年頃の学務委員会と技術教育委員会との対立等がウォーラスとウェッブ夫妻との間の関係を疎遠にしたと述べている。(155) 加えて、思想的にも、ウォーラスは、一九〇二年の教育法改正や一九〇三年の関税改革問題をめぐってウェッブ夫妻らが率いるフェビアン多数派と意見を異にするようになり、一九〇四年一月にはフェビアン協会を脱会する。脱会に際してピーズに宛てた手紙のなかでウォーラスは次のように記している。

何年もの間、実際、執行部を去ってからずっと、私は……協会に時間を割くことがほとんどできなかった。私は自分ではほとんど何も起草しなかったし、私がなんらかのトラクトの形式や内容に反対した際にも、私はすでに仕上がった仕事に対して非常に役に立たない批判者として現れたにすぎなかった。たとえば、私は、まもなく世に出るであろうロンドンの教育に関するトラクトにおいていくつかの小さな点について反対であったし、先週金曜日に通過した関税改革に関するトラクトでは多くの重要な点で反対であった。後者の場合には、協会の大多数が執行部に賛成であり、私に反対であることは明らかであった。(156)

こうした理由からウォーラスはフェビアン協会を去るが、ここで注目されることは、ウォーラスの著書のほとんどが彼のフェビアン協会脱会後に発表されていることである。『フェビアン論集』に収められた「社会主義下の財産」(一八八九年)や彼の初の単著である『フランシス・プレイス伝』(一八九八年)は別であるが、次の『政治における人間性』(一九〇八年)以降の著書はすべてフェビアン協会脱会後に出版されている。それでは、脱会後のウォーラスの政治思想は、これまで検討してきたような社会主義論とどのような連続性と非連続性とをもっているのだろうか。これが、次に問われるべき問題となる。しかし、その前に検討しておきたいのは、一八八八年頃から始められウォーラスがフェビアン協会との関係を薄めていった一八九〇年代後半においても続けられた彼の英国史研究とそこに示された彼の歴史認識とである。というのも、こうした英国史研究から得た眼前の社会に対する歴史的状況の認識が、フェビアン協会脱会後のウォーラスの問題関心と密接な関連をもつと考えられるからである。

(1) たとえば、石井健司「グレアム・ウォーラスの初期における社会主義論――一八八〇年代におけるフェビアン協会活動」(『政経研究』第三三巻第一号、一九九六年)、同「グレアム・ウォーラスとフェビアン社会主義――フェビアン社会主義の民主主義的・漸進主義的性格との関連について」(『政経研究』第三四巻第四号、一九九八年)、同「フェビアン協会時代のウォーラス」(『近畿大学法学』第五〇巻第一号、二〇〇二年)は、初期ウォーラスの思想に切り込んだ研究成果であるが、ウォーラスがマルクス主義的な史的決定論や革命思想に反対したこと、さらに彼の社会主義論が倫理の問題と関係のあったことなどを指摘しているものの、そうした初期ウォーラスの社会主義論がもつ個々の側面が互いにいかに関連しているのかについては必ずしも分析していない。また、ウォーラスの手稿・原稿類もほとんど検討されていない。

（2）一八九五年頃にウォーラスが社会主義者を名乗ることに違和感を覚えるようになった事情については、Norman and Jeanne MacKenzie (ed.), *The Diary of Beatrice Webb: All The Good Things of Life* (London, 1986) Vol. 2, p. 81 を参照せよ。本書においても、この問題は本章末尾で扱うほか、第三章の主題ともなっている。

（3）ウォーラスとオリヴィエとは大学時代の友人であり、ウォーラスは一八八二年にオリヴィエを勤務先の植民省に訪ねた際、偶然シドニー・ウェッブと知り合った。ショウと出会った日ははっきりしないが、ショウの日記で最初にウォーラスに関する言及があるのは一八八六年二月十五日である。ただ、ウォーラスはそれ以前から次に触れるハムステッドでの勉強会にショウとともに参加しており、二人の出会いはもっと早いと思われる。（Wiener, *Between Two Worlds*, p. 15; MacKenzie, *The First Fabians*, p. 63〔邦訳、七四頁〕; Stanley Weintraub (ed.), *Bernard Shaw: The Diaries 1885-1897*, Vol. 1, (University Park/London, 1986), p. 146.)

しばしば紹介されるように、一八九三年九月十七日の日記で、ビアトリス・ウェッブは、ウォーラス、ショウ、シドニー・ウェッブの三人を「フェビアン指導者集団（Fabian Junta）」と呼んでいる（MacKenzie (ed.), *The Diary of Beatrice Webb*, Vol. 2, p. 37）。また、ショウは、一八八四年冬にマルクス読書会として始まった「ハムステッド歴史クラブの頃は、ショウ、ウェッブ、オリヴィエ、ウォーラスは三銃士とダルタニャンであった」と述べている（Shaw to Archibald Henderson (Jan. 3, 1905) in Bernard Shaw (Dan H. Lawrence (ed.)), *Collected Letters 1898-1910* (London, 1972), p. 490）。こうしたことからわかるように、これらの四人は、当時、私生活においても、また思想的にも、非常に親密な関係をもっていた。こうした四人の関係は、MacKenzie, *The First Fabians*, ch. 4 のほか、Weintraub (ed.), *Bernard Shaw: The Diaries*, Vol. 1 にも詳しい。

（4）安川悦子は、このような特徴をもつ一八八〇年代の英国を『転換』の時代」として位置づけている。（安川悦子『イギリス労働運動と社会主義――「社会主義の復活」とその時代の思想史的研究』御茶の水書房、一九九三年、三―六頁。）

（5）ウォーラスが一八八五年にロンドンに移った点については、Graham Wallas, 'How Karl Marx was found wanting' in *The Morning Post* (Jan. 1, 1923), p. 3 を参照。また、カール・マルクス・クラブについては、たとえば MacKenzie, *The First Fa-*

bians, pp. 63-4（邦訳、七四—五頁）; Weintraub (ed.), *Bernard Shaw: The Diaries*, Vol. 1, p. 33 を参照。

（6）MacKenzie, *The First Fabians*, p. 91.（邦訳、一〇五頁）

（7）E. R. Pease, *The History of the Fabian Society* (London, 1963), p. 17. なお、本書では一九六三年版を用いているが、この著作の初版は一九一六年である。

（8）当時の心霊研究や心霊主義に関しては、Janet Oppenheim, *The Other World: Spiritualism and Psychical Research in England 1850-1914* (Cambridge, 1985)（和田芳久訳『英国心霊主義の抬頭——ヴィクトリア・エドワード朝時代の社会精神史』工作舎、一九九二年）を見よ。特にその精神史的意義については、pp. 1-4（邦訳、一八—二二頁）を参照せよ。こうした心霊研究や心霊主義は、ウォーラスやショウと同じ初期フェビアンであったアニー・ベザントが大きな関心を寄せていたため、彼らにとっても身近な考えであった。たとえば、ウォーラスは、一八八八年十月二十日に、ベザント宅で行われた心霊研究に参加している。ショウも、一八九二年九月十八日に、ヘンリー・ソルトとともに心霊主義の特徴であるテーブル回転を試してソルト夫人をだましたりしている。(Weintraub (ed.), *Bernard Shaw: The Diaries*, Vols 1, 2, pp. 423, 854.)

　また、コントの社会学は、そもそもフランス革命によって惹起された社会的・精神的混乱に対処しようとする彼の知的営為の産物であったが（清水幾太郎『オーギュスト・コント——社会学とは何か』岩波書店、一九九五年）、英国においてもこのような側面をもった。このことは、進化論の影響でキリスト教を信じられなくなった若き日のフェビアンたちが「社会学という当時ごく最近に生み出された科学」、つまりコント社会学に向かったと指摘する Pease, *The History of the Fabian Society*, p. 18 に暗示されている。さらに、マーガレット・オリヴィエは、ショウ、ウェッブ、ウォーラス、オリヴィエ、ピーズらは、フェビアン協会が設立される前に「当時の嘆かわしい状況を治癒するであろうなんらかの形態の社会組織をすでに探していた」ことを指摘し、「彼らは実証主義について議論した。当時、実証主義者の体系は希望のある解決に見えたのである」と述べている (Margaret Olivier (ed.), *Sydney Olivier: Letters and Selected Writings* (London, 1948), p. 60. また、p. 61 のオリヴィエの手紙も参照せよ)。

（9）Graham Wallas, 'The Future of Cowper-Templeism', in *The Nation*, Vol. 5 (July 24, 1909), p. 597.

（10）Wiener, *Between Two Worlds*, pp. 5-6. なお、メイ・ウォーラスは、ウォーラスがキリスト教信仰を捨てた理由を、ウィーナーのように高等批評に求めるよりは、ダーウィンの進化論に求めている。彼女は、ウォーラスが「キリスト教の教義を捨てたのは、それが進化の教義と相容れなかったからであった。彼の精神は、広教会派の妥協の可能性に対してはあまりにも真摯で明晰でありすぎた。彼が『創世記』を捨てたとき、彼は、そのうえに築かれているすべての構築物（structure）を捨てたのだった」と論じている。（May Wallas, 'Unfinished Biographical Notes on Graham Wallas', pp. 11-2.）

（11）Margaret Olivier, *Sydney Olivier*, p. 60.

（12）Wiener, *Between Two Worlds*, p. 14; May Wallas, 'Unfinished Biographical Notes on Graham Wallas', pp. 18-9, 26.

（13）Sidney Webb, 'What Socialism Means; A Call to the Unconverted' in *PS*, Vol. 1, No. 6 (June, 1886), p. 90.

（14）Pease, *The History of the Fabian Society*, pp. 16-8.

（15）Ibid., p. 48; MacKenzie, *The First Fabians*, p. 67.（邦訳、七八―九頁）

（16）Wiener, *Between Two Worlds*, p. 5.

（17）これら二つの解説の詳しい内容については、拙稿「グレアム・ウォーラスはアリストテレスをどう読んだか」（『成蹊大学法学政治学研究』第二四号、二〇〇一年）、五五―八二頁を参照のこと。

（18）たとえば、一九二〇年になってもウォーラスは、ギリシアの思想家から現代文明が始まったと言っていいのは、彼らがどんな種類の生活がよいかという問題を問いつづけ、その「善き生」を都市国家の存在理由と考えていたからだと述べている。（*HNP*, p. ix.〔石上・川口訳『政治における人間性』創文社、一九五八年、「第三版への序文」四―五頁〕）

（19）Wallas, 'Socialism and the Fabian Society' reprinted in *MI*, p. 103.

（20）たとえば、モリスやバックスの歴史観がマルクスの史的唯物論とは全く異なっていたことについては、安川『イギリス労働運動と社会主義』、二五二―九、二八〇―三頁を参照せよ。安川によれば、モリスが元来もっていた歴史観とバックスのそれとは「極めて観念的な歴史観」（二五五頁）であった。というのも、モリスは「『労働の喜び』を歴史発展の原動力＝労働者の革命的意志形成の中味にしようとした」（二五六頁）し、また、バックスも、歴史発展の活動的要素は「『イデオロギー的』概念のなかにある」（二八二頁、安川によるバックスからの引用）と考え、主体的な労働者形成の意義を強調したからである。

（21）安川の指摘によれば、ハインドマンは、モリスやバックスと異なり、マルクスの史的唯物論を理解することができた。しかし、そのハインドマンも、都築の指摘によれば、ラサールらの影響により、一八八四年頃までは革命よりも議会への参加を通じた改革を考えていた。その後、こうした立場は変化し、彼は階級闘争や暴力革命をヨリ強調するようになるが、その際にも、彼は、革命の最終的な必要性を認めつつもそれ以前の改革も重要と考える立場をとり、革命が差し迫っていると考えるモリスなど社会主義連盟の「戦闘派」の立場と改革主義的なフェビアンの立場との間の中道路線を採っていた。(安川前掲書、二五五—七頁；Chushichi Tsuzuki, *H. M. Hyndman and British Socialism* (Oxford, 1961), pp. 32–4, 37, 41–2, 46, 51, 56, 85-6.)

(22) マルクスに対するモリスの高い評価については、安川前掲書、二六二頁を見よ。See also, William Morris, 'How I became a Socialist' (1894) in A. L. Morton (ed.) *Political Writings, of William Morris* (Berlin, 1973), p. 242.

(23) 以上のようなモリスの社会主義思想が最もよく示されているのは、『ユートピア便り』の第十五章・第十七章である。また、'The Society of the Future' (1887), 'London in a State of Siege' (1887), 'Where are We Now?' (1890), 'Communism' (1893) といった講演・論説も参考になる(いずれも、Morton (ed.), *Political Writings, of William Morris* 所収。なお、モートンとは別に編纂された邦訳によるモリスの論文集として、中橋一夫訳『民衆の芸術』岩波書店、一九五三年がある)。編者のモートンがこの論説・講演集に寄せた序説は、E・P・トムスンの著名なモリス研究 (*William Morris: Romantic to Revolutionary* (1955)) の成果を踏まえたうえで、モリスの芸術家としての側面と社会主義者としての側面との間の関係を簡潔に説明している。ちなみに、一八九〇年頃からモリスも議会への参加を通じての国家社会主義の実現に対して一定の評価を与えるようになったが、その国家社会主義はあくまでも暫時的措置であり、最終的には国家社会主義を超え、ゆるやかな連合体を基盤とする共産主義段階への移行が目指されていた。その意味で、モリスは最期まで革命主義者であった。

(24) 一八八五年頃までのショウの政治思想については、Willard Wolfe, *From Radicalism to Socialism: Men and Ideas in the Formation of Fabian Socialist Doctrines 1881-1889* (New Haven/London, 1975), Pt. 2, Ch. 4 を参照せよ。特に、pp. 120–31 が参考になる。

(25) Sidney Webb, *Socialism: True and False* (Fabian Tract No. 51) (London, 1899), esp., pp. 3–4. なお、このトラクトのもととなった講演自体は、一八九四年になされている。

(26) Graham Wallas, 'Education' (1886), W. P. File 6/1, pp. 31–3.

(27) Graham Wallas, 'On Tithe' (1886), W. P. File 6/1, pp. 228–9.

(28) Sydney Olivier, 'Perverse Socialism' in *TD*, Vol. 6, No. 33 (Aug., 1886), pp. 48–50; Vol. 6, No. 34 (Sep., 1886), pp. 112–3. 以下、No. 33. 掲載分を Pt. 1、No. 34. 掲載分を Pt. 2 とする。

(29) ウルフも筆者と同じようにフェビアンによるマルクスの剰余価値論批判の背後に政治的意図を見ているが、彼は、特に一八八〇年代中頃までの最初期のシドニー・ウェッブの議論に注目している。ウルフによれば、ウェッブはリカードのレント概念を土地だけでなく資本と能力とにまで拡大することで「レント」の受益者を地主だけでなく中流階級全体、さらには熟練労働者や半熟練労働者にまで拡大して捉え、それによって、搾取されているのはむしろ社会全体なのであるから、革命よりは課税や「レント」受益者の道徳的改善によって社会改革を進めるべきだと考えたのであった。そして、道徳的改善を強調するこの議論の背後には、オーギュスト・コントからの強い影響があったとしている。(Wolfe, *From Radicalism to Socialism*, pp. 176-81, 198-211.)

ピーター・クラークは、レント概念を拡大することでマルクスの革命思想を批判したウェッブのこのような議論はウォーラスにも受け継がれたと見ている。あとで検討するように、この指摘はおそらく正しいが、本書ではクラークよりもさらにウォーラスが実際にどのようにしてマルクスの経済論を批判したのかに目を向ける。(Clarke, *Liberals and Social Democrats*, pp. 31-2.)

(30) A. M. McBriar, *Fabian Socialism and English Politics 1884-1918* (London, 1966), p. 32.

(31) P. H. Wicksteed, 'Das Kapital: A Criticism' in *TD*, Vol. 2, No. 10 (Oct., 1884), pp. 390-4.

(32) Ibid., pp. 394-9, 405, 406-7.

(33) Ibid., pp. 401-2, 406, 407-8.

(34) Olivier, 'Perverse Socialism,' Pt. 1, pp. 50-3; Pt. 2, pp. 110-2.

(35) Graham Wallas, 'An Economic Eirenicon' in *TD*, Vol. 11, No. 64 (March, 1889), p. 81.

(36) Ibid., p. 84.

(37) ウォーラスはこの「労働費用(labour-cost)」という言葉の意味を自明のものとし、自身では明確に定義していない。しかし、前後の文脈から考えて「商品の実際の生産に平均的に必要とされる労働」の量のことを指すと言える(ibid., p. 81)。したがって、賃金だけでなく福利厚生費等をも含めた総労務費という現在の経済学における"labour costs"の意味では用いていない。

(38) Ibid., p. 84. See also, ibid., pp. 82-3.

(39) Ibid., pp. 82-3.

（40）Ibid., pp. 84–5.

（41）Ibid., p. 86. See also, ibid., pp. 81, 83. なお、バートランド・ラッセルは、一八九六年にＬＳＥで行ったドイツ社会民主主義についての講演で、強調点や体系性の程度では異なるものの、以上見てきたようなウォーラスおよびフェビアンのマルクス主義批判とよく似た構図の批判を展開している。

たとえば、ラッセルは、マルクス主義の重要な哲学的特徴として弁証法的発展論と唯物論とを挙げたうえで、次のように批判する。すなわち、弁証法的発展論について見れば、マルクス主義のように、論理的に明確に区別された考えを体現する社会の各段階が突然の進歩や革命によって展開していく正反合の過程として歴史を捉えることは、（ラッセルが正しいと見る）ダーウィン的進歩観や有機的成長の観念とは相容れない。また、唯物論について見れば、そこでは力だけが正義であるとされ、正義や美徳はもちろんのこと、人間的な共感や道徳性への訴えかけがない。

ラッセルは、さらに、マルクス主義経済理論の核心を剰余価値論と資本集中論とにみ、その両方を理論的に批判しているが、その際、彼は、剰余価値論は「誤りであるばかりでなく、不必要で、むしろマルクスの資本集中論とは相容れない」と論じて、批判の重点を資本集中論においている。そして、資本集中論が現実に当てはまるかどうかは産業によって異なり、工業においては大体当てはまるが農業においては当てはまらないと批判するほか、資本が集中しても資本家の数が減るとはかぎらず、また、資本の集中の結果として国営化が着手されてきており、革命ではなく漸進的で有機的な発展過程こそが必須なのだと論じている。（Bertrand Russell, ***German Social Democracy: Six Lectures*** (London, 1896), pp. 1–40〔河合秀和訳『ドイツ社会主義』一九九〇年、みすず書房、九一―四五頁〕; see also, Royden Harrison, ‘Bertrand Russell: from liberalism to socialism?’ in ***Russell: the Journal of Bertrand Russell Studies***, Vol. 6, Iss. 1, Article 3 (1986).〔越村勲訳「バートランド・ラッセル――自由主義から社会主義へ」、都築忠七編『イギリス社会主義思想史』三省堂、一九八六年所収〕）

（42）マクブライアによれば、この「三レント理論」は、以下に紹介する一八八八年にウェッブによって発表された論文と、同年にオリヴィエによってフェビアン・トラクト第七号として発表された『資本と土地』とにおいて発表されたが、フェビアンの間では、すでに一八八六年後半から八七年前半にかけてハムステッドの読書会で構想されていた（McBriar, *Fabian Socialism and English Politics*, pp. 35–6）。また彼は、この「三レント理論」が、ウィックスティードによるマルクスの価値論批判を受けて、フェビアンが新しい「剰余価値論」を作り出そうとした結果生まれた理論であると論じている（ibid., p. 33）。なお、厳密に言えば、ウォーラスは「三レント理論」としているが、ウェッブの場合には、「機会のレント」

という第四のレントが含まれる場合もある。(See, ibid, p. 38; Sidney Webb, 'The Rate of Interest and the Laws of Distribution' in *The Quarterly Journal of Economics*, Vol. 2, No. 2. (Jan., 1888), p. 203; Sidney Webb, 'The Rate of Interest' in *The Quarterly Journal of Economics*, Vol. 2, No. 4 (July, 1888), p. 471.)

(43) 経済学説史上のこうした位置づけは、フェビアン自身による。たとえば、G. B. Shaw, *The Fabian Society: Its Early History* (Fabian Tract No. 41) (London, 1892), pp. 15–6. これに対して、ポール・スウィージーは、ヘンリー・ジョージ流の解釈を施されたリカード経済学の発展と見ている。(Paul M. Sweezy, 'Fabian Political Economy' in *The Journal of Political Economy*, Vol. 57, No. 3 (June, 1949), p. 244.)

(44) Graham Wallas, An untitled lecture (undated), W. P. File 6/1, p. 4. これは、ストップフォード・ブルックが主宰していたベドフォード討論協会における討論のために用意された原稿である。'That as long as land and capital subject to private monopoly the reward of the individual worker will not permanently increase' という長い題名が付されているが、便宜のために以下 Wages and Rents とする。

なお、ブルックは、奇蹟を信じられなくなるとともに国教会は特権階級の従順な道具だと考えて国教会を去り、ベドフォード礼拝堂でユニテリアン派の牧師となった聖職者であった。彼の主宰するベドフォード討論協会にはショウも参加していた。ワイラーは、初期フェビアンの一人であるウィリアム・クラークに見られるエマーソン的超越主義をブルックからの影響と見ている。(See, Weintraub (ed.), *Bernard shaw: The Diaries*, Vol. 1, p. 33; Clarke, *Liberals and Social Democrats*, pp. 16–7; Peter Weiler, 'William Clarke: The Making and Unmaking of a Fabian Socialist' in *The Journal of British Studies*, Vol. 14, No. 1 (Nov., 1974), p. 84.)

(45) Wallas, 'Socialims and the Fabian Society' reprinted in *MI*, pp. 103–4. また、本章の註(29)をも参照。

(46) Wallas, 'Wages and Rents', pp. 3–5.

(47) Ibid., pp. 5–6.

(48) Ibid., pp. 6–10.

(49) Ibid., pp. 11–3.

(50) Ibid., pp. 12–4.

(51) Ibid., p. 22.

(52) ポール・スウィージーは、フェビアンが「結合（cohesion）という内的法則と発展という全般的な法則とによってのみ理解され得る社会秩序」である資本主義社会をほとんど分析できなかったと批判している。というのは、フェビアンは資本主義の時代を「アナーキーの時代」と捉えるだけで、資本主義社会の内的法則の鍵である価値論と発展法則の原因である資本蓄積の現象とを十分分析しなかったからであった（Sweezy, 'Fabian Political Economy', pp. 246–7）。すでに紹介したように、ウォーラスはマルクスの資本蓄積論に気づいており、その有効性を批判したが、自ら資本主義固有の発展法則を明らかにしたわけではない。その意味ではスウィージーの批判はあたっていると言えよう。

(53) Graham Wallas, 'The Morals of Interests' (1889), W. P. File 6/13, p. 194. なお、一九四頁は誤って二回ナンバリングされており、この頁は実際には一九三頁である。また、ウォーラスがこの講演で「利子（interests）」という言葉を用いるとき、それが三つの「レント」のうちの「資本のレント」を表していることは前後の文脈から明らかである。

(54) Ibid., pp. 196–202.

(55) Ibid., p. 194.

(56) Ibid., p. 196.

(57) Graham Wallas, An untitled lecture (undated), W. P. File 7/5, pp. 53-4. おそらく一八八六年十一月十日に発表されたアリストテレスの『政治学』に関する講演のための原稿（日付については拙稿「グレアム・ウォーラスはアリストテレスをどう読んだか」〔『成蹊大学法学政治学研究』第二四号、二〇〇一年〕、八〇―一頁を参照のこと）。以後、便宜のため Lecture on Aristotle とする。なお、ウォーラス文書としての頁番号は記されていないので頁番号はウォーラス自身によるものである。

(58) Graham Wallas, 'Aristotle on Wealth and Property' in *TD*, Vol. 10, No. 56 (July, 1888), p. 18. なお、ウォーラスのこの解説文は *TD*, Vol. 10, No. 57 (Aug., 1888) にも引き続き掲載されている。そこで、No. 56 掲載分を Pt. 1、No. 57 掲載分を Pt. 2 とする。

(59) Ibid., p. 20.

(60) Wallas, 'Lecture on Aristotle', p. 54.

(61) Ibid., p. 53.

(62) Wallas, 'Aristotle on Wealth and Property', Pt. 2, pp. 50–1.

(63) Ibid., p. 53.
(64) Wallas, 'Lecture on Aristotle', p. 55.
(65) PUS, pp. 125–6, 130-4.
(66) E. R. Pease, 'Ethics and Socialism' in *PS*, Vol. 1, No. 1 (Jan., 1886), p. 17.
(67) Ibid., p. 19.
(68) Graham Wallas, 'Personal Duty under the Present System' in *PS*, Vol. 1, No. 7 (July, 1886), p. 119. なお、この論説は Vol. 1, No. 8 (Aug., 1886) にも引き続き掲載されている。そこで、以後、No. 7 掲載分を Pt. 1、No. 8 掲載分を Pt. 2 とする。
(69) Ibid., pp. 119–20; ibid., Pt. 2, p. 125.
(70) Ibid., pp. 124–5; ibid., Pt. 1, p. 110.
(71) Ibid., Pt. 2, p. 125.
(72) Pease, *The History of the Fabian Society*, p. 65.
(73) 「実証主義」は、シドニー・ウェッブやオリヴィエに影響を与えたことで知られる。ウルフは、そのなかでも特に初期ウェッブはJ・S・ミルよりはオーギュスト・コントからの強い影響を受けているとしてその思想を読み解いている。Wolfe, *From Radicalism to Socialism*, pp. 184, 188–98, 222–5, 266-71.
(74) Sidney Webb, 'The Economics of a Positivist Community' in *PS*, Vol. 1, No. 2 (Feb., 1886), pp. 37–9.
(75) Ibid., p. 38; Sidney Webb, 'What Socialism Means; A Call to the Unconverted' in *PS*, Vol. 1, No. 6 (June, 1886), p. 92.
(76) Webb, 'The Economics of a Positivist Community', p. 39.
(77) Ibid., p. 28. この記事は、ウェッブの講演後に行われた質疑応答の記録である。
(78) Wallas, 'The Morals of Interests', p. 194.
(79) G. B. Shaw, 'Transition' in *Fabian Essays* (London, 1948), p. 168.
(80) Ibid., p. 169.
(81) Ibid., p. 167.
(82) 一八八〇年代後半当時の英国社会主義における社会民主主義とアナキズムとの二項対立については、たとえば、Charlotte M. Wilson, 'Social Democracy and Anarchism' in *PS*, Vol. 1, No. 1 (Jan., 1884), p. 8; Charlotte M. Wilson and others,

What Socialism is (Fabian Tract No. 4) (London, 1886), p. 6; Webb, 'What Socialism Means', p. 92. を参照せよ。

(83) Shaw, 'Transition', p. 169.

(84) Ibid., pp. 168–9.

(85) ボールは、それほど著名ではないが、オクスフォードの学監の一人で、トマス・H・グリーンから強い影響を受けており、レナード・T・ホブハウスやウォーラスと付き合いがあった。一八九〇年当時学部生であったハーバート・サミュエルは、このボールの部屋でウォーラスと会っている。また、ヒレア・ベロックやギルバート・K・チェスタトンだけでなくホブハウスとも親交をもち、自由主義系の雑誌『スピーカー』の編集者となったジョン・L・ハモンドは、大学時代に、このボールの教えを受けていた。(See, Clarke, *Liberals and Social Democrats*, pp. 44–5, 74–5; Melvin Richter, ***The Politics of Conscience: T. H. Green and His Age*** (London, 1964), p. 361.)

(86) Sidney Ball, 'The Moral Aspects of Socialism' in *Socialism and Individualism* (London, 1908) pp. 75–6. なお、この論文は元来はトラクト第七二号として一八九六年に発表された。

(87) Sidney Webb, 'Historic' in *Fabian Essays* (London, 1948), pp. 53–4.

(88) Sidney Webb, 'The Difficulties of Individualism' in *Socialism and Individualism* (London, 1908), pp. 8–9. なお、ウェッブのこの論文は、元来は一八九一年六月に *Economic Journal* 誌に寄稿されたものである。

(89) Ibid., pp. 9, 20–2; Sidney Webb, 'Historic', p. 56.

(90) Graham Wallas, 'On Tithe', p. 204.

(91) PUS, p. 127.

(92) Graham Wallas, 'The Conditions of Self-Government' reported in *FN*, Vol. 2, No. 2 (April, 1892), p. 5.

(93) Graham Wallas, An untitled lecture (undated), W. P. File 6/1, p. 278. ストップフォード・ブルック主宰のベドフォード討論協会で使用されたもの。ウォーラスが自らを社会主義者と名乗っていることから時期はおそらく一八八〇年代後半から九〇年代前半である。以下、便宜のために Defence of Socialism とする。

(94) Wallas, 'On Tithe', p. 236.

(95) Wallas, 'Defence of Socialism', pp. 273–6.

(96) 次章Vの3と4とを参照のこと。

(97) Ball, 'The Moral Aspects of Socialism', p. 76.

(98) たとえば、ハーバート・スペンサーは、個人主義の立場から、その『人間対国家』（一八八四年）において、『社会静学』以来彼が主張してきた社会有機体の観念を弱めてまで、自然権の観念を盾として国家干渉をできるだけ排除し、個人の自由を確保しようとした。

また、ショウに批判されたベンジャミン・R・タッカーは、あらゆる独占を排し、土地の個人的占有と耕作とを強制すれば個人の労働の産物はその個人に帰着してすべての問題は解決するという「個人主義的」アナキストの立場から、社会民主主義を批判していた。彼は、社会民主主義を、多数者の権利が絶対的である制度と考え、国家によるすべての管理は「個人の独立」を侵害し、多数者による少数者の抑圧につながると考えたのである。

シャーロット・ウィルソンもアナキストの立場から社会民主主義を批判するが、理由づけにおいてタッカーと若干異なる。彼女の場合は、生産と消費とにおける完全に自由な共産制を実現するためには、平等な兄弟関係という「真の社会的結合」を達成する必要があり、そのためには、恣意的な制約から個人を解放し個人の尊厳を確立しなければならないが、社会民主主義ではこれを実現できないと考える。なぜならば、社会民主主義は数の支配であるために多数者の支持を取りつけようと平等な兄弟関係の達成を阻む権力闘争が展開され、かつ、支配の要素を捨て去ることができないからである。

最後に、ヘンリー・メインは、保守主義者の立場から社会民主主義の可能性に対して批判的であった。彼の場合は、一八八四年の第三次選挙法改正を受けて出版された『人民政府論』（一八八五年）において、貴族政治こそあらゆる真の進歩の源泉であると考え、労働者階級主体の多数者支配を意味する民主政治を批判したのであった。

以上、スペンサーとメインとについては、Ernest Barker, *Political Thought in England: From Herbert Spencer to the Present-day* (London, 1915), pp. 120-31, 167-70（堀・杣訳『イギリス政治思想Ⅳ——H・スペンサーから1914年』岩波書店、一九五四年、一〇〇—九、一四二—五頁）を参照のこと。タッカーの議論は、G. B. Shaw, 'A Refutation of Anarchism' in *OC*, Vol. 11, No. 5 (May, 1888), pp. 290-1; Vol. 12, No. 1 (July, 1888), pp. 9, 11 に紹介されている（なお、ショウのこの論説は、*OC* の Vol. 11, No. 5; Vol. 11, No. 6; Vol. 12, No. 1 と三号続けて連載されている。便宜のために、以下、Vol. 11, No. 5 掲載分を Pt. 1、Vol. 11, No. 6 掲載分を Pt. 2、Vol. 12, No. 1 掲載分を Pt. 3 とすることとする）。ウィルソンの議論については、Wilson and others, 'What Socialism is', pp. 9-12; Wilson, 'Social Democracy and Anarchism', pp. 8, 11-2 を参照の

こと。ウィルソンのこうした立場はクロポトキンのアナキズムと非常に近い。ショウはこれを「共産主義的アナキズム」と呼んでタッカーの「個人主義的アナキズム」と区別している。(Shaw, 'A Refutation', Pt. 2, pp. 374–5.)

(99) Webb, 'What Socialism Means', pp. 92–3. こうした観点はウォーラスにも見られる。(Wallas, 'Defence of Socialism', pp. 275–6.)

(100) Webb, 'The Difficulties of Individualism', pp. 18–23, 26-7.「巨大産業」の観念については、Webb, 'What Socialism Means', p. 91をも参照。この用語は、ウィルソンによっても用いられており (Wilson and others, 'What Socialism is', p. 6)、当時の社会主義者が、個人の労働の産物は個人の手に還元すべきだという個人主義的議論に対して、生産や分配における協同の必要性を主張する際の論拠の一つであった。ウォーラスの「巨大社会 (the Great Society)」の観念は、この「巨大産業」の観念を発展させたものである。

(101) G. B. Shaw, 'A Refutation of Anarchism' in *OC*, Vol. 12, No. 1 (July, 1888), pp. 9–10.

(102) Ibid., p. 10.

(103) G. B. Shaw, 'The Impossibilities of Anarchism' in ***Socialism and Individualism*** (London, 1908), pp. 58–62. この論説は、一八八八年のアナキズム批判を九一年にフェビアン・トラクトとして書き直したものを再録したものである。

(104) Shaw, 'A Refutation of Anarchism', Pt. 3, pp. 13–4.

(105) Wallas, 'Lecture on Aristotle', pp. 32–3. 以上の検討から明らかなように、ウォーラスは古代ギリシアの「市民」の観念が奴隷制を前提として成立していることに気づいていた。したがって、彼が古代ギリシアのポリス的デモクラシーを理想化したと主張することはこの意味では誤りである。(石井健司「グレアム・ウォーラスとフェビアン社会主義」、六七九頁と比較せよ。)

(106) Wallas, 'Education', p. 20.

(107) Wallas, 'Lecture on Aristotle', pp. 36–7.

(108) Ibid.

(109) Wallas, 'The Conditions of Self-Government', p. 5.

(110) Ibid.

(111) E. g., Wiener, ***Between Two Worlds***, p. 38.

なお、シドニー・ウェッブやショウがいかなる意味でエリート主義であり民主主義を批判していたのかという問題は、実は再考に値するがここでは論じきれない。

確かに、ウェッブの場合、その『産業民主制論』（一八九七年）において、労働組合における直接民主政の実験を失敗と評し専門的役員の必要性を論じているように、一八九〇年代後半には民主主義に対して一定の留保をつけるようになっていた。また、その最晩年には、『ソヴィエト共産主義』の第二版（一九三七年）においてスターリン統治下にあったソ連を「新しい文明」と結論づけている。(See also, Beatrice Webb, ‘What I have learnt about Russia’ in *The Listener*, Vol. 8. No. 194 (28 Sep. 1932); Sidney Webb, ‘Freedom in Soviet Russia’ in *CR*, Vol. 143 (1933).)

さらに、ショウも、すでに一八九四年には、「リバティ」誌に寄せた「なぜ私は社会民主主義者か」という論説において、社会主義はなんら千年王国をもたらすわけではなく、「少数の有能な者へのどうしようもない依存」と「目先の関心事しか考えられない大衆」の存在とを伴わざるを得ないと指摘し (quoted in Weintraub (ed.), *Bernard Shaw: The Diaries*, Vol. 2. pp. 990-1)、「フォートナイトリー・レヴュー」誌には「社会主義と有能な頭脳」という論説を寄せている。さらに、一九二〇年代後半にムッソリーニを擁護したことでも悪名高い。

こうした状況証拠もあり、ウェッブやショウを自由民主主義とは異質なエリート主義者とみなす立場は、彼らの周囲にいた同時代人にも根強く存在した。レナード・ウルフやバートランド・ラッセルはその一例と言える。また、エリック・J・ホブズボウムによる古典的なフェビアン批判も、こうした評価の線上にあると見なすことができよう。

しかし、こうした評価に対し、たとえば、ウェッブ夫妻は常に「民主的枠組」のなかで「効率的官僚制」を追求していたと論じ、ウェッブの民主主義論とJ・S・ミルのそれとの近似性を指摘したマクブライアの議論や、ショウのエリート主義の裏側に大衆への教育の重視と階級なき社会への志向とを看取したバーナード・クリックの議論は、初期ウェッブにおけるミルよりもコントの影響を指摘するウルフの議論（註73）とあわせて、やはり再検討されるべきであろう。また、「民主主義と効率の統一的実現」こそがウェッブ夫妻の一貫した関心であり、夫妻によるソ連擁護は、夫妻が一九一〇年代後半から二〇年代前半にかけて確立した社会主義像をソ連に投影したにすぎないとする岡真人の指摘や、ウェッブ夫妻を官僚主義者・「国家万能論者」と見なすことに異を唱える江里口拓の議論も、注目に値する。

さしあたり、以下の文献を参照。Leonard Woolf, ‘Political Thought and the Webbs’ in Margaret Cole (ed.), *The Webbs and their Work* (London, 1949); Royden Harrison, ‘Bertrand Russell and the Webbs: an Interview’ in *Russell: the Journal of*

Bertrand Russell Studies, Vol. 5, Iss. 1, Article 6 (1985); E. J. Hobsbawm, *Labouring Men: Studies in the History of Labour* (London, 1968), ch. 14（鈴木・永井訳『イギリス労働史研究』新装版、ミネルヴァ書房、一九九八年、第一四章）; McBriar, *Fabian Socialism and English Politics*, pp. 75–95; Bernard Crick, 'Shaw as Political Thinker, or the Dogs that did not Bark' in T. F. Evans (ed.), *Shaw and Politics* (Pennsylvania, 1991), pp. 21–36; Norman Buchan, 'Shaw and Parliamentary Democracy: A Parliamentarian's View' in Evans (ed.), *Shaw and Politics*, pp. 65–77; 岡真人「ウェッブ夫妻の社会主義像試論――第一次大戦直後の確立期における『大英社会主義国の構成』を中心に」（『社会思想史研究』第二号、一九七八年）、一三七―五六頁、同「ウェッブ夫妻における社会主義と共産主義――確立期の『大英社会主義国の構成』と晩年期の『ソヴェト・コミュニズム』との関連について」（『一橋論叢』第八〇巻第四号、一九七八年）、五一九―三三頁、江里口拓「協同組合からガバナンスへ――ウェッブ夫妻にみる公共圏と公共性」（大野誠編『近代イギリスにおける公共圏』昭和堂、二〇〇九年所収）、二八五―三一六頁、江里口拓『福祉国家の効率と制御――ウェッブ夫妻の経済思想』昭和堂、二〇〇八年。

(112) Wallas, 'Lecture on Aristotle', p. 35.

(113) Ibid., pp. 34–6.

(114) Ibid., pp. 39–40.

(115) Ibid., pp. 43–5.

(116) 野村博「T・H・グリーンの倫理思想」（行安・藤原編『T・H・グリーン研究』御茶の水書房、一九八二年所収）、二七―三六頁。また、行安茂『近代日本の思想家とイギリス理想主義』北樹出版、二〇〇七年、第II部第二章をも参照。

(117) 杉田敦「人間性と政治」（上）、一〇一、一〇九頁。R・G・コリングウッド（玉井治訳）『思索への旅――自伝』未來社、一九八一年、二四―七、一八一頁。

(118) Wiener, *Between Two Worlds*, pp. 8–9; Clarke, *Liberals and Social Democrats*, pp. 14–8, 39. ウォーラスと理想主義者との結びつきを示す他の事例を挙げれば、ウォーラスの妹の一人であるメアリーの夫（つまりウォーラスの義弟）は英国理想主義の一翼を担ったジョン・H・ミュアヘッドであり、ウォーラスと彼とは、フェビアンのウィリアム・クラークとともに一八九〇年代の一時期に同じアパートメントで部屋を借り、親交を結んだことがあった（John Muirhead to May Wallas (Sep. 20, 1936), W. P. File, 19/9）。また、フェビアンのなかでもデイヴィッド・G・リッチーは、英国理想主義の代表的思想家の一人であった。

(119) Graham Wallas, 'L. T. Hobhouse' in *New Statesman and Nation*, Vol. 1 (April 25th, 1931), p. 326.
(120) 行安『近代日本の思想家とイギリス理想主義』、二二五頁、同『トマス・ヒル・グリーン研究』理想社、一九七四年、第四章。
(121) Wallas, 'Lecture on Aristotle', p. 45.
(122) Ibid., p. 55.
(123) Wallas, 'Personal Duty under the Present System', Pt. 1, p. 118.
(124) Ibid., Pt. 2, p. 125.
(125) Graham Wallas, 'On Tithe', pp. 227, 236.
(126) Ibid., p. 231.
(127) See, e. g. Graham Wallas, 'The Coming School Board Election' reported in *FN*, Vol. 4, No. 2 (April, 1894), p. 6.
(128) Wallas, 'On Tithe', pp. 236–7.
(129) Ibid., p. 237.
(130) Wallas, 'Defence of Socialism', p. 269.
(131) See, ibid., p. 278.
(132) Wallas, 'The Morals of Interests', p. 202. もっとも、ここではウォーラスは「公共精神の相当な成長がないかぎり、現存の公共団体によるガスや水道以外のほとんどの産業の経営は、しばらくの間、経済的な意味をもつよりは倫理的・政治的意味をもつだろうし、そもそも公共精神が相当成長しなければ、こうした実験が試みられそうにもない」と論じており、公有産業の生産性については留保をつけている。しかし、依然として公有産業に倫理的意義を認めていることは明らかであろう。
(133) Graham Wallas, 'On Art' (undated), W. P. File 6/13, p. 243. この講演の場所・時期についての記載はないが、講演の内容からおそらく一八八七年か一八八八年のものと思われる。講演時期の手がかりとしては、ここでは次の三つに注目している。①二四五頁で言及されているマイケル・G・ムルホールの *The Dictionary of Statistics* は、初版が一八八四年、第二版が八六年、第三版が九二年、第四版が九九年に出版されているが、構成が大きく変わったのは一八九二年の第三版以降であり、ウォーラスが引用している頁番号と内容とから考えて彼が参照しているのは初版か第二版である。したがって、講演はおそらく一八九二年以前に行われていること、②二四六頁で言及されているロバート・ギッフェンの *Essays in Finance* は、初版が一八八〇年、第二版が八二年、第三版が八六年、第四版が九〇年にそれぞれ出版されているが、ウォーラスが言及している第二巻が出版されたのは一八八六年以降であり、ウォーラスが引用している四六一頁の内容は一八八六年版と九〇年版とで同じである。したがって、ウォーラスの講演はおそらく一八八六年以降に行われていること、③二四九頁に、ウォーラスが二年前にジョン・ミレーの展覧会を訪れたことが述べられており、ウォーラスが言及している展覧会と同一の可能性のある展覧会が一八八五年十二月および一八八六年二月のショウの日記において言及されていること（Weintraub (ed.), *Bernard Shaw: The Diaries*, Vol. 1, pp. 134, 145-6）。以上から考えて、ウォーラスのこの芸術論は、一八八六年から九二年の間に行われた可能性が高く、特に一八八七年か八八年の可能性が高い。

(134) Wallas, 'On Art', pp. 250–1.
(135) Ibid., pp. 243–4.
(136) Ibid., pp. 244-5. なお、「都市国家」の箇所は、「国家」という語から訂正されている。
(137) Ibid., p. 256.
(138) Ibid., pp. 246–7.
(139) Ibid., p. 247.
(140) Wallas, 'Education', pp. 22-3, 26.
(141) Wallas, 'Lecture on Aristotle', pp. 50–1.
(142) Wallas, 'Education', p. 6.
(143) Ibid., p. 18.
(144) Ibid., pp. 20–1.
(145) Wallas, 'Personal Duty under the Present Synstem', Pt. 1, p. 119.
(146) Wallas, 'Lecture on Aristotle', p. 49.
(147) PUS, pp. 124, 127. 実際、ウォーラスは彼の講演で state を community に書き換えている場合がある。See, Wallas, 'Defence of Socialism', p. 260; Wallas, 'The Morals of Interests', p. 202.
(148) Shaw, 'Transition', pp. 161, 167-8.

(149) Sidney Webb, 'Historic', pp. 44-6, 49.

(150) なお、特にボールの用語法に関連して、ハーバート・サミュエルの『自由主義』における次の言葉を参照せよ。「本書を通じて、国家という語は、地方自治体と区別された中央政府という意味で用いられるのではなく、地方・中央を問わず、統治組織全体を意味するものとして用いられる。学務委員会の業務は、国会の業務……と同じだけ『国家行為(State action)』の一部である。これはもちろん、政治科学に関する近年の著作の実質的にすべてで採用されている用語である。」(Herbert Louis Samuel, *Liberalism: An Attempt to State the Principle and Proposals of Contemporary Liberalism in England* (London, 1902), p. 24.)

サミュエルのこの書は、本章が扱う時期よりもややのちの一九〇二年の出版である。加えて、彼自身はフェビアン協会には入会していない。それにもかかわらず、彼が集団主義的な自由主義者としてウォーラス、ウェッブ、ショウと親交があったこと、そして、ウォーラスも含めフェビアンが密接に関わっていた学務委員会の業務を「国家行為(State action)」の一部としているのを見れば、この指摘はやはり注目に値するであろう。

(151) PUS, p. 128.

(152) Sidney Webb, *Socialism: True and False*, p. 14.

(153) PUS, pp. 128-9.

(154) MacKenzie (ed.), *The Diary of Beatrice Webb*, Vol. 2, p. 81.

(155) ビアトリスによるエイダ・ラドフォードへの辛辣な批評については、ibid, pp. 129, 195 を見よ。また、一九〇一年頃までにウォーラスとウェッブ夫妻との仲が疎遠になったことについては、ibid, pp. 195, 225 を参照のこと。

(156) 'The Resignation of Graham Wallas' in *FN*, Vol. 14, No. 2 (Feb., 1904), p. 6. なお、ウォーラスが執行部を去ったのは一八九五年である。

第二章　ウォーラスの英国史研究と歴史認識

I　序――歴史家としてのウォーラス

前章では、一八八六年から一八九〇年代半ば頃までのウォーラスの社会主義思想を検討したが、本章では、ほぼ同じ時期に始められ、社会主義思想と違って一八九〇年代中葉以降も続けられたウォーラスの英国史研究を実証的に検討する。その目的は、彼の英国史研究に見られる歴史認識とその意図とを明らかにし、それらが彼の政治思想とどのように関連するのかを考察するための手がかりを得ることにある。

これまでのウォーラス研究においては、ウォーラスの歴史家としての側面はほとんど注目されてこなかった。それは、おそらく、彼が歴史叙述をする際に自らの視座や価値観を明確に打ち出さず史実を淡々と叙述するため、彼の英国史研究の特質が理解しにくいことによる。

しかし、一八八〇年代後半から九〇年代末にかけて、ウォーラスが英国史に多大な興味を抱いていたことは疑いない。たとえば、あとで詳しく扱うように、この時期の彼は十九世紀前半の英国政治史に関する論説や著書をいくつか発表しており、また、ロンドンやオクスフォードの大学公開講座の講師として英国の政治史・社会史について数多く講義している。加えて、ウォーラス自身にも歴史研究者としての自覚があった。彼は、一九一〇年に新設されるオクスフォード大学の政治学講師職に応募しているが、その略歴には、一八九〇年からは公開講座で英国の地方組織および中央組織の発達史を講義し、一八九五年からはロンドン大学経済学政治学学校（LSE）で英国の地方・中央・帝国の組織の発達史を講義したと記されているからである。(1)

しかも、こうしたウォーラスの英国史研究の成果は、同世代や後世の人々から高く評価されるほど完成度の高いものであった。たとえば、一八九八年に発表された彼の『フランシス・プレイス伝』は、十九世紀前半の英国政治史において陰の立役者であった仕立屋フランシス・プレイスを扱った伝記であるが、当時、人々の記憶からほぼ完全に忘れ去られていたプレイスが団結禁止法撤廃や第一次選挙法改正などに大きく寄与したことを、一次資料の丹念な渉猟を通じて明らかにしたものとして、発刊当時から高く評価された。(2) こうした高い評価を与えたのは、ウォーラスと同世代の歴史家だけではない。LSEでウォーラス後任の政治学教授となったH・J・ラスキもその一人であった。彼は、次第にウォーラスの思想や著作に対して批判的になったことで知られるが、『フランシス・プレイス伝』に関しては、ウェッブ夫妻の『労働組合の歴史』とともに、十九世紀における英国の社会進化に関する本格的研究の嚆矢であり、他の歴史家の見地に変化を与えたものだったと述べて、ウォーラス最大の功績の一つと見なしているのである。(3) また、『宗教と資本主義の興隆』を著したことで知られるリチャード・H・トーニーは、マックス・ベアの『イギリス社会主義史』に寄せた序文において、ウォーラスを、ウェッブ夫妻やハモンド夫妻と並ぶ十八世紀中葉以降の英国社会史の第一人者と認めている。(4)

それでは、こうしたウォーラスの英国史研究の背後に控えていた歴史認識はどのようなものだったのだろうか。そして、彼の英国史への関心の背後にはどのような意図があったのだろうか。これらの問いを考察するための予備的考察として、最初に、ウォーラスの英国史研究とほぼ同時代に典型的に見られた歴史観を検討しておきたい。

II　歴史認識と英国史研究の主題

1　背景としての社会発展論

ヴィクトリア朝期の歴史観について著書のあるピーター・J・ボウラーによれば、ウォーラスもその前半生を過ごした十九世紀ヴィクトリア朝時代の英国は、「物質文明がいまだかつてない勢いで発展を遂げた時代」であると同時に「過去に魅せられた時代」でもあった。その背景には、技術の進歩に代表される社会の急速な進歩がヴィクトリア朝文化に大きな緊張をもたらし、「近代的価値がいかにあるべきかを巡って大きな混乱を引き起こした」事情があった。社会の急速な進歩のなかで、ヴィクトリア人は、社会はどちらに向かっているのか、また、どちらに向かうべきなのかを問わざるを得なかったのである。

この状況の下で提出された最初の思想的応答の一つは、十九世紀前半の英国において強力な影響力を発揮したベンサム主義であった。これは、幸福を求める個人の欲求こそが社会発展の推進力であり、また、この欲求こそがすべての立法の基礎となるべきであると考えた。加えて、この考え方は、伝統を完全に断ち切り人間行動の基本原則にもとづいて社会改革を行おうとする意味で、演繹的で「全く非歴史的な見方」であった(5)。

しかし、十九世紀を進むうちに、こうした演繹的・非歴史的な見方は、次第に、ヨリ帰納的で歴史的な見方に取って代わられていく。そこには三つの背景があった。一つは、大陸からの知的影響である。トマス・アーノルドやトマス・カーライル、サミュエル・T・コールリッジといった思想家は、ドイツ歴史学から影響を受け、普遍的な人間性の法則を措定する代わりに、さまざまな歴史的段階がもつ独自な性格を強調するようになっていた[6]。いま一つは、ベンサム主義の快楽原理に対する哲学的批判である。たとえば、トマス・B・マコーレーやJ・S・ミルは、ベンサムのいう「快楽」の内容が曖昧であることを批判し、社会を分析するために歴史の要素を取り込むようになった[7]。最後に、ベンサム主義の経験上の限界である。つまり、英国がインドやアフリカ等の植民地と関わりを深めて行政的管理も強めるにつれ、現地の人々の「原始的」で「非合理的な」行動に対処せざるを得なくなったが、その際、快楽を追求し苦痛を忌避するというベンサム主義の演繹的な人間性の分析はほとんど役に立たなかったのである[8]。

こうして、ベンサム主義の影響を脱け出すJ・S・ミルの頃になると、歴史が、「人間社会と物質世界との双方がどのように動いているかを理解するための格好の手がかりを与え」るようになった[9]。その際にとられた歴史観が、歴史における発展段階を設定し、そこに「原始的」段階から「文明的」段階への進歩を見る社会発展論であった。というのも、社会発展論は、「原始的」段階を設定するために演繹的なベンサム主義の限界を克服することができ、かつ、進歩の観念を組み込んでいるために、社会がどちらに向かっており、また、どちらに向かうべきかという問いに対して答を指し示したからである[10]。

ウォーラスやフェビアンが自らの政治思想を構築する際に参考にした思想家においても、こうした社会発展論を唱えた者は多い。たとえば、自由放任を唱える古典的自由主義の論客としてフェビアンには批判されたハーバート・スペンサーは、社会の進化を強制的協力の支配する軍事型社会から自発的協力が支配する産業型社会への移行と捉えていた。また、「実証主義」を唱え、シドニー・ウェッブやシドニー・オリヴィエに影響を与えたオーギュスト・コントは、社会の進歩は知識の進歩によって決定されると考え、人間の知識の発達過程を神学的段階・形而上学的段階・実証的段階の三段階に分類した。コントは、また、社会構造も、知識の発展に応じて憶測的知識の支配する軍事的段階から抽象的知識が支配する法律的段階を経て、科学的知識が支配する産業的段階へ進歩すると考えた。さらに、社会民主連合や社会主義連盟において大きな影響力をもったカール・マルクスは、生産力の発展と生産関係における敵対関係とを歴史の推進力と見なし、原始共産制から資本主義社会への発展を跡づけた。

事実、フェビアンの間でも社会発展論は大きな影響を及ぼしていた。このことは、たとえば、『フェビアン論集』のなかの「歴史的基礎」と題されたシドニー・ウェッブによる論説に明らかである。

この論説において、ウェッブは、「社会主義者は、世間がすでに民主主義と産業革命との必然的結果であると見出した原理を意識的に採用することを唱道するにすぎない」(11)〔傍点平石〕と述べて、社会主義の実現は歴史的必然であると主張した。その際、彼は、社会主義実現までの歴史を三つの段階に分けて跡づけている。つまり、第一段階においては、「古い綜合（Old Synthesis）」である封建制が、産業革命と、産業革命およびフランス革命を契機として始まった民主主義の発展とによって打ち壊される(12)。続く第二段階においては、封建制下での「官僚的専制への猛烈な反動」が必然的に生じ、「社会のすべての新しい要素を無制限の放縦の状態に放置する」(13)こととなる。この段階で主張されたのが「自由放任」であり、「個人主義」であり、功利主義であった(14)。しかし、この自由放任的原理は、個人を強調するあまり社会の観念を軽視し、資本家による搾取を生んだ。こうして、最後の第三段階においては、一方では、立場の弱い大多数の人々を保護するために、国家や地方自治体といった共同体が産業や行政を管理する試みが「実務家（practical men）」によって進められ、他方では、コント、J・S・ミル、ダーウィンといった思想家を通じて「新しい綜合」としての「社会有機体」の観念が人口に膾炙するようになった(15)。この段階においては、第二段階とは異なり、共同体は個人以上の存在と考えられるようになり、共同体（common weal）のために個人の活動が制限されることもあり得る。このことの経済的表現が社会主義であり、また、このことを可能とする政治制度が「人民自身による管理」を意味する民主主義であった(16)。産業革命と民主化の進展とは、かくして社会主義の到来を必然的にもたらすのである。

ウェッブの議論は、このように、社会主義に至るまでの歴史を「古い綜合」としての封建制の時代、その崩壊の結果生まれた「アナーキーの時代」つまり自由放任的原理の時代、さらにその批判のうえに成り立つ「新しい綜合」としての「社会有機体」の観念と社会主義との時代という三つの段階に跡づけており、その各段階への移行を「必然的」と論じている点で、社会発展論の影響を強く受けていたということができよう。では、ウォーラスはこうした社会発展論をどのように捉えていたのだろうか。

2 ウォーラスによる社会発展論批判と歴史における理念の役割の強調

結論的に言えば、ウォーラスは以上に見た社会発展論に批判的であった。なぜなら、彼の理解によれば、社会発展論は社会の発展法則にしたがった歴史の自動的発展という観念を含意し、歴史における個人の理想や努力の役割を軽視しかねなかったからである。

もちろん、右に取り上げたウェッブの議論においても、歴史における個人の役割が完全に否定されていたわけではない。たとえば、彼は、「時代精神（Zeitgeist）」は潜在的なものであって、「個人の改革家の意識的な努力なくしては」社会改革は達成され得ないと論じている。[17] しかし、このように論じた直後に、ウェッブは次のように述べる。

意識的にせよ無意識的にせよ、自らの性格と知識とに従って社会進化に抵抗するかそれを促進するかは、個人にかかっている。時代の社会的な趨勢を完全に意識していることが重要なのは、その存在と包括性とによって我々の特定の活動がどのくらい時宜にかなうかがしばしば決められるという事実があるからである。[18]

ここから明らかなように、ウェッブにとって、歴史の推進力はあくまでも「時代精神」や歴史の趨勢であり、個人はその趨勢を受け入れるか入れないかの自由を認められているにすぎない。ウェッブのこうした議論に対し、ウォーラスの場合は、以下に示すように、歴史における個人の役割をはるかに重視していた。[19]

彼のこうした立場は、初期の社会主義とウォーラスと同時代の社会主義とを比較する形で論じられる。それによれば、初期社会主義においては、「あるべき社会の完全な叙述の準備が整った者でなければ、その理論におけるいかなる論点も説明しようとはしなかった」。つまり、ユートピアの観念が最初にあり、ヨリ幸福な生活を送るために人類がなすべきことはそのモデルに従うことだけであった。そのユートピアが受け入れられたと同時に、「それ以上の歴史が書かれる必要はなくなる[20]」。

これに対して、ウォーラスと同時代の社会主義者は、ダーウィンらの影響に起因する個人や社会の発展についての因果関係の認識、半世紀に亘る社会主義の宣伝活動の結果に対する幻滅、反社会主義者による社会主義的制度の実質的導入などを背景として、「自らの想像力を用いようとすることが少なくなった」。つまり、発展の観念が支配的となり、社会主義的理念の実現が突発的にではなく実質的・漸進的に進むなかで、「最終的かつ完全な改革への期待は捨てられ」、「我々は、未来のあるべき姿を作ろうと決心した人々を組織化しようとするよりも、時代精神のゆっくりとしてしばしば無意識的な発展を社会発展の唯一妥当な原因と見なし、未来の必然的な姿を発見し宣言するよう努力するようになった」〔傍点は原文イタリック〕のである。[21]

しかし、ウォーラスによれば、社会主義のこうした新しい概念にも難点があった。確かに、初期社会主義は理念の力を過大評価し、すべての人々の心を突然に変化させようという不可能事を期待していた。しかし、「今日、我々は、理念を過小評価し、時代精神（Time Spirit）でさえも個人の奮闘努力や熱望の総和にすぎないことを忘れる傾向がある」。ウォーラスによれば、実現が何世紀も遅れるかそもそも不可能だったかもしれないような変化は、しばしば「新しくヨリ高貴な生活についての辛抱強い唱道」によってもたらされた。彼にとって、社会発展は状況ではなく希望の産物であるはずであった(22)。

こうしたウォーラスの批判が具体的に同時代のどの社会主義者に向けられているかは、この論説では明らかにされていない。考えられる意図の一つは、右に見たようなウェッブらフェビアン主流派における社会発展論的傾向への警鐘であるが、フェビアン内の一部のアナキストへの批判もあったかもしれない。一八八〇年代後半のフェビアン協会において、社会主義の具体的な内容として個人の自由を重視するアナキズムを採るか、それとも中央集権的権力を強調する社会民主主義を採るかという問題は、最も大きな議論の対象の一つであったが、クロポトキンの影響を受けて個人の自由・創意性・自発性を強調するシャーロット・ウィルソンは、人間のもって生まれた本質的な社交性・善性を前提視し相互扶助を考えることでフェビアン主流派が唱えていた中央集権的権力による富の再配分を批判していた(23)。その議論には、一方で理念的な側面がありつつも、他方で国家の廃絶がそのまま問題解決にいたるかのような楽観論的傾向があった。

しかし、ヨリ興味深いのは、ウォーラスのこうした社会発展論への批判がマルクス主義的歴史観への批判にそのまままつながっていたことである。このことは、ピーズの『フェビアン協会の歴史』に寄せたウォーラスの書評のなかで回顧されている。

それによれば、一八八五年初めにハムステッドで『資本論』の読書会を始めた当初から、ウォーラスやショウ、ウェッブ、オリヴィエは、次の二点でマルクス主義的歴史観に批判的であった。第一点は、マルクス主義的な「歴史の経済的解釈」、つまり「すべての人間の行動を、狭くかつ機械的に経済的動機に関連づける」試みに対してである。ウォーラスらは、「すべての政治的連合や政党の対立、さらにはすべての戦争、性的習慣、宗教が金儲けという単一の欲望によるとは到底考えなかった」のであった。

第二の批判点は、マルクス主義的歴史観が「社会革命が独りでに到来するような必然的・自動的・『科学的な』過程」を前提していることである。ウォーラスによれば、こうした考え方のために、若い改革家は「自身の自然に沸き起こる（automatic）衝動を信じ、読みたいときに読んで書きたいときに書き、その場の高揚から出てくる雄弁をもって話し、関心がある間だけ委員会に出席するべき」だと考えるようになってしまう。しかし、芸術的完成に対するショウの厳しい情熱やウェッブのほとんど信じられないような精神力と勤勉さとが示しているように、「政治において物事を達成するのは、地道で苛酷な意志の努力のみ」である。要するに、ウォーラスによれば、社会の進歩や発展は個人の持続的で真剣な努力によってもたらされるのであり、決して必然的で自動的な過程にもとづくわけではなかった。(24)

それでは、このように歴史の自動的な発展という観念を批判し、歴史における人間の理念の役割を強調したウォーラス自身は、英国史をどのように叙述していたのだろうか。そこで次に、ウォーラスの英国史研究の主題を検討してみたい。

3　英国史研究における四つの主題

本書で筆者が確認したかぎりにおいては、ウォーラスの英国史研究の成果は、彼が雑誌に投稿した二本の論説——つまり、「アワ・コーナー」に発表されたチャーティズムに関する論文および「フォートナイトリー・レヴュー」に発表された一八三二年の第一次選挙法改正成立をめぐる政治史についての論文——と彼の著書である『フランシス・プレイス伝』とのほかに、彼がロンドンやオクスフォードの大学公開講座で行った講義がある。(25) ここでは、この公開講座において用いられたシラバスを検討することでウォーラスの英国史研究の主題を考えてみたい。というのも、これらのシラバスは八種類あって数が多いだけでなく、講義目録から講義の全体像を推測できるため、ウォーラスの英国史研究の主題を調べるのに最も都合がいいと思われるからである。そこで、八種類のシラバスの講義目録を一覧表にすると別表（一二〇―一二一頁）のようになる。

この別表に図示しているように、英国史に関する彼の講義は、少なくとも一八九六年頃までは、同一もしくは類似のテーマを繰り返し取り上げる傾向がある反面、そのテーマがやや雑多とも思えるほどに多様であった。

たとえば、別表の［1］から［3］までのシラバスで取り扱われているテーマは非常に似通っている。特に、シラバスの内容を検討してみると、日時不明のシラバス［3］は、一八九三年のシラバス［2］のうちの「議会」の箇所と「救貧法」の箇所とを二回に分割しただけで、シラバス［2］とほとんど変わりがない。シラバス［1］とシラバス［2］・［3］とを比べてみても、前者の内容が簡略なのに対し、後者はヨリ詳しくなっているという相違はあるものの、取り扱っている史実などはほぼ一致する。しかし、取り扱われているテーマは、荘園・教区・救貧法・市（Town）・カウンティ・議会・公教育・警察と司法・公衆衛生・公務員と非常に多岐に亘っている。

シラバス［4］・［5］になると、シラバス［1］・［2］・［3］の間で見られたほどのテーマの類似性・統一性は見られなくなっている。これは、一つには、シラバス［4］・［5］の両方とも［1］・［2］・［3］と同じように「英国市民」と題されつつも、［4］は第二部、［5］は第三部のシラバスであったことによると言える。もっとも、［4］・［5］がそのまま［1］・［2］・［3］の続篇であったわけではなく、それぞれは別の「英国市民」と題された講義の一部であった。それは、［4］・［5］において［1］から［3］までのシラバスで取り扱われたテーマの一部が引き継がれるとともに、その他のテーマも取り上げられるようになってきていることからわかる。

たとえばシラバス［4］の場合、一方で、第一講の「中央政府」はシラバス［1］の第九講「中央当局と地方当局」と一部内容を同じくし、また、第二講「公務員」と第四講「公衆衛生」とは、それぞれシラバス［2］および［3］の公務員と公衆衛生とに関する講義と内容的にほぼ一致する。しかし、その一方で、第三講の工場法、第五講の税、第六講の思想の自由やコミュニケーション、第七講・第八講の労働組合、第九講の協同組合など新しいテーマも盛り込まれている。

同じ傾向は、シラバス［5］にもあてはまる。たとえば、シラバス［5］の第一講「協同組合運動」は、シラバス［4］の第九講「協同組合運動」と内容的にほぼ一致し、同じ関係は、シラバス［5］の第二講「公教育」とシラバス［2］・［3］の公教育に関する講義との間にも見られる。また、シラバス［5］の第三講「国家と思想の伝達」はシラバス［4］の第六講「国家と思想の伝達」と内容が一部重複している。この講義はシラバス［1］の第十講「政治形態」とも一部内容が関連する。その一方で、シラバス［5］の第四講以下は「英国民主政への準備」と題されて、これまで取り扱われていない英国における民主化の歴史が取り扱われている。

ウォーラスが一八九六年にアメリカ東部に講演旅行に行った際に用いたシラバス［6］・［7］は、それまでのシラバスと少し性格を異にしている。(26) というのも、これらのシラバスは、内容的には［1］から［5］までのシラバスに見られたテーマを踏まえつつも、説明の仕方に変化が見られるからである。つまり、テーマは議会・公務員・地方自治・救貧法・教育・工場法・公衆衛生などそれまでウォーラスが頻繁に取り上げてきたものでありながらも、講義全体へのウォーラスの視角が明確となるような説明の仕方になっている。これらのシラバスについては、のちにまた詳しく検討する。

最後のシラバス［8］は、一八九六年のシラバスから十年以上経過していることもあり、構成や内容にかなりの変化が見られるうえ、テーマも「現代英国政府の進化」に絞られている。しかし、それでも、第十講「国家とコミュニケーションの手段」の内容は、シラバス［1］の第十講との関係も含めシラバス［5］の第三講との類似が見られる。また取り上げ方には変化が見られるが、シラバス［3］［4］［6］で扱われている公務員制度も論じられている。

以上、ウォーラスの講義目録とシラバス相互間の関係に目を通したが、右のような雑多なテーマを包括するような

[5]	[6]	[7]	[8]
Oxford University Extension Lectures: English Citizen Part III (Oxford, undated)	*University Extension Lectures: English Institutions* (Philadelphia, 1896)	*University Extension Lectures: Story of English Towns* (Philadelphia, 1896)	*University Extension Lectures: Evolution of Modern English Government* (London, 1907)
The Co-operative Movement	Parliament	Town Origins	The Three Reform Bills
Public Education	Civil Service	The Period of Corruption	The Evolution of the Cabinets
The State and the Communication of Ideas	Municipal Government	The Period of Reform	Monarchy under Queen Victoria
(IV-VIII Preparation for English Democracy) The Aftermath of the War	The Poor Law	The Health of Towns	The Party Systems
The Social Truce	Education	Poor Relief	Methods of Legislation
The Revolution of 1832	Factory Legislation	Education	The Civil Service
Whigs and Chartists			Government Departments
Commercial Politics			The Army
			The State of the Conditions of the Labour
			The State and the Means of Communication

表：ロンドン及びオクスフォードにおけるウォーラスの公開講座の講義目録

	[1]	[2]	[3]	[4]
	University Extension Lectures: English Citizen (London, 1891)	*University Extension Lectures: English Citizen* (London, 1893)	*Oxford University Extension Lectures: English Citizen* (Oxford, undated)	*University Extension Lect English Citizen Part II* don, 1894)
1	The Manor	The Manor	The Manor	The Central Governme
2	The Parish	The Parish *note (a) [Oct. 20th, 1892]	The Parish *note (a) [Oct. 20th, 1892]	The Civil Service
3	The Poor Law Union	The Town	The Town	Factory and Works Acts
4	The Town	The County	The County	Public Health Legislati
5	The County	Parliament	Parliament–The Past	Taxation and Rating
6	The Parliamentary Constituency	The Poor Law *note (b) [Nov. 3rd, 1892]	Parliament–The Present *note (d) [Nov. 8th, 1893]	The State and Commu tion of Ideas
7	Public Education	Public Education *note (c) [Dec. 1st, 1892]; note (g) [Nov. 29th, 1893]	The Poor Law–Before the French War (1793) *note (e) [Nov. 15th, 1893]	The Trade Unions: Past–Up to 1848
8	Police and Justice	Justice and Police	The Poor Law–Since the French War (1793) *note (f) [Nov. 22nd, 1893]	Trade Unions: The Pres 1845-1893
9	Central and Local Authorities	Public Health Legislation	Public Education *note (c) [Dec. 1st, 1892]; note (g) [Nov. 29th, 1893]	The Co-operative M ment
10	Political Forms	The Civil Service	Justice and Police	The Academic Study of itics
11			Public Health Legislation	
12			The Civil Service	

* 取り上げられる史実や構成などをも考慮してノートがとられた1892年・1893年に最も近い時期のシラバスと考えら
[2]・[3]の各講義に対し、最も内容的に対応していると考えられるノート(a)～(g)。

ウォーラスの英国史への視座は何か存在するのであろうか。このような問いを立てたとき、雑多に見えるウォーラスの英国史研究のテーマが、すべての講義の主題を網羅することはできないとはいえ、大別して四種類ほどに分類できることがわかる。

それら四種類の主題とは、第一に、共同体が提供する福祉内容の歴史的変遷である。たとえば、「救貧法」「(公)教育」「公衆衛生」「工場法」といった項目がこれにあたる。

第二に、福祉サーヴィスを提供する地方自治体・中央政府等の共同体の行政・統治組織がどのように発展してきたかについての歴史的研究である。たとえば、「荘園」「教区」「市」「カウンティ」「地方自治体」といった項目は、地方自治体がどのように発達してきたのかについての研究であり、これに対し、「議会」「公務員」「警察および司法」「政府機関」「中央政府」といった項目は、中央政府の諸機関がどのように発展してきたのかについての歴史的検討である。また、「国家と思想の伝達」は、政治制度そのものの歴史的検討ではないものの、政治制度が機能する前提条件としてマス・コミュニケーションの問題を扱った講義であった。

第三に、政治史・政治制度史とは少し性格を異にして、理論的な問題がいくつか取り扱われている。たとえば、「中央当局と地方当局」「政治形態」「政治の学問的研究」といったテーマがこれにあたる。

最後に、英国における民主化過程という主題がある。たとえば、「英国民主政への準備」という副題を付けられた「英国市民——第三部」の第四講から第八講までがこれにあたる。また、ウォーラスが雑誌に寄稿した英国史に関する二つの論説も、同じように英国における民主化の歴史を扱っている。

以上が、ウォーラスによる英国史研究上の四つの主題であるが、彼はこれらをどのように関連させながら英国史を構成しているのだろうか。この問いを念頭に置きながら、以下、ウォーラスによる歴史叙述の具体的な内容をやや詳しく検討してみることにしてみたい。

III　福祉の歴史的変遷――救貧法と公教育

1　救貧法

最初に取り上げたいのは、共同体によって提供される福祉の歴史的変遷という第一の主題である。ここでは、講義内容を詳しく検討できる講義ノートが現存する救貧法と公教育とについてのウォーラスの分析を検討することにする。まず、救貧法に関するウォーラスの講義内容を検討したい。

救貧法の歴史においては、一六〇一年の旧救貧法の成立と一八三四年の新救貧法の成立とが二つの大きな事件となるが、その救貧法の歴史を語るうえでウォーラスがまず注目するのは、十四世紀後半における荘園制の崩壊である。

彼によれば、救貧法のように「実際の全国規模の政府（national government）がすべての人に貧者の援助に資するように強制し、その援助が与えられるべき条件を決める」[27]ような法律は、封建制下では成立し得なかった。というのも、荘園の下で農奴制を採っていた封建制においては、たとえ農奴が浮浪者となったとしても、その農奴を「所有し、彼の労働から利益を得ようとする領主のもとに送り返せばよかった」[28]からである。しかも、荘園制度下では、人々の生活は経済的に豊かではなかったものの、荘園領主によって一定の保障を与えられていた。ウォーラスは、たとえば、「荘園制が完全に機能しているときには、ほとんど全員が極度に貧困であったものの、全員が少しばかりの土地か生活の糧を稼ぐための何かを所有するべきだというある種の感覚があった」[29]と述べ、また、「領主は自らの村落の住民全員を生かしておく……義務をぼんやりとではあったが実際に感じていた」(30)と論じている。

こうした状況に変化をもたらし、貧困問題が荘園内ではなく全国的な規模で解決される一つの契機となったのが、荘園制の崩壊と農奴制廃止とであった。土地を保有したまま解放された農奴は、確かに、賦役や地代を払う必要がなくなったうえ、一三四八年のペスト流行による人口の激減によって賃金が一時期上昇し生活が向上したが、(31)それまで貧民に対して最低限の生活を保障してきた荘園という枠組みは崩壊したからである。「農奴は他の農奴の援助をするよう強制されることはできない」以上、救貧法のような国家的政策は「ほとんどの人々が人格的に自由でなければ成立し得ない」(32)というウォーラスの言葉は、荘園制の崩壊と農奴解放とによって自由人が現れたときにこそ、逆説的に国家権力にもとづく全国的な貧困対策が必要とされたと論じている意味で、こうした理解をよく示している。

だが、このような状況下において、当初、貧困問題に対処するために試みられたのは、「古い農奴制の再導入」(33)であった。たとえば、労働者規制法や浮浪者取締法といった法令は、自由となった労働者を再び封建領主等の主人に縛りつけ、労働者の賃金基準をペスト流行以前に戻そうとする試みであった。(34)

しかし、このような復古的政策では対処しきれず、税金の徴収という国家的強制にもとづく救貧政策が必要とされるようになる。ウォーラスがその契機として考えていたのが、十六世紀初頭に始まる英国での毛織物産業の隆盛とそれに伴う囲い込み運動、十六世紀中頃におけるボリビアでの銀山の発見、さらに、ヘンリー八世による貨幣価値の引き下げであった。これらは、複合的に作用して労働者を貧困に追いやり、国家的政策を必要とする「直接的で危急の機会」(35)をもたらした。つまり、囲い込み運動によって、それまで保有していた土地を奪われた農業従事者は賃金労働者となったが、その一方で、南アメリカ銀の大量流入とヘンリー八世の貨幣政策とは貨幣の流通量を増大させ、物価を上昇させた。しかし、賃金は慣習によって決定されているため物価に比べて上昇しにくく、その結果、貧困がもたらされたのである。しかも、この貧困は、それまで大規模に慈善事業を展開していた修道院をヘンリー八世が閉鎖してしまったことによってさらに悪化した[36]。

こうして、十六世紀には複合的な要因によって貧困が極度に問題化する一方で、これまで貧困問題解決に対して一定の役割を果たしていた荘園制度が崩壊してしまった。ウォーラスによれば、これが、一五三〇年頃から国家が貧困救済措置を講じるようになった背景であった。その際、彼が強調するもう一つの背景が、ヘンリー八世以降のチューダー朝下における「非常に強力で中央集権的な政府」の確立であった。この「干渉するのに十分強力」な政府の登場は、それまで国内治安の確保と対外戦争の遂行とにのみ専ら携わり貧困問題にはほとんど関わらなかった従来の国家と異なり、全国規模の体系的な貧困対策の実施を可能としたのである[37]。

その結果、一五三〇年には各教区当局による物乞い免許 (licenses to beg) の発行が許可され、三五年には、教区民に対して、各教区の教会組織を通じて労働能力のない貧民（無能貧民）への義捐金を拠出するよう勧告がなされた。この勧告はエリザベス一世治下の一五六二年にヨリ強制的になった。そして、一五七六年には、無能貧民への援助ではなく労働能力をもつ貧民（有能貧民）を強制的にでも働かせることを目的とする懲治監が設立され、エリザベス一世治下の一六〇一年、最終的に旧救貧法が成立する。この旧救貧法の下で、各教区において、貧困解決のための財政基盤となる地方税（救貧税）が徴収されるようになり、また、治安判事は世帯主のなかから一年ごとに監督者（貧民監督官）を任命することになった。これらの監督官は、貧民が孤児などの児童の場合には職を与えるか彼らを徒弟奉公に出すかし、無能貧民の場合には援助を行い、有能貧民の場合には職に就かせる責任を負っていた[38]。

ウォーラスによれば、この旧救貧法の理念は「偉大なエリザベスの高邁な時代」にふさわしい優れたものであり、「もちろん完全に貧困を除去することはできなかったが、しばらくの間、非常によく機能していた[39]」。しかし、理念を実現するための手段つまり制度運用の面において欠点があり、一六六〇年に始まる王政復古の頃には「国の貧者を貶め抑圧する手段として利用される」ようになる[40]。というのは、貧者救済のために教区民に税が課されたため、「貧困にあえぐ浮浪者は（どんなに肉体において完全で強靱であっても）、彼を働かせその面倒を見なければならない教区にとって、利益の源泉ではなく非常に深刻な出費であることが判明し」、その結果、貧者は教区から教区へと追い立てられる存在となったからである。[41] 結局、貧民監督官たちは旧救貧法の本来の意図を無視し、自分たちの利益に適うようにしかそれを運用しなかったのであった。

旧救貧法の抱えるこうした欠陥は、十八世紀前半におけるいくつかの個人的な実験的改革によって是正を試みられ、また、一七二〇年から六〇年までの繁栄の時代には顕在化しなかったが、一七六〇年以降、さまざまな要因によって貧困が悪化するにつれ露わになっていった。これらの要因とは、第一に一七六〇年から八〇年までの不作であり、第二に、十八世紀末の対米・対仏戦争であり、最後に、産業革命下の機械の導入であった。[42] つまり、戦争は物価を上昇させ、機械の導入は「多くの人々の職を失わせ、村落に住んでいた老人による手工業、すなわち、亜麻や綿などの紡績や織布を完全に無用のものとした」[43]のである。

こうして旧救貧法の欠陥が露呈すると、その改正が強く求められ、「一万四千もの利己的で残酷かつ小規模な教区は〔救貧〕法を施行するのに全く不適合であること、教区の大半が法を適切に施行できないのは確実であること、もし法が申し分なく実行されるべきならばヨリ責任をもった人物のいるヨリ大きな〔行政〕単位が必要であること」が確認された。教区よりも大きなギルバート・ユニオンという行政区を作ろうとした一七七二年[44]のギルバート法は、こうした観察のうえに立った改革例の一つであった。また、一七九〇年には、世帯主ではなく治安判事にヨリ行政上の権力を与える措置がなされた。[45]

しかも、一七九三年に始まった革命下のフランスとの戦争は、物価上昇とは異なった形で救貧法の改正を促すこととなった。「この国に特異な下層階級の状況に対する制度として救貧法を下層階級に提示し、彼らの間に、この方策によってこの国の富における彼ら自身の分け前が認められているのだという意見を広めることが……賢明であると判断され」、「フランスや他国の運命が英国に降りかからないように……救貧法は〔労働者の〕静寂を保つために用いられるべき」(46)だと考えられたのである。つまり、フランス革命の理念が英国へ流入することで労働者階級の抵抗が生じることを懸念した支配階級は、救貧法を活性化させることで労働者階級の懐柔を図ったのであった。

この結果が、パンの値段を基準として労働による賃金の不足分を地方税から補おうとするスピーナムランド法、救貧院テストの廃止による援助枠の拡大、地方税を財源とした教区による民兵の妻子への年金の支給、ウィリアム・ピットによる救貧法改正の実現しなかった試み等であった。(47)だが、こうした援助枠の拡大は、「その論理的な帰結」をもたらすこととなった。つまり、一方で、「賃金は地方税から支払われるべきだということが自然になってきた」ために、「賃金を補助して公正な生活賃金とするために地方税が利用されるような仕組みは……不可避的に、人がなんとか食べていけるよりもはるかに低い基準に賃金を引き下げる結果を導いた」。しかも、他方で、援助枠の拡大を埋め合わせるために地方税の飛躍的な上昇をもたらしたのである。(48)

一八三四年の新救貧法は、旧救貧法改正の以上のような試みとその失敗とを踏まえて登場した。したがって、新法においては、まず、①必要以上の援助を削減し地方税を引き下げるために、「有能貧民の場合において救貧院テストが全国的に再制定され」た。また、②「小規模で重要性をもたない」教区に代わって教区連合と呼ばれる「はるかに大きな共同体」が行政単位となり、一万四千の教区が六百五十の教区連合に整理された。その際、③この教区連合さえも全般的な政策を指示する権限を与えられておらず、中央の救貧法委員会（Poor Law Board）に統括された。(49)これは、この新救貧法の下で英国史上初の「真に中央集権化された行政」が実現したことを意味したが、こうした中央政府とのつながりゆえに、この委員会は次第にその権限を拡大し、一八七一年には地方自治行政院（Local Government Board）となる。(50)そして、以上のような新救貧法を貫いていたのが、「貧者の状況は、いかなる事例においても、自らの勤勉の果実によって自活している最下層の人々の状況よりも好適であってはならない」という古典派経済学的な自助の原理であ

った。(51)

ウォーラスによれば、この自助の原理は「気前のよい出費の方が経済的である」という理由からのちに廃止され、また、ロンドンでは状況はいまだに悲惨なままだったが、全般的に言えば、この新救貧法の下に「一八三五年以降は全国的に広汎な改善が見られた」のであった。(52)

以上がウォーラスの描く救貧法の歴史の概要であるが、ここで注目しておきたいのは、ウォーラスが、救貧法成立の背景として、荘園制の崩壊によるそれまでの貧困救済制度の崩壊から叙述を始めていることである。つまり、貧困救済のための福祉を提供するそれまでの行政・統治組織の枠組みが崩壊した状況の下で、さまざまな複合的要因によって貧困が深刻化したため、国家による貧民救済措置である救貧法が必要となったと論じられている。その際、国家は、当初教区のような英国国教会の組織を行政単位として利用したが、そうした組織が自己利益を優先して貧困救済という与えられた役割を十分に果たさないと、教区連合のような自らの行政単位を築き、また中央による管理を強めたことが指摘されている。これは、私的利益ではなく公的利益にもとづいた行政組織が模索されたことを意味すると言えるだろう。

また、貧困をもたらした要因について言えば、貨幣価値の切り下げや修道院閉鎖、他国との戦争といったいわば為政者側による政治的要因だけでなく、毛織物産業の隆盛と囲い込み運動の活発化、南アメリカ銀の大量流入、さらに、産業革命下における機械の導入といった社会経済的な要因をウォーラスが強調している点が注目される。つまり、ウォーラスは、中世の荘園制度の崩壊と近代的な中央集権体制の成立、新大陸発見による経済体制のグローバル化、さらに、囲い込み運動や産業革命の進展に見られる産業化といった近代化の大きな波によって救貧法が必要とされるようになったと分析していると言ってよい。

2　公教育

産業化を中心とする近代化によって公的な福祉が必要となったというこのような視点は、ウォーラスによる公教育史の叙述においても見ることができる。

ウォーラスによれば、「過去二百年間の英国における大衆教育の歴史は、（救貧法の場合とは異なり）求められた目的を達成するための計画を実行する際に存在した困難の歴史ではなく、欲求そのものの非常に緩慢な発達の歴史であった」[53]。彼にとって、公教育の発展史とは、制度史を辿ることが主となる救貧法と異なり、元来は聖職者を中心とする特権階級に特有のものと捉えられていた教育が国民全員に与えられるべきものと考えられるようになる過程、つまり、公教育の観念が発達する過程を辿ることを意味していた。

こうした観点にたったウォーラスは、一八七〇年の初等教育法に至る公教育史において、以下の四つの教育運動に注目している[54]。最初に取り上げられるのは、ヘンリー八世治下の十六世紀前半に設立されたグラマー・スクールである。その背景には、ルネサンスと宗教改革とが生んだ知識への衝動があり、また、財源として利用できる接収された修道院の財産があった。しかし、ウォーラスによれば、この学校は、場合によっては無償ではあったものの、主としてラテン語を教授する学校であり、「労働者の子弟にとってあまり役立たない」教育制度であった。事実、エリザベス一世の時代になっても、下層階級の子弟が受ける教育は「彼ら自身の家族によって与えられるべきだ」という認識が、為政者にはあったのである[55]。

あくまでも上流階級の子弟のための教育機関であったグラマー・スクールに対し、大衆教育を目的としたのが、ウォーラスが次に注目するキリスト教知識普及協会（Society for the Promotion of Christian Knowledge）の設立であった。この協会は、「王政復古の行きすぎのあとに生じた大きな道徳的反動のなかで」、「人生の深刻な側面と宗教とへ人々の心が向いた」一六九九年に設立された。(56) もう少し言えば、この協会が設立された十七世紀末は、「我々がジェイムズ二世から国王の座を奪ったあと」であり、かつ、「国民全員が深刻なことを考えることを……少し恥ずかしく感じていたチャールズ二世の頃を少々恥じるようになったあと」の時代、すなわち、「人々が、英国がョリよい場所にならないかと検討し始めた」(57) 時代であった。このような時代背景を控えて、キリスト教知識普及協会は、大衆が「伝統的な知識に完全に則って生活しているために事実上異教の状態にある」ことに注目し、「読み書きの教授によって大衆にキリスト教の知識をもたらそうとした」のであった。(58)

大衆教育のための次の運動も、キリスト教知識普及教会の活動と同じように宗教的性格をもっていたが、今度は十八世紀末のウェズリー派の運動と関連していた。貧民への説教を目的としたこの非国教徒派の運動によって、「貧民が聖書についてのなんらかの知識を得るために読み書きの能力を身に付けたいと熱望した」からである。一七八二年のロバート・レイクスによる日曜学校設立は、こうした需要を受けて生じた一つの例であった。(59)

第四の大衆教育運動としてウォーラスが取り上げるのは、十九世紀初めに二つの教育団体が行った運動と、同時期に議会で取り上げられた公教育制度化の試みとであった。つまり、まず一八一〇年に非国教徒であるクエーカー教徒と功利主義者とが中心となり、優秀な生徒が他の生徒を教育するモニター制を提唱したジョゼフ・ランカスターを擁して「大衆教育のための最初の大きな自発的結社」である内外学校協会(the British and Foreign School Society)を設立した。(60) この運動に対し、英国国教会は、クエーカー教徒のランカスターに対抗するためにモニター制とほとんど同じ制度のマドラス方式を唱えるアンドリュー・ベルを擁し、「国教会の健全な信徒として子供たちを養育するために」一八一一年に国民協会(National Society)を設立した。(61)

しかし、教育の大衆化を推進するこれら二つの団体は互いに激しく対立しており、そのために「国家を舞台に連れ込み、国家による一般的な教育体制（a general system of State education）をもとうとする努力をいくらかでもしなければ、大衆教育のためのこの大きな興奮は続きそうもなかった」[62]。そこで、こうした状況を一つの背景として、ウィッグ党のサミュエル・ウィットブレッドとヘンリー・ブルームとは、それぞれ一八〇七年と一六年とに議会において公教育の制度化を試みた[63]。彼らの運動は失敗してしまうが、結果的には、一八三二年における前述の二つの教育団体への公的援助へのきっかけを作ることとなった[64]。この公的援助は一八三九年にさらに増額され、以後、国家による教育への援助と管理とがますます行われるようになるのである。

以上のようにウォーラスは四つの教育運動に注目することで公教育発展の歴史を跡づけたが、彼は、また、公教育の観念が発展していく過程で、常に大衆教育は社会秩序の安定を揺るがすという反対論の抵抗を受けたことにも注目している。たとえば、彼は、キリスト教知識普及協会の運動がこうした議論によって反対されたため、大衆教育の擁護者は、大衆教育が人々の間に精神的成長をもたらすほど高等なものではないと主張するか、または、大衆教育が、正しい宗教的教義の教授によって、貧民に自らの立場と義務とをわきまえさせる役割を果たすと主張したことを紹介している[65]。大衆教育への同じような反論は、ウォーラスによれば、レイクスの日曜学校運動の際にも見られ[66]、また、ウィットブレッドによる公教育制度化運動においても見られた。特にウィットブレッドの運動は、「フランス革命を生み出したのは何だ？　本だ！」という反論によって挫折に追いやられたのであった[67]。さらに、内外学校協会と国民協会との間の対立の背景にも、大衆教育に対する懸念が控えていた。たとえば、内外学校協会のランカスターに対する批判の論拠には、彼が「有害なクエーカーであり異端者である」ことだけでなく、モニター制にもとづく教育はエリートを生まれよりも育ちによって養成するために、貴族政が否定されることになるという議論も挙げられていた。こうした批判を考慮して、英国国教会主体の国民協会の方は、提供する教育内容が高等なものではない旨を弁明していたのであった[68]。

それでは、こうした根強い大衆教育反対論を打ち破り公教育の観念が支配的となった背景にはどのような要因があったのだろうか。ウォーラスはこの問いに対する答を二通り用意している。まず、彼は、一八九二年と九三年との講義においては、フランス革命や民主化の影響を重視している。たとえば、フランス革命は、「自由・平等・友愛が将来において優勢となるべきであり、すべての人が一人と見なされ、それ以上として見なされるべきではない」という観念を広めた。その結果、「すべての人がなんらかの形の教育を受けるべきだ」と考えられるようになったのである。モニター制導入による安価な大衆教育を唱えたランカスターの教育運動は、こうした時代の趨勢から影響を受けた最初の例であった[69]。さらに、一八六七年の第二次選挙法改正による民主化への「飛躍」は、「まもなく我々の主人となる大衆を教育せよ」という主張に端的に示されているように、社会秩序安定のためには大衆教育に反対するのではなく、むしろ大衆を教育する必要を認識させ、公教育を推進させることとなった[70]。こうして、一八九二年と九三年とのウォーラスの講義によれば、一八七〇年には、従来の有志立学校と新たに設立される学務委員会管轄の義務教育とを並立させる初等教育法が制定され、「このときから英国において公教育の真の歴史が始まった[71]」のであった。

これに対して、第二に、一八九一年の公開講座のシラバスでは別の解釈がなされている。つまり、そこでは、「公教育の必要性の認識——十八世紀の『産業革命』、その徒弟奉公制への影響、産業革命は教育を産業上必要なものとする」と論じられ、レイクスやランカスター、ウィットブレッド、ブルームによる運動は、こうした背景にもとづくと説明される[72]。また、一九〇〇年の講義においても、「フランス革命の時期、自由党のビラ《ママ》は自分たちが一般的な教育システムを人々に提供する用意があると宣言している。英国における教育の特異性は、我々がそのなかにいかなるフランス革命の要素をもっていないことである。……変化は〔フランス革命とは〕異なった、ヨリ深い原因に拠っていた[73]」〔傍点平石〕と論じられ、「公教育の必要性は年を追うごとに高まっていた。……英国の工業都市が広がった。地方では読み書きができなくても問題ないが、都市ではそうではない[74]」と指摘されている。このように、一八九一年および一九〇〇年の講義においては、ウォーラスは、フランス革命よりはむしろ産業革命に公教育発展の原因を見ているのである。

さらに、一九〇〇年の講義において、ウォーラスは、産業化・都市化によって大衆教育の必要性が生じたという議論を他の文脈でも語っている。ここでは、彼は、まず、教育をその内容から(1)読み書き算術といった「それなしでは共同体の構成員は野蛮人であるような、文明生活に絶対的に必要なもの」の教授、(2)地理学・基礎的な数学・理科といった科学的知識の教授、(3)習慣と注意力との訓練、(4)「善人と悪人との差を生み出すような」意志と性格との涵養といった四つに分類し、一八七〇年の初等教育法成立までは、基本的には、読み書き算術と科学の知識の教授が教育内容と考えられていたが、特に一八七〇年以降は産業化・都市化のさらなる進展によってこうした知識の供給だけでは不十分と考えられるようになったと指摘している。(75)

たとえば、ウォーラスは、フランシス・プレイスやジェイムズ・ミルといった哲学的急進派による教育運動や印紙税廃止運動、さらに図書館設立運動といった十九世紀前半の改革運動は、読み書き算術や科学の知識を大衆化するのに非常に成功したが、「この偉大で非常な成功をみた運動は、ある種の失望を伴ってきた」(76)と指摘する。というのも、こうして生じた読み物への需要は、三文小説といった「新しく、全く予想されなかった供給」によって満たされたし、さらに、小説へのこうした志向の背景には、都市化が進展して「我々の誰もが簡単であると請け合うことはできない複雑さが増し」たことで、「ヨリ大きな都市で我々は何をすべきかという問いへの答が興味深いものとなった」事情があったからである。(77)つまり、ウォーラスによれば、読み書き算術の知識や科学の知識だけでは、都市化によって問われるようになった生き方や哲学の問題を解決することはできないため、新たな教育が必要となったのである。

以上概観してきたウォーラスによる公教育・大衆教育発達の歴史記述で確認しておきたいのは、大衆教育は社会秩序を破壊するという根強い反論があったにもかかわらず、公教育の観念が発達した要因である。救貧法の場合と同様、ここでも、ウォーラスは、ルネサンスや宗教改革、名誉革命後の人心の変化、聖書の正しい知識を教授しようとする宗教的動機など、複数の要因を挙げている。しかし、彼は、最終的に公教育の観念が支配的となった原因として、フランス革命の影響と産業化・都市化による教育の大衆化の必要性とを指摘していた。特に、産業化や都市化による教育の大衆化の必要性は、一九〇〇年の講義における彼の議論から窺われるように、彼が最終的に最も強調した要因であったと言ってよい(78)。

ここまで、救貧法および公教育の歴史に関するウォーラスの講義内容を検討してきたが、全体的に見れば、ウォーラスは、救貧法と公教育との両方の発展の大きな背景として、産業化や都市化を考えていたと言える。つまり、貧民の救済や大衆への教育の提供といった福祉発展の背景として、十六世紀の英国における毛織物産業の隆盛と囲い込み運動の激化といった産業化の胎動、さらに、十八世紀末から十九世紀前半における産業革命の下での機械化・産業化・都市化が挙げられ、こうした産業化や都市化の結果、福祉の発達が見られるようになったと論じられるのである。救貧法の背景には、こうした産業化や都市化のほかに荘園制崩壊後の中央集権化の進展や経済体制のグローバル化も挙げられ、公教育の場合には、フランス革命が挙げられている場合もあった。

産業化や都市化によって福祉の提供が必要となったという理解は、救貧法や公教育にかぎられない。講義ノートが存在しないために詳しい議論の内容はわからないが、シラバスから内容を判断するかぎり、工場法や公衆衛生の整備もまた、十八世紀に始まる産業革命を大きな画期とする産業化や都市化の結果、必要となったものであった。たとえば、工場法の整備が進んだ大きな契機は、産業革命による綿紡績業の機械化によって組織的な児童労働の雇用が始まり、労働者と資本家との間の「自由契約」という観念が成立しなくなったためであった(79)。また、公衆衛生の場合は、苛酷な工場労働への対策や都市化による人口過密がもたらす疫病への対策を大きなきっかけとしていた(80)。

このように英国における社会変動と政治変動との大きな要因として産業化や都市化、さらにはフランス革命を見る視点は、一見、先に紹介したウェッブの社会発展論と類似している。というのも、ウェッブも、既述したように、「古い綜合」としての封建主義体制から「新しい綜合」としての社会主義体制への必然的な変化を惹起した要因として産業革命とフランス革命とを見ていたからである。

しかし、ウォーラスはその歴史認識においてウェッブの社会発展論と決定的に異なっていた。彼にとって、産業化や都市化は社会主義実現の道標であるよりも、むしろ解決しなければならない貧困問題や教育問題をもたらした要因であった。したがって、彼は、産業化・都市化という歴史の不可逆的趨勢によってもたらされた問題に対してどのように人為的対処が為されてきたのかという視点から英国史を描いていたと言ってよい。ここに窺われるのは、歴史の自動的発展という観念を批判し、歴史における人間の理念の役割を強調したウォーラスの姿にほかならない。彼の英国史研究における第二の主題、つまり、福祉を提供する主体がどのように発達してきたのかという問題も、ウォーラスのこのような歴史認識と密接に関連していると言える。同時に、そこには、ウォーラスが救貧制度の変遷において指摘したような視点、つまり、いかに公的利益を実現する行政・統治組織が実現されてきたかという視点も存在する。そこで、次に、この第二の主題に関するウォーラスの理解を検討したい。

IV　行政・統治組織の歴史的変遷——教区と学務委員会

1　二つのシラバスから窺われるウォーラスの視角

ウォーラスの英国史研究の第二の主題を考えるうえで大きな手がかりを与えるのは、一八九六年に彼が米国を訪れた際に行った二つの講演のシラバスである。『英国の制度』および『英国の市の歴史』と題されたこれらのシラバスは、英国の市（town）の歴史的変遷を扱っているが、ここでウォーラスが論じているのは、中世から現代にかけて共同体がどのように組織されてきたかという問題であったと言ってよい。彼はこの問題を、前史、十六・七世紀、十八世紀、十九世紀の四段階に分けて考えている。ウォーラスによれば、まず中世において英国はほとんど完全に農業国であり、「ほとんどの英国の市は農村」であった。この農村のいくつかが発達して中世都市（mediaeval town）となるが、そこでは「強いが偏狭な郷土愛（local patriotism）」が見られて国王任命の州長官や領主に対して独立を保とうと努力し、かつ、ギルド制の下に「芸術的で社会的な生活」が営まれていた。つまり、中世においてはある種の自律的な共同体が成立していたのである。[81]

しかし、こうした地方分権的な傾向は十六・七世紀に変化を迎える。というのも、チューダー朝とスチュアート朝とが支配したこの時期、「市の利害関心は国家の利害関心に服する」ようになり、市は国家体制のなかに組み込まれるようになるからである。具体的には、「チューダー朝の君主の下に中央集権的で国家全体を視野に入れた行政」が整備されるようになったうえ、市の城壁は破壊され、議会における国王の影響力強化のために腐敗選挙区が作成された。こうして、中世都市に見られた「知的・芸術的刺激」は弱まり、中世的共同体としての市は衰退していくことになる。[82]

十八世紀になると英国は工業化が進み、「田舎の国から都会の国への変貌」を遂げた。しかし、共同体としての市は完全に機能不全に陥った。たとえば、「閉鎖的な自治団体（close corporations）」は市の財産を私的関心のために利用していた。しかも、「経済学者（political economists）による閉鎖的な自治団体と職業別ギルドとに対する軽蔑」は、地方自治組織の改革の失敗ともあいまって、「私的エネルギーと公共の無関心」とを助長することになったのである。[83]

こうした共同体の機能不全に対して本格的な改革が行われたのが、十九世紀前半であった。特に、一八三五年の都市改革法[84]（Municipal Reform Act）は、自治団体の行政組織を市長と市参事会（town council）という一つの型に画一化し、また、自治団体を人民の直接投票のうえに基礎づけた画期的な改革であった。この新しい自治団体の下、人口増・公衆衛生・教育・秩序といった諸問題への対処が為されていく。[85]

ウォーラスは、中世から十九世紀に至るまでの市の発達過程をこのように跡づけたが、特に注意しておきたいのは、彼が、共同体としての市の機能が衰退した要因として、十六・七世紀の中央集権化だけでなく十八世紀以降の産業化をも取り上げ、「閉鎖的な自治団体」による私的関心にもとづいた市の財政運用や「経済学者」による「私的エネルギー」の刺激を指摘していることである。同時に、彼が十九世紀前半に行われた改革を共同体としての市の機能再生の契機として理解していた点も注目に値する。というのも、他のシラバスにおいてこの結果誕生した現代都市（modern town）を論じる際、彼は「自治都市の効率と尊厳とから生じる報酬」について触れ、「一般的な公共精神の表現としての郷土愛（local patriotism）の現代的概念」〔傍点平石〕を指摘しているからである。[86]ここには、十九世紀前半の改革が公的利益にもとづく行政組織を生み出したというウォーラスの理解が窺われる。

2 教区

中世に存在していたある種の自律的共同体が崩壊したあと、公的利益にもとづいて福祉を提供する共同体の組織として行政・統治組織がどのように再構築されてきたのかという視角は、ウォーラスが教区や学務委員会の歴史を議論する際にも見られる。

ウォーラスは、教区の歴史を講義するにあたって「この完全に政治的な（civil）制度の起源を説明するために、私はある程度教会の歴史に触れなければならない[87]」と述べ、紀元六世紀末のアウグスティヌスの布教にまで遡って英国国教会の組織の発達を辿っている。しかし、行政・統治組織としての教区の発達過程を論じる際に彼が注目しているのは、荘園制の崩壊と中央集権体制の成立、さらに都市化の進展であると見てよい。というのも、これらの歴史的変動は、元来は英国国教会の組織である教区が行政・統治組織に変質する背景を作ったからである。

ウォーラスによれば、教区は、中世の荘園領主が教会を設立していく過程で、司祭が奉仕しなければならない地域として誕生した。当初の「教区は完全なものではなく、新しい救貧法によってこの組織が絶対的に必要なものとなったエリザベス統治下の時代まで英国がこの組織に分割され尽くすことはなかった」が、十分の一税の徴収などによって司祭の食い扶持を確保するためにも整備されるようになる[88]。こうして誕生した教区には、リーヴ（reeve）[89]や教区委員（churchwarden）といった役職がおかれた。これらの役職は、中世を通じて次第に財産を蓄えるようになった英国国教会の財産を管理するために生まれたのであった[90]。

しかし、教区委員についてウォーラスが語る際にむしろ注目するのは、彼らが果たした政治的役割である。ウォーラスは、教区委員が、教区内で起こった教会法（ecclesiastical law）や教会規律（ecclesiastical discipline）への侵犯を大執事裁判所に報告しなければならなかったこと、さらに、「教会法のこの奇妙な組織は、国内の世俗法（civil law）[91]と並んで発達した」ことを指摘する。[92]つまり、「当初、これらの教会の法廷がもつ権威は、道徳的・精神的侵犯にしか及んでいなかったが、次第に、これらの法廷がその権力を国の警察の非常に大きな部分にまで及ぼすようになり、それらの決定は世俗法によって施行された」ため、「教区委員は極めて早い段階である種の警察権力を手に入れ、荘園制度の組織が衰えるにつれて、この地方組織が実質的に地方の警察として取って代わるようになった」のである。しかも、教区は警察権力以外の機能をもち始め、たとえば、教区内で必要とされた宗教的目的以外の出費も教区会（vestry）の決定にもとづいて教会の財産から支払われるようになった。[93]

右の引用にも示されているように、以上のような教会組織の政治制度化は、中世の荘園制度と競合して進展したものであり、最終的には、教会組織が荘園制度を吸収した。ウォーラスによれば、人々の意識において、たとえば荘園裁判所と教区会とがときとして区別されないように、荘園制下の制度と教会組織の制度とが混同されるのは、こうした歴史上の事情に由来していた。[94]

しかも、このような教区の政治制度化は、チューダー朝の登場によってさらに加速した。というのも、チューダー朝の君主は、徐々に国教会を支配するようになるにつれて、「教区という教会の組織を純粋に政治的な（civil）目的のために利用する傾向をもつようになった」[95]からである。たとえば、ヘンリー八世の時代に教会庶務役員は宗教的な役割を解かれ、出生・結婚・死亡といった戸籍関係の業務を割り当てられた。[96]さらに、エリザベス治下に旧救貧法が制定されるのに伴って、教区は救貧法の行政機関として機能するようになる。[97]こうして、教区は「地方自治の一般的な制度[98]」としての性格をもつようになるのである。

このような行政・統治機構としての教区の重要性は、その後も衰えることはなく、逆に十九世紀前半まで高まり続けた。その背景にあったのは、英国における都市化の進展であった。つまり、ある地域が都市化すると「衛生・犯罪の防止・道路の清掃といった重要な問題がすぐに緊急の問題となる」[99]が、こうした必要を提供する主体は、ロンドンやその郊外等の地域では、「教会の地方組織以外に存在しなかった」[100]のである。

しかし、このように教区を地方自治制度として流用することには弊害もつきまとった。その一つの例が、行政組織の重複もしくは欠如である。つまり、「地区のいくつかはお互いに重複しているのに、他の場所では街灯等を管理する地方当局がない」というような状況が生まれたのである。この結果、ある地区では七つもの当局が管轄し、それぞれ異なった方法で道路の舗装をしたのに対し、ある道路はその真ん中を地区間の境界線が通っていたために、どちらの当局も管理しないというような事態が生じた。また、教区を実際に運営していた教区民代表（vestrymen）は裕福な商人であることが多く、教区運営によって儲けを得ようとして「公共精神」ではなく私益にもとづいて教区を運営したため、福祉を適切に提供しない場合や公共事業における談合を行う場合等があった。[101]

このような問題が見られた教区の行政・統治組織への流用に対して改革が行われるようになったのは十九世紀であった。まず、一八一八年と三一年との改革は、教区会を民主化しようとしたが、ほとんど実質的な成果をあげることはできなかった。これに対して、一八五五年のベンジャミン・ホールによる首都運営法（Metropolitan Local Management Act）は、ロンドンのなかのチェルシーやセント・パンクラスといった大きな教区をそのまま存続させる一方、小さな教区を統廃合して地区工務局（District Board of Works）として再編成した。これらの教区と地区工務局とは、その代表者が送られる首都工務局（Metropolitan Board of Works）によって統括された。首都工務局も含めたこの組織全体は、その後、ロンドン・カウンティ参事会に吸収されることになるが、これらの改革によって、教区は公衆衛生・道路舗装・公園整備等の福祉を適切に提供できるようになり、「約五〇パーセント死亡率を引き下げた」のである。[102]

以上がウォーラスの述べる教区の歴史の概要であるが、ここに見られるウォーラスの視座も、市の歴史を辿ったときと同じように、教区がどのようにして公的利益に沿って福祉を提供する行政・統治組織として、その意味で共同体の組織として、改変・再編されてきたかという問題関心だったと言ってよい。このことは、教区という英国国教会の組織が政治制度、つまり「地方自治の一般的な制度」として流用され機能するようになった背景に、荘園制の崩壊と中央集権体制の成立とによって福祉を提供する行政機関が必要とされ、また、都市化によって福祉の提供がますます必要とされた事情があったという理解をウォーラスが示していたことに窺われる。さらに、ウォーラスが、しばしば私的利益を代表した教区会に対する民主化の試みや教区の再編成として十九世紀の改革に注目した点にも、同じ視点が見られる。

3　学務委員会

同様の視点は、ウォーラスが公教育制度化の歴史的変遷を論じる際にも見られる。すでに見たように、彼が大衆教育の初期の推進役として挙げていたのは、十七世紀末に慈善学校を設立したキリスト教知識普及協会や、十八世紀末にウェズリー派の運動の影響を受けて日曜学校運動を展開したレイクス、さらに、十九世紀の教育運動の主たる担い手となった二つの教育団体――クエーカー教徒と功利主義者とが主体である内外学校協会と英国国教会が主体である国民協会――であった。ここで注意しておきたいのは、これらの運動はいずれも民間の運動だったことである。その意味では、公的な援助や管理はほとんど見られなかったと言ってよい。

これに対し、「国家からの援助」と「国家からの管理」とによって大衆教育が公的関心にもとづいて提供されるようになるのは、市や教区の改革と同じように十九世紀前半であった。まず、公的援助は、一八三二年に内外学校協会と国民協会とへ補助金が支給されて以来、増加の一途を辿った。たとえば、これら二つの団体への補助は、一八三九年には増額され、四六年以降もほぼ毎年さらに増額された。また、一八五三年から五六年にかけては初等学校の生徒に対する頭割りの補助金が支給されるようになった。[103]

だが、それと同時に国家による教育の管理も強まるようになる。たとえば、一八三九年には初めて国家によって視学官が任命され、一八四五年には、数学者であり当時視学官に任命されていたヘンリー・モーズリーの報告によって当時の一般的な教育制度であったモニター制の欠陥が明らかにされた。[104] さらにその後、モニター制の代わりに導入された教生制度（pupil teacher system）の不備や下層階級への教育の提供がほとんど進展していないことなどが一八五八年から六一年にかけてのニューカースル委員会によって報告された。その結果、一八六一年にはロバート・ロウによって出来高払い制度が導入され、読み書き算術における成績と出席率とにしたがって援助額が決まるようになった。[105] 最終的には、一八七〇年に初等教育法が制定され、学務委員会という特別目的のための（ad hoc）公教育制度の下で公立学校が設立されるようになる。[106]

こうしたウォーラスの叙述から注意される点の一つは、ここでも、彼が、公共福祉としての大衆教育が提供される背景に産業化・都市化を見ていることである。と同時に、もう一点注意されるのは、彼には、やはり、部分的・私的利益ではなく公的利益を代表する共同体がどのように再構築されてきたかという関心があったと言えることである。これは、すでに示したように、民間団体による大衆教育推進に不安が生じたときにウィットブレッドやブルームによって「国家による一般的な教育体制」の整備が試みられるようになったというウォーラスの指摘からも窺われるが、学務委員会制度の有効性と将来における公教育制度のあり方とについての彼の議論を見ることでさらにはっきりとする。

この議論において、ウォーラスは、まず、一八七〇年の初等教育法がいわば移行期の措置であることを示唆する。彼によれば、この法案の起草者であったフォースターの意図では、市参事会が教育委員会を任命し、かつ、英国国教会が管理する従来の有志立学校（voluntary school）に対する助成金を地方税から賄うはずであった。しかし、この法案は多大な修正がなされ、結局、教育委員会として発足した学務委員会には有志立学校を管理する権限は与えられず、学務委員会立学校は従来の有志立学校と並行して設立された。この結果、学務委員会と英国国教会との間の対立が生じ、政府はこれら二つの組織間の均衡を保とうと苦慮することになった。[107] 要するに、フォースターの構想では、教育行政は、それまで大衆教育を担ってきた内外学校協会や国民協会といった自発的結社に代えて市参事会等の地方自治体の下で一本化されるはずだったが、初等教育法は公教育の主体を完全に一本化することはなく、従来の有志立学校と新しい学務委員会立学校とを並立する制度となってしまったのである。

そこでウォーラスが問うのは、初等教育法下に整備された制度が「一般的な教育体制を作り出すのに適切なものかどうか」[108]〔傍点平石〕、また、将来的な公教育制度はどうあるべきかという問題である。その際、ウォーラスは、学務委員会が国教会よりも優れた学校の敷地と教師への給料とを提供し、次第に国教会の有志立学校に対して優位に立つようになってきたことを指摘する。[109]

しかし、彼は、学務委員会をさらに発展させることを是としない。むしろ、公教育の主体は将来的に学務委員会から一八八八年に整備されたカウンティ参事会に移されるべきだと論じるのである。その論拠をウォーラスは何点か挙げている。一つは、全国に拡大することのできなかった学務委員会と異なり、カウンティ参事会は「実質的に国全体を統治する新しい教育当局」となっているという論拠である。[110] また、財源に関しても、カウンティ参事会ならば、公教育の財源として、徴収すると人々の不満を買う地方税ではなく酒税や技術教育援助費などを国庫から利用でき、かつ、救貧法とバランスをとった財政を実現できると述べられる。[111] さらに、カウンティ参事会は学務委員会と異なって英国国教会や中央政府と対立していないとも論じられる。[112]

だが、ここで最も注目しておきたい論拠は、カウンティ参事会や市参事会が公教育の担い手となれば、カウンティや市を共同体の枠組みとして、自治体精神（municipal spirit）を利用した一般的な教育体制を築くことができるというウォーラスの議論である。[113] 彼はこれを二点ほどの論点に分けて主張している。

彼は、まず、「この地方教育当局〔つまりカウンティ参事会や市参事会〕はその地域内のすべての教育、したがって、有志立学校をも監督する地方教育当局でなければならないだろう」と論じてカウンティや市の下に教育当局を一元化することを提案する。[114] ウォーラスによれば、カウンティ参事会や市参事会は、初等教育から高等教育まで一貫した教育体制を構想するだけでなく、財政援助を通じて地域内の有志立学校の運営にも介入し、さらに、有志立学校の宗派的性格が地域住民と合わなければ新たに学校を建設すべき存在であった。[115] こうしたカウンティ参事会や市参事会の教育政策によって「どのカウンティや市の教育体制も偶然に委ねられることはなくなるだろう」とウォーラスは論じる。[116]

以上の議論は地方教育当局の一元化を主張しているにすぎない。したがって、この議論だけでは、ウォーラスが主張しているのは複雑化した教育体制の合理化にすぎないとも考えられる。しかし、彼は、「もし自治体の一体性の精神（the spirit of municipal unity）および郷土愛（patriotism）という地方政治体における最も強力な力が健全でありつづければ、そして、もし地方都市政府の目的の一体性が保たれ、聡明に拡大されるならば、計り知れない結果を生み出すことが期待される力を得られるだろう」[117] とも述べて、地方自治体による教育当局の一元化が、自治体の精神や郷土愛と深く結びつくべきだという理解を示しているのである。彼はそこから得られるであろう結果について次のように述べている。

> 一つの結果は、学校と市もしくはカウンティとの間の同一化が、気づかないうちに、学校に通う児童の性格と伝統《ママ》とに与える影響である。現在では、もし児童が上級学務委員会学校（Higher Grade Board School）や公立の全日制の学校のようなタイプの学校に通うとすると、功利主義的な方針のうえにその児童を教育しようという明白な意図全体がむき出しのままに立ち現れる。もし学校が市に属し、市の生活の一部であれば……近代的な教育体制の

その無骨さ（rawness）に少量の古雅（antiquity）が加わり、一種のパブリック・スクールの精神が得られるだろう。市はその学校を誇りに思い、必要とあれば、その学校の目的に資するために地域の機構全体を動かすだろう。市は公共図書館の所有者であり、これらは市の教育体制の一部と見なされるだろうし、同じことは博物館や公園（これらは教育体制の非常に重要な部分である）にもあてはまるだろう。市は、いくつかの場合には、彫像や絵画を所有し、これらもまた教育体制の一部となるだろう。これらの条件下において、学校体制は、現在よりもはるかに、人々が生きている現実の生活に身近なものになるだろう。(118)

このように、ウォーラスは、カウンティや市が公教育の担い手となり、それが自治体の精神や郷土愛に下支えされることによって、共同体に根づいた教育体制が構築されると考えていた。それは、カウンティや市が、博物館や美術館、さらに公園といった学校教育以外の文化事業にも携わって広い意味での教育体制を整え、文字通り教育体制がカウンティや市の「生活の一部」となることを意味していたが、それだけではなく、「人々の情熱的な欲求と最も高貴な希望とが市の伝統と結びつけられ」、「自治体の精神と市の知的生活との同一化」が実現されることをも意味していた。(119)共同体を基盤としたこうした一般的な教育体制の実現は、初等教育かせいぜい中等教育までしか管轄できず、かつ、共同体の非常に小さな部分しか代表しない可能性の高い学務委員会の下ではほぼ不可能であった。このように、ウォーラスが、将来的には学務委員会に代わってカウンティや市が公教育を一元的に担うべきだと論じた裏には、教育体制の一元化だけでなく、共同体がいかに再構築され得るかという問題関心が控えていたのである。

以上、ウォーラスによる市の歴史、教区の歴史、さらに、大衆教育を提供する組織の歴史を検討してきたが、いずれにおいても確認できたのは、産業化や都市化といった社会的変動を経て中世的な共同体が崩壊したのちに、公的な利益にもとづいて福祉を提供する行政・統治組織がどのように整備され、その意味で、共同体がどのように再構築されてきたかという視点である。

英国史研究において、ウォーラスが「議会」や「公務員」といったその他の行政・統治組織の発達史や「国家と思想の伝達」について論じ、また、「中央当局と地方当局」や「政治形態」といった理論的な問題を扱った際にも、同じ視点が存在していたと言える。というのも、シラバスを見るかぎり、これらの講義の背後に控えている問題関心は、「人間社会における団体的感情(corporate feeling)の限界」を考慮して「古代都市国家と現代国民国家」とを対比的に理解し、「団体的感情の限界」を超えている「現代国民国家」がどのように共同体として再構築され得るかというものだったと理解できるからである。(120)

たとえば、「中央当局と地方当局」と題された講義において、中央政府と地方自治体との間の関係は、国家と自由という視点からではなく、共同体の意識を育みやすい地方自治体と、情報や人的資源に関して有利に立ち地方的な利害関心を超えた原理を打ち出すこともできる中央政府とをどのように接合するかという視点から論じられている。

すなわち、地方自治の地理的範囲は「明瞭なシステムにもとづいて選ばれるべきであり」、「共通の利害関心が関わっている地域に一致し、人々の習慣に一致すべき」と論じるウォーラスは、一方で、地方自治体の利点について「地域についての知識、地域についての批判、ヨリ多くの割ける時間、同意による統治」を挙げ、ここから、地方行政の活動範囲を、「事実についての知識が最も重要である範囲、仕事は根気が必要で効果が地方にかぎられる範囲」であるとする。他方で、中央政府の利点を「最も優秀な代表者の集団、最も優れた専門技術、情報への最も優れた入手手段、地方的な利害関心に対する優越」とし、ここから、その活動範囲を「特異性よりも原則が重要である範囲、監査、情報の収集と流布、地方当局の地理的範囲及び権力の確定、地方の公共精神の刺激」であるとするのである。(121) このような行論の背景には、地方自治体と中央政府との利点をどのように活かして巨大な「現代国民国家」という共同体を適切に運営するのかという視点が控えていると見てよいであろう。

また、国家と思想の伝達との間の関係に関するウォーラスの講義の背景にも、巨大な領域を有する「現代国民国家」をいかに運営するかという問題意識があった。ウォーラスは、この講義において、国家と思想・出版の自由との関係を歴史的側面から論じ、一四七〇年から一八三二年までは国家による制限が厳しかったのに対し、一八三二年以降は国家が自由な出版や思想の伝達を奨励したと指摘している。しかし、こうした議論の裏には「現代自治国家の巨大さは、出版物、郵便、電報、そして思想を再生し伝達するための他の手段によって可能となって」おり、現代においては「民主的政府における『世論』、政党紙、著者および出版者としての政府」といった問題が出てきているという認識があった。(122)

さらに、ウォーラスが民主政における代表の問題や公務員の問題を取り扱うのも同じ問題意識からであった。それは、たとえば、「共同行動（joint action）」を実現するための政治形態は何かを問題にした「政治形態」という講義に示されている。この講義において、ウォーラスは、まず、「共同行動の困難性」の原因として「空間と時間のもつ困難性、知識・表現・共感の不完全性、分裂した利害」を挙げるが、その際に「共同行動を確保し共同利益（joint interests）を保護するための工夫」の一つとして、「有権者の決定を実現するための代表、自身で決定を下すための代表、代表は特別に訓練されるべきか、選挙の難しさ、雄弁の影響、十分に知られていない候補者」と「代表の機能」について論じるからである。(123)

こうした行論から浮かび上がるのは、領域が巨大な「現代国民国家」では、構成員が共同体の一員としての自覚をもって「共同行動」をとることが困難であり、それだからこそ、「現代国民国家」の民主政においては代表の役割が重要になってくるというウォーラスの主張であろう。このような理解が誤っていないことは、彼が「議会」に関する講義のあとの設問において、「諸君の代表は、諸君に対して、勤勉だけでなく判断をも実践する義務をもつ。もし彼が諸君の意見のために判断を犠牲にするとしたら、彼は、諸君に奉仕するのではなく諸君を裏切ることになる」というエドマンド・バークの有名なブリストル演説を引用し、その議論が「現代民主国家の条件にどのくらい適用できるか」と問うていることからも明らかである。(124)

また、公務員制度についても、ウォーラスは、この制度を主題とする講義において、「現代国民国家、そこにおけるゆっくりと獲得された技術と絶え間ない思考との必要性、民主主義についてのスフィンクスの問題、政治有機体における意志と頭脳」について論じ、十八世紀には土地所有者が政治の専門家としての役割を果たしていたが、十九世紀以降、「政府機能の拡大」「中央当局と地方当局との結合」「統治の科学に対する信奉」「帝国の拡大」によって公務員が必要になってきたと主張している。(125) 彼は、他の講義においても、十九世紀の英国の都市が人口・衛生・教育・治安といった諸問題を抱え、都市化の進展につれて科学や専門家が必要となったことを指摘している。(126) 要するに、彼は、公務員という専門家が必要になった背景にも、「現代国民国家」という巨大な領域をもつ共同体の存在があることを指摘するのである。

このように、ウォーラスが、英国史研究との関連で、中央政府と地方自治体との間の関係、マス・コミュニケーションの問題、民主政下における代表としての議員や公務員の問題を扱った背景には、巨大な領域をもつ「現代国民国家」をいかに共同体として再構築するかという問題関心が控えていたと考えることができる。

ところで、本節でこれまで検討してきた市の歴史・教区の歴史・大衆教育を提供する組織の歴史という三つの事例において、いずれも十九世紀（特にその前半）が改革の時期として論じられていることは注意に値する。というのも、ウォーラスは、「一八三二年以前には英国の国制は『成長』していたが、それ以降は『作られる』ようになったというのはほぼ真実である」(127)と指摘しているからである。ここには、歴史における人間の理念を重視するウォーラスの態度と、十九世紀前半以降の共同体再構築の試みは特に作為性と人為性とにもとづくという彼の理解とが見られる。もっと言えば、彼は、十八世紀後半以降にとりわけ急激となった産業化や都市化から生じた諸問題に対して、福祉政策や行政・統治機構の整備が人間の理念の力にもとづいて進められたと理解していたと見てよい。それでは、これらの改革は実際にはどのように進められたのか。この問いと深く関わるのが、英国における民主化の歴史の問題なのである。

V　英国における民主化の歴史

1　議論の背景

ウォーラスが英国における民主化の歴史を論じる際に注目しているのは、民主化の推進者がどのような戦略をとり、また、その戦略の裏にどのような精神の在り方が潜んでいたのかという点である。ここには二つの背景があったと考えられる。

一つは、彼が高く評価していた十九世紀前半の改革運動はどのようにしてもたらされたのかという問題関心である。彼がこうした関心をもっていたことは、たとえば、彼が伝記を著したフランシス・プレイスが十九世紀前半における改革運動のブレーン的存在として活躍し、内外学校協会を通じての大衆教育運動、団結禁止法撤廃、第一次選挙法改正、救貧法改革、自治体改革、チャーティスト運動などに関わっていたことを考えれば明らかであろう。そこにはウォーラスの歴史認識が控えていたと見てよい。というのも、歴史における人間の理念の役割を強調した彼にとって、改革者がどのように社会変革をもたらしたのかという問いは重要であったはずだからである。

ウォーラスが民主化の歴史を論じる際のいま一つの背景は、第一の背景と密接に関連するが、当時彼が所属していたフェビアン協会が抱えていた戦略の問題である。

周知のように、一八八〇年代後半から九〇年代にかけて、フェビアン協会はその社会主義実現の戦略について二つの問題を抱えていた。一つは、革命主義を採るか漸進主義を採るかという一八八〇年代に主として問われた問題であり、いま一つは、自由党への「浸透」を試みるか独立した労働者政党を立ち上げるかという一八九〇年代に主として問われた問題である。ウォーラスが民主化の歴史を語る際に関連すると思われるのは主に後者であり、彼は、「浸透」作戦を支持する立場から十九世紀前半から中葉にかけての民主化運動の是非を問うたと考えることができる。

「浸透」か独立労働者政党かという問題が激化した一つのきっかけは、アイルランド国民党党首チャールズ・S・パーネルの女性関係が醜聞となったパーネル事件であった。フェビアンのなかでは、もともとアニー・ベザントとヒューバート・ブランドとが独立労働者政党の構想を支持していたが、一八九〇年秋のこの事件は、シドニー・ウェッブやウォーラスにとって、自由党に積極的に働きかける「浸透」作戦を実行に移す好機と映った。というのも、この事件を契機としてアイルランド人との関係を悪化させた自由党は、アイルランド自治法案に代わる新しい国内政策を必要としたからである。実際、自由党は、一八九一年には自由放任主義から国家干渉主義への転換を告げるニューカースル綱領を発表している。ウェッブやウォーラスはこうした動きを見せる自由党を社会主義実現のために利用できると考えた。しかし、フェビアン協会内の反自由党的な分子はこの立場に反対したのである。一八九〇年代初頭までに急成長してきたフェビアン協会地方支部の指導者層も、ほとんどの場合、労働者階級出身で「熱狂しやすい」性格であったため、独立労働者政党の設立を支持する場合が多かった。

その後、「浸透」作戦の立場は、一八九二年の総選挙における労働代表としてのケア・ハーディの成功やグラッドストン内閣への失望感などを理由として一時弱まった。特に、一八九三年十一月の「汝の天幕に戻れ、おおイスラエルよ」において、ウェッブやショウは自由党を批判し独立労働者政党を積極的に肯定するに至る。しかし、最終的には、ウェッブの立場に近いローズベリ伯爵がグラッドストンの後継者となったこともあって、「浸透」作戦の立場は一八九四年春には再び現れはじめ、一八九六年には完全に復活した[128]。ウォーラスが十九世紀における英国の民主化の歴史を語る背景の一つには、フェビアン協会の戦略に関する以上のような議論があったと考えられる。

その際、ウォーラスは次の二点に注目していたと言える。一つは、民主化が一つの階級に独占されない国民的運動として推進されたかどうかという問題であり、もう一つは、国民的運動としての民主化を推進しようとした改革家の精神の在り方である。のちに示すように、これら二つの問題は密接に関連していた。

2　国民的運動としての民主化

民主化が国民的運動であったかどうか、つまり、中流階級と労働者階級との両方が担い手となった運動であったかどうかを、ウォーラスは、一八三二年の第一次選挙法改正成立をめぐる政治史とその後のチャーティスト運動との両方において注意している。そこからウォーラスが得たのは、これらの民主化運動が、中流階級と労働者階級とを包摂する間は成功したが、そうした広がりを失い分裂したときに失敗したという教訓である。こうした観察は、「浸透」か独立労働者政党かというウォーラスの実践的な関心に由来していたと言えるであろう。

たとえば、ウォーラスによれば、第一次選挙法改正をめぐって生じた対立、つまり、国王・軍・英国国教会・一部の貴族という四者の支持を受けたウェリントン公爵と国民の大多数によって支持されグレイ卿を指導者とする庶民院の多数派との間の対立は、一八三〇年のフランスの七月革命と同じように、国民による革命の試みに行き着く可能性が十分にあった[129]。

しかし、ウォーラスは、当時それが成功した可能性はフランスの場合に比べて低かったと論じる。彼はその理由をいくつか挙げているが、特に注目されるのは、中流階級と労働者階級との間の連携が脆弱であったという指摘である。すなわち、彼によれば、改正運動の成否は、銀行家トマス・アトウッドを指導者とするバーミンガム政治同盟の言う『中流階級と下層階級との間の団結』がどのくらい完全かにかかって」いた。また、フランスの七月革命が社会的動乱も政治的反動も惹起せずに成功したのは、総じて言えば、中流階級が武装し組織化されていたのに対し、労働者階級はそうでなかったからであった(130)。

しかし、フランスの場合とは逆に、英国の場合には、労働者は「自身の指導者と考え方とを持って」おり、改正運動と平行して生じた労働組合運動の指導者は、中流階級と労働者階級との連携を諭すフランシス・プレイスの意見には批判的であった。他方で、労働者階級が改正運動に合流しても、「ブルジョア革命を望む者にとって彼らは不安なしに受け入れることはできない味方」にすぎなかった(131)。結局、第一次選挙法改正は、国王がグレイ卿の要求を受諾したことによって成立し、革命が試みられることはなかったが、ウォーラスは、中流階級と労働者階級との間の連携が脆弱であったこの民主化運動が、最終的には、『知性と財産とをもった人々』が自分たちの欲するものをすべて得た」だけで終わってしまったと述べ、不完全なものだったことを示唆している(132)。

第一次選挙法改正に続く民主化運動であったチャーティスト運動を論じる際にも、ウォーラスは、チャーティスト運動失敗の大きな原因を、この運動が次第に労働者階級主体の運動としての性格を帯び始めて中流階級を排除したこと、さらに、労働者階級のなかでも次第に亀裂が深まったことに見ている。

具体的に言えば、一八三八年秋までのチャーティズムの最初期においては、ウィリアム・ラヴェット、ヘンリー・ヘザリントン、ジェイムズ・ワトソンといったロンドン労働者協会（Working Men's Association）の指導者が、フランシス・プレイスやJ・A・ロウバックといった中流階級の改革者や議員の助言を受けつつ人民憲章を起草し、この憲章を結節点として、アトウッドのバーミンガム政治同盟や、社会主義を標榜するオーウェン主義者、さらに、トーリー急進派を主体とし急進主義者の一部も加えていた新救貧法反対運動を吸収していた。この時期、運動が成功していたのは、さまざまな団体をこのように柔軟に取り込んだためであった。[133] 特に、オーウェン主義者と新救貧法反対運動の活動家が加わったことは大きく、ウォーラスは、「チャーティズムがすぐさま大きな成功を見せたのは、それが、その歴史の最初の数ヶ月間、つまり一八三八年の夏と秋との間、すでに確立し多くの賛同者を数えていた他の二つの運動〔オーウェン主義と新救貧法反対運動を指す〕を実質的に吸収した事実によるところが大きい」と指摘している。[134]

しかし、運動は次第に分裂し、国民的運動としての性格も失っていく。分裂は、議会に請願として提出された人民憲章が実現されなかった場合の「後の手段」をめぐって生じた。つまり、「神聖な月」という一ヶ月間の国民休日と禁酒、つまりはストライキを認めるかどうかで立場が分かれたのである。この議論は一八三九年十一月のニューポートにおける反乱が失敗に終わったあとさらに強まり、一八四一年までに、チャーティズムは、教育・啓蒙を主眼におく「穏健派」のラヴェットを指導者とする国民協会（National Association）と、元来は新救貧法反対運動の指導者であったが次第にチャーティズムの主導権を握るようになり、革命路線も辞さないとするファーガス・オコンナーを指導者とする全国憲章協会（National Charter Association）とに分裂してしまった。[135]

さらに、一八四二年末に自由貿易主義者のジョゼフ・スタージとラヴェットとが試みた中流階級の急進主義者とチャーティストとの間の連合も、内容的にはほとんど変わらない綱領をお互いが譲らなかったため、失敗した。このとき、オコンナーは、急進派とチャーティストとの間の連合を壊そうと準備していただけでなく、急進派が連合をあきらめたために一時的に成立したラヴェット派とオコンナー派との間の連合も壊してしまった。[136]

こうして次第に広がりを失っていったチャーティスト運動は、確かに、一八四四年から四八年にかけてはオコンナーを指導者として進められ、一八四八年には最後の盛り上がりを見せる。しかし、ウォーラスによれば、それは「国外の運動の単なる反映にすぎず、耐えがたい経済的圧力の結果ではなかった」ために失敗に終わった。自由貿易によって労働者でさえも生活が向上したために、「多くの者が革命を望んだけれども、そのために撃たれても構わないという者は、全くもしくはほとんどいなかった」のである。結局、チャーティスト運動においては、「人民憲章の六項目のうちどれか一つの達成に向けてなんの手段もとられなかった」のであり、チャーティストたちは「全くなんの結果ももたらさなかったように見える」とウォーラスは結論づけている(137)。

以上のように、ウォーラスは、第一次選挙法改正運動やチャーティスト運動の成否はそれらが国民的運動としての広がりをもっていたかどうかにかかっていたと論じるが、その際に注意されるのは、彼が、ラヴェットやヘザリントン、ワトソンといったチャーティズム初期の中心人物に関しては、「我慢ならない中流階級のシニシズム」と完全に無縁であり「最も高貴な理念を実現するために慎重にかつ公然と闘った(138)」と高く評価したのに対し、運動後期の指導者の一人であり「組織をぶち壊してしまうことにかけては天才であった(139)」オコンナーについては、トーリー急進派で新救貧法反対運動の指導者であったジョゼフ・R・スティーブンズやリチャード・オーストラーが「二十人束になったよりも害をなした(140)」と酷評していることである。ウォーラスのこのような人物批評が、彼が英国における民主化の歴史を論じる際に注目している第二の点、つまり、改革者の精神の在り方と関連する。

3　民主化指導者の精神の在り方

ウォーラスが、民主化運動が国民的運動であったかどうかという視点から改革者の精神の在り方を問うようになったことは、彼が「カウンティ参事会選挙の諸問題」と題して一八九五年にフェビアン協会において行った講演からわかる。

この講演において、ウォーラスは、「政治的・社会的変化を唱導する方法には二つの根本的に異なる方法がある(141)」

として、「宗教の創始者の方法」と「科学的な精神の習慣」とを取り上げ、「宗教的な」方法が妥協を認めず他者との連携を生みにくいのに対し、「科学的な」方法は連携を生み出しやすいと論じている。

つまり、ウォーラスによれば、宗教の創始者にとって「偉大なことは、人々が信仰を採用する勇気をもつようにし、自身を新しい教会の名をもって呼ぶこと」である。したがって、「いずれは彼らのうちにある信仰の理由を説明できるようになることが期待されている」ものの、その主たる目的は信仰をできるだけ純血に保つことであり、それゆえ「妥協の方針を採ること」は忌避されるべきである[142]。

これに対して、「科学」とは、ウォーラスによれば、因果関係をもとに結果を予測することを意味する。しかし、「なんらかの実験の結果を確実に予測するためには先行する状況の全体がわかっていなければならない」。したがって、「科学的方法」とは、「個々の原理が作用する仕方を観察し、その有効性の限界をはっきりさせる」〔傍点平石〕ことを意味する。ウォーラスは、例として、政治権力は人民の意志に服さなければならないという理論を挙げ、この理論にも「懐疑と熟慮との余地」があるという。というのも、政治権力は人民の意志に服すべきだといっても、そのために選挙の回数を多くしすぎれば、有権者は選挙に行くのをやめるため、政党のボスや黒幕の影響力が強まり、かえって大きな危険をもたらすからである。このように、「科学的方法」とは「不断の懐疑」を意味する[143]。それはまた、自分の理念や思想の純血さに拘泥することなく、その理念の核心を常に問い直すこと、そして、理念を実現する際の自らの方法がどれだけ有効なのかを常に吟味し、場合によっては自分とは異なる意見を採用することを含意していた。

ウォーラスによれば、改革家の精神のあり方としてのこれら「宗教的」方法と「科学的」方法とのうち、優れているのは「科学的な精神の習慣」の方である。確かに、いかなる行動の結果も不確実である以上、「不断の懐疑」を意味する「科学的」方法は、行動も思考もしない習慣をもたらしてしまう危険性を孕み、また、「公衆に説明しづらい」という欠点をもつ。しかし、「この方法によってこそ人は新たな真理に到達したのだし、さらに、この方法によってのみ我々は物事を成し遂げられた」からである。[144] 彼にとって大事なことは、「行動において自分の原理の成功を確実にすること」〔傍点平石〕、つまり、自分の理念をいくらかでも実現することであって、自分の意見の殉教者となったり、疑問ももたず、また一切の疑問を認めもせずに、自分の原理を固持したりすることではなかった。[145]

一八九五年の講演において表明された以上のようなウォーラスの考え方は、「浸透」作戦か独立労働者政党の設立かという当時のフェビアン協会が抱えていた問題に対する彼なりの立場を表明したものであった。つまり、彼は、トム・マンなどを指導者とする独立労働党に「宗教的」方法を見出し、それに対してアンチ・テーゼを唱えたのである。ウォーラスにとって、行動の動機は「人間の幸福」を考えることだけであるべきであり、政治手法についてそれ以上の純血性を求めるべきではなかった。[146]

と同時に、ウォーラスは、過去の事例にもこれら二つの精神的在り方の例を見出していた。否、むしろ過去において「宗教的」方法が失敗に終わったという教訓を一つの理由として、彼は「科学的」方法を是としていた。彼が後期チャーティズムの指導者であるオコンナーを批判するのは、まさにこの視角からであった。ウォーラスによれば、「チャーティズムが失敗に終わり、英国の歴史になんの足跡も残さなかった」のは、オコンナーが「宗教的」方法をとって妥協を許さず、チャーティズムを分裂させていったからである。[147]

4　プレイスに見る改革家の精神的在り方

これに対して、ウォーラスが十九世紀前半の改革運動のブレーン的存在であったフランシス・プレイスを高く評価するのは、まさに、彼がプレイスに「科学的な」精神の在り方を見出したからであった。このことは、彼の『フランシス・プレイス伝』によく示されている。

たとえば、ウォーラスは、「科学的な精神の習慣」という用語は用いていないものの、プレイスのなかに「科学的な」精神にもとづく柔軟な姿勢を見出している。ウォーラスが特に取り上げているのは、ローランド・ヒルの郵便制度改革へのプレイスの態度である。当初プレイスは、ヒルの案を「英国中に手紙を一ペニーで送ろうという無意味な計画」と考え、「その論証（reasoning）の正しさ」を一つ一つ認めることになりながらも、最後まで「ひっかかり」があると信じつつヒルのパンフレットに目を通した。しかし、ついに「ひっかかり」がないことがわかると潔くヒルの計画が正しいことを認めたのである。「道徳学における知的方法の顧みられなかった技術に対するプレイス特有の貢献がここほどよく示されていることはほとんどない」とウォーラスは述べている。(148)

彼は、また、プレイスが改革運動を進める際にほとんど常に中流階級と労働者階級との間の連合を実現しようとしたことにも注目している。ウォーラスは、その目立った例として三つほど挙げている。一つは、プレイスが、一八一六年から一九年にかけてのウィリアム・コベットの民主化運動に対して、運動が労働者階級にしか向けられておらず「裕福な政治家」を排除していると批判した例である。ウォーラスは、プレイスが、労働者階級とそれ以上の階級とのこうした分裂は「必然的に失敗に行き着く」と考え、コベットを「無知すぎて、一般の人々は富と影響力のある他者に鼓舞され支持されなければ愚鈍でしかあり得ないことがわからない」と非難したことを紹介している。(149)

また、ウォーラスによれば、プレイスによる団結禁止法撤廃運動の背景には、団結禁止法撤廃によって雇用者と労働者との間の敵意や対立を消滅させようという意図があった。つまり、プレイスによれば、労働者が労働組合などの形で団結するのは「主として雇用者の不断の団結に抵抗するためであり、また、法の専制に対して労働者を守るため」(150)であった。したがって、団結が禁止されることによって、かえって労働者は神経質になり、法を犯し、雇用者を憎み、自分たちに加わらない労働者をも憎むようになる。(151)プレイスによれば、団結禁止法の撤廃は、労働者側のこうした神経過敏を取り除く効果があるのであった。

最後に、ウォーラスはまた、第一次選挙法改正に向けての改革運動に際しても、プレイスが、一方では、ウィッグが選挙法改正案の一部を取り下げて妥協する可能性と戦い、他方では、労働運動の激化によってトーリーとウィッグとが連合する可能性と戦って、国民的運動としての民主化を実現するために努力したことを紹介している。その際、プレイスが労働者階級と中流階級との連合を説いたのは、やはり、「中流階級に援助されない労働者階級はいままでいかなる国民的運動も成し遂げなかった[152]」という判断からであった。また、ウォーラスは、プレイスが、第一次選挙法改正直前に政治運動が盛り上がった際に、この運動は「人民が自らの自由意志で真に国民的な目的のために団結した最初のときだ[153]」と高く評価したことを紹介している。

以上のように、ウォーラスは、プレイスのなかに、チャーティスト運動を失敗に導いた「宗教的な」精神の在り方とは対極に位置する柔軟な「科学的」姿勢や中流階級と労働者階級との間の連合への模索を見ていた。しかし、ウォーラスが『フランシス・プレイス伝』において注目しているのは、プレイスのこれらの特徴だけではない。彼は、プレイスが政治的原理に高い関心を示したことにも注目している。プレイスのこの特徴こそ、ウォーラスが高く評価する十九世紀前半の改革をもたらした精神的在り方のもう一つの要素であった。

たとえば、ウォーラスは、プレイスがその初期から「政治家として熱心であるだけでなく、政治学徒としても同じ位熱心」であり、「政党間の争いの底にあるヨリ永続的な問題」に深い関心を示したことを指摘している。ウォーラスによれば、プレイスがまだ若かった十九世紀初頭においては、フランス革命の思想家に対する失望が高まる一方で古典派経済学もベンサムの功利主義も確立しておらず、「英国の政治理論は急速な移行の状態にあった」。そのため、当初プレイスは、土地国有化を唱えたトマス・スペンス、人民憲章の原案者となったジョン・カートライト、社会主義を掲げ『新社会観』の発表によって社会を一新できると考えたロバート・オーウェン等の「各々別々に一つの理念をもち、大衆運動を作り出した頑固な」思想家と交流を結んだのであった[154]。

その後、プレイスは、政治的原理として哲学的急進主義をとるようになるが、こうした彼の志向の背景にウォーラスが見ているのは、政治は原理にもとづいて社会改革を進めるべきであり、党派間の争いに明け暮れるべきではないというプレイスの理解であった。ウォーラスのこうした理解は、プレイスによる政党政治批判に示されている。それによれば、プレイスは、トーリー党とウィッグ党とがほとんど同じ政策を採るようになり単なる党派的な争いを繰り返すような状況に陥ったのに対し、「これまで、わが国の政府はいかなる一般的な原理によっても治められた（administered）ことはなく、特定の目標を達成するか特定の不都合を防ぐ目的のための一時的な措置によって治められてきたにすぎない」と批判し、「必要な『一般的原理』は、いまやベンサムと〔古典派〕経済学者とによって考え尽くされた」と論じたのであった。[155] ウォーラスは、こうした立場に立ったプレイスが、自由放任的な非干渉主義ではなく、むしろ、「一般人の教育と幸福とを増進する力がどれだけ多く政府にあり、政府の側の適切な行動によって共同体全体の富と幸福とがどれだけ多く増加されるか」を知っており、いわば一種の福祉国家観をもっていたことを指摘している。[156] こうした観点に立ったプレイスらの哲学的急進主義は、大衆教育、救貧法改革、公衆衛生といった福祉政策の基盤となり、また、一八三五年の都市改革法といった国制の再編成を生み出したのであった。[157] ここからわかるように、ウォーラスは、自分が高く評価する十九世紀前半の改革運動の多くが哲学的急進主義によって理論的に下支えされていることを強く意識していた。

ウォーラスがプレイスのなかに政治的原理の欠如に対する強い不満と原理にもとづく改革への志向とを見出したことは、ウォーラスや周囲の問題関心と密接に関連していた。たとえば、シドニー・ウェッブによれば、基本的に自由放任がとられた一八八〇年頃までは、自由党・保守党による社会改革案もあったものの、「全体としての政治についての体系的な見方が完全になかった」。[158] また、ウォーラスやウィリアム・クラークといった一部の初期フェビアンがジェイムズ・R・マクドナルドなどの社会主義者、ハーバート・サミュエルやハーバート・バロウズ、J・A・ホブソンといった（ニュー）リベラルとともに関わったレインボウ・サークルの機関誌「プログレッシヴ・レヴュー」は、一八九六年九月の発刊を前に予約購読者を募集した際、「現代の進歩派の思想の効果的な発表と力強く合理的な擁護」とをその目的とする旨を述べているが、そこには、当時の「政治や経済における新たな問題の出現」によって、支持されるべき「原理」が見失われているという観察があった。(159)

ウォーラス自身、十九世紀末の英国において政治問題を解決するための原理が必要とされていることを鋭く自覚していた。たとえば、彼は、現在においては功利主義や社会ダーウィニズム等の政治原理に代わる原理がないために、政治家各人が、「自分はすべての人によって理解される計画に則って活動しているのだと感じることができるほどに、少なくとも、第一原理について同意を見ている政治学派の到来を待ち望まざるを得ない」と論じている。(160) ウォーラスが、原理の具体的内容については有効でないと批判しながらも哲学的急進派を評価しているのは、まさに、彼らの活動が「政治哲学の完全な体系」(161)のうえに基礎づけられているからであった。ウォーラスは、哲学的急進派の活動から「今日において有効で類似した〔政治的な〕力を作り出すための努力に対して見込みのある指針」を得られると感じていたのである。(162) こうしたウォーラスの問題意識からもわかるように、彼によるプレイスの精神的在り方への高い関心は、一八九〇年代におけるフェビアンの戦略問題に起因するだけでなく、彼が高く評価していた十九世紀の諸改革がどのようにしてもたらされたのかという問題関心に由来しており、さらには、「第一原理」つまりは人間の理念の役割を重視した彼の歴史認識に由来していた。

このように、『フランシス・プレイス伝』において、ウォーラスがプレイスのなかに見出した特徴的な態度は、柔軟な精神・国民的運動への志向・政治的原理への志向の三つであったが、ウォーラスは、プレイスのこれら三つの傾向に、ある共通する要素を見ていたと言ってよい。それは、プレイスの「理性」への信頼である。たとえば、ヒルの郵便制度改革に対してプレイスが見せた態度について言えば、プレイスがヒルの案を最終的に受け入れたのは、その「論証の正しさ」によってであった。

また、労働者階級と中流階級との間の連合をプレイスが説いた背景にも、やはり「理性」への信頼が控えていたことをウォーラスは見逃していない。たとえば、ウォーラスは、一八二〇年代後半から三〇年代初頭にかけての選挙法改正運動の際に「宗教的な」方法をもって望んだ全国労働者階級同盟（The National Union of the Working Classes）の指導者に対して、プレイスが、「これらの男の幾人かは目立って無知だが能弁な演説家であり、自分たちが抱く馬鹿げた考えを是認しないすべての者に対して敵意という苦い観念で満たされている」[163]と酷評していることを紹介している。また、ウォーラスによれば、プレイスが、ラヴェットなどのロンドン労働者協会の指導者を、彼らが労働者出身であるにもかかわらず高く評価したのは、彼らが「教育を受けた労働者という新しい階級」〔傍点平石〕だからであり、彼らの下で、失望と焦燥とから暴力に訴える運動とは異なる、「一つの提議に限定され、その提議を是認するように説く辛抱強く温厚な宣伝活動によって説得され得るすべての人を包含するような」〔傍点平石〕運動が人民憲章のために組織され、運動が成功するだろうと考えたからであった。[164]

さらに、プレイスが党争と妥協とに明け暮れる政党政治を強く批判し、原理にもとづく政治を模索した背景にも「理性」への信頼があったことにウォーラスは気づいていた。それは、たとえば、プレイスが、国会議員の無知とエゴイズムと自惚れとを痛烈に批判し、「野蛮な時代の習慣」にもとづく政治に代わって「我々が望むべきことは、我々の進歩した状態の知識に見合った一連の主張を我々が採用することであり、これは、多数の人々が権威ではなく理性によって導かれれば決定的となる」と論じたことをウォーラスが紹介している点に窺われる。[165]また、プレイスが、ベンサムらの「一般的な原理」は「不断に公にされさえすれば、人民の知識の着実な向上によって最終的には採用される」[166]と固く信じていたことをウォーラスが紹介していることからも、同じことは窺われる。

以上、英国における民主化の歴史をウォーラスがどのような視点から捉えてきたのかを検討してきた。そこにおいて確認されたのは、彼が民主化の歴史を語る際には、一八九〇年代当時のフェビアン協会の戦略的問題、そして、十九世紀前半の改革運動に対する彼の関心とその背後にある彼の歴史認識とが背景として控えていたことであった。つまり、ウォーラスは、一方で、過去の経験に照らして、改革を成功させるためにはそれを国民的運動にする必要があること、そして、そのためには妥協を拒む「宗教的な」精神の在り方ではなく、自分の理想と方法とを常に問い直すことのできる「科学的な精神の習慣」が必要であることを主張し、自由党への「浸透」作戦を支持した。しかも、他方で、彼は、十九世紀前半の改革運動のブレーン的存在であったプレイスのなかに、改革を成功させるための柔軟な姿勢だけでなく、政治的原理への高い関心も見出したのであった。改革者の精神的素質に注目するウォーラスのこのような視点は、歴史における人間の理念の役割を強調する彼の歴史認識と深く結びついていたと考えることができよう。

VI 小括――ウォーラスにおける英国史研究の意図

これまでウォーラスの英国史研究の具体的内容を、彼の英国史理解の特質と彼の歴史認識とに関連づけて検討してきた。そこから浮かび上がってくるのは、彼の英国史研究は、彼が同時期に展開していた社会主義論で強調している「共同体」がいかに歴史のなかで形成されてきたのかを明らかにする作業だったことである。

その際、英国史研究で扱われる「共同体」は、本書で参照し得た講演ノートでは、主として地方自治体であったが、決してそれにかぎられるものではなかった。そのことは、「現代国民国家」における中央政府と地方自治体との関係性について言及していたウォーラスの講義シラバスからも窺われる。重要なのは、むしろ、ウォーラスが、こうした

「共同体」を、産業化・都市化といった歴史の不可逆的趨勢からさまざまな公的福祉が要請されるなかで、人為的・作為的に創出された行政・統治組織と捉えていたことである。そうした組織には、また、「自治体の一体性の精神」や「郷土愛」の喚起が期待されている場合もあった。ウォーラスが十九世紀前半の改革やその担い手に特に注目していたのも、これらの点と関連していた。端的に言えば、彼は、「科学的な」精神にもとづく政治的原理への志向によって、公的利益を代表する「共同体」の再構築がなされるべきだと考えていたと言える。

　産業革命を英国史上の一大画期と見なす点や十九世紀を通じて進展した共同体の再組織化に注目している点で、ウォーラスのこうした英国史理解は、シドニー・ウェッブのそれと類似している。しかし、決定的に異なるのは、ウェッブが英国史の展開を社会主義実現に向けての時代精神にもとづく必然的過程と見なしたのに対し、ウォーラスは、歴史の不可逆的趨勢がもたらす諸問題に対処する人間の理念の役割を強調したことであった。ウォーラスがフランシス・プレイスを初めとする改革家の精神の在り方に着目したのは、まさに彼のこの歴史認識に由来していた。

　こうした特徴をもつウォーラスの英国史研究は、彼の政治思想のなかで重要な位置づけを与えられていたと考えてよい。そのことは、「政治の学問的研究（The Academic Study of Politics）」と題された彼の講義から窺われる。残念ながらこの講義はシラバスしか残されておらず、その具体的内容までは判明しないが、シラバスによれば、ウォーラスは、この講義で、最初に、「道徳学（The Moral Sciences）」においては人為的実験が不可能であること、また専門化が必要であると同時に危険でもあることなどを指摘したのち、「歴史学の位置」について述べている。ここで注目したいのは次の二点である。

　第一点は、この「歴史学の位置」の項が、「道徳学」における専門化の必要性と危険性とについての議論を引き継いだうえで、「経済学の位置」「倫理学の位置」「法学の位置」「統計学の位置」「（狭い意味での）政治学」「民主政の機構」といった項目と並列されていることである。こうした議論の構成から考えて、ウォーラスが歴史学を「道徳学」、つまり広い意味での政治思想の一分野として捉え、経済学・倫理学・政治学等と並ぶものと考えていたことは明らかであろう。[167]

第二点は、この「歴史学の位置」の項において、ウォーラスが、「各世代は過去についての新しい歴史を必要とする」と主張し、また「現在についての歴史的研究」について論じていることである。[168] 後年、ウォーラスは、「あらゆる転換点において、人は、自らが見出した位置にまで至るような出来事の知識に沿って、賢くも愚かにも人生における自らの役割を果たすだろう」と述べ、「公民教育(civic education)は、歴史という手段において最もよく教授され得る」と主張している。「市民たること(citizenship)の義務」を直接教えるのではなく、たとえば、「信じられないほど困難な問題を解決しようとする人類による試み」として救貧法の歴史を教えたうえで、「だから我々は貧者を愛さねばならない」と教える方が、はるかに社会への働きかけを惹起する効果があるからである。[169] ここに窺われるように、ウォーラスにとって、英国史研究とは、眼前の社会の成立過程を辿り直すことで、自らが働きかけようとしているその社会の状況を把握することを意味していた。

それでは、ウォーラスは自らの英国史研究から何を眼前の社会の歴史的状況として得たのだろうか。これまでしばしば確認してきたように、一つには、それは、産業化・都市化といった諸要因による中世的共同体の喪失とそれ以後の新たな共同体の創出という「人類の試み」であったろう。それは、政治的原理の内容をそのまま受け継ぐかどうかは別として、プレイス等のベンサム主義者が「科学的な」原理にもとづいて共同体の再構築を図ろうとした試みを引き継ぐことを意味するであろう。

しかし、彼は、眼前の社会が抱える問題の根幹をどこに見たのか。この問いが、なぜウォーラスはフェビアン協会を脱会したのかという前章末尾の問題と絡んでくる。そこで、次章では世紀転換点におけるウォーラスとフェビアン主流派との思想的異同について考察することとしたい。

（1）ウォーラスがオクスフォードの講師職に応募した際の書類はW. P. File 1/96に収納されている。ウォーラス文書としての頁番号は付されていない。

（2）たとえば、エドワード・ポリットは、プレイスと同時代の政治史に関する伝記・回顧録・手紙集は過去二十五年間多く出版されたが、「フランシス・プレイスがこれほど目立って関係していた国制改革運動を取り扱った権威ある本はこれまでなかった」と評している（Edward Porritt, 'The Life of Francis Place; 1771-1854' in *The American Historical Review*, Vol. 3, No. 4 (July, 1898), p. 723)。また、L・L・プライスも、ウォーラスが「十九世紀の産業運動のうち注目されてこなかったが重要である事件に対して経済学者の注意を向けさせ」、忘れ去られていたプレイスに対して正当な評価を与え直したことを高く評価している（L. L. Price, 'The Life of Francis Place' in *The Economic Journal*, Vol. 8, No. 30 (June, 1898), p. 211)。

（3）Harold J. Laski, 'Lowes Dickinson and Graham Wallas' in *The Political Quarterly*, Vol. 3, No. 4 (Oct.-Dec., 1932), p. 464. この弔文において、ラスキが、『巨大社会』や『我々の社会的遺産』といったウォーラスの主著に触れず、『フランシス・プレイス伝』と『政治における人間性』とのみを紹介していることからも、ラスキがいかに『フランシス・プレイス伝』を高く評価しているかがわかる。

（4）Max Beer, *A History of British Socialism* (London, 1940), p. xiii.（大島清訳『イギリス社会主義史』（一）、岩波書店、一九六八年、二〇頁）

（5）Peter J. Bowler, *The Invention of Progress: The Victorians and the Past* (Oxford, 1989).（岡嵜修訳『進歩の発明——ヴィクトリア時代の歴史意識』平凡社、一九九五年、一一—三頁）ボウラー自身もしばしば参照していることからわかるように、ボウラーのこうした見解は、ジョン・W・バロウによる古典的な研究から受け継いだものと見ることができる。See, J. W. Burrow, *Evolution and Society: A Study in Victorian Social Theory* (Cambridge, 1966), pp. 22, 24, 93-5.

（6）Ibid., pp. 67-8.

（7）Ibid., pp. 68–72.

（8）Ibid., pp. 75–9.

（9）ボウラー前掲邦訳、一一頁。

（10）同書、一三―四頁。See also, Burrow, *Evolution and Society*, pp. 98–9, 101, 106–8, 263. なお、ボウラーは、こうした進化の観念にもとづく発展論を、社会分析の枠組みだけでなく考古学や生物学といった自然界の分析枠組のなかにも見出している（ボウラー前掲邦訳、一六頁）。その際、彼が注目するのは、こうした発展論が唯物論と創造説との間の妥協案を示した点である。つまり、発展論は、「生命の創造に始まりヨーロッパ文明の地球全体への拡大に至るまでの宇宙の発展のあらゆる位相が、カオスから秩序を生み出すよう設計された進歩の普遍的図式の諸局面であると示唆」することにより、天変地異による創造とは異なった形で宇宙のなかに神の観念を導入することができたのである（ボウラー前掲邦訳、一七頁）。

（11）Sidney Webb, 'Historic' in *Fabian Essays*, p. 30.

（12）Ibid., pp. 33-7.

（13）Ibid., p. 38.

（14）Ibid., pp. 39-42.

（15）Ibid., pp. 31-2, 42-6.

（16）Ibid., pp. 32-3, 53-6.

（17）Ibid., p. 46.

（18）Ibid., pp. 46-7.

（19）なお、クライブ・ヒルは筆者と同じ箇所を参照しながら、ウェッブもウォーラスと同じように歴史における個人の役割を看過したわけではなかったと論じるが、いま示したようにその議論は少し性急であると言わざるを得ない。ウェッブとウォーラスとの間には明らかに議論に質的な相違がある。(See, Clive Hill, *Understanding the Fabian Essays in Socialism (1889)*（Lampeter, 1996）, p. 349.)

（20）PUS, p. 123.

（21）Ibid.

（22）Ibid., pp. 123-4.

（23）Wilson and others, *What Socialism is*, pp.9-12.

（24）Graham Wallas, 'Socialism and the Fabian Society' in *MI*, pp. 104-5. なお、このほかの点に対するウォーラスらフェビアンによるマルクス主義批判については、前章のⅢを参照のこと。

（25）歴史研究に関するウォーラスの論説とは、

（a）Graham Wallas, 'The Chartist Movement' in *OC*, Vol. 12, No. 2 (Aug., 1888), pp. 111-8; Vol. 12, No. 3 (Sep., 1888), pp. 129-40.

（b）Graham Wallas, 'The Story of Eleven Days' in *Fortnightly Review*, Vol. 52 (1892), pp. 767-79.

の二本を指す。なお便宜上、以下、（a）の論文のNo. 2掲載分はPt. 1、No. 3掲載分はPt. 2とする。

『フランシス・プレイス伝』は、初版は一八九八年に発行されているが、ここでは一九二五年発行の第四版を用いる。

また、公開講座のシラバスには調査したかぎりでは以下の八種類が現存している。これらはいずれも印刷されたものであり、講義を進める際に学生に配布された。

［1］Graham Wallas, *University Extension Lectures: Syllabus of a Course of Lectures on the English Citizen--Past and Present* (London, 1891)

［2］――――, *University Extension Lectures: Syllabus of a Course of Lectures on the English Citizen--Past and Present* (London, 1893)

［3］――――, *Oxford University Extension Lectures: Syllabus of a Course of Lectures on the Growth of English Institutions in Town and Country or the English Citizen, Past and Present* (Oxford, undated)

［4］――――, *University Extension Lectures: Syllabus of a Course of Lectures on the English Citizen--Past and Present Part II* (London, 1894)

［5］――――, *Oxford University Extension Lectures: Syllabus of a Course of Lectures on the English Citizen, Past and Present Part III* (Oxford, undated)

［6］――――, *University Extension Lectures under the Auspices of the American Society for the Extension of University Teaching: Syllabus of a Course of Six Lectures on English Institutions* (Philadelphia, 1896)

［7］――――, *University Extension Lectures under the Auspices of the American Society for the Extension of University Teaching: Syllabus of a Course of Six Lectures on the Story of English Towns* (Philadelphia, 1896)

[8] ———, *University Extension Lectures: Syllabus of a Course of Ten Lectures on the Evolution of Modern English Government* (London, 1907)

なお、[1]から[8]の番号は筆者が便宜上付したものであり、一二〇—一二一頁で取り上げられる別表のシラバスの番号[1]から[8]に対応する。また、以下便宜のために、ウォーラスのシラバスから引用する際にはこの番号を用いてそれぞれのシラバスを表す。たとえば、Wallas, Syllabus [1]とされている場合には、右のシラバス[1]を示す。引用の際の頁番号は、ウォーラス文書として付された頁番号ではなく、シラバスの頁番号である。(なお、その後ウォーラスによるシラバスの草稿 'Civic Life and Duty' (undated), W. P. File 6/13, pp. 69–72 を参照する機会を得た。十講からなるその講義では、「教区」「救貧法連合」「市」「カウンティ」「議会選挙区」「市民の教育」「警察と司法」「公民的統治(Civic Government) の原理」「中央当局と地方当局の関係」が各回のテーマとなっており、その内容は右記シラバス[1]から[8]と重なる。)

さらに、これらのシラバスとは別に、公開講座やLSEにおけるウォーラスの講義を聴講生が筆記したノートが八種類存在する。シラバスは、講義目録を含むため、講義内容の全体像について有力な情報を与えてくれるが、個々の講義内容については詳しい情報を与えてくれない。これに対し、講義ノートは、各々のウォーラスの講義をかなり詳しくレポートしているものの、現存するノートはほんの一部の講義に関するものだけのため、一連の講義の全体像を知ることはできない。これらの八種類を以下列挙する。

(a) 'The Parish' (20th Oct., 1892), W. P. File 6/2, pp. 53–91.

(b) 'The Poor Law' (3rd Nov., 1892), W. P. File 6/2, pp. 93–135.

(c) 'Education in England' (1st Dec., 1892), W. P. File 6/3, pp. 136–164.

以上の三つのノートは、一八九二年十月十三日からユニバーシティ・ホールで毎週行われ、「英国市民——過去と現在」と題された一連の講義のノートである。(See, *FN*, Vol. 2, No. 8 (Oct., 1892), p. 30.)

(d) 'The Parliament Part 2 (Lecture 6)' (8th Nov., 1893, W. P. File 6/3, pp. 165–85.

(e) 'The Poor Law Part 1 (Lecture 7)' (15th Nov., 1893), W. P. File 6/3, pp. 187–209.

(f) 'The Poor Law Part 2 (Lecture 8)' (22nd Nov., 1893), W. P. File 6/3, pp. 211–34.

(g) 'Public Elementary Education (Lecture 9)' (29th Nov., 1893), W. P. File 6/3, pp. 236–60.

以上四つのノートは、「英国市民」と題してウォーラスが一八九二年秋にモーリー記念大学で行った一連の講義のノートである。なお、以上（a）から（g）までのノートは、別表において示すように、シラバス［2］・［3］の講義の一部とかなり近い対応関係を見ることができる。

（h）Untitled (19th Feb. to 26th March, 1900), W. P. File 6/6, pp. 106–84.

これは、一九〇〇年二月十九日から毎週LSEで行われた英国教育史に関するウォーラスの講義のノートであり、講義六回分がレポートされている。正式な題は付されていないが、以下、便宜のためにOn Educationとする。

なお、（a）から（h）までのアルファベットは、便宜のために筆者が付したものである。以下、これらのノートについても、便宜のために、引用する際にはアルファベットを用いてそれぞれのノートを表す。たとえば、Wallas, note (a) とされている場合には、右で示されている教区（Parish）についてのノートを指す。頁番号は、ウォーラス文書として付された頁番号である。

(26) ウォーラスは、一八九六年十二月から九七年二月までフィラデルフィアに滞在し、初めての講演旅行を経験した。（Wiener, *Between Two Worlds*, pp. 43–5; Qualter, *Graham Wallas and the Great Society*, pp. 77–8.）

(27) Wallas, note (e), p. 187.

(28) Ibid.

(29) Wallas, note (b), p. 94.

(30) Wallas, note (e), p. 188.

(31) Wallas, note (b), pp. 97–8.

(32) Wallas, note (e), p. 187.

(33) Ibid., p. 188.

(34) Ibid., pp. 188–9; Wallas, note (b), pp. 100–1.

(35) Wallas, note (e), p. 191.

(36) Ibid., pp. 191–2; Wallas, note (b), pp. 102–4.

(37) Ibid., p. 105; Wallas, note (e), p. 187.

(38) Ibid., pp. 194–8; Wallas, note (b), pp. 105–10.

(39) Ibid., pp. 110–1.
(40) Ibid., p. 112.
(41) Ibid., pp. 113–6; Wallas, note (e), pp. 200–2.
(42) Ibid., pp. 214–5; Wallas, note (b), pp. 121–2.
(43) Ibid., p. 122.
(44) 実際には一七八二年であるが、ウォーラスの講義ノートでは一七七二年とされている。
(45) Wallas, note (f), pp. 215–6.
(46) Ibid., p. 217.
(47) Ibid., pp. 218–21.
(48) Ibid., pp. 226–8.
(49) Wallas, note (b), pp. 127–8. See also, note (f), p. 230. なお、教区連合はノートでは単に "union" と記されている。
(50) Wallas, note (b), pp. 128, 130; note (f), pp. 232–3. なお、正確には救貧法委員会は一八七一年に地方自治行政院に吸収されたというべきかもしれないが、講義ノートではこのような表現になっている。
(51) Wallas, note (b), p. 129; note (f), pp. 230–1.
(52) Wallas, note (b), pp. 129–30; note (f), p. 233.
(53) Wallas, note (g), p. 241.
(54) ここでは、一八九二年・一八九三年・一九〇〇年の三つの講義ノートをもとにウォーラスの教育史論を検討するが、もちろん、それぞれの講義において取り上げられる史実には異同がある。しかし、これら四つの運動は、一九〇〇年の講義においてはグラマー・スクールの運動が扱われていないことを除いて、いずれの講義においても取り上げられている。
(55) Wallas, note (c), pp. 139–40.
(56) Ibid., pp. 140–1. なお、キリスト教知識普及協会の設立は実際には一六九八年であるが、一八九二年と九三年の講義ノートでは一六九九年、一九〇〇年の講義ノートでは一六九七年から九八年となっている。
(57) Wallas, note (g), pp. 239–40.
(58) Wallas, note (c), p. 141.

(59) Ibid., pp. 144-5.

(60) Wallas, note (g), p. 247. 正確には、一八一〇年に設立されたのはロイヤル・ランカスター協会（Royal Lancastrian Association）であり、これが一八一三年にBritish and Foreign School Society に改称される。また、国民協会に関しては、ウォーラスは講義では略称を用いているが、正式にはNational Societies for the Education of the Poor in the Principles of the Established Church と言う。（Wallas, *LFP*, pp. 94-5.）

(61) Wallas, note (c), p. 149.

(62) Wallas, note (g), p. 249.

(63) なお、ウィットブレッドの活動は一八〇七年であって一八一〇年の内外学校協会設立の前であるが、この点に関してウォーラスは、ランカスターの活動が内外学校協会設立前の一八〇三年にすでに始まっており、国教徒側によるランカスター批判も一八〇五年には始まっている事実を指摘している。（See, ibid., pp. 245, 247, 249.）

(64) Wallas, note (c), pp. 145-9, 150-3.

(65) Ibid., pp. 142-3. また、Wallas, note (h), p. 137 では、労働者が現状のままであり続けなければならないとすれば、「彼を教育し自分がなんであるかを悟らせるのは残酷であるにすぎない」というマンデヴィルの大衆教育反対論が紹介されている。

(66) Wallas, note (g), p. 244.

(67) Wallas, note (c), p. 151; note (g), p. 250.

(68) Ibid., pp. 247-9.

(69) Wallas, note (c), p. 145; note (g), p. 245.

(70) Wallas, note (c), p. 161; note (g), pp. 258-9.

(71) Wallas, note (c), p. 162.

(72) Wallas, Syllabus [1], p. 11.

(73) Wallas, note (h), pp. 141-2.

(74) Ibid., pp. 143-4.

(75) Ibid., pp. 107-9.

（76）Ibid., p. 114.

（77）Ibid., pp. 115–6.

（78）すでに見たように、一八九二年と九三年の講義ノートにおいては、公教育の背景として産業革命はほとんど触れられていない。しかし、同時期のものと見られる公開講座のシラバスにおいては、公教育の必要性が認識されるようになった背景としてフランス革命の影響とともに「田舎の国（nation）から都会の国への英国の変貌」が論じられており、産業革命の影響は決して無視されていない。（Wallas, Syllabus [3], p. 16.）

（79）Wallas, Syllabus [6], p. 20; Syllabus [7], p. 15. See also, Syllabus [4], p. 6.

（80）Wallas, Syllabus [3], p. 20; Syllabus [7], p. 15.

（81）Wallas, Syllabus [6], p. 10; Syllabus [7], p. 3.

（82）Wallas, Syllabus [6], p. 10; Syllbaus [7], p. 8.

（83）Wallas, Syllabus [6], pp. 10–1; Syllabus [7], p. 8.

（84）これは、おそらく一般に「都市自治体法（Municipal Corporation Act）」と呼ばれるものを指していると思われる。

（85）Wallas, Syllabus [6], p. 11; Syllabus [7], p. 12.

（86）Wallas, Syllabus [1], p. 7; Syllabus [3], p. 6.

（87）Wallas, note (a), p. 53.

（88）Ibid., pp. 58–9.

（89）一般的には、リーヴ（reeve）は中世において国王・領主の代理として監督権限を有したさまざまな役人の総称であり、借地農から選出され、ときに領主によって指名された農奴管理人を意味する場合もあった。この場合には「組頭」等と訳される。ウォーラスは、教会の財産管理人は当初リーヴと呼ばれたが、次に教区委員と呼ばれるようになったと述べている。

（90）Wallas, note (a), pp. 64–5.

（91）civil law は、通常、criminal law と対比されて「民事法」と訳されるが、ここでは、文脈上明らかに‘ecclesiastical law’の反対概念なので、あえて「世俗法」と訳した。筆者が *Black's Law Dictionary*（5th ed.）を調べたかぎりでは、civil law には、「特定の国民・共同体（commonwealth）・都市が特別に自らのために樹立した法体系」という意味があり、「ヨリ正確には、自然法や国際法と区別して、国内法（municipal law）」という意味をもつようである。

(92) Wallas, note (a), pp. 65–6.

(93) Ibid., pp. 67–8.

(94) Ibid., pp. 70–2.

(95) Wallas, note (e), p. 195.

(96) Wallas, note (a), p. 74.

(97) Ibid., p. 68.

(98) Ibid., p. 70.

(99) Ibid., pp. 76-7.

(100) Ibid., p. 77.

(101) Ibid., pp. 78–83.

(102) Ibid., pp. 84–7.

(103) Wallas, note (c), pp. 153, 158-9; note (g), pp. 252, 256.

(104) Wallas, note (c), pp. 153, 156-7; note (g), pp. 252–6. 一般的には、視学官制度の成立は一八四〇年とされているが、ウォーラスは一八三九年としている。

(105) Wallas, note (c), p. 160; note (g), pp. 257–8.

(106) Wallas, note (c), pp. 161–3; note (g), p. 259.

(107) Wallas, note (h), pp. 123-4. なお、一八九二年と九三年との講義においては、ウォーラスは、学務委員会と有志立学校との並存という修正されたあとの初等教育法の内容をフォースターの意図と捉えていた（see, Wallas, note (c), p. 163; note (g), p. 259）。したがって、一九〇〇年の講義ではこの見解は訂正されていることになる。

(108) Wallas, note (h), p. 122.

(109) Ibid., p. 125.

(110) Ibid., p. 130. ウォーラスは、「学務委員会が全国に拡大しなかった」こと、つまり、「市の外では学務委員会は教区の地域にかぎられていた」ことを指摘している。（Ibid., pp. 123, 131.）

(111) Ibid., pp. 131, 173.

(112) Ibid., pp. 131–2.

(113) ウォーラスは、一九〇〇年三月十九日の講義では、学務委員会に代わる教育当局としてカウンティ参事会に専ら注目しているが、三月二十六日の講義では、大都市の場合は市参事会かバラ参事会、大都市以外ではカウンティ参事会か地区参事会（District Council）に教育の権限を与えるべきだと論じている。いずれにせよ、学務委員会のような教育行政のためだけの特別委員会ではなく、一般的な地方自治体の組織を教育当局とすべきだという点では主張に変わりはない。

(114) Wallas, note (h), p. 173.

(115) Ibid., pp. 173–4.

(116) Ibid., p. 175.

(117) Ibid., pp. 175, 177.

(118) Ibid., pp. 177–8.

(119) Ibid., p. 179.

(120) See, Wallas, Syllabus [6], p. 10.

(121) Wallas, Syllabus [1], pp. 13–4.

(122) Wallas, Syllabus [5], pp. 9–10; Wallas, Syllabus [4], p. 13.

(123) Wallas, Syllabus [1], pp. 14–5.

(124) Wallas, Syllabus [6], pp. 4–5.

(125) Ibid., pp. 7–8.

(126) Ibid., p. 11.

(127) Wallas, Syllabus [8], p. 9.

(128) 「浸透」作戦か独立労働者政党の設立かという議論の顛末については、MacKenzie, *The First Fabians*, pp. 145–6, 157–8, 160–5, 194–206, 231–4（邦訳、一六八―七〇、一八三、一八七―九三、二二七―四一、二七〇―四頁）に詳しい。なお、ビアトリス・ウェッブは、シドニー・ウェッブやショウが自由党に対して批判的になり独立労働者政党の構想に傾いた際に、当初、ウォーラスは、彼らが独立労働党支持派の反応を気にして結論を急ぎすぎていると批判的であったと述べている。

(MacKenzie (ed.), *The Diary of Beatrice Webb*, Vol. 2, p. 41.)

(129) Wallas, 'The Story of Eleven Days', p. 767.

(130) Ibid., p. 777.

(131) Ibid., pp. 777–8.

(132) Ibid., p. 779.

(133) Wallas, 'The Chartist Movement', Pt. 1, pp. 111–5.

(134) Ibid., p. 115.

(135) Wallas, 'The Chartist Movement', Pt. 2, pp. 131–4.

(136) Ibid., pp. 135–6.

(137) Ibid., pp. 136–8.

(138) Wallas, 'The Chartist Movement', Pt. 1, p. 113.

(139) Wallas, 'The Chartist Movement', Pt. 2, p. 135.

(140) Wallas, 'The Chartist Movement', Pt. 1, p. 117.

(141) Graham Wallas, 'The Issues of the County Council Elections' in *FN*, Vol. 5, No. 1 (March, 1895), p. 1.

(142) Ibid.

(143) Ibid.

(144) Ibid.

(145) Ibid., p. 2.

(146) Ibid.

(147) Ibid., p. 1.

(148) *LFP*, p. vi.

(149) Ibid., pp. 116–7.

(150) Ibid., p. 217.

(151) Ibid., p. 239.

(152) Ibid., p. 266.

(153) Ibid., p. 322.

(154) Ibid., pp. 60–4.

(155) Ibid., pp. 184–6. なお、ウォーラスが「科学的な精神の習慣」のなかに見る柔軟な精神と政党間の妥協する精神とがどのように異なるのかという問題は興味深いが、ここで取り上げた資料からはこの問題へのウォーラスのはっきりとした立場は明らかにされない。この問いに対する一つの回答の試みとしては、本書第四章第五節におけるウォーラスの思考・判断論を参照せよ。

(156) Ibid., pp. 123–4. See also, G. W. [Graham Wallas], 'The English Radicals' in *The Speaker*, Vol. 1, No. 3 (Oct. 21, 1899), p. 68.

(157) 哲学的急進主義と内外学校協会を通じての大衆教育推進については、"The English Radicals" のほか、*LFP*, ch. 4 を参照せよ。また、プレイスおよび哲学的急進主義が救貧法改革や都市改革法改革に大きな影響を及ぼしたことについては、*LFP*, pp. 330–1, 341-3 を参照。最後に、公衆衛生と哲学的急進主義との関わりについては、Wallas, Syllabus [3], pp. 20–1 を参照のこと。ここでは、救貧法改革のなかで公衆衛生が問われたこと、さらにベンサムの弟子であったエドウィン・チャドウィックが公衆衛生発展のために努力したこと等が示唆されている。

(158) Webb, *Socialism: True and False*, p. 5.

(159) J. R. MacDonald, 'The Progressive Review' (August, 1896), Parliamentary Archives (U. K.), Papers of Herbert Louis Samuel, SAM/A/10, item (5). 特に、この手紙を受け取ったサミュエルが「現代の進歩派の思想の効果的な発表と力強く合理的な擁護」という箇所とこの雑誌が「政党機関誌ではない」という箇所とに下線を引いている点は注意される。

(160) Wallas, 'The English Radicals', p. 69.

(161) Ibid.

(162) Graham Wallas, 'The English Utilitarians' in *The Speaker*, Vol. 3, No. 74 (March 2, 1901), p. 600.

(163) Wallas, *LFP*, p. 273. なお、この引用は、Wallas, 'The Story of Eleven Days', pp. 778–9 にも見られる。

(164) Wallas, *LFP*, pp. 369–70.

(165) Ibid., pp. 126–8.

(166) Ibid., p. 185.

(167) この講義のテーマが「政治の」学問的研究とされ、その学問として「道徳学」が論じられていること、さらに、「狭い意味での」政治学という項目があることから考えて、ウォーラスにとって道徳学は広い意味での政治思想を意味していたと考えることができる。実際、前章において検討したように、彼の社会主義思想は経済論・政治論・倫理論から成り立っていた。

(168) Wallas, Syllabus [4], p. 19.

(169) Wallas, 'How Karl Marx was found wanting', p. 3.

第三章　世紀転換点におけるウォーラスとフェビアン

I　序

ウォーラスが、一八九〇年代半ば頃にフェビアン協会に所属していることに対して次第に違和感を覚えるようになったこと、そのために一八九五年にはフェビアン協会執行部を辞任し、一九〇四年一月には教育問題と関税改革問題とに関する意見の齟齬を理由としてフェビアン協会を脱会したことについては第一章末尾においてすでに指摘した。そこで、本章では、なぜウォーラスがフェビアン主流派と思想的に袂を分かつようになったのか、そして、ウォーラスのこうした思想的立場がそれ以前の彼のフェビアン社会主義とどのような関係にあるのかを考察することとしたい。

ウォーラスが教育問題と関税改革問題とのどちらを主な理由として脱会したかについては論者によって意見が異なる。たとえば、ピーズは、関税改革問題よりもそれ以前から続いていた教育問題におけるウォーラスとフェビアン指導部との間の対立を重視している。これに対し、マクブライアは、ピーズに脱会の意志を知らせた際のウォーラスの手紙を重視し、その趣意をそのまま受け入れて、関税改革の方が主原因だとしている。こうしたなかで、ウィーナーやクラークは、教育問題や関税改革問題だけでなく、本書でも注目するボーア戦争や帝国主義の問題にも目を配っているが、ウォーラスとフェビアン多数派との間の亀裂の思想的淵源は何かという問題を十分に考察しているとは言いがたい[1]。

そこで、本章では、十九世紀末から二十世紀初頭にかけての世紀転換点におけるウォーラスとフェビアン多数派とが、現実政治への思想的応答をめぐってどのような異同を見せたのか、さらに、その異同の思想的淵源はなんであったのかを明らかにすることを試みたい。この作業は、初期ウォーラスから後期ウォーラスへの思想的発展がどのように生じたのかという問題を考察するための手がかりとなるであろう。

一九一六年にE・R・ピーズの『フェビアン協会史』に寄せた書評のなかで、ウォーラスは自分がフェビアン協会に対して違和感を覚えた根本的な原因について触れている。それによれば、彼が「最初の数年間」以後、次第に協会に対して不満をもつようになったのは、協会が民主主義の進展と経済的不平等の是正という「特別な関心事」に対してのみ関心をもち、それ以外の問題――たとえば、結婚・宗教・芸術の諸問題、ボーア戦争への態度の問題、インドにおける責任の問題、そして、第一次世界大戦の評価の問題等――についてはっきりとした態度表明をしてこなかったからであった。つまり、フェビアンのこうした態度とは反対に、ウォーラスの場合は、「我々自身の『特別な関心事』以外の物事が常に介入し、民主主義と平等という『実際的な』問題をかき乱す」のであり、「宗教の管理の効果に関する自分の見方をもち込まなければ教育行政についての政策を決定できないし、国際関係への影響を考慮に入れなければ自由貿易について決定できない」のであった[2]。

こうしたウォーラスの志向は、『フェビアン論集』に寄せられた彼の「社会主義下の財産」にすでに見られていた。そこにおいて、彼は、週給で生活する英国の六分の五の人々にとっては、社会主義が「幸福の新たな誕生」であることに間違いはないとしつつ、「我々が社会主義と呼ぶ財産保有のシステム」それ自体は「優れた排水システムが健康」を意味し「印刷の発明が知識」を意味するのと変わらないと指摘していたからである。したがって、ウォーラスにとって、「社会主義」は「人間の完全な幸福」を生み出すための「唯一の条件」ではなかった。貧困や過労が解決されたとしても、宗教的信仰・懐疑から生じる心理的苦悩や、「国民間の敵意（national hatred）」、「ヨリ弱小な民族（peoples）の頽廃や絶滅」は解決されず、しかも、「〔ヒトという〕自身の種以外のすべての種にとって、我々は地球を地獄としてしまうかもしれない」のである。[3]

しかし、すでに第一章で検討したとおり、ウォーラスにかぎらず何人かのフェビアンにとって、社会主義は物質的豊かさへの関心に還元しきれない倫理的関心と結びついていた。加えて、世紀転換点におけるフェビアン協会を見ても、それはウォーラスの言うように「民主主義と平等という『特別な関心事』」のみを扱っていたわけではない。十九世紀末から二十世紀初頭にかけての英国政治史で重要な争点となった問題のうち、ウォーラスの思想的発展を考察するうえでも重要であるのはボーア戦争・教育改革・関税改革の三つの問題であると見てよいが、フェビアン協会はこれらの問題に関連してそれぞれ『フェビアン主義と帝国』（一九〇〇年）『教育の混乱と解決法』（一九〇一年）『フェビアン主義と財政問題』（一九〇四年）という三つのトラクトを発行しているからである。

それでは、ウォーラスの批判は根拠のないものだったのであろうか。[4] それとも、彼の批判の真意はほかにあったのだろうか。以下、この問いを念頭におきながら、まず、ボーア戦争・教育改革・関税改革という三つの争点に対するシドニー・ウェッブやバーナード・ショウ等の指導的フェビアンの見解（それは、また、しばしばフェビアン多数派の意見でもある）とウォーラスのそれとを対比的に検討し、その後、指導的フェビアンとウォーラスとの思想的亀裂がどのように生じたのかという問題を考察することにしたい。

II　ボーア戦争と帝国主義の問題

1　ボーア戦争におけるフェビアン協会の対応

フェビアンは、一八九九年十月の第二次ボーア戦争勃発間際まで国際問題や帝国問題についてはほとんど真剣に考察したことがなかったとしばしば指摘される。たとえば、パトリシア・ピューは、一八八九年出版の『フェビアン論集』において帝国主義の問題に触れていたのはウィリアム・クラークだけであったと論じている。(5) また、マクブライアによれば、一八九五年のジェイムソン侵入事件後、確かにフェビアンは帝国をめぐる問題に関心を寄せるようになり、チャールズ・ディルクらを招待してこの問題に関する講演会を行ったものの、「そのときでさえもフェビアンは帝国主義についての徹底的な議論を避けた」。(6)

フェビアンのこのような不徹底な態度に大きな変化をもたらしたのが第二次ボーア戦争であった。というのも、戦争勃発はこの戦争の是非という問題をつきつけ、自由党と同じくフェビアン協会においても意見を二分したからである。しかも、戦争の是非という問題は大英帝国の拡大を認めるかどうかという帝国主義の是非の問題とも密接に関連していた。

たとえば、自由党内の分裂を見た場合、ウィリアム・ハーコートやジョン・モーリーといった自由党員は「平和・経費節減・改革」を旗印とするグラッドストン的自由主義の立場から戦争には反対であり、「小英国主義」の立場から植民地を「重荷」と軽視する傾向があった。また、ヘンリー・キャンベル＝バナマンやデイヴィッド・ロイド・ジョージといった自由党員は、ボーア戦争は南アフリカの資本家とシティーの金融家とが暴利を手にするための行為だとして反対した。これに対し、ローズベリ伯爵、H・H・アスキス、エドワード・グレイ、R・B・ホールデインといった自由党内の分子は、米国やドイツの抬頭を目の当たりにして海外植民地の重要性を唱えた自由帝国主義の立場であり、戦争遂行を唱える統一党政府の政策を支持していた(7)。

　こうした自由党内の分裂状況と並べてフェビアン協会内の動向を見ると、戦争反対の立場を鮮明にしていたのが、サミュエル・G・ホブソンに代表される一派であった。ホブソンによれば、第二次ボーア戦争勃発の要因は、英国政府が説明したような英国人入植者（アイトランダース）への参政権付与問題ではなく、ケープからザンベジまでの覇権を築こうとする英国の意向と、これに抵抗して独立を固持しようとするボーア人の意向との間の衝突であった。したがって、ボーア戦争を正当化する「帝国崇拝」は「攻撃的な資本主義と軍国主義との発明」にすぎず、「戦費支出は協会が誓約している危急の社会改革の遅延を意味する」がゆえに、協会は戦争に反対すべきだった(8)。こうした反対派のなかには、当時フェビアンであったJ・R・マクドナルドも含まれていた。

　しかし、ショウやウェッブなど指導的フェビアンのほとんどは条件付きでボーア戦争を容認していた。特に、ショウは、次のようにボーア戦争後のフェビアン社会主義に沿った改革を要求し、事実上戦争勃発を既成事実として容認している。つまり、彼によれば、「現代的な意味における民主的制度」は「一国の自然資源における公的権利を承認し、これらの公的権利を私企業や個人投機家からの侵害に対して有効に保護すること」を含意し、また、賃金労働者の労働条件を立法によって保護することを含意する。したがって、政府が戦争目的として民主的制度の実現を唱える以上、ボーア戦争に勝った際には、政府は「ラントの貴重な鉱山における公的権利を確保するために、鉱山を公的管理の下におくか、採掘権の形で経済的レントを全額徴収し、そのレントを国の発展のための公共事業に費や」し、鉱山労働者保護のための立法措置を取るべきなのであった。(9) 要するに、ショウは、英国によるボーア戦争の勝利によって鉱山業という基幹産業の公的管理と立法による労働者の保護とを実現できる可能性があると論じたのである。

しかし、このように公的利益つまりは基幹産業の公的管理および労働者の保護のためにボーア戦争を容認した場合、独立を固持しようとしたボーア人の民族自決の原理はどうなるのだろうか。結論的に言えば、公的利益の達成のためには民族自決の原理は犠牲にされてもやむを得ないというのが、フェビアン多数派の見解であった。このことは、『フェビアン主義と帝国』において、「列強は、意識的にせよ無意識的にせよ、文明全体の利益において統治しなければならない」と論じられ、次のように主張されていることから明らかである。

金鉱地のような巨大な力やそのうえに築かれ得る恐るべき軍備が開拓民の小さな共同体によって無責任に行使されるようなことは文明全体の利益とはならない。理論的には、それらは大英帝国化ではなく国際化されなければならない。しかし、世界連邦 (the Federation of the World) が既成事実となるまでは、我々はその代替物として利用できる最も責任のある帝国連邦 (Imperial Federation) を受け入れなければならないのである。(10)

ここからわかるように、フェビアン多数派は、公的利益あるいは「文明全体の利益」のためには、「文明」を代表する列強が「責任」をもって発展途上の地域を支配するべきだという考えであり、ここから、大英帝国による南アフリカの支配を認めたのである。この意味では、彼らは帝国主義者であったと言えよう。

2 ウォーラスの立場

それでは、こうした状況にあって、ウォーラスはどちらの立場であったのか。まず、ボーア戦争の是非について見れば、彼は戦争反対派ではなく、ショウらとともに戦争勃発を「不可避」と考えていたことがビアトリス・ウェッブによって報告されている。(11) しかし、彼が、膨張的と見なされていたジョゼフ・チェンバレンの帝国主義的政策に基本的に同調し、戦争を積極的に肯定していたかどうかについてはかなり疑問が残る。というのも、当時ウォーラスと同じようにニューリベラリズムの揺籃となったレインボウ・サークルに参加しつつ、ウィリアム・クラークやJ・A・ホブソンと異なってボーア戦争を支持したハーバート・サミュエルは、その態度決定に関して次のように回顧しているからである。彼は、国内における国家干渉だけでなく「後進的な」植民地に対する責任を強調する立場をとっており、早くからクラークによってその帝国主義的傾向を警戒されていた自由党員である。(12)

私は、戦争以前のチェンバレンの政策を挑発的とみなす人々――大多数だったと私は信じるが――の一人であった。……我々は、ジェイムソン侵入事件とチェンバレンによるその後の事態の処理とを強く糾弾し、戦争は政治的手腕の悲劇的な失敗であろうと考えていた。しかし、クリューガー大統領が自身で戦争を宣言することによって緊張を終結させ、双方の軍隊が激しい戦闘で膠着状態に陥り、当初において英国(British)軍が連続的な敗北に見まわれたとき、我々は、国内におけるいかなる政治的分裂も国を軍事的敗北の危険にさらすべきではないと感じた。戦争は不可避的にその結末まで遂行されなければならなかった。その後、南アフリカのすべての部分に対する完全な自治という自由党の政策にできるだけ早急に戻るべきだったのである。(13)

クラークに帝国主義的と批判されていたサミュエルが、膨張主義的な立場からボーア戦争を支持したわけではないことに注意を促したい。

史料上の制約から、ボーア戦争の開戦に関して、ウォーラスがどこまでサミュエルと同じ立場であったかはわからない。しかし、のちの第一次世界大戦に際して、ホブソンと英国中立委員会を設立して英国の参戦に直前まで反対したウォーラスが、ひとたび参戦が決定的となると、ホブソンのように戦争反対の立場を継続するよりは、むしろ戦争の早期終結を唱えたことを考慮に入れれば、ボーア戦争に際しても彼がサミュエルと近い立場から戦争を不可避と捉えていた可能性は十分に考えられる。(14)

次に、「文明」を代表する列強が「責任」をもって発展途上国を統治すべきだという議論について見れば、やはり史料的制約から確証はないものの、おそらくウォーラスはこの考え方に反対ではなかった。この点に関して、ウィーナーは、「地域の自治の観念」に対するショウの攻撃にウォーラスが批判的だったと指摘している。(15)確かに、ウォーラスは、ショウによる『フェビアン主義と帝国』の草稿に対して批判を寄せ、「そこには非白人種について何も言及がなく、諸白人種の完全な内的独立に関する議論全体は、私にとっては、非白人種に対するどの考慮とも一貫しないように見える」うえ、「帝国の生活水準を課そうとする訴えは、地域の自治と一貫しないように見える」し、「連邦政府の真の困難が完全に無視されている」と指摘している。(16)

しかし、ここにおける「地域の自治」への言及は、非白人種やボーア人による帝国からの分離独立を求める議論ではない。というのも、ウォーラスは、こうした批判の前提として「彼〔ショウ〕が言うことの精神はよいように見える」(17)と認めているからである。実際、ウォーラスの批判を受けた結果、『フェビアン主義と帝国』に付け加えられたのは、非白人種にとっては、黒人奴隷制と黒人の根絶とをもたらすであろう「白人商人による自治」よりは、英国の官僚制的支配の方が好ましいという一節だったとされる。(18) 教育改革問題や関税改革問題と異なり、ウォーラスが、このような一節が加えられた『フェビアン主義と帝国』を彼の脱会の理由としていないことは注意されるべきであろう。

加えて、レインボウ・サークルを中心としたニューリベラルの議論においても、帝国による「後進」地域支配の正統性と植民地の自治とは決して矛盾する議論ではなかった。たとえば、サミュエルは、「後進的な人々がヨリ高い文明の段階に届くのを助けるための最善の手段として植民地行政の段階」を肯定し、「ほぼ地上の四分の一の地域に域内の平和と安定とを確保する」ものとして大英帝国の存在を評価したうえで、次のように述べている。

> しかし、この責任の受容は常に二つの条件——それらは自由主義的信条の本質であるが——に服している。一つは、教育と政治的能力との発展とともに自治がすべての箇所に広がらなければならないことである。いま一つは、帝国は、全体として考慮された場合、残りの世界の福祉に貢献すべきであり、それに敵対的であるべきではないこと、つまり、その資源と市場とは皆が等しく使えるようにすべきであり、その影響は平和の側にあるべきことである。(19)

このように、サミュエルは発展の観念を組み込むことによって現段階における植民地支配を正当化し、かつ、植民地の将来的な自治を唱えていた。サミュエルによれば、「独立は、どんなにある民族（a people）にとって価値あるものであっても、その最高善ではない」。「自由主義者」にとって、「政治の究極目的」とは「人が最善の類型に進歩するのを手助けする」ことであり、「いかなる民族（people）も自由なくしてその目標には到達し得ない」。しかし、「その行程において、彼らにとって、制約なき自由が手助けより障害になるような段階もあり得る」のである。(20)

注意されなければならないのは、こうした「後進」地域の保護という議論は、レインボウ・サークルのなかでサミュエルよりはるかに帝国主義に批判的であり、フェビアンを「社会主義的帝国主義」と批判したＪ・Ａ・ホブソンにも見られたことである。(21) ホブソンは、確かにインドや中国といった「アジア民族」には文化相対主義をとったが、アフリカの諸人種に対しては、アングロ・サクソン型の文明の進歩において「後進的」な「野蛮人か子供」であって、「ヨリ先進的な人種の助けを必要として」いると論じているからである。もちろん、ホブソンは現実の帝国主義的政策に厳しい批判を寄せており、南アフリカにおける強制労働の実態を告発している。しかし他方で、干渉の決定が、干渉国民の恣意的な意志や判断ではなく、「文明的全人類のなんらかの組織された代表」によってなされたうえで、「世界の文明の安全と進歩を確保するために」、被干渉国の「人民の性格の改善および向上」を伴ってなされるのであれば、その干渉は正当化された。彼にとって、それは「健全な帝国主義」であった。(22)

繰り返すように、ボーア戦争と帝国主義をめぐる以上のような状況のなかで、ウォーラスの見解がどのあたりに位置したのかは、史料の制約上、はっきりしない点もある。しかし、①Ｓ・Ｇ・ホブソンやマクドナルドと異なってウォーラスがボーア戦争の開戦を受け入れたことは、必ずしも挑発的・膨張的な対外政策の支持につながらないこと、かつ、②『フェビアン主義と帝国』の草稿に寄せたウォーラスの批判が、文明の発展段階を設定しその段階に応じて植民地行政と自治とを使い分けるべきだという当時の「進歩的な」議論と両立し得ることは、注意に値するであろう。

III　教育改革の問題

1　問題の状況

それでは、ボーア戦争とちょうど同じ頃に大きな争点となった教育改革に関しては、フェビアン指導部とウォーラスとではどのような思想的異同があったのだろうか。

周知のように、一九〇二年のバルフォア教育法に至る十九世紀末から二十世紀初頭にかけての教育論争は、教育行政制度および宗教教育という二つの問題を争点としていた。つまり、一方では、一八七〇年の初等教育法によって設立された学務委員会と一八八八年の地方自治体法によって再編成された地方自治体との間で地方教育当局が二分化してしまっている現状をどう考えるかという問題があった。[23] 他方では、初等教育において、クーパー・テンプル条項にもとづく非宗派的な（undenominational）キリスト教教育を行う公立の学務委員会立学校とほとんどが英国国教会によって設立され特定宗派的な（denominational）キリスト教教育を教授していた有志立学校（voluntary school）との間の対立をどのように解決するのか、特に、財政難に陥っていた有志立学校への公的援助を認めるかどうかという問題があった。[24]

このような状況において、一八九五年以来政権を握っていた統一党政府は、教育行政の合理化と財政危機にあえぐ有志立学校の援助とを試みた。その最終的な成果が一九〇二年のバルフォア教育法であり、ここでは、学務委員会廃止による地方教育当局の地方自治体への一本化と有志立学校への地方税からの財政援助とが定められたのであった。[25]

当然、非国教徒や彼らが強い影響力を及ぼしていた自由党は、宗教教育の問題を争点として統一党政府のこうした政策に激しく抵抗した。(26) また、一部の社会主義者は、学務委員会が特別目的のために公選される組織であったために、その廃止は民主主義に反すると批判した。フェビアン協会内部でも、ウォーラスと同じく学務委員会で活動していたスチュアート・ヘッドラムは、学務委員会廃止と有志立学校への公的援助との双方に対して激しく反対した。そこには、すべての宗教教育は真正なものたるためには特定宗派的にならざるを得ないが、こうした特定宗派的な宗教教育は世俗教育とは無関係であるからこそ、公的な援助を受けるべきではないという聖職者としての判断もあった。(27)

しかし、シドニー・ウェッブをはじめフェビアンの多数派は大筋においてこのバルフォア法に賛成であった。(28) それはなぜだったのだろうか。

2　フェビアン指導部および多数派の立場

この問いを考えるうえでまず確認する必要があるのは、シドニー・ウェッブを中心とするフェビアン多数派の基本的な教育観である。これは、フェビアン・トラクト『教育の混乱と解決法』からの次の引用によく示されている。

教育における民主的な理念は、少数の学生が妨害されずに初等学校から大学まで登ることのできる梯子が提供されるべきだということだけではない。国民の善き生（the national well-being）が要求しているのは、そして、我々が主張しなければならないのは、頭の良し悪し・貧富に関わりなく、すべての児童がその才能を完全に開花するために必要とされる教育を遍く受けることである。すべての児童に対して、そして全国津々浦々において、少なくとも「国民的最低基準の」教育が義務として提供されなければならない。その最低基準のうえに、さまざまな才能と好みとに対する十分な提供を見なければならないのである。我々の計画は、人民による管理と援助とを教育のすべての部局にまで拡げること、散り散りで重複しているすべての当局を結合すること、一つの地方自治体の下にすべての地方のサーヴィスを一括することで、地方当局が受け持っている自治体の生活（the municipal life of our local authorities）と学校が受け持っている知的生活とを結びつけることにある。……〔この計画が実現すれば〕学校は国（the country）の日常生活と密接な関係をもつようになり、役所の組織に関するかぎり、健全で効率的な教育体制が確保されるようになるだろう。(29)

ここに示されるように、フェビアン多数派は、「国民的最低基準の」教育のうえに各人の資質にあった教育を接ぎ木することで、「すべての児童がその才能を完全に開花する」ことを目指していた。教育行政制度・宗教教育の双方に対するフェビアンの態度は、ここを起点としている。

たとえば、教育行政制度の問題において、フェビアン多数派が地方教育当局の合理化に賛成したのは、それによって、ウェッブが「全国統一的な教育政策（national policy of education）」と呼ぶ一貫した教育政策を構築するためであった。トラクトによれば、地方教育当局の分極化がもたらす問題は、それによって生じている行政の重複や公的資金の浪費よりも、「教育のある部分と別の部分とを恣意的に分断することによって引き起こされた教育の混沌であり、ある地区の教育的必要の全体を実現するために熟考された計画が全く欠如していること」である。かくして「行政の統一」が要請される。それは、具体的には、「適当な大きさの各地区に一つ――しかもたった一つ――の公的な教育当局」を設置し、「教育が類型において文学・科学・商業・芸術・技術のいずれであろうとも、また……等級において初等・中等・大学のいずれであろうとも、その教育当局が、地区において公的資金から維持されるすべての教育を提供し管理する責任をもつ」ことを意味した。(30)

しかも、このように論じる際、トラクトによれば、学務委員会はこの統一的な地方教育当局とはなり得なかった。その論拠としては、次の四点が挙げられている。すなわち、①学務委員会が存在しない地域があること、②学務委員会は人々によって積極的に受け入れられていないか、むしろ積極的に反発を受けているため、学務委員会の全国的設置は「政治的に不可能」であること、③学務委員会が存在する地域においても、その地域の人口の大きさは初等教育より高等な教育を提供するほどの大きさではないこと、④もし中等教育以上の教育を提供するほどの大きさの人口をもっていたとしても、学務委員会選挙はこれまで常に宗教的対立の温床となってきたことの四点である。さらに、地方自治体の教育当局や学務委員会に代わって「教育審議会（Education Council）」を設立する案についても、その設立は地方の財政や既得権益を混乱させ、しかも、この組織が特別目的の組織であるかぎり、現行の学務委員会が経験しているのと同じような宗教的対立を経験するだろうという理由で退けられている。[31] 結局、トラクトは、ロンドンとカウンティ・バラ以外の地域では学務委員会を廃止してカウンティを教育行政当局とし、ロンドンとカウンティ・バラとでは移行措置として学務委員会の存続を認めることを解決策として提示する。[32]

次に、宗教教育の問題を見れば、現段階において就学者数が多い有志立学校を廃止することは「政治的に不可能」であり、かつ、財政危機によって有志立学校が提供する教育の質が低下しているため、公的資金を投入せざるを得ないというのがフェビアン多数派の判断であった。その際、この財政援助を通じて「有志立学校を地方教育当局の管理下に置き……その効率を上げ……これらを残りの教育体制と協調させる」ことが意図されていた。[33] その意味では、フェビアン多数派が有志立学校への公的援助を認めたのは、それによって「全国統一的な教育政策」を実現することができるからであり、必ずしも英国国教会に好意的であったからではない。

このことは、たとえば、ウェッブが、「いまこの国が必要とし、手遅れだろうがほどなく切望するようになるであろうものは、全国統一的な教育政策である」が、「良心の自由が維持され相応の公的管理が確保されるかぎり、ヨリ若い世代は、どの特定の宗教教育が少々世俗教育と一緒になっていようと全く気にしない」こと、そして、「(この国の半数の子弟を教育している)有志立学校を我々が廃止できそうもない」ことを考えれば、「一般の非政治的な市民は、なぜ古くからの反目がこれ以上国民教育(national education)を麻痺させることを許されるのか、なぜ両方の学校が一度かぎりで腹蔵なく受け入れられ、全国的体制(national system)を平等に部分的に受け持たないのか……を理解できない」と論じていることからも明らかであろう。(34)

以上の議論からわかるように、結局、シドニー・ウェッブらのフェビアン多数派は、「全国統一的な教育政策」を可能とし「国民教育」を実現するために、学務委員会廃止による教育行政の合理化を唱え、特定宗派教育を教授する有志立学校への公的財政援助を認めたのであった。それでは、こうしたフェビアン多数派の意見に対してウォーラスの立場はどうであったのだろうか。

3 ウォーラスの立場

結論的に言えば、彼は、学務委員会廃止による地方教育当局の合理化については最終的に受け入れたものの、特定宗派教育に対する協会の無関心もしくは寛大な態度に対しては断固反対していた。

まず、地方教育当局の合理化について見れば、一八九九年五月にウェッブによる『教育の混乱と解決法』の草稿がフェビアン協会で議論されたとき、ウォーラスは、ロンドン・カウンティ参事会(LCC)のような地方自治体が教育当局となることに基本的に同意していたものの、教育行政の追加によってLCCの負担が大きくなりすぎ、その他の多くの問題を前に教育に対して十分な注意が及ばないのではないかという懸念を抱いていた。しかし、このトラクトの修正委員会を任されたこともあり、最終的にはフェビアン多数派と同調している。(35)

ただ、ウォーラスにおけるこの変化がいつ確定したのかははっきりしない。というのも、すでに第二章において検討したように、一九〇〇年三月のロンドン大学経済学政治学学校（LSE）における講義において、ウォーラスは学務委員会を廃止して地方自治体に教育当局を一本化するべきだという議論を展開していたが、同年九月にシドニー・ウェッブがウォーラスに宛てた手紙では、ウォーラスがLCCではなく学務委員会による中等教育の教授を働きかけていたことが窺われるからである。(36) しかし、ビアトリス・ウェッブの証言によれば、遅くとも一九〇二年六月五日までには、ウォーラスはLCCによる教育行政の一本化を支持するようになっていた。(37)

次に宗教教育の問題について見れば、これもすでに第二章で検討したように、一九〇〇年三月のLSEの講義では、ウォーラスは有志立学校への公的援助とそれを通じての有志立学校の管理というフェビアン多数派の意見を受け入れていた。(38) しかし、一九〇三年一月十六日の日記でビアトリス・ウェッブが、ウォーラスは「あらゆる宗教授業が廃されるのを望んでいた」と指摘しているように、この問題では、ウォーラスは、一九〇一年における『教育の混乱と解決法』の出版以降、むしろ協会の方針に批判的な態度を硬化させていくことになる。(39) そこには、宗教教育が抱える問題性に対して協会指導部があまりにも無頓着であるというウォーラスの懸念があった。

その一例は、ウォーラスが、実際の教育行政にバルフォア法を適用する際の指南書として用意されたフェビアン・トラクト第一一四号『教育法一九〇二年――どのようにそれを最大限利用するか』（一九〇三年）の草稿に寄せた厳しい批判に見られる。その手紙で、たとえば、ウォーラスは、バルフォア法にもとづく新しい教育体制の下では、聖体拝領式への定期的な出席を要請される有志立学校の教師も「個人的な隷属の感情から解放されるだろう」とするトラクトの楽観的な文言が不適切であると指摘している。

また、ある地区の学校の特定宗派的な性格が、就学児童の両親の宗教的見解と一致しない場合、トラクトではなんら善後策が提案されず、「そうした事例において、学校の宗教授業を両親の要求と調和させようといういかなる試みも、その学校の『教育的効率』に反するものだと暗に言及されている」点も批判される。

なによりもウォーラスを激昂させたのは、トラクト草稿が、既成事実となったバルフォア法の問題点を批判する人々を「公的利益よりも分派的な利益を優先する」「壊し屋」と「冷笑」している態度であった。新法体制から「最大限の公的利益（public advantage）」を引き出そうとして宗教教育の問題性を指摘するウォーラスにとって、その態度は許されざるものだったのである。[40]

こうしたウォーラスの批判がどこまで当を得ていたのかには、疑問が残る。たとえば、シドニー・ウェッブは、自分が起草した文書に無理に「教会主義（ecclesiasticism）」の要素を発見するウォーラスに戸惑いを隠していない。[41]だが、ウォーラスに即して理解すれば、こうした頑固とまで言える態度には、キリスト教がもち得る不寛容に対する彼の次のような鋭い意識が控えていた。ビアトリス・ウェッブは、「不可知論者を公然と名乗る者が、たとえ宗教教育に共感を覚えていないとしても、それに対して次第に寛容になっている」ことを「嘆いた」ウォーラスが次のように議論したことを日記に記している。

彼は、幾分か難解に、昔の広教会派――国教会の信条を、彼らが受け入れられると断固主張する信条にまで拡大することを望む人々――と「宗教心をもった」不可知論者――教会の教えを受け入れるが、それは、教会の主張を正しいと信じるからではなく、ヨリ悪いものが粗雑な唯物論的哲学の形で子供の精神に降りかからないようにするためである人々――とを区別した。「もし、他の何にもまして君が反対する教会の教えが含まれないのであれば、つまり、もし君が、すべてを受け入れると同時にすべてを否定し、事実の陳述としては教義を否定しつつ君が気に入った神霊を解釈するためにそれらを受け入れて、自分が受け入れるものと排除するものとを区別することを止めるのであれば、僕には本当の改革の真意はわからない。スタンリー主席司祭や広教会派は全く異なる立場なのだ。彼らはアタナシオス信条を否定し、それが追い払われることを望んでいる。彼らは使徒信条を信じ、それが教えられることを熱狂的かつ真摯に望んでいるのだ。」[42]

ビアトリス・ウェッブも指摘するように、この議論は決してわかりやすいとは言えない。ただ、ここで言及されているアーサー・P・スタンリーが、トマス・アーノルドの衣鉢を継いで国教会の包括性を重んじ、アングリカン・カトリックや非国教徒に共通するキリスト教信仰に着目して広教会論の発展に貢献した聖職者であることを考えれば、まず注目されるのは、そのスタンリーさえも、「アタナシオス信条を否定」する点で独断的・排他的であると批判されていることであろう。

こうした立場から宗教教育の廃止を求めるウォーラスに対し、シドニー・ウェッブは、それは「政治的に不可能」という立場であり、ビアトリス・ウェッブは「もし可能だとしてもそれを望まない」立場であった。[43]特に、ビアトリスがこうした見解を示していたのは、彼女にとって、「実際的な選択肢」は「国民的形而上学」として「純粋な唯物論」を確立するか、それとも暫定的措置としてキリスト教の教義と儀式とを受け入れるかという点にあり、彼女の理解では、「唯物論の嘘の方が、キリスト教的な宗教の定式を構成するように私には見える偽りよりも、はるかに有害で完全に間違っている」からであった。そこにはまた、英国人の大多数がキリスト教徒を自認している現状を踏まえれば、世俗教育に固執することは、ビアトリスにとって「悪い種類の誤り」を広めることになるだけでなく、他者に対して「自ら積極的に真理だと思っている信条を自分の子供に教える権利」を否定することになるという判断もあった。[44]

しかし、ここでヨリ注意されるのは、こうした判断から、ビアトリスが、唯一の解決策として親や児童の最大限の選択を可能とするように最大限可能な種類の特定宗派教育を用意することを提示し、かつ、それをウォーラスの宗教に対する立場と異なるものと示唆していることである。改革のためには「他の何にもまして君が反対する教会の教え」が含まれなければならないというウォーラスの言葉から窺われるように、ウォーラスがよしとするのは単にさまざまな視点が認められることではなかった。むしろ、彼が「改革の本当の真意」と考えたのは、自分が反対する見方を一度受け入れる複眼的な視点をもち、かつ、そのうえで「自分が受け入れるものと排除するものとを区別」しようとするある種の自立した精神の涵養だったと言えよう。それは、第二章で確認した、ウォーラスがフランシス・プレイスに見た精神のあり方に近いと考えてよい。

IV 関税改革の問題

1 問題の状況

世紀転換点における三つの政治的争点の間で最後に検討したいのは、一九〇三年五月にジョゼフ・チェンバレンのキャンペーンによって国民的争点となった関税改革の問題である。社会帝国主義に関する古典的研究を残したバーナード・センメルの図式を借りてこのときにフェビアンが直面した状況を見れば、一九〇〇年の段階で帝国主義者を自認していたフェビアン多数派にとって、この問題における争点は、チェンバレン的な保護と特恵とにもとづく帝国主義をとるか、それとも、自由貿易にもとづく自由帝国主義をとるかという問題であったと言えよう。これら二つの立場の背景には、一八八〇年代から九〇年代にかけての米独の工業国としての抬頭と英国の工業国家としての地位低下をどのように評価するか、さらに、海運・サーヴィス業務からの収益ならびに海外投資利子・配当金収入といった非工業セクターにおける海外所得の増加をどのように評価するかという問題が控えていた(45)。

チェンバレンが、一九〇二年六月の植民地会議での自治領首相による反対のために、帝国内自由貿易を前提とする帝国関税同盟構想が挫折したあとも、その代替案として、自治領にも特恵的待遇を認めた帝国特恵関税制度を打ち出し、「帝国特恵」設定による保護貿易と帝国統合の強化とを唱えたのは、英国の工業国家としての地位低下を危機と捉えたからであった。つまり、彼によれば、一方で、一八四六年以降英国が構築した世界的分業体制は、一八九〇年代の欧米工業化の完成により崩壊したため、英国はこれに代わって植民地との間の帝国内分業体制を構築しなければならなった。しかし、他方で、保護政策下にある植民地は工業化を進展させており、英国としては植民地における工業化に介入してこれを凍結させ、植民地を人為的に農業国たらしめておく必要があった。チェンバレンの「食糧関税と特恵」という政策は、まさにこれら二つの状況認識のうえに唱えられたものであったのである(46)。

このように製造業の利害を擁護するチェンバレンに対し、自由帝国主義者は、商業および金融の利害を擁護して自由貿易保持を唱えていた。つまり、彼らは、自由貿易の下で工業国家としての英国の地位が低下したとしても、金融センターつまりは「世界の銀行」としての役割は増大していると考えていたのである(47)。この認識の背後には、非工業セクターにおける海外所得の増加を肯定的に評価する視点があったと考えられる。ちなみに言えば、チェンバレンも「地方」の産業衰退をもたらした自由輸入が「世界の金融センター」に繁栄をもたらしたという認識をもっていた。しかし、彼は、「オランダ型商業国家」の先例から、産業衰退と「生産的富」の減少とは必然的に商業・金融国家を衰退させると考えていたのであった(48)。

2　フェビアン多数派の立場

それでは、こうした状況にあってフェビアン多数派は自由貿易と保護貿易とのどちらを選択したのだろうか。しばしば指摘されるのは、一九〇〇年出版の『フェビアン主義と帝国』の頃は自由貿易派であった彼らが、一九〇四年の『フェビアン主義と財政問題』の頃には関税改革に好意的になったことである。(49) しかし、この変節は、フェビアンが金融界の利害を代表する立場から産業界の立場を代表する立場に転換したことを意味するわけではない。以下の検討から明らかなように、むしろ、彼らは、一貫して英国の金融国家化を植民地へのその「寄生者」化と捉えて批判的であり、英国産業の発達をいかに促すかという問題関心をもっていたと言うことができる。

まず、『フェビアン主義と帝国』における議論を検討しよう。そこにおいて、フェビアン多数派の状況認識として示されているのは、「わが国の輸入は輸出を……現実に上回っており」、遠からず英国全土が「海外からのレント・配当金・賦課金」だけに頼る状況になりかねないが、これは危険だという判断である。彼らのこのような判断はローマ帝国からの教訓に根ざしていた。というのも、ローマ帝国は「国内に資本を投下して産業を組織する」よりも安上がりだという理由でローマ人労働者に「パンとサーカス」とを与えたが、その結果、ローマを属州の「寄生者」にしてしまったからである。こうした議論からわかるように、フェビアンはどちらかといえばチェンバレンのように「生産的富」を重視する立場であった。

しかし、トラクトはチェンバレンのように保護貿易を是としない。ここには二つの論拠があった。一つは、自由貿易支持によって、英国が「世界全域における、旅行、通商、効率的な警察の保護、道路・鉄道・電信によるコミュニケーションの国際的権利」を要求することが倫理的観点からしても可能となり、その結果、中国に対して「門戸開放」を求めやすいという判断である。[50] トラクトの理解によれば、これらの権利は「国際的文明」[51]を表象し、その実現は「世界全体の便宜」[52]に資する。したがって、中国が「門戸開放」に応じず、また、これらの権利を保障するための安定した政権を確立できない場合には、列強が内政干渉を行って秩序を確立してよいのであった。[53]

だが、もし交通・通信・通商などの自由を「国際的権利」として認めれば、結果的には中国人などの安価な外国人労働力が大英帝国に流入し、帝国内の産業に打撃を与えるのではないだろうか。この問いに対し、フェビアンは、逆に自由貿易こそが英国産業の高度化と発展とをもたらすと考えた。これが自由貿易支持の第二の論拠である。トラクトによれば、「外国の輸入品が英国産業を全体として傷つけることはあり得ない」のであり、「それらができるのは、しばしば非常に有益なことなのだが、資本と労働とをある方法から他の方法へと移動させること」[54]、つまり「浪費的で残酷な」苦汗労働から「ヨリ有能な経営と大きな資本とを必要とするがヨリ安価で優れた」規制された工場的労働へと移行させることなのであった。したがって、トラクトの理解では、「ある産業が公正にも打撃を受け、完全な共同体の生活の必要な部分ではなくなったとき、その資本と労働とは新しいはけ口を見出さなければならないのであり、消費者に課される保護関税を求めて無駄に座って泣くことを奨励されるべきではない」のである。[55] かくして、保護貿易は「反動」[56]であり、「輸入品に関税を課すこと」は「外国との競争に対処するためのヨリ安易で説得力が弱く怠惰で望みがないほど非効果的な方法」[57]なのであった。

こうした自由貿易支持の態度は、しかし、現行の「単なる旧式の」自由貿易をそのまま全面的に受け入れることを意味しない。そうではなく、輸入品への非課税という自由貿易の枠組みは維持しつつも、いくつかの改革は必要だと考えるのである。たとえば、フェビアンは、ドイツ・米国・ロシアといった列強との貿易競争に生き残るために、かつ、営利企業の私益が戦争を招かないように、領事館を「商業的に公正な産業情報の機関」に改革して対外貿易の管理をさせ、「帝国の権力・情報・組織を個人商人の事業の助け」に役立てることを提案している。[58] また、彼らは、帝国拡大とともに植民地にも「工場法と法定最低賃金によって保障された生活水準と」を実現して「国際社会主義」を基礎づけることを主張している。[59] その狙いは、「この偉大な目的」の達成によって「文明」化を進展させることだけでなく、「広大でとてつもなく肥沃な植民地」の併合と交通・通信・通商などの自由との両立が、英国資本の海外流出、国内産業の停滞、そして英国の「寄生者」化を引き起こさないようにすることにあった。[60]

以上の検討から明らかなように、『フェビアン主義と帝国』におけるフェビアンは、交通・通信・通商の自由は「国際的権利」であり、自由貿易の方が産業発展をもたらすという理解から、条件付きで自由貿易を支持していた。

このような態度は、おそらく『産業民主制論』に示されたウェッブ夫妻の自由貿易支持論を色濃く反映していた。そこにおいて、夫妻は、国民的最低基準の議論を組み込むことで、保護貿易ではなく自由貿易によってこそ、産業発展が可能となると論じているからである。すなわち、夫妻によれば、各国で教育・衛生・余暇・賃金の国民的最低基準を実現して低賃金部門の肥大化による各国産業の劣位平準化を回避できれば、競争は、生産費の不当な切り下げではなく、技術革新・生産規模拡大・労働者の能率向上をめぐって行われ、本来の比較優位にもとづいた国際分業が産業発展をもたらすはずであった。逆に言えば、保護関税は、ある種の補助金によって一国内の劣位な産業が存続することを放置するため、低賃金部門＝寄生産業の肥大化を防げず、本来の比較優位にもとづく産業発展につながらないのであった。[61]

それでは、『フェビアン主義と財政問題』において議論はどのように展開されているのであろうか。最初に指摘しておかなければならないのは、このトラクトは『フェビアン主義と帝国』よりも保護貿易に好意的であり自由貿易に対して批判的であるものの、結論としては関税改革を受け入れていないこと、そして、フェビアンの提出する具体的な提案は『フェビアン主義と帝国』における提案をさらに発展させたものにすぎないことである。

センメルも指摘するように、確かにこのトラクトにおいてフェビアンは、「保護が……営利企業の国民的目的（national ends）への従属を目的とした、内外の通商に対する国家の意図的な干渉を意味するかぎり、社会主義は保護とはなんら不和にはならない。逆に、社会主義はこれらの点では超保護主義者である」[62]と論じ、十九世紀中葉以降、国内では自由放任へのアンチ・テーゼとして国家干渉が常態化してきたのに対し、対外貿易においては自由放任の対である自由貿易が常態化してきたことを批判している。[63]

トラクトにおけるこうした主張は、ロバート・デルやショウの議論を反映していた。デルの議論によれば、「自由貿易は歴史的に自由放任の対である」から、「経済体制の意識的管理というそれとは正反対の原理を信奉する」社会主義者は、英国の資本が、ほとんどの場合、保護された外国の産業を建設するために国外に流出しており、国内の主要産業はここ二十年、停滞か衰退を経験している事実を考慮して、関税を課し対外貿易を意識的に管理するよう主張すべきなのであった。[64]

ショウもまた、「我々は必然的に、反自由貿易、反マンチェスター、反自由放任、反コブデン・ブライト」であり、「すべての自由主義の神々に反対」でなければならないと考えていた。[65]「価格における競争は、道徳的堕落と水準の低下とを惹起するが、品質における競争は道徳的改善と水準の向上とをもたらす」以上、「生産者は、価格競争に関しては保護され、品質競争にはさらされるのが望ましい」が、自由貿易体制ではその条件を満たせないというのが理由であった。というのも、輸出は「産出高が最も高い財から構成」され、その産出高の高さは、①自然環境のような自然的要因による場合、②寄生産業の存在のような社会的要因による場合、③ダンピングのように過剰生産をさばくための商業的工夫による場合等があるが、そうした財の他国からの輸入に際して競争を品質面に特化するためには、「報復的ではなく選択的な」輸入税をかけることが必要になるからである。「国際的な工場法もしくは所得税が空想的な方策」である状況では、他国の寄生的な苦汗産業を規制することも、競争者を排除するための意図的なダンピングも防止し得ない。とすれば、自由貿易体制の下での安価な他国製品の流入は、国内産業を駆逐し得るのである。[66]

しかし、トラクトを読むかぎり、その趣旨はデルやショウのように関税改革を積極的に肯定することにあったのではない。それは、「関税操作が我々に開かれた唯一有効な方策ではなく」、「ほかにも海外貿易を助長する方法がある」ことを示すことにあった[67]。この具体的方法を提案する前に、トラクトはまず関税改革派と自由貿易派との議論を確認しているが、これは、両者の追求する目的は何なのかを明らかにし、論争の前提を確認するための作業だと考えることができる。つまり、①関税改革派が帝国統合の強化および英国産業の保護という二つの別個の目的をもっていること[68]、②自由貿易支持派は自由貿易こそが英国産業の高度化をもたらすと考えていること[69]、③「社会主義自由貿易派」は、自由貿易が「生産における能率」を増加し「新しいヨリ高度な産業」への道を開きやすくするために、最低賃金など国民生活基準を設定し労働者の生活基準を上昇させるべきだと唱えていること[70]、という三種類の立場を確認することで、フェビアンは、論争が大英帝国の統合強化と英国の産業発展の実現という二つの目的をめぐるものであることを確認しているのである。

そのうえで彼らは、「自由貿易派であろうと保護貿易派であろうと」取り組まざるを得ない方策を自らの解決策として提案する。その方策とは、具体的には、①商船を国有化し、かつ、植民地がこの商船を利用する際には優遇措置を与えることで、植民地のほとんどが海外にある大英帝国にとって関税よりも有効な帝国統合強化策を立て、同時に、商船国有化をも含む交通・通信網の国有化を実現して国内外の通商を活発化すること、②領事館を貿易拡充補助のための専門機関とするために改革を施し、英国製品にも基準を設けてその品質を一定化すること、③経営的専門能力を育成するために技術教育をさらに拡充することの三つであった[71]。

以上の検討からわかるように、『フェビアン主義と財政問題』において、確かにフェビアン多数派は自由貿易支持から保護貿易支持へと傾斜はしているものの、その実際の提言は関税改革による英国産業の保護にあったわけではなかった。むしろ、彼らの強調点は英国産業発展のための「国家の意図的な干渉」にあったのであり、その具体策としては、交通・通信網の国有化、領事館制度の改革、さらに、技術教育の拡充などが考えられていたのである。結局、『フェビアン主義と帝国』においても自由貿易の全面的な支持が唱えられていたわけではなく、『フェビアン主義と財政問題』にも見られる領事館改革などの提案がなされていることを考えると、二つのトラクトにおいてフェビアンの立場は本質的には変わっていないと言えよう。つまり彼らは、英国産業発展のためには現行のままの自由貿易でもなく、関税改革による保護貿易でもない他の手段があると考えているのである。

3　ウォーラスの立場

それでは、以上のようなフェビアン多数派の議論に対して、ウォーラスはどのような立場であったのか。彼はこの問題を契機としてフェビアン協会を脱会しているが、その際の批判の矛先は、端的に言えば、このトラクトが示すフェビアン協会の保護主義への傾斜に潜む論理的弛緩に向けられていた。

すでに第一章末尾で確認したように、「社会主義下の財産」を発表した一八八九年の段階では、ウォーラスは移民制限に賛成であった。国内での一定の生活水準を保障するためには、受け入れ国の生活水準を最低限にまで押し下げる危険が高い「プロレタリアート的移民」の大量移入を制限しなければならないというその議論には、安価な他国製品の流入は国内産業に打撃を及ぼし得るというショウの保護貿易支持論と類似した論理構造が見られる。

だが、こうした元来の立場に対して、「国際関係への影響を考慮に入れなければ自由貿易について決定できない」[72]と考えるようになったウォーラスは、列強間の帝国主義的競争が激化するなかで、自由貿易支持の態度を固めることになる。[73]史料上の制約から、その時期は特定しきれない。ただ、自由貿易体制こそは、国民的最低基準の実現を通じて、本来の比較優位にもとづく産業発展をもたらすとしたウェッブ夫妻の議論や、元来はウォーラスと同じように移民制限論を唱えていたが、この頃には関税貿易を批判して集団主義と自由貿易との理論的接合を試みていたJ・A・ホブソンの議論は、おそらくウォーラスが自由貿易を支持するようになった一つの理論的背景であったろう。[74]

これまでの検討から明らかなように、『フェビアン主義と財政問題』は関税改革を通じた保護主義を明確に支持したトラクトではない。しかし、トラクト草稿が執筆された経緯を、「執行委員の多数を占める自由貿易支持者が〔できあがった〕棒を好きなように切るという条件で、保護主義者としてのGBS〔ショウ〕が草稿を依頼された」と見るウォーラスにとって、ショウ以外の執行委員による多くの留保が付されているものの、トラクトは、「どの言い回しをとっても、どの前提をとっても、保護主義」であった。彼が見るところでは、『労働党は、必然的に、妥協を許さない保護主義者でなければならない。……不幸なことに（現在の労働党は）一八四六年の綿工業資本家と同じくらい活発に自由貿易支持を叫んでいる』という語句のある最後の頁は、トラクトのよい摘要」であった。[75]

トラクトの本質をこのように断定したウォーラスは、ショウが『保護主義者』という言葉」を「工場法等の適切な形容辞」として用い、「マンチェスター学派」の「自由貿易という結論」は「規制反対という結論」とともに破壊されたと理解していることをよく認識していた。[76] しかし、ウォーラス自身も認めているように、トラクトには自由貿易支持派の執行委員による多くの修正も施されていた。とすれば、なぜウォーラスはトラクトのなかの保護主義的要素をここまで危惧したのだろうか。

その理由の一つは、協会内で保護主義的な言説が次第に強まっていた状況にあると言える。たとえば、関税改革運動の結果、次の総選挙で勝利して組閣するのはチェンバレンだろうという予測のなかで、ショウだけでなくビアトリス・ウェッブも、「チェンバレンのいう輸入関税は、社会福祉事業という形で国民的最低基準を国民に還元する一方法かもしれない」と考えるようになっていた。[77]

また、確かに一九〇四年一月二十二日のフェビアン協会執行委員会では『フェビアン主義と財政問題』の草稿に関する修正案が検討されたが、その結果はウォーラスが望むようなものではなかった。個々のフェビアンからの修正案に目を通したショウが、委員会に先立って根回しをしていたからである。たとえば、彼は、ピーズに「実質的にすべての修正案を受け入れることができる」が、「明確に党派的な抗議や自由貿易に賛成または反対する砦をつくろうとする要望」は駄目だと書き送り、またヒューバート・ブランドには「自由貿易派」の反対攻勢を食い止めるべく注意を促していた。結局、委員会では、提出された修正案のほとんどは同意されたが、関税改革を批判していたS・G・ホブソンが求めた「グラッドストンに関する一節の削除」は五対四で却下された。ウォーラスはこの委員会のあと、協会退会を決意する。[78]

しかし、この日の執行委員会に自由貿易支持派であったウェッブが欠席していることを考えると、ウォーラスの決意は過剰反応にも見える。[79] 逆に言えば、もしそれが過剰反応でないとすれば、ウォーラスとフェビアン指導部との間にはさらに深い思想的亀裂が潜んでいた可能性が窺われるのである。実際、「トラクトは、私の見解では、個々の文章は個々の執行委員の誠実だが両立不可能な見解を表しているかもしれないが、全体として不誠実で有害だ」（傍点平石）というウォーラスの言葉には、その可能性が示唆されている。ここには、ショウのような保護主義とは異なる立場からの一貫した理論的提言がなされていないという批判がにじんでいるからである。そこで、以下、フェビアン多数派の政策論の背後にある思想的基盤を明らかにしたうえで、ウォーラスとフェビアン多数派との間の思想的亀裂は何を原因としていたのかという問いをもう一度問い直してみたい。

V　フェビアン指導部とウォーラスとの思想的亀裂の淵源

1　フェビアン的思考様式――共同体の強調と意識的管理

これまで、ボーア戦争・教育改革・関税改革をめぐるフェビアン指導部（および多数派）の思想的対応とウォーラスのそれとの異同を検討してきた。その結果、判明したのは、ウォーラスはボーア戦争容認と地方自治体への地方教育当局の一本化とについてはフェビアン多数派と同じように賛成したが、宗教教育に対するフェビアン指導部の無関心もしくは寛大な態度には断固反対であり、さらに、協会の保護主義への傾斜に対しても批判的であったことである。

しかし、フェビアン指導部とウォーラスとの間に見られる政策論上の相違は、さらに根源的な両者の思想的亀裂に由来していたと見ることができる。このことを示すために、まず、ボーア戦争・教育改革・関税改革の三つの争点に対するフェビアン指導部の対応の思想的基盤を探ってみよう。すると、次のことが浮かび上がってくる。

それは、フェビアン社会主義の背後にも見られたように、フェビアン協会指導部の対応が、「個人主義」すなわち自由放任的な古典的自由主義への根強い反発に根ざしていることである。つまり、そこには、私益の優先と混沌とをもたらす自由放任主義を批判し、個人よりは共同体全体の利益を意識的管理によって実現しようとする思考様式が控えていた。

この思考様式をよく示しているのは、ボーア戦争に関連して一九〇〇年二月に「帝国主義」と題して行われたショウの講演である。この講演においてショウは、「帝国主義とは、本当は、帝国を構成している諸共同体のヨリよい統合」である「帝国連邦（Imperial Federation）」を意味し、これは英国の政治史における新しい現象なのだと論じている。(80) つまり、彼によれば、帝国主義は十九世紀的な古典的自由主義を捨て、共同体の利益を強調するようになった政治思潮の変化の延長にすぎないのであった。この点について彼は次のように述べている。

個人の権利への古い信念は、自由貿易・競争・民族性（nationality）・ジェファソン民主主義・小自作農・手工業における小親方・政治における小さな国家の中核となっている自由の概念とともに、共同体への義務を最重要とする感覚に取って代わられた。そして、この義務の感覚は、国家組織・効率的な政府・産業面での公務員制度・共通利益の下でのすべての私企業の規制・国際的な産業組織を通じての国境の崩壊を伴った。帝国連邦は、こうした新しい観点の必然的帰結にすぎないのである。(81)

このように論じる際、ショウは、「現代政治への社会主義の適用」つまりは「フェビアン協会の到来」こそが帝国主義の新しい要素であり、「善かれ悪しかれ我々が英国を帝国主義者にした」と主張している。そこには、協会こそが「国民に包括的な集団的方法で考えることを教え、人権がもつ古い個人主義的な意味に共同体の義務という郷土愛着的な（localist）意味を加えた」という判断があった。(82)

シドニー・ウェッブにも、ショウと同じように、古典的自由主義への反逆からボーア戦争を容認し、帝国主義を肯定的に捉える視点が存在する。たとえば、彼は民族自決の原理を次のように批判している。

我々にとって……「民族性の原理」は、いまや大文字で書かれた個人主義としか見えない。実際のところ、それが主張しているのは、各々別個の人種は、ただ単に自らが別個の人種であると考えているから（そんなことは決してあり得ない場合でも）、その独立が他の人種や世界全体に及ぼす影響について一切考慮することなしに、自身の政府をもってその政策を遂行する生来の権利をもっているということなのである。[83]

ここからわかるように、ウェッブの理解では、民族自決の原理は共同体全体の利益よりも個人の利益を優先する「個人主義」の考え方を国際関係に適用した場合に生まれる考え方であった。したがって、彼は、アイルランド自治法やトランスヴァール共和国独立への要求を「個人主義的」で「個人で思考する」枠組みに囚われていると批判し、これとは逆に「共同体で思考する」必要性を説いている。[84]

ウェッブがこのように論じる背景には、彼の社会主義論にも見られたように、社会発展の趨勢により個人よりも共同体が重視されなければならないという状況判断があった。つまり、彼によれば「我々は、〔過去二・三十年の間に〕ほとんど一瞬のうちに、我々が単に諸個人ではなく共同体の構成員、いや、世界の市民であることに気づくようになったのであり、「この新しい自意識は単なる知的幻想ではなく、日常生活において我々が実感するようになった厳然たる事実」[85]なのであった。その例として、ウェッブは、貧困な労働者の生活が安定するかどうかはその労働者個人の問題であるよりも彼が所属する労働組合や工場査察官の活動に左右されるし、小売店主や製造業者の売り上げの程度も、彼ら個人の勤勉さや賢明さに左右されるよりは、自治体や国の行政の在り方、さらに帝国の世界商業への関わり方などに左右されることを挙げている。[86]

こうして、民族自決の原理を「個人主義」とパラレルに論じて批判し共同体の観点を強調したウェッブは、さらに、意識的管理によって帝国を組織化することを主張する。以下の引用は、ウェッブの社会主義と帝国主義とが意識的管理による「最大限の発展」の実現という観念を要として結節していることをはっきりと示している。

大英帝国に関する我々の明白な義務は、大英帝国を熟慮のうえ組織し、その国境内で、各々個別的な国家の最大限の発展を促進させることである。国内の工場もしくは貧民街と同じように、この個々の最大限の発展は、各々の構成単位が全体の福祉に関係なくそれ自身の目的を追求することを認められることによっては確保されないだろう。古い自由主義の中心的な観念は、これらの島々の内側にある〔英国という〕国家の発展にそぐわなかったように、海外の帝国の意図的な組織化に対して本来非親和的なのである。(87)

共同体と意識的管理とを重視するこうしたフェビアン的思考様式は、ボーア戦争および帝国をめぐる議論だけでなく、関税改革をめぐる議論においても現れている。たとえば、すでに紹介したように、デルやショウが関税改革に好意的な態度を示したのは、まさに、自由貿易を自由放任主義とパラレルに捉え、関税改革のもとで海外貿易の意識的管理を行うべきだという考えからであった。また、すでに指摘したように、自由貿易を支持した『フェビアン主義と帝国』においても、保護貿易に好意的であった『フェビアン主義と財政問題』においても、フェビアンは営利的な私企業が自由に貿易を行う従来の自由貿易には批判的であった。領事館改革、最低賃金の設定、交通・通信網の国有化、技術教育の拡充といった「国家の意図的な干渉」によって海外貿易の在り方や英国産業の体質を管理することを目指していたのである。

さらに、教育改革問題を考える際に、ウェッブが一貫した「全国統一的な教育政策」や「国民教育」といった観念を強調したことも、やはり共同体の重視というフェビアン的思考様式に根ざしていたと考えることができる。このことは、たとえば「公教育の射程と目的」について彼が一九〇三年に行った講演から窺われる。このなかで彼は次のように述べている。

公教育の真に民主主義的な目的は、初等教育をすべてのさまざまな人々に施すことではなく、奨学金獲得者の一団を育てることでもない。それは、最も効率的で最も文明化した市民の集団を訓練して、すべての者の頭脳を最大限に利用し、かつ、共同体全体のために、各々を「教養（cultivation）の限界」まで発達させることなのである。……集団主義者が求めるのは市民全体の素養（equipment）であるが、それは、各自それぞれの適性と能力とに従っており、各々の場合において、共同体の利益が必要とするかぎり自由に、共同体のために役立てられるような素養なのである。(88)〔傍点平石〕

この引用から明らかなように、ウェッブにとって公教育は各々の「市民」の「特定の適性と能力と」を発達させることであったが、その目的はあくまでも「共同体の利益」に供することであった。

かくして、フェビアン多数派が「文明」もしくは「公共」の利益のために民族自決の原理を否定する帝国主義を唱え、公的管理を欠いた自由貿易体制を批判し、「全国統一的な教育政策」にもとづく「国民教育」を主張した背景には、共同体の重視および意識的管理の強調というフェビアン的思考様式が控えていた。その意味では、フェビアン多数派の立場は思想的に一貫したものだったと考えることができる。しかし、初期ウォーラスのフェビアン社会主義を検討した際に明らかにしたように、元来、このような思考様式はウォーラスも強くもっていたはずである。とすれば、ウォーラスとフェビアン多数派との立場の相違はどうして生まれたのだろうか。ウォーラスはそれまでもっていたフェビアン的思考様式を捨て去ったのであろうか。

2　フェビアン的思考様式のもつ欠落——大英帝国の意義に関する二つの理解

この問いを考えるうえで注目したいのは、以上のようなフェビアン的思考様式からは論理的に導出されない重大な問いが一つ残されていたことである。フェビアンの強調する共同体は実際問題において何を最終的な外枠として想定するのか、そして、もしこの外枠が大英帝国であったとするならば、帝国は何のために存在するのかという問題が、それにほかならない。『フェビアン主義と帝国』における議論を検討すると、この問いに対するフェビアンの立場には二通りあり、このトラクトにおいては二つの立場が混在していたことが看取される。

一つは、フェビアンの強調する共同体の枠組みとは、現段階では大英帝国であるが、将来的には地球全域であり、大英帝国の意義は、「文明全体の利益」を実現し世界の平和を維持することにあるという理想主義的な理解である。この見解は、たとえば、南アフリカ問題に関連してすでに紹介した引用のなかにも現れている。そこでは、「列強は……文明全体の利益のために統治しなければならない」（傍点平石）と論じられ、南アフリカの金鉱は「理論的には国際化されるべき」（傍点平石）だが、「世界連邦が既成事実となるまで」の次善策として「利用できる最も責任のある帝国連邦」つまりは大英帝国を受け入れなければならないとされていたからである。(89)

事実、南アフリカ問題に関して、トラクトの他の箇所では、「英国政府（British Government）が彼ら（南アフリカの白人入植者）に行使するいかなる権力や影響力も、英国連邦全体（the whole British Commonwealth）だけではなく文明社会全体の共通の利益に対する信託として行使されなければならない」（傍点平石）と論じられ、「彼らの合併は、はっきりとわかるほどに、彼らの自尊心を高め、その自由を拡大し、その安全を保障するものでなければならない」(90)とされている。

また、このトラクトの「軍制改革」に関する箇所でもこの理想主義的な立場を見出すことができる。というのも、ここでは、「戦争は世界の貿易を中断し、その体制を混乱させ、その市民と新聞とを堕落させ、そして、あらゆる面において高価で我慢のならない有害物であるという十分な根拠のもとに、列強は、すぐにも、良識をもって協調行動をとり、その軍備を戦争抑止のための国際警察として用いることが望まれる」[91]〔傍点平石〕とされているからである。

このように大英帝国を「文明全体の利益」[92]と世界平和とを実現するための手段として捉える第一の理想主義的な見解に対し、第二の見解は、専ら大英帝国を米国やドイツといった欧米工業国との競争者として捉え、しかも、大英帝国がこれらの列強に対して優位を保つことを重視する現実主義的な観点に立つ。トラクトのなかでこのような見解を示す箇所としては、領事館改革を提案する議論が挙げられるであろう。というのも、確かに私企業と異なり「公正な」領事館による貿易管理は戦争を未然に防ぐという議論もなされているものの、この改革は、ドイツ・米国・ロシアといった列強との国際競争に生き残るために提案されているからである。[93]

結局、これら二つの立場の相違は、共同体の枠組みとして、大英帝国を超えた世界全体の利益を視野に入れる世界志向的な立場か、それとも、大英帝国を重視する大英帝国中心的な立場かという見解の相違に起因しているが、『フェビアン主義と帝国』以降の世紀転換点におけるフェビアンの言説は、世界志向的な第一の観点が必ずしも理論的に貫徹されず、むしろ大英帝国を重視する第二の観点が目立つと言える。

このことを示す一例は、ウェッブの教育論のなかに看取される。既述したように、彼の提案する政策は「全国統一的な教育政策」および「国民教育」を鍵概念としていた。しかし、ここで注目したいのは、この「全国的な教育体制」や「国民教育」といった観念が、「国民的最低基準」の観念を通じてローズベリら自由帝国主義者が唱えていた「国民的効率(national efficiency)」の観念と密接に結びつき、大英帝国中心的な視点をもっていたことである。

実際、ウェッブが「国民的最低基準」設定の必要性を主張したのは、それによって大英帝国に必要な条件に見合う国民の適性が確保され、価値ある素材を最大限に利用することが――つまり、自由帝国主義者の言う「国民的効率」

が――可能となるからであった。たとえば、彼は、「国民的効率」を実現するためには、工場法改善によって「国民的最低基準」の生活を保障し、「〔帝国〕人種の活力を枯渇させる産業的寄生」を撲滅して産業の国際競争力をつけること、また、衛生の「国民的最低基準」を設けることで「大都市スラム街」に住む住民の「発育を妨げられ、貧血症で、道徳的にも堕落した」状況を改善し、「有効な国家」と「効率的な軍隊」とを可能とすることを指摘していた。[95]
(94)

しかも、この「国民的効率の政策は公教育の大きな発展をも含んで」いたのである。実際、ウェッブが、初等教育の現場に見られる宗教的対立を知りながらも、「全国統一的な教育政策」の下に質の高い世俗教育が提供されるのであれば、そこに少量の特定宗派教育が含まれていてもよしとし、初等教育から大学教育までの一貫した教育政策を立てる必要を説いた背景には、そうしてこなかったために「商業的繁栄をめぐる帝国の将来の戦闘にすでに負けてしまっている」〔傍点平石〕という判断があったからであった。[96] ウェッブが、「市民全体の素養」は「各自の特定の適性と能力と」に従って「共同体の利益」に供されなければならないと言ったとき、その「共同体」とは大英帝国だったのである。

また、『フェビアン主義と財政問題』においても、確かに、「伝統と感情において国際的」である「社会主義者は、商業的利益からでは全くなく、戦争を防ぎ国際的な友好と相互依存とを発展させるもの、つまり、昔からの社会主義者の合言葉を使えば、人類の連帯を推進するものとして国際貿易を歓迎する」[97]と論じられ、「全体として、フェビアン協会の前提は攻撃的なナショナリズムの側にはない」と主張されている。しかし、「協会は英国（British）の社会主義が英国の主導下に英国の産品として国民的に発展しなければならないことを十分承知している」とも認めるこのトラクトで目立つのはむしろ、大英帝国の統合強化および英国産業発展の具体的方策をどうするかという大英帝国中心の視点であり、逆に、自由貿易を論じる際に『フェビアン主義と帝国』では見られた、交通・通信・通商などの自由を「国際的権利」として捉えようとする世界志向的な視点はほとんど影を潜めている。

結局、ウォーラスがフェビアン協会を去った真の理由は、協会内における以上に見てきたような立場の露呈にあったと見られる。というのも、ウォーラスは協会内で見失われがちな世界志向的な立場に立っていたからである。「商業的利益からでは全くなく、戦争を防ぎ国際的な友好と相互依存とを発展させるもの、つまり……人類の連帯を推進するもの」として「国際貿易」が理解されていた背景を考えれば、「国際関係への影響を考慮に入れなければ自由貿易について決定できない」〔傍点平石〕というすでに紹介したウォーラスの関税改革運動に対するコメントは、彼のそうした立場を示していることがわかろう。『フェビアン主義と財政問題』を「全体として不誠実で有害」と評したウォーラスの批判の矢は、このトラクトだけでなく、協会の姿勢そのものに向けられた真剣かつ深刻なものだったのである。

そこで、最後にウォーラスのこの世界志向的な視点について検討を加えておきたい。

VI　ウォーラスにおける世界志向的な観点

1　世界の一体化と「世界倫理」の必要性

この当時、集団主義が対外的拡張ないし関税改革と接近する傾向を批判するために、ニューリベラルのJ・A・ホブソンやL・T・ホブハウスはいくつかの重要な著作を発表しているが(98)、ウォーラスの場合にはほとんどその形跡はない。しかし、一九〇一年五月三十日のウォーラスの講演「宗教と帝国」は、共同体の枠組みとして大英帝国そのものよりもそれを超えた世界全域を重視しようとする彼の傾向をよく示しているだけでなく、彼がキリスト教の特定宗派教育に批判的となった背景に帝国問題があったことを示している。この講演はこれまでほとんど注目されてこなかったこともあり、以下、その内容をかいつまんで紹介しておきたい。

講演は、四つの前提を確認することから始まる。それらは、①「世界の現在の動きは、国民ではなく帝国の形成に向かって」おり、五十年前から百年前に形成されたヨーロッパ起源の「国民」は、「政治的権利も人種間結婚による同化の見込みもなしに」、自らよりも多くの「従属民」を抱え込んでいること、②南アフリカ問題において、「白人と黒人との関係についての問題」が「誰が白人たるべきか」という問題とは別だったように、この帝国形成過程は、「従属民の管理に関するそうした国民同士の争い」とは、ある意味では関連しながらも、区別されること、③一八八五年のアフリカ分割以来、帝国形成過程は個人の探検家等の活動ではなく、「列強とその責任ある政府との意図的な活動の結果」であること、④この帝国形成過程を可能とし、また加速しているのは、「地球表面におけるコミュニケーション手段の桁外れの発展」であり、この過程は「経済的側面において、世界が経済的に一つの場所として組織されるまで、つまり、さまざまな形態の帝国の管理下にありながら地上における生産と分配とが一つの体制によってなされるまで」発展すること、という四点である。そのうえで、ウォーラスは、いまやこの四つの前提から明らかなように「世界政治（world-politics）」が常態化しつつあるが、「この新しい世界政治に見合う世界関係の道徳的概念、つまりは『世界倫理（world-ethics）』」は存在するのかという問いを投げかけるのである。[99]

ウォーラスのこの問いは、「帝国列強においてヨリ弱小な人種とヨリ強大な人種との間の道徳的な関係」はどうあるべきか、つまり、非白人種と白人種との間の関係はどう考えられるべきかという問題意識から発していた。[100] その意味では、彼の問題意識も帝国内の問題に由来しており、大英帝国中心的な視点をもっている。しかし注目したいのは、彼にとって、非白人種と白人種との間の関係という問題が、世界分割を行う列強間の関係という問題につながってくることである。

ウォーラスは、問題のこうした連関を、当時の中国問題のなかに見出している。当時の中国においては、一八九九年秋に始まった義和団の乱が一九〇〇年夏に英国・ドイツ・ロシア・米国・日本等を含む八ヵ国の連合軍によって鎮圧され、列強による中国の半植民地化を一層進めた一九〇一年九月の辛丑条約が清朝と列強十一ヵ国との間で締結される直前であった。彼は、こうした状況を目の当たりにして、非白人種である中国人と白人種との間のあるべき関係を考えておかなければ、列強は「国益」にしたがって世界分割を行い、最終的には列強間戦争に発展すると考えたのである。彼は、「現段階において、地球上の帝国組織に対して責任のある国々によって受け入れられる」ような「世界倫理」を見出す必要を説く際に次のように述べている。

これ〔世界倫理〕を問うに、我々は安易な楽観論をもって満足してはならない。我々自身の利己的な観点からしても、我々が思い出さなければならないのは、自国中心主義（national selfishness）の基盤のうえに帝国問題を解決しようと試みることは帝国戦争という全世界的な混乱に行き着くかもしれないことであり、これは簡単にやり過ごすにはあまりにも深刻な問題である。(101)

ウォーラスのこうした見方の背景には、「さまざまな形態の帝国の管理」を受けながらもコミュニケーション手段の発達によって「世界が経済的に一つの場所として組織される」ようになった結果、戦争は対価が高くなりすぎたという認識があった。こうした状況認識は、「我々が未踏の土地や海によって囲まれていると考えることができたかぎり、人間の精神は戦争と敵意とを地方の事件として扱い、制限の感覚なしに未知のものに飛び込むことができた」が、「我々が自分の故郷の道を知るように我々が動いている小さな球体を知っている今となっては、我々が、来たる何世代もの間、狭い穴の中で互いに争い合っている鼠のように生きているという可能性は……我々にとって直面するにはあまりにも恐ろしい(102)」という彼の議論によく示されている。

2　何を「世界倫理」とするべきか

それでは、ウォーラスの求める「世界倫理」とは一体なんであるべきなのか。彼はここでキリスト教の可能性に対して否定的であり、仏教に可能性を見出しているが、重要なのは、仏教のなかに一種の複眼的視点・他者性の視点を見ていることである。

ウォーラスは、「世界倫理」としてのキリスト教の可能性を二つの側面から批判している。一つは、キリスト教のもつ生物学的前提の限界である。ウォーラスによれば、十九世紀前半から中葉にかけての非白人種に対する英国の「人道的」政策はキリスト教にもとづいていた。その際、これらの「人道的」政策は非白人種にも白人種と同等の権利を認めるものであった。こうした政策は、「非常に短期間のうちに、世界の全人種の構成員は、肉体的には無理だとしても知的・道徳的には同一として扱われ得るだろうという生物学的前提」に立ち、非白人種が白人種と同一になるのに必要なのは短期間の教育と教化とだけであるという楽観論を前提にしていたのであった。こうした理解は、キリスト教徒だけでなく功利主義者などキリスト教に批判的な改革者にも見られた。(103)

しかし、ウォーラスは、非白人種と白人種との同一性を楽観視するこうした議論は、ダーウィンの生物学と交通・通信網の発達とによって完全に成り立たなくなってしまったと論じる。つまり、一方で、ダーウィンの生物学は、人種間の相違を「種（species）」ではなく「変種（varieties）」と規定してどの人種もヒトという種に属することは認めたものの、これによって、逆に、人種間の区別を「実質的に永久」のものと考えざるを得ないようにしてしまったのであり、他方で、交通・通信網の発達は、異人種との直接的接触の機会を飛躍的に増大させ、白人種と非白人種との同一性を安易に信じることを不可能にしてしまったのである。(104)

ウォーラスが「世界倫理」としてのキリスト教の可能性を批判するもう一つの根拠は、その「中核的な原理」がもつ限界である。彼は、これに関連して二点を指摘している。一つは、キリスト教の「人間中心的な（anthropocentric）」側面、つまり「個々人の魂」を中核としている側面がもつ限界である。ウォーラスによれば、キリスト教がこの原理にしたがって来世における人種間の相違を超えた「不死の平等」を唱えた結果、「キリスト教徒は、この世における人間の偏差の存在を本質的要素とする問題の実際の状況に入りこむことが著しく困難になる」。つまり、実際における人種間の相違を前提として現実主義的に問題の解決を図ることができにくくなるのである。(105)

また、ウォーラスは、キリスト教のもつ排他的な側面についても批判している。もちろん、彼もキリスト教のもつ寛容な側面を知らないわけではない。しかし、彼によれば、キリスト教信仰は「その起源と発展とにおいて、自身が唯一真実の宗教であることを宣言し、辛抱強い観察ではなく超自然的な奇蹟のうえに基礎づけられてきた」のであった。(106)

こうして、ウォーラスは、「キリスト教信仰の雰囲気のなかで育った者は、ほかに少なくとも一つ別の信仰の雰囲気のなかで育った者よりも、問題をあるがままに見、問題それ自体の条件の下に問題と直面することが難しい」という判断を下すのである。ここで、彼がキリスト教に代わって高く評価したのは仏教であった。彼がこうした評価を下したのは、義和団事件関連の混乱に際して、日本の仏教徒が破壊された寺社に対する賠償を一切求めなかったのを知ったことによる。ウォーラスは、仏教徒のこうした「正気で親切かつ真実な行為」は、仏教が「人間中心的」ではないために、「宇宙を人間の生の悲劇が演じられる際の単なる描かれた書割と考え」ず、逆に「人間の生を生きている宇宙との関連で考える」ためであると論じ、こうした宗教が「白人と黒人とを分かつ表面的には本能的な敵意を克服するいくらかの可能性を提供する」と主張している。こうした宗教をもっていれば、想像力の輪が広がり、ボーア戦争において見られた農場の焼き討ちの際にも、作物を焼かれる黒人だけでなく、ともに焼き殺される何百何千の牛馬のことにまで思いが及ぶに違いないというのがウォーラスの指摘であった。[107]

しかも、ウォーラスが仏教に見出した「人間の想像力に対して遠くまで及ぶ影響力」こそ、世界の一体化という状況において不可欠であった。というのも、想像力の拡大によってこそ、交通・通信網の整備によって物質的に実現されつつある世界の一体化が人間の精神のなかで実感されるようになり、地球が「未踏の土地と海」ではなく「小さな球」として考えられるようになるからである。[108]

ここまでの検討から明らかになったように、ウォーラスが「世界倫理」の必要性を説いた背景には、列強によって分割されながらも世界が経済的に一体化してきており、その状況から考えて「国益」に従った列強の行動は帝国間戦争という大惨事につながりかねないという状況認識があった。その際、彼がキリスト教を批判したのは、その「人間中心主義」のゆえであった。そこに控えていたのは、いわばキリスト教で前提視されている自己中心的な視点に対する批判であり、逆に言えば、自己の視点の相対化と他者性の視点の必要性との主張であった。この主張は、また、「想像力」という点で、初期ウォーラスの倫理論とつながる側面ももっていると考えてよい。

ここで最後に思い出しておきたいのは、ウォーラスによる宗教教育批判である。すでに検討したように、「国民的形而上学」として唯物論よりはキリスト教の教授を好ましいと考えたビアトリス・ウェッブや、世俗教育がしっかりと教授され良心の自由が維持されれば宗教教育にほぼ害はないと考えたシドニー・ウェッブに対して、ウォーラスはキリスト教のもつ排他性からその教育に反対していた。講演「宗教と帝国」におけるキリスト教批判を見れば、ウォーラスによる特定宗派教育への反対が大英帝国の意義をめぐる問題と深く関わっていたことがわかる。つまり、彼は、世界の経済的一体化のために列強間の戦争が必然的に大惨事をもたらす状況において、自己の観点の相対化を許さない独断的・排他的なキリスト教は「世界倫理」として機能し得ないという判断から、断固として特定宗派的なキリスト教教育に反対だったのである。それは、ビアトリス・ウェッブが提案したような最大限可能な種類の特定宗派教育を提供して宗教の多様性を担保しても、個々の特定宗派教育が「人間中心的」であるかぎり、解決されない問題であったろう。シドニー・ウェッブにとって、特定宗派教育は大英帝国中心的な観点から認めざるを得ないものだったが、ウォーラスにとってそれは世界志向的な観点からどうしても認められないものであった。

VII 小括

以上、世紀転換点の三つの争点をめぐるウォーラスとフェビアン多数派との間の思想的異同、およびその淵源を検討してきた。そこにおいて明らかになったのは、ウォーラスがフェビアンを去った根源的な理由は、協会において大英帝国を超えた世界志向的な観点が貫徹されず、むしろ、大英帝国中心的な観点が目立つようになった事情だったことである。

しかし、フェビアン指導部および多数派とウォーラスとの間のこうした思想的亀裂は、ウォーラスが意識的管理による公的利益の実現というフェビアン主義に見られる思考様式と決別したことを意味しない。フェビアン協会脱会前後の一九〇四年一月の演説において、彼が、ロンドンのような近代的で人工的な大都市においては、人々は単独では生活できないために「私的利益よりも公的利益を選ぶ政策……が追求されるべき政策」であり、そのためには「私的独占」よりも「公益事業」によって生活が組織化されるべきだと述べていることからわかるように、ウォーラスは依然として意識的管理と公的利益との重要性を唱えているのである。(109)

ウォーラスとフェビアンとの間の思想的亀裂は、むしろフェビアン主義が強調する共同体の具体的な意味内容に由来していた。つまり、どの共同体を最も重要な外枠として考えるか、さらに、その共同体の目的とは何かという問題に関して、理解が分かれたのである。別の言い方をすれば、それまで、経済的平等の達成と民主主義の発展とを、意識的にせよ無意識的にせよ、国内の枠組みで考えてきたウォーラスやフェビアンが帝国や国際関係の問題に直面したとき、フェビアン主義が前提としてきた共同体の観念が揺らぎ、フェビアン多数派とウォーラスとの間で何を共同体の枠組みとして捉えるべきかについて意見が割れたのであった。

最後に、問題が一つ残されている。それは、ウォーラスが第一次世界大戦中にフェビアン協会を批判した際、彼がなぜ、協会は民主主義の進展と経済的不平等の是正という「特別な関心事」しか扱わないと主張したのかという問題である。この問いを解く鍵は、次のエピソードによく示されるウェッブ夫妻の帝国主義がもつ特質にある。それは、LSEの初代学長で帝国主義者であり、チェンバレンの関税改革運動にも積極的に賛同したウィリアム・A・S・ヒューインズが、晩年にビアトリス・ウェッブに会ったときのことであった。ヒューインズが、ウェッブ夫妻とともに帝国主義運動に携わった往年の日々を懐かしく思い起こしたとき、ビアトリスは、彼が驚いたことに、自分とシドニーとは「一度も帝国主義者であったことはなく」彼を利用したにすぎないとあざけったのである。つまり、ウェッブ夫妻が帝国主義の言説を主張したのは、学識および体面という要求を社会主義の要求と妥協させるためだったと言うのである。(110)

結局、このエピソードを見るかぎり、ウェッブ夫妻の帝国主義は、「国民的最低基準」といった国内での社会主義的な改革を推進するために、政治的な便法として日和見主義的に採り入れられたものにすぎなかった。実際、一九一三年に、夫妻が、自ら創刊した雑誌「ニュー・ステイツマン」において「社会主義とは何か」と題する連載を発表した際、そこには、「国際主義の成長を通じた民族性の維持」〔傍点平石〕と「未成年の人種の庇護」とが論点として含まれていた。(111)その趣旨には、ホブソンの「健全な帝国主義」論と重なる側面も多い。

しかし、ウォーラスの批判は、まさにこの点に鋭く向けられていたと言えよう。つまり、彼は、ウェッブ夫妻を典型とするフェビアン多数派が「連合王国（the United Kingdom）内の経済的・政治的平等がその王国の住民にとって最も重要な問題であるので、すべての他の考慮すべき事柄はそれに完全に従属すべきだ」[112]〔傍点平石〕と考える傾向をこそ、批判したのである。というのも、フェビアン多数派のこのような特質は、世紀転換点の具体的な政治的文脈においては、世界の一体化という時代の大きな趨勢のなかで大英帝国の意義ないし役割を問い直そうとする視点を欠落させ、結果的に自国中心主義すなわち大英帝国中心主義へと導いたからである。こうしたフェビアンの態度を第一次世界大戦中に改めて批判したウォーラスは、「同じ規模のもう一つ別の戦争を阻止する必要はあまりにも危急かもしれないので、連合王国の、さらにはヨーロッパの『社会問題』は、人間の幸福というヨリ大きな問題の一部分としてのみ見られるかもしれない」[113]と論じ、フェビアンとは全く逆の方向から議論を組み立てる必要を説くのである。

それでは、このようにフェビアン協会の問題設定のあり方を批判したウォーラスは、協会脱会後、どのような政治思想を構築したのだろうか。また、世界の一体化に注目し共同体の枠組みとして世界全域を強調する彼の観点は、この政治思想のなかでどのように反映されるのだろうか。これが次に検討すべき課題となる。

（1）Pease, *The History of the Fabian Society*, p. 156; McBriar, *Fabian Socialism and English Politics*, p. 213 n.; Wiener, *Between Two Worlds*, pp. 52–8; Clarke, *Liberals and Social Democrats*, pp. 82–90. なお、ウィーナーやクラークは、確かに、フェビアン協会が次第に反自由主義的となったことが、親自由主義的なウォーラスとの亀裂をもたらしたと論じており、ある意味では両者の亀裂の思想的淵源を説明している。そこにはたとえば、自由帝国主義者やJ・チェンバレンへの「浸透」を模索する協会指導部の戦略的関心が控えていた。こうした分析は確かに有効ではある。しかし、本章では、こうした政治状況への応答よりも奥に控えている理論的枠組の問題にまで目を向けてみたい。

（2）Wallas, 'Socialism and the Fabian Society' reprinted in *MI*, pp. 105-6.

（3）PUS, p. 139.

（4）この問題に関して付言すれば、ウォーラスのこのフェビアン協会評自体が政治的な意図をもったメッセージであった可能性もある。たとえば、ウォーラスの妻であるエイダ・ウォーラスは、ウォーラスによるこの書評に関して、「フェビアン協会について『ニュー・リパブリック』に寄せたG〔グレアム〕の記事は、『ニュー・リパブリック』の人々を喜ばせた。彼らは、社説で、グレアム・ウォーラスの記事に記されている理由から今回の選挙では社会主義者に投票しないと言っている」と日記に記している。しかし、本書では、こうした側面よりは、ウォーラスとフェビアン指導部との間の思想的亀裂の淵源を探る。（Ada Wallas's Diary, Friday, July 8th, 1916 in 'Private pages removed from A. Wallas's diaries,' W. P. Box 49.)

（5）Patricia Pugh, 'Bernard Shaw, Imperialist' in T. F. Evans (ed.), *Shaw and Politics* (Pennsylvania, 1991), p. 97. なお、ピューによれば、『フェビアン論集』におけるこの論説において、クラークは、近年の産業発展が帝国の拡大およびアフリカとアジアとにおける搾取を加速させ、列強間の戦争、アフリカの争奪戦、交易権をめぐっての中国との論争を惹起してきたという「古典的な社会主義のテーゼ」を唱えていた。

（6）McBriar, *Fabian Socialism and English Politics*, pp. 119–20. なお、バーナード・ポーターも指摘するように、確かに『フェビアン的政策についてのレポートと決議』と題されたトラクト第七〇号（一八九六年）では、大規模な軍備を厭い戦争を資本家の陰謀に帰する「正統的な平和主義者の路線」が表明されている。しかし、ポーターも、やはり、「全体としては、協会はその活動を専ら国内的な舞台に限定していた」としている。(Bernard Porter, *Critics of Empire: British Radical Attitudes to Colonialism in Africa 1895-1914* (London, 1968), p. 109; Bernard Shaw, *Report on Fabian Policy and Resolutions* (Fabian Tract No. 70) (London, 1896), pp. 11–2; Pease, *The History of the Fabian Society*, pp. 126–7.)

（7）See, The Rt. Hon. Viscount Samuel, *Memoirs* (London, 1945), pp. 39–40; Élie Halévy (E. I. Watkin (tr.)), *Imperialism and the Rise of Labour* (New York, 1961), pp. 94, 97, 100. なお、マシューは自由帝国主義者に対する以上のような一般的理解に対していくつかの修正を加えている。それによれば、アスキス、グレイ、ホールデインは、チェンバレンの下で南アフリカ政策に携わっていたミルナーの意図を完全に誤解してそれに賛成していたのであり、ボーア戦争直前まで戦争には反対であったし、南アフリカの併合に対しても非常に後ろ向きであった。(H. C. G. Matthew, *The Liberal Imperialists: The Ideas and Politics of Post-Gladstonian Elite* (Oxford, 1973), pp. 171–94.)

(8) ホブソンの見解については、'The Transvaal Meeting' reported in *FN*, Vol. 9, No. 10 (Dec., 1899), p. 37 を参照のこと。またホブソン一派の見解については、'The Transvaal War' in *FN*, Vol. 9, No. 12 (Feb., 1900), p. 46 において、フェビアン協会がボーア戦争との関係で帝国主義に関する意見表明をすべきだという議論の理由を見よ。ここにはホブソンの署名はないが、彼が意見表明に賛成であったことは、*FN*, Vol. 10, No. 1 (March, 1900), p. 1 からわかる。

(9) 'The Transvaal Meeting: Amendment by G. Bernard Shaw' reported in *FN*, Vol. 9, No. 10 (Dec., 1899), pp. 37–8.

(10) Bernard Shaw (ed.), *Fabianism and the Empire: A Manifesto by the Fabian Society* (London, 1900), p. 23.

(11) MacKenzie (ed.), *The Diary of Beatrice Webb*, Vol. 2, p. 166. 残念ながら、ビアトリスはウォーラスがなぜ戦争を容認していたかの論拠については触れていない。逆に、スティーブン・ウィンステンは、ウォーラスやショウの友人でボーア戦争に対する協会の態度を理由にフェビアン協会を脱会したヘンリー・ソルトの伝記において、ウォーラスが、ラムゼイ・マクドナルドとともに、協会による戦争批判の意志表明を望ましいとする立場だったと紹介している。しかし、その典拠は示されていない。(Stephen Winsten, *Salt and his Circle* (London, 1951), p. 112.)

(12) クラークは、ジェイムソン侵入事件が起きた翌年の一八九六年には、早くも、レインボウ・サークルの機関誌である「プログレッシヴ・レヴュー」の編集方針をめぐって、サミュエルらの帝国主義的傾向に警戒を示していた。また、サミュエルの著『自由主義』(一九〇二年)に序文を寄せたのはアスキスであった。こうした事情から考えても、サミュエルは自由帝国主義者の立場に近かったと言える。実際、ワイラーは、そのニューリベラリズム研究において、「ニューリベラリズムの本質」の代表者をホブソンやホブハウスといった「帝国主義に強く反対した」者に絞り、サミュエルを「自由帝国主義者」に含めてその主たる検討対象から外している (Peter Weiler, *The New Liberalism: Liberal Social Theory in Great Britain 1889–1914* (New York/London, 1982), pp. 22–3, 77)。もっとも、本章註(7)でも触れたように、アスキスら自由帝国主義者=膨張主義者という等式自体にも異論はあり、自由帝国主義者とニューリベラルとの関係は再考に値する問題ではある。

なお、ウォーラスとサミュエルとの関係について触れておけば、サミュエルは一八七〇年生まれでウォーラスの十二歳年下であるが、オクスフォードのベイリオル・カレッジに在籍していた頃、オクスフォードに学生のリクルートにきていたウォーラス、ウェッブ、ショウらのフェビアンと親しくなった。ウォーラスとサミュエルとの間の親しい交際は、一九三二年のウォーラス死去まで続いた。サミュエルは、結局、土地と主要産業との国有化には反対であったためフェビアン協会には参加しなかったが、国家干渉の必要については強い共感をもっていた。また、サミュエルは一八九四年の当初からレインボウ・サークルに加わっていたが、ウォーラスは一八九九年から一九〇一年までそのメンバーであり、その後も一九二〇年代末から一九三一年までこのサークルに参加していたとされる。この一八九九年から一九〇一年という期間が、ボーア戦争や帝国主義が問題となった時期と重なることは、注目に値しよう。(Samuel, *Memoirs*, pp. 13-4, 17, 24; Clarke, *Liberals and Social Democrats*, pp. 56, 60, 83; Michael Freeden (ed.), *Minutes of The Rainbow Circle 1894-1924* (London, 1989), p. 366.)

(13) Samuel, *Memoirs*, p. 39. これは、一九四五年の段階での回想であるが、こうした膨張主義に対する批判は、一九〇二年に出版された彼の『自由主義』にも明瞭に示されている (Samuel, *Liberalsim*, pp. 343-5)。

この書で、確かにサミュエルは、一方で、戦争の起源がなんであろうと併合につながるような戦争すべてに反対する「極端な『小英国主義者』」を批判する。彼の理解では、「帝国主義」が「現存の帝国を保護しようとする忠義あふれる決意、英国の植民者と密接につながろうとする感情、国内の進歩を損なわずに帝国の利益を増進し、従属人種の福利を細心に配慮しながら帝国の商業の発達を図り、現地人の自由を拡大する方法を準備しながら帝国の主権を維持しようとする欲望」を意味するのであれば、そして、隣国への攻撃を意図するわけでもなく、「利点が非常に明確に欠点に勝っているときを除いて」さらなる拡大を目指すわけでもなく、流血に対する麻痺を意味するのでもなければ、自由主義者は「本質的に帝国主義者」だからである。

しかし同時に、サミュエルは、やはり戦争の起源を問わず併合をもたらすあらゆる戦争を支持する「極端な『対外強硬論者 (jingo)』」にも批判的であった。「帝国主義」が、栄光と富とを目的とした支配への欲望に鼓舞され、「無制限の膨張・他の列強の権利に対する侮蔑・国内改革の無視・現地の利害に対する無配慮といった政策」を意味するのであれば、「疑いなく自由主義者は帝国主義者では全くない」からである。

そのうえで、サミュエルは、この書では、ボーア戦争をめぐる自由党の分裂を「帝国主義者と反帝国主義者との間の亀裂ではなく、『親ボーア派』と『反ボーア派』との間の亀裂」と位置づけ、態度の分岐は「原理の問題ではなく事実の問題である」と結論づけている。つまり、同じ自由主義の原理を採ったとしても、ジェイムソン侵入事件と英国 (British) 政府との関係、アイトランダースの不平の実情、クリューガーの対応、トランスヴァール共和国の軍備の意図、戦争に対する英国側の位置づけといった個々の事実をどう解釈するかで態度が割れたというのが彼の見解であった。一九四五年の回想と異なり、この書ではサミュエルがチェンバレンの一連の対外政策をどこまで膨張的と評価していたのかは必ずしもはっきりしない。しかし、ニューリベラルに関心をもちつつ自由帝国主義者とも密接な関係をもったサミュエルが、原理として膨張主義に反対であった点は、やはり注意に値しよう。

（14）See. McBriar, *Fabian Socialism and English Politics*, p. 140.

（15）Wiener, *Between Two Worlds*, p. 57.

（16）Graham Wallas to E. R. Pease（Sep. 5, 1900）, BLPES Archives, Fabian Society/A/9/2, pp. 32-3.

（17）Ibid.

（18）Shaw, *Fabianism and the Empire*, pp. 15-6; Pugh, 'Bernard Shaw, Imperialist', p. 105; Leon H. Hugo, 'Britons, Boers, and Blacks: Bernard Shaw on South Africa' in T. F. Evans（ed.）, *Shaw and Politics*（Pennsylvania, 1991）, p. 86.

（19）Samuel, *Memoirs*, p. 33.

（20）Samuel, *Liberalism*, p. 330. See also, ibid., p. 4.

（21）J. A. Hobson, 'Socialistic Imperialism' in *IJE*, Vol. 12, No. 1（Oct. 1901）. なお、本書とは異なり、帝国に対するフェビアン的態度とホブソン的態度とを二項対立的に理解する例として、Pugh, 'Bernard Shaw, Imperialist', pp. 98-9. 逆に、ホブソンにおける「健全な帝国主義」を指摘している例として、David Long, 'Paternalism and the Internationalization of Imperialism: J. A. Hobson on the International Government of the "Lower Races"' in David Long and Brian C. Schmidt（ed.）, *Imperialism and Internationalisation in the Discipline of International Relations*（Albany, 2005）.

（22）J. A. Hobson, *Imperialism: A Study*（Michigan, 1965）, pp. 232, 252-80, 285.（矢内原忠雄訳『帝国主義論』（下）、岩波書店、一九五二年、一四七、一七一―二〇五、二一一頁）なお、原書初版は一九〇二年出版。

（23）学務委員会は公選される特別目的（ad hoc）の組織で、地方税を制約されることなく徴収できる権限をもっていたが、その権限は初等教育にかぎられていた。これに対し、地方自治体は、教育のために支出できる予算はかぎられているものの、一八八九年の技術教育法によって技術教育委員会の任命を認められるなど中等教育以上の教育に対する権限を有するようになっていた。ここで問題となったのは、初等教育と中等教育とで異なった公的な教育行政組織が存在したことだけではなく、教育のレベルに関係なく学務委員会と地方自治体とで教育行政を二分化する傾向があったことであった。

たとえば、初等教育に限定して権限を与えられているはずの学務委員会は実質的に中等教育にあたる授業内容をも提供するようになっていた。（Halévy, *Imperialism and the Rise of Labour*, pp. 154–6, 161-3; 'The Education Muddle and the Way Out' reprinted in E. J. T. Brennan (ed.), *Education for National Efficiency: The Contribution of Sidney and Beatrice Webb*（London, 1975), pp. 87–9.）

（24）一八七〇年の初等教育法にもとづく学務委員会立学校の設立は、非国教徒・国教徒の双方にとって不満であった。というのも、非国教徒から見れば、学務委員会立学校で教授する非宗派的な宗教教育は望ましいものだったものの、学務委員会は有志立学校が十分に設立されていない場合にのみ設置されたため、人口の稀薄な田舎の教区では英国国教会設立の有志立学校一校だけが設置されている場合があり、その地区の非国教徒は英国国教にもとづいた特定宗派的な宗教教育を強制されたからである。また、国教徒から見た場合、一八七〇年以降の学務委員会立学校の急激な増加は大きな脅威であり、また、税収を財政基盤の基礎に据える学務委員会立学校と異なり、寄付金が減少してきた有志立学校は財政的基盤が非常に脆弱になっていた。（Halévy, *Imperialism and the Rise of Labour*, pp. 164–8.）

（25）Ibid., pp. 189, 202-4.

（26）Ibid., pp. 207–10; Pease, *The History of the Fabian Society*, p. 144.

（27）Ibid., pp. 142–3; McBriar, *Fabian Socialism and English Politics*, pp. 207–8.

（28）See, Henry W. Macrosty, 'The Education Bill' in *FN*, Vol. 12, No. 4（April, 1902), pp. 14–5. この点について、ピーズは、「〔教育行政制度に関する〕フェビアンの計画について描写する必要はない。なぜなら、それは実質的に一九〇二年法によって確立され、現在の教育が組織されるうえでの基礎となっている行政体制だからである」と述べ、以下においても取り上げるフェビアン・トラクト『教育の混乱と解決』が一九〇二年の教育法と多くの点で類似していることを指摘している（Pease, *The History of the Fabian Society*, p. 143）。

これに対し、大田直子は、この教育法に多大な影響を及ぼしたとされるシドニー・ウェッブの教育観と、この教育法を実際に草したロバート・モラントのそれとの間には、初等教育と中等教育との接続や教育の民衆管理をめぐって大きな相違があったとしている。具体的には、モラントが労働者階級向けの初等教育をそれだけで完結したものと考えて中等教育との接合を意識的に阻止しようとしたのに対し、ウェッブ夫妻はむしろ初等教育と中等教育との接続を望んだとされる。また、学務委員会から地方自治体への地方教育行政の移管に関しても、モラントの場合は、実は教育の民衆的管理の実質的な骨抜きと中央教育当局による一元的管理とを目指したものであったとされる（大田直子『イギリス教育行政制度成立史――パートナーシップ原理の誕生』東京大学出版会、一九九二年、二七一―八八頁）。

いずれにせよ、フェビアン自身はこのようなモラントの意図を見抜けず、一九〇二年法に総じて賛成であったわけだが、もし大田の指摘が正しいとすれば、「中産階級には知識教育、労働者階級には職業教育という二本立ての教育制度を支持するウェッブ夫妻らに対して、彼〔ウォーラス〕は階級横断的な知識教育の必要性を強く主張した」という杉田の主張は再検討を迫られることになろう。（杉田敦「人間性と政治」（下）、一三三頁。See also, Qualter, *Graham Wallas and the Great Society*, pp. 53–6.）

(29) 'The Education Muddle and the Way Out' reprinted in E. J. T. Brennan (ed.), *Education for National Efficiency*, p. 104.

(30) Ibid., pp. 89–90.

(31) Ibid., pp. 92–4. また、教育行政を担うのは特別目的の組織であるべきだという議論に対しては、特別目的の組織は行政の特殊性や専門性のために設置されたのではなく、歴史の偶然から生まれたにすぎないことが指摘されている。（Ibid., pp. 94–6.）

(32) Ibid., pp. 96–7, 100–1.

(33) Ibid., pp. 99–100.

(34) Sidney Webb, 'Lord Rosebury's Escape from Houndsditch' reprinted in Brennan (ed.), *Education from National Efficiency*, pp. 80–1. なお、この論説は当初 *The Nineteenth Century and After* 誌上に一九〇一年九月に掲載された。

(35) Pease, *The History of the Fabian Society*, pp. 142–3; Wiener, *Between Two Worlds*, p. 54.

(36)「君も知っている通り、我々〔シドニー・ウェッブを初めとする技術教育委員会委員を指す〕は、カウンティ参事会よりも学務委員会がロンドンにおける『ヨリ高等な』仕事をすることをいつも心の底から望んできた。……しかし、我々がこれによって意味してきたのは、並みの労働者階級の少年少女が（十三、十四、十五歳で）仕事に出るまでの授業については、我々は学務委員会に任せるのにやぶさかではないということだ。我々は、決して、最終的に学務委員会が本来の中等教育をするべきだという超学務委員会的な考えに同意するつもりはなかった。」〔傍点は原文下線〕（Sidney Webb to Graham Wallas (Sep. 6, 1900), W. P. 1/25, p. 11.〔頁数は、同じファイルに収められている転写されたものではなく、ウェッブのオリジナルの手紙に付されたものを示す。〕）

なお、この点に関連して、ウィーナーは、一八九七年の「フェビアン・ニューズ」にレポートされたウォーラスの講演から、当時の彼は学務委員会の権限拡張による地方教育当局の合理化を主張していたとする。但し、この講演にかぎって言えば、ウォーラスは、学務委員会によって実際に進められている中等教育の教授を肯定的に議論しているものの、学務委員会による地方教育当局の一本化を明確に論じているわけではない。(Graham Wallas, 'The Issues of the School Board Election' reported in *FN*, Vol. 7, No. 9 (Nov., 1897), p. 33; Wiener, *Between Two Worlds*, p. 54.)

(37) MacKenzie (ed.), *The Diary of Beatrice Webb*, Vol. 2, p. 249. さらに言えば、ウォーラスは、これと前後して、特別目的の組織よりも自治体の方が教育行政組織として優れているという議論をたびたび展開している。See, Graham Wallas, 'The Local Authority for Secondary Education' in *The Speaker*, Vol. 3, No. 76 (March 16, 1901), pp. 651–3; Graham Wallas, 'The Control of Education in London' (1903) (BLPES Archives, Coll Misc 0162); Graham Wallas, '"Ad Hoc" or not?: The Agitation for a New Educational Body in London' in *The Daily Chronicle* (23rd July, 1906), p. 4.

(38) この点について、ウィーナーは、「〔ウォーラスの〕主たる反対は有志立学校への国家補助(state aid)に向けられていた」と述べている。以下の事情から、そうした評価は誤りではないが、一九〇〇年春の講義を考慮すれば、不正確とは言える。(See, Wiener, *Between Two Worlds*, p. 54.)

(39) MacKenzie (ed.), *The Diary of Beatrice Webb*, Vol. 2, p. 268.

(40) Graham Wallas to E. R. Pease (March 13, 1903), BLPES Archives, Fabian Society/A/9/2, pp. 37–8; see also, Graham Wallas to E. R. Pease (Oct. 23, 1903), BLPES Archives, Fabian Society/A/9/2, pp. 40–1. 後者の手紙で批判されているのは、トラクト第一一七号『ロンドン教育法一九〇三年——どのように最大限それを利用するか』の草稿である。

なお、前者の手紙の日付は、アーカイヴズに見つかるE・J・ホブズボウムの転写(W. P. File 1/93)では「一九〇二年三月十六日(?)」とされているが、三月十三日が正しい。というのも、この手紙でウォーラスは、自分は当日のフェビアン協会執行委員会に誘われていないが立ち寄ることもできるとピーズに伝えているが、議事録を見るかぎり、執行委員会があったのは十三日だったからである。結局、この委員会にウォーラスは出席している。(See, Executive Committee minute book, 17 November 1899-26 June 1903 (BLPES Archives, Fabian Society Collection Vol. C8), March 13, 1903.)

(41) See, Sidney Webb to Graham Wallas (Dec. 4, 1902); Sidney Webb to Graham Wallas (Sep. 4, 1903); Sidney Webb to Graham Wallas (Jan. 10, 1904) in Norman MacKenzie (ed.) *The Letters of Sidney and Beatrice Webb: Partnership 1892-1912*

(Cambridge, 1978), Vol. 2, pp. 173–4, 193–4, 199-201.

(42) MacKenzie (ed.), *The Diary of Beatrice Webb*, Vol. 2, pp. 249–50.

(43) Ibid., pp. 267–8.

(44) Ibid., p. 250; see also, Beatrice Webb (Barbara Drake and Margaret I. Cole (ed.)), *Our Partnership* (Cambridge, 1975), pp. 255–6 n. ビアトリスは、後者では、キリスト教教育擁護の理由を、人と人との関係や人と宇宙との関係を規定し、教育の核心の一つである行動規範を基礎づける「倫理的価値」においてキリスト教に代わるものは当時まだ存在しなかったからだとしている。

(45) Bernard Semmel, *Imperialism and Social Reform: English Social-Imperial Thought 1895-1914* (London, 1960), p. 128(野口建彦・野口照子訳『社会帝国主義史――イギリスの経験』みすず書房、一九八二年、一三五―六頁)、桑原莞爾「『エドワード期』経済と関税改革論争」(桑原・井上・伊藤編『イギリス資本主義と帝国主義世界』九州大学出版会、一九九〇年所収)、五―八頁。なお、チェンバレンの関税改革キャンペーンをめぐってなされた自由貿易批判・支持に関して、ウィリアム・アシュリー、アルフレッド・マーシャル、J・A・ホブソンの議論を検討した例として、関内隆「チェンバレン・キャンペーンをめぐる政治経済学の自由貿易認識」(「岩手大学教育学部研究年報」第四〇巻第一号、一九八〇年一〇月)、七七―九二頁。

(46) 桑原前掲論文、二〇―一頁。

(47) Semmel, *Imperialism and Social Reform*, pp. 60–2.(邦訳、五九―六二頁)

(48) 桑原前掲論文、二一―二頁。

(49) Semmel, *Imperialism and Social Reform*, pp. 129–31.(邦訳、一三七―九頁) See also, McBriar, *Fabian Socialism and English Politics*, pp. 133–4.

(50) Shaw (ed.), *Fabianism and the Empire*, pp. 47–8.

(51) Ibid., p. 46.

(52) Ibid., p. 44.

(53) Ibid., pp. 45, 47.

(54) Ibid., p. 50.

（55）Ibid., p. 51.
（56）Ibid., p. 12.
（57）Ibid.
（58）Ibid., pp. 7–12.
（59）Ibid., p. 54.
（60）Ibid., pp. 52–4.「国際社会主義」がなぜ英国の「寄生者」化を防ぐのか。この問いに対する解答を、実はこのトラクトは明確には示していない。しかし、次に見るウェッブ夫妻の自由貿易支持論にも窺われるように、おそらく、「国際社会主義」による最低生活水準の設定が外国人労働者と白人労働者との間の賃金ギャップを埋めて、英国資本の流出と外国人労働者の流入とに歯止めをかけるという理解があったのではないかと思われる（cf. ibid., pp. 48–9）。また、『フェビアン主義と財政問題』においては、最低賃金の設定によって労働力価格が高水準で保たれる結果、国際競争に生き残るための製品価格と労働力価格との低廉化が英国産業の衰退をもたらすという状況が生まれず、逆に生産における能率化・高度化をもたらすという議論がなされている。（G. B. Shaw, *Fabianism and the Fiscal Question: An Alternative Policy*（Fabian Tract No. 116）（London, 1904）, pp. 12–4.）
（61）Sidney and Beatrice Webb, *Industrial Democracy*（New York, 1965）, Appendix II, pp. 863–72.（高野岩三郎監訳『産業民主制論』法政大学出版局、一九六九年、一〇四八―六一頁）なお、この付録IIは一八九七年の初版から存在する。また、こうしたウェッブ夫妻の自由貿易観を指摘し論じた文献として、江里口拓「自由貿易とナショナル・ミニマム――世紀転換期におけるウェッブの所説をめぐって」（『社会福祉研究』第二巻第一号、一九九〇年）、同「ウェッブ夫妻における『国民的効率』の構想――自由貿易、ナショナル・ミニマム、ＬＳＥ」（『経済学史研究』第五〇巻第一号、二〇〇八年）。
（62）Shaw, *Fabianism and the Fiscal Question*, p. 3.
（63）Ibid., p. 4.
（64）Quoted in McBriar, *Fabian Socialism and English Politics*, p. 132.
（65）G. B. Shaw, 'Copy of Letter from Shaw to Pease on the Proposed Fiscal Tract'（Sep. 30th, 1903）, BLPES Archives, Special, Folio fHF（42）44, p. 1.
（66）G. B. Shaw, 'Propositions Bearing on the Fiscal Question'（Oct., 1903）, British Library, Shaw Papers, Add. 50680, pp. 213–

37.

(67) Shaw, *Fabianism and the Fiscal Question*, p. 15. すでに示した自由貿易支持論からも推測されるように、たとえば、シドニー・ウェッブはチェンバレンの関税改革構想に対しては批判的であった。彼は、関税改革が「政治的に非実際的」であり、「単一体としての帝国というチェンバレンの目的は、〔関税ではなく〕他の方法によって、ヨリよく、そしてヨリ安価かつ都合よく達成できる」と考えていた。(Beatrice Webb, *Our Partnership*, pp. 267, 332.)

(68) Shaw, *Fabianism and the Fiscal Question*, pp. 6-8.

(69) Ibid., pp. 11-2.

(70) Ibid., pp. 12-4.

(71) Ibid., pp. 15–24.

(72) Wallas, 'Socialism and the Fabian Society' reprinted in *MI*, p. 106.

(73) Wiener, *Between Two Worlds*, p. 57; Clarke, *Liberals and Social Democrats*, p. 89.

(74) Peter Cain, 'J. A. Hobson, Cobdenism, and the Radical Theory of Economic Imperialism, 1898-1914' in *Economic History Review*, Vol. 31, No. 4 (1978); Peter Cain, *Hobson and Imperialism* (Oxford, 2002), pp. 53–9.

(75) Graham Wallas to E. R. Pease (Jan. 21, 1904), BLPES Archives, Fabian Society/A/9/2, pp. 48, 50-1. 頁数はフェビアン協会文書として付された頁数に従う。なお、労働党は一九〇六年に結成されるが、『フェビアン主義と財政問題』では自由党(Liberal Party)・保守党(Conservative Party)に並んで労働党(Labor Party)の語が用いられており、ウォーラスはそれに従っている。

(76) Ibid., p. 49.

(77) MacKenzie, *The First Fabians*, p. 300.(邦訳、三五三頁)

(78) Executive Committee minute book, 11 September 1903-20 July 1906 (BLPES Archives, Fabian Society Collection Vol. C9), Jan. 22 and 29, 1904; G. B. Shaw to E. R. Pease (Jan. 22, 1904), BLPES Archives, Fabian Society/A/1/1; G. B. Shaw to Hubert Bland (Jan. 19, 1904) in Shaw, *Collected Letters 1898-1910*, pp. 400–2, see also p. 377. なお、フェビアン協会執行委員会の議事録には記録がないものの、ローレンスやウィーナーによれば、ウォーラスは『フェビアン主義と財政問題』の出版を取りやめるように動議を提出したが受け入れられなかった(Ibid., p. 400; Wiener, *Between Two Worlds*, p. 57)。

(79) See, Executive Committee minute book, Vol. C9, Jan. 22, 1904; Sidney Webb to E. R. Pease (Jan. 5, 1904) in MacKenzie (ed.) *The Letters of Sidney and Beatrice Webb*, Vol. 2, p. 199. もっとも、ショウによれば、ウェッブは「一般的な自由貿易はあきらめ、帝国内での自由貿易を支持する」ようになっていた (G. B. Shaw to Hubert Bland (Jan. 19, 1904) in Shaw, *Collected Letters 1898-1910*, p. 401)。これが真実だとすれば、自由貿易支持のウェッブにおけるこうした態度変化をどう評価したかが問題になろう。それは、以下で検討する問いにやはりつながる。

(80) G. B. Shaw, 'Imperialism' (Feb. 23rd, 1900), British Library, Shaw Papers, Add. 50684, p. 172. See also, G. B. Shaw, 'Imperialism' reported in *FN*, Vol. 10, No. 1 (March, 1900), p. 2. 但し、こちらのレポートでは、「ヨリよい (better) 統合」ではなく、「さらなる (further) 統合」となっている。

(81) Ibid.

(82) Ibid.; Shaw, 'Imperialism', British Library, pp. 174, 178.

(83) Webb, 'Lord Rosebury's Escape from Houndsditch' reprinted in Brennan (ed.), *Education from National Efficiency*, p. 63.

(84) Ibid., pp. 67–8.

(85) Ibid., p. 65.

(86) Ibid.

(87) Ibid., p. 68.

(88) Quoted in McBriar, *Fabian Socialism and English Politics*, p. 208. なお、これとかなり重複する内容が、一九〇三年のロンドン教育法案に向け、シドニー・ウェッブによって一九〇二年十二月初頭に起草されたフェビアン協会の決議にも示されている (Sidney Webb, 'Webb Education' (1903), BLPES Archives, Coll Misc 0161; see also, 'The London Education Bill, 1903: Resolutions of the Fabian Society', BLPES Archives, PP/9/1/1, pp. 54–5; Executive Committee minute book, Vol. C8, Dec. 5, 1902)。なお、Coll Misc 0161 のカタログでは日付は一九〇三年とされているが、実際には一九〇二年末が正しい。

(89) Shaw (ed.), *Fabianism and the Empire*, p. 23.

(90) Ibid., p. 32.

(91) Ibid., p. 38.

(92) ここで問題となるのは、フェビアンの言う「文明」とは具体的に何を指すのかという問いであろう。フェビアンはこの問いに対してなんら明確な答を用意していない。しかし、マクブライアも言うように、文脈から明らかに含意されているのは西欧文明であり、アフリカやアジアの諸国は「文明社会」扱いされていない。その際、「世界に対する国家の価値はその文明の質にあり、軍備の大きさにあるのではない」とされ、ロシアよりもスイスの方が国家としての価値は高いとされていることからわかるように、軍事力の大小は「文明」とは関係のないものと考えられている。(McBriar, *Fabian Socialism and English Politics*, p. 126; Shaw (ed.), *Fabianism and the Empire*, p. 46.)

(93) Ibid., pp. 8–11.

(94) Semmel, *Imperialism and Social Reform*, pp .63-4.(邦訳、六二—三頁)

(95) Webb, 'Lord Rosebury's Escape from Houndsditch', pp. 72-4.

(96) Ibid., p. 80. 確かに、同じ論説のなかには、我々は「共同体の構成員、いや世界の市民」であると指摘されている箇所がある(ibid., p. 65)。しかし、ここでの趣旨は、我々の生活は世界全体のあり方に規定されているという意味であり、我々が「世界の市民」を志向しなければならないという意味ではない。実際、同じ箇所でウェッブが、いまや我々は「個々人のではなく団体の自由を求める」と論じるとき、その「団体」は「帝国」ないし「国民」どまりである。

(97) Shaw, *Fabianism and the Fiscal Question*, pp. 3-4.

(98) すでに本章の註(21)(22)で挙げたホブソンの二著のほか、たとえば、J. A. Hobson, 'Free Trade and Foreign Policy' in *CR*, Vol. 74 (1898); J. A. Hobson, 'The Inner Meaning of Protectionism' in *CR*, Vol. 84 (1903); J. A. Hobson, 'Ethics of Internationalism' in *IJE*, Vol. 17, No. 1 (Oct., 1906); L. T. Hobhouse, 'The Foreign Policy of Collectivism' in *The Economic Review*, Vol. 9, No. 2 (April, 1899); L. T. Hobhouse, *Democracy and Reaction* (London, 1904).

(99) Graham Wallas, 'Religion and Empire' in *The Inquirer* (29th June, 1901), p. 409.

(100) Ibid.

(101) Ibid., p. 410.

(102) Ibid.

(103) Ibid., p. 409.

(104) Ibid.

(105) Ibid., p. 410.
(106) Ibid.
(107) Ibid.
(108) Ibid.
(109) 'A Short Report of the Speech of Mr. Graham Wallas at the Meeting in the Shoreditch Town Hall' in *Shoreditch Observer* (30th Jan., 1904), W. P. File 2/2, p. 46.
(110) Royden J. Harrison, *The Life and Times of Sidney and Beatrice Webb 1858-1905: The Formative Years* (Hampshire, 2000), pp. 331-2.（大前眞訳『ウェッブ夫妻の生涯と時代――1858～1905年：生誕から協同事業の形成まで』ミネルヴァ書房、二〇〇五年、三四一頁）
(111) Sidney and Beatrice Webb, 'What is Socialism?' in *The New Statesman*, Vol. 1 (July 26th, 1913; August 2nd, 1913), pp. 461-3, 492-4.
(112) Graham Wallas, 'The History of the Fabian Society' in *FN*, Vol. 27, No. 8 (July, 1916), p. 31.
(113) Ibid.

第四章 「巨大社会」のための政治思想の構想

Ⅰ 序

本章では、ウォーラスが、その主著のほとんどを発表した二十世紀初頭以降に展開した思想、つまり、後期ウォーラスの思想を中心に検討する。

前章の末尾においても示したように、世紀転換点における三つの政治的争点、特にボーア戦争や関税改革運動によって惹起された帝国をめぐる問題は、ウォーラスにとって一つの思想的転機となった。というのも、これらの問題に思想的に応答することを通じて、ウォーラスは、国内の経済的・政治的平等を最重要課題としその他の問題をこれに従属させようとしたフェビアン社会主義の視座を批判する態度を身に付け、国内における経済的・政治的平等の実現という課題を「人間の幸福というヨリ大きな問題」との関連で相対化する視点をもつようになったからである。

それでは、第一章から第三章までで検討した一八八〇年代後半から二十世紀初頭までのウォーラスの思想とその後のウォーラスの思想とは、完全に断絶してしまっているのだろうか。この問いに対する答が以下具体的に検討されるが、結論的に言えば、そこには思考枠組の連続性と中心的課題の非連続性との両方が存在している。

つまり、一方で、ウォーラスは、共同体の観念を重視し、不可逆的な歴史的趨勢の結果を所与として受け入れつつ、そのなかで、理念の力によって作為的に事態を統御しようとする思考枠組を一貫して後期思想においてもも ち続けている。こうした思考枠組は、アリストテレスの「善き生」の観念を組み込んだ彼の社会主義論と、「科学的な」原理に立って人為的に共同体を再構築しようとしたベンサム主義者に注目する彼の英国史研究とから引き継がれたものであった。

しかし他方で、ウォーラスが解決しようとする中心的課題は大きく変化することになる。具体的には、彼は、共通の利害関心が模索されるべき社会の規模の拡大と、共通利害への関心を可能とする共同体意識の稀薄化との間の溝をどう埋めるべきかという問題を視座の中心に据え、この座標設定のなかで、自由放任を信条とする古典的自由主義の限界、政治的・経済的平等の実現といった問題をもう一度位置づけ直すこととなる。また、規律維持を最優先するドイツの「軍国主義」的思考様式、労働組合運動の思想的支柱となったサンディカリズムや職能団体理論、国際政治において自国の利益実現を最優先する「現実政治（Real Politik）」主義といった後期における同時代的思想潮流も、この座標設定のなかで捉えられている。

もっとも、このように論じることは、社会規模の拡大と共同体意識の稀薄化との間の問題を初期ウォーラスが全く認識していなかったことを意味しない。実際、すでに第二章で見たように、ウォーラスが、その英国史研究において、中央政府と地方自治体との間の関係、マス・コミュニケーションの問題、民主政下における代表としての議員や公務員の問題を扱った背景には、「人間社会における団体的感情（corporate feeling）の限界」を考慮して「古代都市国家と現代国民国家」とを対比的に理解し、「団体的感情の限界」を超えている「現代国民国家」がどのように共同体として再構築され得るかという彼の視点が控えていた(1)。

しかし、それにもかかわらず、共同体をめぐるこの問題関心がウォーラス思想の中心的課題となったのは、後期になってからだと見てよい。それは、なによりも彼が「巨大社会」という観念を生み出したことに示されている。そこで、以下ではまず「巨大社会」という鍵概念によって示された問題状況を分析し、次にその問題状況を人為的に統御するために提示された理論を検討し、最後に具体的な改革案を見てみることとしたい。

II 後期ウォーラス思想の理論的枠組

1 「巨大社会」の出現とその問題性

「巨大社会（the Great Society）」という用語がウォーラスによって初めて用いられたのは、彼が第一次世界大戦勃発直前に発表した『巨大社会』においてであるが、実は、そこにおいてこの観念を厳密に概念化しているわけではない。しかし、少なくとも世紀転換点の一九〇一年にまで遡って見出すことができるこの観念の断片や萌芽をも含めて検討すると、そこには二つの特徴を見出すことができる。一つは、大規模な社会的組織化および相互依存関係の深化であり、いま一つは、顔見知りの社会という意味での伝統的な共同体の喪失である。これらは、いわば硬貨の表裏の関係をなしている。

まず、大規模な社会組織化および相互依存関係の深化について見てみよう。「いまやあらゆる共同体がお互いに政治的影響力を行使し合っており、電信と汽船とが、その影響力のさらなる発展と拡大とを阻んでいた従来の障害のほとんどを取り去ってしまった[2]」と論じていることからわかるように、ウォーラスは、交通・通信手段の飛躍的発達によって世界が実質的に縮小化し、国内の各地域、さらに世界の各地域が強い相互依存関係で結ばれるようになったことに注目していた。

彼は、この状況を「社会規模の全般的変化」(3)とも呼ぶ。つまり、相互依存関係が発達した「巨大社会」においては、「都市や地区は、それぞれが五千万から一億の人口をもち高度に組織された国民国家（national states）の部分にすぎず、これらの国家自体は、国際関係の全般的な体系のなかに年ごとにますます実質的に引き込まれている」(4)。したがって、「『巨大社会』のすべての構成員」は、能力・才能の有無・相違に関係なく、「この終始拡大し締めつける紐帯に影響され」ざるを得ない(5)。要するに、世界の各地域とそこに住む人々とは、世界大に拡大し結びつきを深めていく「大規模な社会組織(6)」の部分として組み込まれる傾向にあったのである。

このような相互依存関係の深化や大規模な社会的組織化を、ウォーラスは「巨大社会」における①都市生活、②産業、③国際関係という三つの局面に見出している。まず都市生活について見ると、彼によれば、ロンドンのような膨大な人口が一箇所で生活する近代的な大都市においては、社会の組織化・相互依存関係の深化は不可避的であり、自律的な生活は不可能であった。なぜならば、「田園に住む者は自分の井戸から自分の水を汲むことができるし、自分の家の排水を自分自身の溝に捨てることができるし、自分自身の足で仕事場まで歩いていくこともできる」(7)が、都市では、「個々の市民は自分自身の生活を組織するのに一人ではほとんど完全に無力(8)」だからである。つまり、「もし我々が真水を飲もうと思ったら何百万もの金額が科学的な排水システムの組織に費やされなければならない」(9)し、仕事場に歩いて行くことのできた祖先と異なり、広範囲に広がる近代的大都市においては、「地点から地点への高速運輸のなんらかの組織化された体系があるべきことは絶対に必要(10)」なのであった。

また、こうした相互依存関係の発達や高度な組織化は産業的側面にも見出されていた。このことは、ウォーラスの「巨大社会」という用語がシドニー・ウェッブの「巨大産業（Great Industry）」という用語を応用したものであることに示される(11)。すでに述べたように、ウェッブはこの「巨大産業」という用語を産業革命以前の家内制的な「零細産業（Small

Industry)」と対比して用いた。つまり、産業革命以降普及した工場制的な産業形態においては、高度に発達した分業によって「相互依存」関係が発達し、労働者が、自立的な生産単位ではなく巨大組織の歯車として雇用され、雇用者によってその労働条件を管理されている状況に陥っていることを表すために用いたのである。(12)

最後に、「世界政治」や「世界市場」の出現という現象のなかにも、ウォーラスは相互依存関係の発達や「大規模な社会の組織化」を見ていた。このことは、すでに第三章において紹介したように、彼が、「世界倫理」の問題を扱う前提として、いまや歴史の趨勢は国民国家形成過程を超えて帝国形成過程に進んでいるという認識をもち、さらに、この帝国形成過程を可能としまた加速しているのは交通・通信手段の飛躍的発達であり、この過程は「経済的側面において、世界が経済的に一つの場所として組織されるまで、つまり、さまざまな形態の帝国の管理下にありながら地上における生産と分配とが一つの体制によってなされるまで」〔傍点平石〕発展するだろうとしていることに明瞭に示されている。(13)

それでは、このように社会の各局面で進展する大規模な組織化と相互依存関係の発達とは、実際にそこに生きる人々の生活にどのような影響を及ぼしたのだろうか。それが、「巨大社会」の第二の特徴である、顔見知りの社会という意味での伝統的な共同体の喪失であった。ウォーラスは、このことを古代ギリシアや中世ヨーロッパ等に見られた「都市国家」と比較しながら説明している。

すなわち、これらの都市国家は、「それぞれの市民の環境全体が自らの感覚および記憶の直接的な範囲のうちに入ってくる」共同体であり、「人々が隣人の顔を見知り、彼らが働いたり休息したりする田畑や農家を一個の全体の部分として毎日見る」ことができるような共同体であった。しかし、産業化の進展とそれに伴う交通輸送網の発展とによって、いまやこうした顔見知りの人間関係にもとづく共同体が見られるのは「文明の主流から取り残された村々」だけとなり、しかも、その村落共同体も「伸び拡がってくる郊外に吸収され、新しい産業人口の流入によって圧倒され」て失われつつあった。[14]

この変化の結果、何が見られるようになったのか。一つは、生の経験の均質化とその根無し草的状況とである。というのも、交通輸送網による産業拠点の結合は、村落を都市郊外へと変貌させただけでなく、人々の生活空間と労働空間とを乖離させ、それまでは「一個の全体の部分」と捉えられていた彼らの生の経験を分断したからであった。ウォーラスは次のように論じる。

> 現代英国の住民においては、昔ながらの意味で「生活する（live）」場所をもたない人々の占める割合が止むことなく増えつづけている。英国の産業の経営に従事している階級のほとんど全部と、肉体労働者のなかで急速に増え続ける割合を占める人々とは、日々、寝る場所と働く場所との間を路面電車や列車に乗っており、彼らの目が見て取り、彼らの記憶が覚えておけるよりも百倍も多くの光景の前を過ぎていく。彼らは、ウェルズ氏の言葉を借りれば、「非地方化（delocalised）」されるのである。[15]

このような生の経験の分断に伴って生じたのは、「村や家に対する昔ながらの愛情が消え去った」〔傍点平石〕状況、つまり、彼が「団体的感情」とも呼ぶ一種の共同体意識が稀薄化してしまった状況であった。この稀薄化した共同体意識に代わって支配的となったのは、常に「個人的満足」を追求しようとする「赤裸々な飽くなき個人主義」だった。[16]

しかし、「巨大社会」がもたらしたこのような状況にウォーラスが見出したのは、人々の「心もとなさ」[17]であり、「人生のヨリ深奥な実体との接触」の喪失[18]であった。たとえば、彼は、「ヨリ簡素な生活がいまだある程度可能な」地方から大都市に戻ってくると、「多くの者はおそらく不幸だというはっきりとした意識をもっていないが、奇妙にも、そこには幸福を構成する全存在の調和がほとんど示されていない」ことに気づくと述べている。そのうえで、「単なる馬鹿げた社会的不平等の前では我々は比較的希望をもつことができる」が、そのための計画は「事務員・機械工・教師の数の増大」を意味するだけで「彼らの生活様式における本質的な変化」をなんら伴っていないと論じるのである。[19] つまり、「巨大社会」において顕在化した問題は、フェビアン社会主義が最重要課題の一つと考えていた経済的平等の達成だけでは解決できない生の実感の喪失という問題なのであった。

しかも、「巨大社会」の問題性は、このような「個人の将来的な幸福」に関するものにかぎられない。ヨリ危機的な問題、つまり「巨大社会そのものの永続性」に関わる問題も見出されるからである。[20] この問題の淵源は、社会規模の拡大と共同体意識の稀薄化との間の溝にあった。

すなわち、一方で、「巨大社会」における大規模な社会的組織化と相互依存関係の深化とは、局地的な出来事の影響が広範囲に波及することを意味した。たとえば、ウォーラスは、「巨大社会」において、労働者が名も知らない投資家の突然の決定によって職を失い、一家で路頭に迷う可能性を指摘している。[21] また、ボーア戦争を経験したウォーラスが第一次世界大戦勃発以前から最も恐れていたのは、局地的な紛争や対立が世界大の被害を惹起することであった。というのも、「小さくほとんど自活的な村落」が単位となっていた古代帝国の場合と異なり、「巨大社会」状況に到達した現代においては、たとえば、「英国の住民四千五百万のうち三千五百万までが、その食料を、アッシリアやローマがその首都への供給のために築き上げたものよりもはるかに複雑な世界関係のシステムに依存している」ために、ヨーロッパ戦争が勃発すれば甚大な人的被害が生じることは確実だったからである。[22]

しかし、他方で、ウォーラスは、このように拡大した規模の社会に見合うだけの共同体意識を見出すことはできなかった。実際、「巨大社会の共通の成員たることはその連帯（solidarity）に関して共通の利害をもつことを意味する」[23] はずであり、「共同体全体」[24] や「全国的な（national）あるいは国際的な連帯」[25]、さらに「全体善[26]（the good of the whole）」を考えなければならないのに、「我々が信頼するように強制されている人々は、ヨリ大きな善よりヨリ小さな善を好み続ける」傾向にあったのである。[27] ウォーラスは、そこに、十分な「結合力（cohesive forces）」[28]を確保できない「巨大社会」が崩壊する可能性を見ていた。

それでは、社会規模の拡大と共同体意識の稀薄化との間の溝はどのように埋められ得るのか。ウォーラスが、「我々は、自らがすすんで身を委ねるのに慣れてきた目に見えない力を恐れている。我々は、自らの組織化された生活の基盤を再考察しなければならないと感じている。なぜなら、再考察なくしては、我々がその力を統御する機会は失われてしまうからである」と述べ、「もはやあえて漂流していられない」以上、「知的指針」の在り方を根本的に問い直さざるを得ないと論じたのは、[29] まさにこのような問題意識にもとづいてのことであった。

その際、彼自身が「組織化された生活の基盤を再考察」し、「知的指針」の中心に据えるために最も注目したのは、心理学であった。それは、彼が、「巨大社会」が抱える諸問題の根源に控えているのは人間性の問題であると見なし、科学的な観点からこの問題を理解し、また、この問題に対処しようとしたからにほかならない。[30] そこで次に、このような問題意識に立ったウォーラスが自らの心理学的分析枠組を組み上げる際に前提としたもの、すなわち、先行の人間性論に対する彼の批判を検討しておこう。

2　合理的人間像とスペンサー的人間像とに対する批判

最初に検討したいのは、ウォーラスが「主知主義（intellectualism）」とも呼び、ベンサム主義を初めとして十九世紀前半から半ばにかけて英国で支配的であった合理的人間像に対する彼の批判である。次の引用に示されるように、彼は、この合理的人間像こそが「巨大社会」の人間論的前提、つまりある意味での「組織化された生活の基盤」であると見ていた。

五十年前、巨大社会を成立させた実務家は、いくらかでも考える時間があった際には、それによって自分たちは人類全体に対してはるかに善い生存を提供しているのだと考えていた。〔彼らにとって〕人は理性的存在であった。したがって、人が自然に対する無制限の力を獲得すれば、確実にそれを自らの善のために利用するはずだったのである。[31]〔傍点平石〕

つまり、人間が合理的存在であれば、「巨大社会」は「たとえ人々から幾分か生活上のロマンスや親密さを奪い取るとしても」、生活上の「安全性の増大」をもたらすはずであった。というのも、「世界市場」の成立は労働者に安価な食物を提供して飢餓を根絶するはずであったし、「戦争は、それが国際信用システムに対する大難を意味すれば、ほとんど見られなくなり期間も短くなる」はずだったからである。[32] 換言すれば、合理的人間像が成立しさえすれば、「巨大社会」を支える十分な「結合力」は確保され、社会規模の拡大と共同体意識の稀薄化との間の溝も問題化しなかったはずなのである。

では、この合理的人間像はなぜ成り立たなくなってしまったのか。ウォーラスはこの問題を、同じように合理的人間像を人間論的前提とする古典的自由主義＝自由放任主義の衰退を論じながら扱っているが、彼によれば、その「自由主義を粉砕したのは……問題の状況における変化」[33]であり、「部分的には知識の変化」であった。[34]

このうち、「問題の状況における変化」の要素としてウォーラスが挙げているのが、「鉄道・電信」網の発達、「世界市場」の出現、「都市生活」の普及、「世界政治」の出現である。[35] これらはすでに指摘した「巨大社会」状況の外部的条件にほかならないが、ウォーラスは、これらの外部的条件によって「各人の生活は自分で理解しきれない原因に依存している」[36]状況が生じたと考えた。つまり、規模の拡大と組織化とによって社会が複雑化して考えるべき変数が飛躍的に増大し、各人は合理的計算によって行動することが不可能となってしまったと考えたのである。
　しかも、「知識の変化」は人間の理性的能力そのものに疑問を差し挟むことになった。というのも、特に「ダーウィンおよび心理学者」は、「合理性の主張を揺るがし」、「人を動物と見なし」、「無意識を強調した」ことによって、人間がもつとされた合理的側面そのものを否定しかねなかったからである。[37]ウォーラスにとって、このダーウィンの衝撃は深刻であった。というのも、ダーウィニズムは、「巨大社会」の人間論的前提であった合理的人間像に深刻な打撃を与えたばかりでなく、合理的人間像ののちに英国で支配的となったハーバート・スペンサーの人間性論をも否定する可能性を秘めていたからである。[38]
　ウォーラスの理解によれば、スペンサーの人間性論は、「たとえある単一の世代が自らの神経構造を新しい状況に適応させることに困難を見出したとしても、一度その適応が習慣によって達成されたとすれば、生物学的遺伝によって後々の世代に受け継がれていくだろう」というラマルク流の定向進化の観念にもとづいていた。もしこの議論が成り立つとすれば、社会規模の拡大と共同体意識の稀薄化との間の溝を原因とする「巨大社会」の問題状況は、獲得形質の遺伝によって恒常的にもたらされる人間の進化＝進歩によって比較的容易に解決されることになる。
　しかし、ウォーラスはこのような獲得形質の遺伝による人間の進化＝進歩を想定できなかった。それは、ダーウィン主義にもとづく「我々の時代の生物学者によって、我々はそのような〈獲得形質〉が遺伝されないことを了解させられざるを得ない」からである。ウォーラスにとっては、生物学的な根拠から、優生学によって「人間類型」――つまり、獲得形質とは異なり遺伝される生得的資質――を変化させないかぎり、「各世代は、本質的には、彼らの父たちが立ち去った地点ではなく、彼らの父たちが始めた地点から進」まざるを得なかったのである。[39]
　とすれば、「巨大社会」の問題状況はどのように解決され得るのか。ウォーラスが、ダーウィニズムの成果を採り入れたウィリアム・ジェイムズの心理学にもとづいて「人間性と環境」という心理学的分析枠組を提示するのは、まさにこの問いに対する応答のためであった。

3　人間性と環境

ウォーラスによれば、「人間の衝動と思想と行為とは、人間の本性と、彼が生まれてくる環境との間の関係に由来する」[40]。すなわち、ウォーラスは、一方で、「本能（instinct）」「衝動（impulse）」「性向（disposition）」といった「人間類型の諸事実（facts of human type）」の総和としての「人間性」[41]を措定し、他方で、人間を取り巻き、場合によっては「人間性」を「刺激」して人間の行動や思想を誘発する「環境」を措定して、両者の相関関係から人間の思想や行動が現れると考えた。

その際、「我々の内的諸能力は……我々の安全と繁栄とを確保するように順応している」と論じ、その意味で「心的事実は、これが認知する物的環境と切り離して研究することは適当でない」[42]と主張したジェイムズ心理学の影響を受けたウォーラスは、「本能」「衝動」「性向」からなる「人間性」を種としてのヒトの進化と関連づけて理解した。そして、ここに「巨大社会」における問題の原因を見出したのである。

すなわち、ウォーラスによれば、思想や行為の源泉となる「衝動は、しばしば衝動を指導し修正する知的過程の歴史に先だって、それ自体進化の歴史をもっている」。つまり、「我々が受け継いできた組織によって我々が一定の刺激に対して一定の仕方で反応する」のは、各個人の生涯の間にこれらの衝動が記憶や習慣や思想によって徐々に変更されるという事実もあるものの、「そのような反応が我々の種を保存するのに過去において役立ってきたから」なのである[43]。

しかし、このことは、「我々の本能の多くは、我々が現在生活しているのとは異なる生活、すなわち、先行人類あるいはほぼ人類の状態にある我々の祖先の生活に向けられている」[44]ことを意味する。したがって、ここに「我々の種とその環境との間の調和の欠如」[45]が発生する。「古代生活」という「環境」に適応して進化している「人間性」は、「古代生活」と全く異なる「環境」である「巨大社会」との間には齟齬を生じてしまうのである。

このように、「人間性」を種としてのヒトの進化過程と関連づけて理解し、「人間性」に本能的側面を大きく認めたウォーラスにとって、社会規模が拡大しているにもかかわらず共同体意識が稀薄化している「巨大社会」の問題状況は、むしろ当然であった。しかし、ここで一つの問題が浮上する。ダーウィニズムの影響によって獲得形質の遺伝を認めず、したがってスペンサーのように「人間性」の定向進化を通じた「環境」との「調和」を考えることができなかったウォーラスは、拡大した社会規模と稀薄化した共同体意識との溝をどのように埋めようとしたのかという問題がそれである。

理論的に可能な選択肢としては、「環境」を「人間性」に合致させる議論が考えられる。これは、具体的には、「巨大社会」という「環境」を放棄し、古代や中世等の過去の生活様式に立ち戻ることを含意する。その際、ウォーラスは、「ギリシアおよび中世の都市国家の歴史は、それぞれの市民の環境全体が自らの感覚および記憶の直接的な範囲のうちに入ってくるとき、人類の最も高尚な活動と情緒とのいくつかに対していかに有効な刺激が与えられ得るかを示している」[46]と述べ、古代ギリシアのポリスや中世ヨーロッパの都市において見られた、狭い領域内で顔見知りの人間関係にもとづいて成立した共同体生活を高く評価していた。実際、すでに検討したように、このような顔見知りの人間関係にもとづく共同体が失われたことで、「巨大社会」の成員は生の実感を喪失していたのである。しかし、ウォーラスはこの選択肢を峻拒する。そこには、二つの理由があった。

一つは、「巨大社会」の到来は不可逆的な趨勢であり、これを阻むことはできないという彼の歴史認識である。ここには、英国史研究で見られた彼の歴史認識との深いつながりを見ることができる。たとえば、彼は、ジョン・ラスキンやウィリアム・モリスのように「もし我々が蒸気と電気とを忘れ、中世村落の農業と中世都市の手工業とに戻ることによって生活の真の豊かさを取り戻すことができるとすれば、我々の払う代償は安いものだろう(47)」と論じる知人の主張について、次のように述べている。

彼の願いが望みのないものであることは、彼も私も知っていた。昔の状況下でさえ、ギリシアやイタリアやフランドルの都市国家が滅亡したのは、それらがあまりにも小さかったので、組織の密度では劣っていたが大きさでは優っていた共同体に対して自己を防衛することができなかったからであった。しかも、産業の進歩はマケドニアやスペインの軍隊よりも一層抗しがたい侵略者である(48)。

ウォーラスが過去への回帰を否定した際の第二の論拠も、初期ウォーラスにすでに見られた思考枠組と密接に関連している。というのも、その論拠とは、彼がアリストテレスから学んだ作為・人為の重要性だったからである。ウォーラスは、「自然」の観念を人類の「最初期の本能」が進化した農耕以前の生活と結びつけてそこへ戻れと訴える議論に対して、アリストテレスの「自然」の観念がもつ革新性を次のように論じる。

この無駄な切望の代わりに自然の新しい概念を置き換えたことは、ギリシア人の知性による至上の業績であった。ホッブズと同様、アリストテレスにとって、文明が与える力なしに人が飼い慣らされていない世界に直面する古《いにしえ》の生活は、「貧しく、汚く、残忍で短い」に違いなかったことは明らかであった。確かに、人の本性とその環境とは敵対していた。しかし、対処法は、過去の森に帰ることではなく、未来の都市、つまり意図的であるがゆえにヨリ高尚で新たな調和をもたらす物質的・社会的組織を発明することにあった。アリストテレスが「人間は都市国家で生活するように適応した動物である」と言ったとき、彼が意味したのは、ゼウスが生まれたときのような都市に人が住んでいることではなく、都市国家によって人の本性が最も高貴な発現状態に刺激されていることだったのである。「というのも、すべての存在がその完全な状態にあることこそ、その存在の自然にほかならないからである。」(49)

こうして、アリストテレスから人為性こそ存在の「完全な状態」としての「自然」をもたらす鍵であるという主張を受け取ったウォーラスは、「人の本性とその環境とが敵対」している「巨大社会」の状況を不可逆的な歴史的趨勢の結果として受け入れ、かつ、そのなかで「人の本性」を「最も高貴な発現状態」に「刺激」する可能性を模索する。しかし、それはどのようにして可能なのだろうか。

この問いに答えるためには、ウォーラスの「環境」概念をもう少し詳しく検討しなければならない。というのも、彼の「人間性と環境」という心理学的分析枠組は、実は彼の「環境」概念の混乱によって二つの側面をもっているからである。そのうちの一つは、すでに見たように、原始社会に適応した「人間性」と「巨大社会」という現代の「環境」とが不調和に陥っている問題状況を説明する側面である。これに対して、もう一つは人間の行為や思考を心理学的に説明する側面であった。この後者の場合、ウォーラスは、「恐怖」「愛情」「憎悪」「快苦」「習慣」「思考」といった複数の「性向」を要素とする「人間性」が「環境」から「刺激」を受けることによって、「意識された感情や筋肉の動き」(50)、つまり人間の反応が生まれると考えていた。

ここからわかるように、この後者の場合の「環境」概念は、「性向」の束としての「人間性」を直接刺激する要因と考えられており、「巨大社会」という「環境」とは概念的に異なる。ウォルター・リップマンの用語法を借りて説明すれば、「巨大社会」というのは実際に人々を取り巻く「現実環境」であって必ずしも人々の「性向」を刺激しない可能性があるが、心理的過程を説明する「環境」は「擬似環境」であり、「人間性」を直接「刺激」するのである(51)。

もう少し言えば、「人間は、他の動物と同じく、無限の感覚的印象の流れのなかに、つまり、数かぎりない視覚・聴覚・触覚の流れのなかに生きているのであって、それらのなかで自分にとって重要と認めるものによってのみ、行為あるいは思惟に駆り立てられる(52)」。その際、「自分にとって重要と認めるもの」が「〔擬似〕環境」なのであり、具体的には、「生物学的に遺伝された連想(53)」「習慣」「記憶」等である。ウォーラスはこれらを「実在（entity）(54)」「育ち（nurture）(55)」等と称していることもある。

「人間性」の進化に期待できず、かつ、不可逆的な趨勢の結果として「巨大社会」を受け入れなければならなかったウォーラスが、問題解決＝変革の可能性を見出したのはここであった。というのも、確かに、「〔擬似〕環境」は「生物学的に遺伝されて」いるために変更不可能の場合もあるが、特に人間の場合には、その多くが後天的に獲得されたものだからである(56)。つまり、さまざまな「性向」の総体であり「〔擬似〕環境」によって「刺激」を受ける客体である「人間性」は確かに生得的資質であって変更不可能であるが、「刺激」を与える「〔擬似〕環境」のほとんどは獲得形質であって変更可能である。したがって、「〔擬似〕環境」を人為的に変更することによって「人間性」の発現の仕方を変えることができる。ウォーラスは次のように論じる。

> 遺伝された心理的性向は、すべてが生まれた時点で発現するのではなく、生涯と成長との間に漸次的に発現する。ほとんどの性向が現れる前に人は経験によって変えられているし、性向が現れたあとでも、それぞれの性向は常にさらなる経験によって影響を受けている。すなわち、人の本性もしくはその性向のどれか一つは想像上の地点なのであり、そこから経験の結果が出発すると仮定されているにすぎない。どの時点においても、人は経験の行為が本性に及ぼした影響の結果なのである(57)。

このように、「ヨリ高等な哺乳動物の『本性』は、強固に輪郭を描かれた素描なのであり、その細部は生後に〔神経的・筋肉的な習慣や記憶といった〕『育ち』によって埋められる」。(58)

ウォーラスがこうした「経験」「習慣」「記憶」によって得られる「実在」や「育ち」の可変性に気づいたのは、実はダーウィン進化論の影響であった。というのも、杉田敦も指摘するように、(59)ウォーラスは、ダーウィン進化論のなかに、ジェイムズ・ミルが唱えるような「人間の子供は彫刻家の粘土の塊であり、望まれたどんな類型にも教師によって変えられ得る」という可塑論の立場でもなく、また、ルソーが主張するような「それ〔人間の子供〕は花であり、邪魔されずに放っておかれたときだけ、それ自身の成長法則によって完全性に近づく」という内発論でもない立場、つまり、「それぞれの個体的事例において我々が前提と見なしておかなければならない生得的資質と我々が変更の希望をもつことができる獲得形質との間の……区別」をする立場を見出したからである。(60)しかも、ウォーラスは、種の変異や進化の原因は「個体の環境のなかに見出されなければならないのであってなんらかの内的傾向ではない」というダーウィニズムの主張から、ダーウィンの革新性を「発展の原因を内側から外側へと移した」点に見ていた。(61)

この変更可能な「〔擬似〕環境」を改革することによって「人間性」の発現の仕方を変革し、それによって、不可逆的な歴史的趨勢の現れである「巨大社会」状況に「適応」すること、これこそ後期ウォーラスを貫く一本の問題関心であった。その際、彼は、社会規模の拡大と共同体意識の稀薄化との間の溝を埋めて現存する国家かそれ以上の領域を共同体として再構築するために、一方で、社会・経済・政治におけるさまざまな制度の改革を目指すとともに、他方で、人間の思考能力・判断能力そのものの改善をも目指し、制度改革と人間改革とを同時に試みたと言ってよい。では、ウォーラスは、具体的にどのような改革案を提示したのだろうか。以下、最初にウォーラスによる制度改革の構想を検討し、次に彼による人間改革の構想を考察することとしたい。

III 「国内的協働」の実現

1 同意の重要性

ウォーラスは、右のような問題関心にもとづく制度改革を、『政治における人間性』(一九〇八年)、『巨大社会』(一九一四年)、『我々の社会的遺産』(一九二一年)といった一連の作品で考察し続けたと考えてよい。このことは、たとえば、『政治における人間性』において、彼が「現行の選挙制度は高まってきた社会闘争の緊張に耐え得ないのではないか」[62]という疑問を呈していること、また、『巨大社会』において、「代議制統治の発明は、その擁護者がよく論じてきたように、階級・人種・宗教・個人の力が国家といぅヨリ大きな結合に対して幾度も攻撃することを阻んできただろうか」と問い、これに対して否定的に答えて、「巨大社会の規模と非人格的な力とに由来する……内的緊張の兆候」が現れていると指摘していることに示されている。[63]

しかし、この問題関心が最も顕著に示されたのは、第一次世界大戦とその後の混乱とを経験したのちに書かれ、「国内的協働(national co-operation)」と「世界的協働(world co-operation)」との両方が必要だと論じられた『我々の社会的遺産』においてである。[64]その裏には、ボーア戦争を通じて抱いていた帝国間戦争の可能性が第一次世界大戦によって現実化し、それに関連してロシアやドイツが革命という巨大な社会的変化を経験し、さらに英国内でも、第一次世界大戦の影響で一時期下火になっていた労働組合によるストライキが再び頻発するなかで、「巨大社会」時代においては、

「文明の自殺」[65]を避けるために国家内および国家間の「協働」が絶対に不可欠だとする彼の強い確信があった。そこで、以下、この作品で鍵概念となっている「協働(co-operation)」を手がかりとして、適宜他の著作・論説・記事なども参照しながら、後期ウォーラスにおける制度改革の構想を繙いてみることとしたい。最初に、「国内的協働」に関する彼の議論を検討する。

この点に関してまず注目されるのは、ウォーラスが、「いかなる全国規模の社会組織も、巨大な現代産業共同体で現在見られる以上に広い程度で全般的な同意によって支えられていなければ、安定的であることはできない」[66]〔傍点平石〕と述べていることである。

このような議論の背後には、次の二つの立場に対するウォーラスの批判があった。一つは、「国内的協働」を「単なる規律」の習慣化によって担保しようとする議論である。ウォーラスによれば、この規律習慣化の議論は、「労働者・主婦・学生・行政官として各人に国家体制のなかに自身の位置を占めさせ、自身の特殊な機能を果たすための習慣を獲得させ、そのうえで、その習慣を注意深く訓練された警察・兵士・教授によって維持させよ」と主張する。しかし、ウォーラスから見れば、この議論には心理学的見地から見て限界があった。というのも、獲得形質である「個人の習慣は、種の生物学的遺伝において再生されない」ために、習慣は新たな世代に常に新しく植えつけられなければならないうえに、「個人の習慣は決して完璧となることがない」ため、規律の習慣化のみにもとづく社会組織は不安定だからである[67]。

しかし、ここで注目されるのは、規律一辺倒の議論に対する心理学的分析にもとづいたウォーラスの批判が、現実に存在した「保守派」や独裁に対する批判と重なっており、政治的含意をもっている点である。このことは、彼が、「意識的な同意のないままに習慣によって支配されている国において少しでも社会的慣例が崩れたり政治制度が混乱したりした場合には、現代文明と現代の人々の生存とが依存している分業的協働の全体系の調子がおかしくなる可能性がある」と述べ、実際に崩壊した国家として、第一次世界大戦で敗れたドイツとオーストリア、さらに、大戦中に革命を経験しソヴィエト政権が誕生したロシアの三国を挙げていることに暗示されている。(68)

これら三国のなかでも、ウォーラスが特に注目したのは帝政ドイツであった。というのも、第一次世界大戦の際、「規律（Ordnung）の習慣」が「第二の本性となった」ドイツは「効率的な国民的組織化」を達成するうえで自由を標榜する連合国側よりも優位であると主張されていたからである。このような議論に対して、「効率的な組織は、我々〔英国人〕が『自由（freedom）』によって意味する個人的自発性の継続的な可能性と両立するかもしれないという希望」を捨てなかったウォーラスは、ドイツ側の議論が敗戦という歴史的事実によってその有効性を失ったと考え、「協働」を実現するためには「個人的自発性」＝同意が必要と確信することになる。(69)

規律習慣化による「協働」の実現という議論と並んでウォーラスが批判したもう一つの立場は、「全般的な同意」の代わりに「古典的な〈経済的動機〉」によって「協働」を担保できるとする古典派経済学的な考え方である。この立場によれば、熱心に労働すればその分賃金は上昇するという労働者の「短期的計算」によって「国民の生産性は飛躍的に増大する」。したがって、自由放任の状態に置いておけば、私益と公益との自然調和により「協働」は達成されることになる。

だが、ウォーラスはそう考えなかった。彼によれば、労働者は自分の注意をそのような「短期的計算」にかぎることはなく、経済的・社会的・政治的不平等といった「自国の組織の正義ないし不正についての『先を見通した考え』」にまで関心を広げる。したがって、「協働」は自由放任によって自然と達成されるものではなく、こうした不平等を是正して「全般的な同意」を創り出すことによって初めて実現されるのである。(70)

2　社会経済問題の位置づけ

それでは、この同意を調達するにはどうしたらよいのか。ウォーラスは次のように論じている。

いまや我々が現代産業国の規模において協働することが必要であるがゆえに、そして、その規模は我々の感覚の範囲をはるかに超えているがゆえに、我々は、意識的に、我々自身の頭のなかに、そして、我々が訓育に影響を及ぼす人々の頭のなかに、大規模な協働的感情と行動とを最も確実に刺激するような我々の国民（nation）についての観念を創ることを目指すべきなのである。(71)

その具体策として、ウォーラスは、国民の観念を抽象的人間ではなく「具体的な人間の直接的な観察」にもとづかせるべきこと、つまり、完全に同質的な国民を想定するよりは、「人間類型（human type）」に関しては同一だが一人一人はその「類型」の範囲内で「類似性と偏差（variation）」とをもつ存在だと想定してこの観念を創り出すべきことを主張する。(72)

この背後には、人の個人的資質は、「人間性」の要素である「性向」の種類に関しては生得的資質である以上同質的であるが、各「性向」の反応の程度および反応の対象によって「偏差」があり、また、後天的な獲得形質における相異もあるため、個々人で異なってくるというウォーラスの心理学的立場があった。特に、ダーウィニズムと優生学との影響を受けたウォーラスは、近代政治哲学以降支配的となっていた同質的な「人間性」という概念を批判し、人類は、「人間性」に関して、最も数の多い「通常類型（a common type）」をもつ諸個人とそれに「多かれ少なかれ近い」遺伝的な

「偏差」をもつ諸個人とからなると考えていた。[73]

このような心理学的原則にもとづいて、ウォーラスは、「同意」を調達するための具体案として経済論・教育論・政治論を展開しているが、最初に、経済問題と教育問題とに関連する提案を取り上げたい。これらの提案は、①経済的・社会的平等へのさらなる接近、②労働条件・職場環境のさらなる改善、③労働・教育における個人的能力の偏差・差異の重視という三つに整理することができる。これらの提案のなかで、①と②とは主として一般的な「人間類型」に関係しているが、③は個々人の「偏差」に関係する。

まず、経済的・社会的平等への接近という提案について見れば、ウォーラスは、経済的・社会的平等が人々に与える「生理上の」積極的な影響についても指摘している。しかし、彼がはるかに重視したのは、「国内的協働」を実現するためにこれらの平等がもたらすであろう「心理上の」積極的な影響であった。

つまり、彼によれば、「人々は、人生のある時点において、自分たちの行動が全国的な協働体制を弱めるかもしれず、また破壊するのを助長するかもしれないような状況の下で、自分たちがストライキもしくは反抗をするかどうか、また、どのように投票するべきかを決定しなければならない」が、そのようなときに、人々が「自分たちは国民生産の公正な分け前を得ていると感じなければ、憤りの念が消えることはなく感謝の念が現れることもない」し、「実際、産業文明がこれまで達成してきた以上に共同の生産物（joint product）が平等に近く分配されることがなければ、彼らは永久にそう感じることはない」のである。[74]

このように論じる際、ウォーラスは、初期の頃の社会主義論とは異なって、もはや三レント論を説き直すことはない。というのも、彼には「ある程度の忍耐と善意とがあれば」平等に接近するための具体的便法は「国民的な富の生産における損失なしに、もしくは払うに値する以外の損失なしに、その目的を実現できるだろう」[75]という確信があったからである。彼は、すでに『巨大社会』を発表した頃から、国内における社会的・経済的平等の達成に対するこの

ような比較的楽観的な見通しをもっていた。(76)

しかし、初期ウォーラスとの比較ではるかに重要なのは、ウォーラスの政治思想における経済問題の位置づけである。すでに第一章において検討したように、初期ウォーラスが密接に関係していたフェビアン社会主義においては、公正な分配の達成という経済的関心は第一次的な重要性をもっていた。それだからこそ、公正な分配を算出するための経済論＝三レント論からこの分配を実現するための政治論＝社会民主主義論へと構想が進められていたのである。

これに対して、後期ウォーラスにおいては、平等の達成という経済的関心は第二次的な重要性をもつにすぎなくなっている。つまり、平等の達成は、あくまでも「巨大社会」下における「協働」を実現するための一つの重要な手段として考えられるにすぎなくなっているのである。ここに、国内における経済的・政治的平等の実現を最重要課題としその他の問題はこの最重要課題に従属すべきとしたフェビアン社会主義の視座を脱却し、「巨大社会」における共同体の再構築というヨリ大きな課題を中心に据えた後期ウォーラスの特色を見ることができるであろう。

ところで、ウォーラスは社会的・経済的平等への接近のみによって「協働」のための「同意」が調達できると考えたわけではない。彼は、このほかに二つの条件が必要だと考えていた。一つは、「〈貨幣経済〉によって創り出される社会的協働の性質をもっとよく理解すること」(77)、つまり、第一次世界大戦中に人々が自主的に倹約・節約をすることで社会的協働が得られたように、物質的富の増大だけが「協働」の実現につながるわけではないことを理解しておくことであるが、彼がヨリ重視したのは、もう一つの方の条件であった。それは、人々が労働にもっと「喜び」を見出すようになることである。この議論の背後には次のようなリカードら古典派経済学者の労働観に対する批判があった。

リカードと「古典派」経済学者たちは、すべての生産的労働は不愉快であるはずで、賃金から結果する二次的な喜びを確保し貧困から生じる二次的な悪を避けるため以外にはいかなる労働もなされ得ないと想定する傾向があ

った。もしそれが正しいとすれば、現代産業の精緻な協働的体制は現在よりも不安定であるだろう。(78)

こうして、ウォーラスは、「労働から直接生じる積極的な衝動によって労働を進める(79)」ことができるような制度的条件を整える必要を説く。そのための具体的な改革案として、ウォーラスは、労働条件の改善と職務に対する個人の適性のさらなる考慮との二つを考えていた。

まず、労働条件の改善について見てみよう。ウォーラスは、「一般的人間類型への労働方法のヨリよい適合(80)」のためにさまざまな改革案を提示しているが、ここで重要なことは、彼のこのような問題関心が、ラスキンやモリスの産業社会批判を受け継ぎ、その欠点を克服しようとする態度からきていることである。

第一章でも見たように、ラスキンやモリスは労働を苦痛と前提する産業社会を批判し、そこから労働と芸術との接合を唱えた。しかし、ウォーラスはこのような批判にもとづいたラスキンやモリスの実践の在り方をそのまま受け入れることはできなかった。というのも、ウォーラスから見れば、モリスは、「緩慢な生産方法を用いながら、過重労働なしに膨大な量の消費的富を生み出すことはできないという事実」を直視しようとしないからである。もっと言えば、モリスが提唱するような手間暇かけた方法に則って「美しく美味な品々」を生産するとしたら、現代の人口規模に合わせた必要量を生産するのに「週に約二百時間働かなければならない」し、そもそも生産に時間がかかるために少量生産しか達成できずに価格が上がり、「現在の英国の平均に近い収入を得ている者では、誰も、マートンやケルムズコット・プレスのモリスの仕事場で製品を買うことは不可能」だからである。(81)

こうして、労働条件の改善を取り上げる際のウォーラスの問題関心は、「巨大産業」＝工場制機械工業を認めて大量生産を実現しつつ、機械化と分業とのために「単調な骨折り仕事」が支配的となっているこの産業形態においていかに労働の「喜び」を確保するかにおかれることになった。そのための具体策として、彼は、①工場制機械工業において職人仕事の要素をもち込むことと、②仕事に「自尊心」をもたせることとの二点を主張している。

すなわち、最初の点に関して言えば、反復的な作業を含む職人仕事が「単調さ」を感じさせないのは、「単調さの飽き飽きするような効果は、一連の動きの反復ではなく、正確な反復からくる」〔傍点平石〕ためであるという心理学的な分析をしたうえで、（a）単調な仕事は機械に任せて労働者は微妙な調整を必要とする機械の操作に携わること、（b）労働者個人が扱う機械の特性や材料をときどき変化させること、（c）労働する際のリズムを変えること、（d）場合によっては仕事内容そのものを変えること等を提案している。(82)

また、仕事に「自尊心」をもたせるという第二点に関して言えば、（a）労働者が「その人格全体と最良の仕事とによって判断される」ような監督と管理の体制を作ること、もっと言えば、一つのチームを数十人で形成することで同僚間および上司と部下との間の関係を顔見知りの人間関係にもとづかせ、それによって表面的・一面的な評価がなされるのを避けるようにすること、（b）公務員の場合、「個人の仕事と責任」とを増やすようにすること、（c）一般の労働者の場合、教育や労働組合の活動を通じて「彼が共同体に対して行っている奉仕と意識的に接触させ、したがって、彼自身の社会的価値の意識的な認識を彼にさせるようにすること」を提案している。(83)

しかし、以上のような労働条件の改善と並んで、場合によってはそれ以上に、ウォーラスが重視したのが、「個人の仕事を人々の間の個人的差異にヨリよく適合させること」、つまり、人間としての個々人の同質性を重視するよりは、生得的資質および獲得形質における差を重視して、適材適所で職業に就かせることであった。ウォーラスは、もしこのような適合をヨリ完全に達成することが「現代文明の意識的・組織的かつ有力な目的となれば、個人的幸福・社会的満足・経済的効率はほとんど想像できないほど増大するだろう」と主張する。彼によれば、こうした偏差・差異の重視によってこそ、「相互奉仕」と「相互感謝」とが生まれる。(84)

とはいえ、この「個人とその社会的機能との適合」をもたらすためには、現段階で行われている「個人主義的社会の盲目的な競争」以上にどのような有効な手段があるのか。ここでウォーラスが提案するのが、やはり個人間の同質性よりも偏差・差異を重視して行う能力差に応じた教育の提供である。

具体的には、ウォーラスは、まず、生徒たちに、自分たちが「背の高さ・体重・視力・記憶力・音楽的才能等の点において生物学的な配分曲線に沿って位置づけられ得る」ことを自覚させ、「各々の児童が、自覚的な意志によってそれぞれの曲線のうえで自身の位置を変えることを期待するうえで、超えることができない決定的な限界がある」ことを自覚させる必要があることを指摘する。こうした立場を採るウォーラスは、競争的な試験やゲームの結果において各人に資質の差があることを隠蔽したりそれを残念に思うことは、「奇妙な道徳的混乱の状態」にすぎないと断定する(85)。

ここから当然予想されるように、ウォーラスは、さらに、「異なった資質をもった児童は異なった課程を与えられるか異なった学校に送られるべき」だと論じる。しかし、ここで注意しておくべきなのは、このようなコース分けをする際の重要な前提として、彼が社会的平等の達成を考えていたことである。それによって、児童間の能力の差が、貧富の差や教育の有無といった「育ち (nurture)」＝後天的な獲得形質ではなく、「本性 (nature)」＝先天的な生得的資質にもとづくようにするためであった(86)。

心理学的考察にもとづくウォーラスのこのような議論には政治的含意があった。そのことは、彼が政治的立場と密接に関連する次の二つの教育論に対して批判的だったことに示されている。その一つは、「世襲的な階級」に由来する能力の差を重視して伝統的なパブリック・スクールや大学によるエリート教育を是とする「保守的な意見」である(87)。これは、世襲的な地位・権力・富を活用して子弟に高等で質の良い教育を受けさせることを意味するため、生得的資質よりもむしろ獲得形質による差を重視して能力別の教育を受けさせようとする立場を意味する。ウォーラスがこのような「保守」の立場を批判したことは、その初期から「進歩派」を自認し「保守派」を批判してきた彼の態度から考えれば、容易に理解される。

しかし、ウォーラスが批判したいま一つ別の立場は、当時の米国で支配的であり、かつ英国の「急進派の意見」でもあった平等主義的な教育観であった。彼は、このような教育観が民主主義の理念と直結し、「世襲的な社会階層化の発展」に対する歯止めとして唱えられていることに対して理解を示す。しかし、それにもかかわらず、このような教育観は、ウォーラスから見れば「育ちであろうと本性であろうとすべての差異をできるだけ無視する原理」にもとづく点で重大な欠陥をもっていた。「共同体によって、自分の例外的な知的・芸術的才能を意識的に訓練するという重大な任務を与えられた児童は、今日学校の賞を勝ち取る当惑した小さな『がり勉君』よりも、人として最大限の奉仕をする見込みがはるかに多く、道徳家かスノッブになる見込みがはるかに小さい」というのがウォーラスの主張であった(88)。

したがって、彼は、労働党のR・H・トーニーが唱えた「すべての者に中等教育を」というスローガンにも批判的であった。それは、トーニーが、米国の中等教育制度の影響を受けながら、義務教育の年齢を一律に引き上げ、しかも、将来的な職業の相異に関係なく「一般的な」中等教育を提供することを提案していたからである。ウォーラスによれば、このような画一的な中等教育の強制は、平均的な児童の才能をはるかに超えている児童の才能を「教室の退屈」のなかで押し殺してしまう可能性があった(89)。

こうして、ウォーラスは、「世襲的階級」を重視する「保守派」の意見も、平等主義的な「急進派」の意見も峻拒した。しかし、特に平等主義的教育観との関連で興味深いのは、彼は自分が強調する偏差・差異の原理こそ本来の社会主義の考え方を体現していると考えていたことである。というのも、彼によれば、「一八四八年の社会主義者」が唱えた「各人からその能力に応じて、各人へその必要に応じて」というモットーは彼のこの原理を端的に示していたからである。フーリエのファランステールも、ルイ・ブランやマルクス、ラサールの「自治的な生産協同体（self-governing productive association)」も、皆実践においては失敗したがこの原理に則っていたことをウォーラスは暗示する(90)。

さらに、資質の差を考えるにあたって、ウォーラスは獲得形質よりも生得的資質をはるかに重視しつつも、実際に改革に着手するに際して、獲得形質の形式で得られた後天的な能力を完全に否定することはしない。彼によれば、「個人の資質は……その〈本性〉だけでなく〈育ち〉にも由来する」以上、「我々が必要とするのは、生まれたときの本性、過去の訓練、現在の生き方という三つの要素間の適合」である。したがって、彼は、レーニンとトロツキーによるロシア革命後のソヴィエト政権による社会改革を「完全に過去を無視」した「適合」の試みと批判し、「旧来の統治における訓練された役人の富・組織・伝統……そして生命の破壊」を代償としていると批判して、「悲惨と無駄とをはるかに少なくしたより完全な適合」を実現すべきだと論じるのである。その一つの案が右に検討した教育改革であった(91)。

以上、後期ウォーラスの思想における経済論の位置づけとその具体的内容、さらにその教育論との関連を検討してきた。そこから明らかとなったのは、経済や教育における改革が「巨大社会」における「国内的協働」のための「同意」調達の手段として構想されており、この文脈のなかで、経済的・社会的平等の達成、労働環境の改善、個人的資質と社会的機能との「適合」が論じられていたことである。では、「協働」のための「同意」調達の問題は、後期ウォーラスの政治論においてはどのように展開されているのだろうか。これが、次に検討すべき問題となる。

3 政治論①――問題の焦点

後期ウォーラスの政治論は、代議制民主主義の評価をめぐって展開される。

第一章において検討したように、代議制民主主義の問題は初期ウォーラスにおいても重要であった。その場合、ウォーラスは、一方で、民主主義によって権限を委託された国家ないし共同体が富の公正な分配を達成する社会民主主義の重要性を主張するとともに、他方で、民主主義が大衆化したために、人民の政治的無関心や世論操作の可能性といった問題が登場してきたことをも鋭く指摘していた。

後期ウォーラスにおいても、この大衆民主主義の抱える問題は大きな焦点となっているが、ヨリ大きな枠組みのなかで捉え直されている。すなわち、「我々の管理機構は……社会的変容を指導し、社会的協働を組織するという二重の機能を果たさなければならない」(92)という主張に示されているように、ここにおいて、政治論は、①「同意」にもとづいた「協働」を実現するためにはどのような政治制度が最適かという問題と②社会変革を推進するためにはどのような政治制度が最適かという問題との二つを焦点とし、そのなかで代議制民主主義の有効性と問題性とが考察されるのである。

これら二つの焦点は、「巨大社会」的状況への対処という後期ウォーラスの課題設定のなかで密接に関連していた。というのも、ウォーラスの考えでは、「巨大社会」において必要不可欠とされる「同意」を調達するためには経済的平等および個人的資質と社会的機能との間の適合が必要となってくるが、こうした「十分な平等と適合とが現段階では存在していない」からである。こうして、ウォーラスは、政治の意識的・計画的な主導による「社会的変容」＝社会変革が必要だと主張する。それは、「伝統において優れているもの、蓄積された富、そして現世代の血統的蓄積さえも、多くを無駄にせずに」効率よく活用するためであった(93)。

しかも、ウォーラスは、政治主導の社会変革の必要性を、もう一つ別の視点からも認識していた。相互依存関係の発展と高度な社会的組織化とが見られる「巨大社会」においては、「正しい」判断にもとづいた「積極的統治」が必要とされるという認識がそれである。この点について、ウォーラスは次のように論じている。

過去百年間、世界のすべての文明化された共同体において、政府の機能は、主に消極的なものから主に積極的なものへと変化してきた。すなわち、政府は、悪事を防ぐことに従事するだけでなく、正しいことが為されるようにすることに携わるようになってきたのである。

この変化の原因は、主として、科学的発見によって人間社会が徐々に複雑性を増してきたことにあった。村の運搬設備が広大な鉄道網に変わり、製粉業者の水車が巨大な電力システムに変わり、村の金貸しや市場の小さな銀行が巨大な国際信用システムに変わったがゆえに、政府は、積極的にならざるを得なかったのである。(94)

同じように、ウォーラスはまた、「世界政治が発展し、帝国問題の危急性が増してきたこと」、つまり「世界がいまや一体である」ことによって、「自由な」判断ではなく「正しい」判断が政治において必要とされるようになってきたとも論じている。というのも、たとえば、「平均的な英国の選挙民によるインド問題についての決定が『自由』であるかどうかという問題はインドの住民には小さな重要性しかもたないが、それらの決定が賢明であるかどうかという問題は彼らに深く関わっている」からである。(95)

これら二つの議論に示されているように、ウォーラスは、「巨大社会」では社会の複雑性が増し、政治的行動の結果について予測することがはるかに困難になっているがゆえに、政治的争点について共同体の成員間の「同意」を得るだけでは十分ではなく、その決定が「正しい」方向に向けられなければならないと考えた。この意味で、政府の積極的干渉により「社会的変容」が指導されるべきなのであり、「巨大社会は、いまや、そして将来的にはさらに、計画社会(96)(a planned society)」なのである。

それでは、このように「同意」の調達と「社会的変容」の指導との二つを政治制度の役割と考えた場合、代議制民主主義はどれほど有効であろうか。ウォーラスによれば、社会民主主義論も含めた従来の民主主義論では、代議制民主主主義こそこれら二つの機能を果たすと考えられていた。というのも、「もしすべての人が選挙権をもてば、彼らはそれを自分自身の利益のために利用し、彼らが選んだ議会は、すべての人の、もしくは大多数の人の幸福を目指す」(97) 以上、「同意」調達に必要とされる「平等と適合」という経済的・社会的条件を満たすための「社会的変容」はこの代議制によって容易に達成されるはずだからである。

しかし、初期ウォーラスがすでに気づいていたように、参政権の拡大が大衆民主主義の問題をもたらすにつれて、この楽観的な民主主義論は再検討されなければならなくなる。こうして、次の二つの角度から代議制民主主義の有効性とその問題性とが検討される。①「積極的統治」によって「社会的変容」を指導する際の代議制民主主義の有効性という視角と②政治的参加による「同意」を調達する際の代議制民主主義の有効性という視角とがそれである。これらの視角は、一方で、代議制民主主義と専門家との間の関係という問題につながり、他方で、代議制民主主義と職能代表との間の関係という問題につながっていた。

4　政治論②——代議制民主主義と専門家

まず、「積極的統治」における代議制民主主義の有効性について検討すると、ウォーラスにとっての問題は、代議制民主主義が「正しい」判断をもたらすことができるかという点にあった。ここから、彼は、一方で従来の民主主義論における「自由な理性」や「拘束のない意志」といった観念を批判し、他方で統治・行政における専門家の重要性と問題性とを指摘することになる。

従来の民主主義論に対するウォーラスの批判は、彼がオストロゴルスキーの『民主主義と政党組織』に寄せた書評のなかに典型的に示されている。ここにおいて、彼は、「自由な理性」「拘束のない意志」「個人的良心」を「ほとんど宗教的な意味で」[98]用いる伝統的な民主主義論者の一人としてオストロゴルスキーを批判し、これらの観念に対して、「正しい判断」や「ベイコン的理性」といった観念を対置させている。

すなわち、ウォーラスの理解によれば、合理的人間像を前提としていた伝統的な民主主義論者は、「すべての人々を、世界というドラマが上演される単一の舞台を平等に有利な座席から鑑賞する観客と考え」、「もし各人が自分の理性を信頼し、恐怖や習慣によって盲目とならないならば、彼らは自分の見たものから明白な結論を自ら引き出し、それに則って行動するであろう」と考えていた。したがって、「理性と自由」とが確保され、人々が「自由な理性」の命じるままに「自らの判断を用い、独立に行動することを教えられ」れば、「代議制統治の体制下において、国家全体の政策は、個々の市民による政治活動の単純な合力であるだろう」とされたのである。[99]

この立場を受け継いだオストロゴルスキーは、したがって、「人々が無知で激しやすいこと」、そして、彼らの意見が容易に「粗雑な幻想」によって形成され利用されてしまうことに気づいていたにもかかわらず、「十九世紀民主主義の病弊」の原因を「個々の市民が、規律および規則性という理想を伴った永続的な政党組織に次第に服属していること」に見てしまった。その結果、「民主主義は、政治組織の理想が規律ではなく自由であるとき、そして、典型的な組織形態が……他の組織を吸収することなくそれと競合し、勝利の際には解散するような、単一の政策争点において個人の独立の判断に訴える結社であるとき、初めて健康である」と結論づけることになったのである。[100]

しかし、ダーウィニズムの影響を受けたウォーラスにとって、「自由」が与えられれば「理性」は自動的に「明白な結論」に行き着くとするこのような議論は、あまりにも楽観的であるだけでなく危険でさえあった。というのも、「自由な理性」の絶対視は、人間の「非合理性」「下意識」「情念」を十分考慮に入れていないために、「市民は夢想の感覚を尊重するべきだ」という含意をもつことになり、為政者による「想像と愛情とへの訴えかけ」による大衆支配を惹起する可能性があるからである。人間の理性に対する無闇な信頼はかえって衆愚政治をもたらしかねないというのがウォーラスの認識であった。[101]

そこで、伝統的な民主主義論に対置してウォーラスが唱えたのが、「自然科学においてベイコンの『自然の奉仕と解釈』が収めた成功のうちのいくらかを経世（statecraft）においても望む」ような「ベイコン的」民主主義概念である。この概念によれば、理性は「意識的に調整された諸前提からの意識的な推論（conscious inference）という骨の折れる過程」である。その意味で、理性は、「〈少数の単純な原理〉からの独断的で安易な演繹」と異なり、また、「〈自由〉とされたときに超自然的な効率を得る神の贈り物」とも異なる。つまり、この理性観念は、市民に対して「君の理性が〈自由〉かどうかは小さな問題にすぎない」と指摘し、「君の義務は、君の結論と君が影響を及ぼし得る人々の結論とが、自由であろうとなかろうと、正しくあることを確実にすることであり、そこにこそ、君の全存在を集中させなければならない」と主張するのである。[102]

それでは、このような「ベイコン的」民主主義はどのようにすれば実現され得るのか。ウォーラスが提示した改革の一つは、陪審制度に着目したうえでの選挙制度改革である。選挙においては、「少量しか存在しない公共精神と政治的知識とを最も注意深く効率的に利用し」なければならず、しかも、「意見が確認されるだけでなく創り出されもする」必要があるが、英国の陪審制度は、「事実という困難な問題に対して平均的な人物が妥当な決定を下せるようにする」点で大きな利点をもつからである。[103]

具体的には、ウォーラスは、陪審制度において、陪審員が訴訟事件終了まで隔離され、法廷の儀式、判事や弁護士の声や服装、証人の訊問と反対訊問とにおける証拠の規則等によって「真理と正義」とを至高の価値とし、予断や愛憎を排する「新しい情緒的な価値の世界」に引き入れられる点に注目し、このような「陪審制度の発展にかんがみて……一八六七年の選挙法改正以来、英国の選挙法に導入されてきた試験的な諸改革を検討すること」を提案している。[104]

たとえば、彼は、候補者一人当たりの選挙費用の最高額を定め選挙運動における脅迫・接待を禁じた一八八三年の腐敗行為取締法以来の一連の法規に対して、実質的効果が伴っていないとしながらも一定の評価を与えている。(105) また、秘密投票制に関しても、彼は賛成であった。というのも、彼によれば、「現行の選挙の条件の下では」投票者の意見形成が新聞やちらし広告、選挙活動中の雰囲気や興奮によって左右されることが多いため、「公開と批判」とによって「社会的動機」を強め「誠実な投票」を保障しようとしたJ・S・ミルの公開投票制度はその所期の目的を達成できないからである。この点、秘密投票制は、最後の投票の瞬間に「自分の頭で考える機会を与える」という利点をもっていた。(106)

また、ウォーラスが比例代表制を批判したのも同じ観点に関わる。彼によれば、比例代表制は、「意見が確かめられる過程のみを強調し、その意見が創り出される過程を無視するという致命的な欠陥をもっていた(107)」。つまり、この制度は、投票者に対して、具体的な性格や人物がよくわからない多数の候補者のなかから選ぶことを強いるので、結局は政党の「指定候補」通りに選ぶことになり、「自主的な投票」を妨げる可能性が高い。しかし、「指名される候補者の人物は少なくともその人の党への忠誠と同じぐらい重要なもの」であり、「指定候補」通りの選択が「よい議会」に帰結するとはかぎらない。(108)

同じような理由から、ウォーラスは、公選されるさまざまな「特別目的の」委員会を減らして地方自治当局を一元化しようとする一八八八年の地方自治体法以来の試みに賛成している。それは、このような改革によって、選挙の能率と責任とが向上されるだけでなく、候補者の「人柄が選挙中に投票者全員によく知られることが期待され」るからである。(109)

「ベイコン的」民主主義の実現を考える際に、以上のような選挙制度の問題と関連してウォーラスが注目したのが、人民の「代表」としての議員、「議会の委員会」としての内閣、さらに、議員とは別に選出される公務員の存在である。ウォーラスがこれら三者を重視したのは、これらが、代議制民主主義において実際に統治や行政に携わるために、選挙民が表明する「意志」とは異なったレベルにおいて「正しい」判断を下すべき「思考」の専門家として機能すべきだと考えたからであった。

ウォーラスが「民主主義の十八世紀的概念」と「民主主義の現代的概念」とを対比的に論じたのは、まさにこの点に関わる。すなわち、すべての投票者が選挙前に重要な問題に関して意見形成をすることができると前提する「十八世紀的概念」においては、「代表者は選挙民の指示を実行するために職に就く」。したがって、「代表者の個人的資質は比較的重要ではないし、代表者によって……選挙を経ずに任命される人々の性格はさらに重要ではない」。しかし、「現代的概念」においては、「現代国家の政策のための計画は、少数の非凡な（supernormal）個人たちの意識的で調整された知的努力によって共同体のために考案されなければならない」とされる。つまり、「計画」が非常に重要となる「巨大社会」においては、その「計画」を考案し実行する「非凡な」統治・行政の専門家の役割が、選挙民のそれよりもはるかに大きくなるのである[110]。

これらの統治・行政の専門家のなかでも、ウォーラスが最も注目していたのは、国家公務員であった。それは、英国における国家公務員制度が、「政治においてもその他の部面においても、我々の目的を成し遂げる権力が究極的に拠り所としなければならないのは、真面目で途切れのない思考であって意見ではないという考え方」[111]〔傍点平石〕を背景として生まれ、しかも米国の猟官制とは異なって公務員が議員の任命ではなく試験による公開競争制度によって選ばれるという意味で、「いかなる政治家の意見や願望からも独立した制度にもとづいて任命され、品行方正なかぎりその地位を保障されている[112]」からであった。

このような公務員にウォーラスが期待したのは、「英国における真の『第二院』、真の『憲政上の抑制』」として機能することであった。それは、具体的には、党派的な新聞・ちらし・煽動等の影響から独立した信頼のおける官庁報告を発行して、個々の政治的争点に関して政策を構想する際の客観的な材料を提供することを意味するだけでなく、

「積極的統治」において政策立案や立法の際に必要となる「知的発明や知的創意」を提供することをも意味した。(113)

しかし、以上のように政治における「正しい」判断を強調することは、当然、代議制民主主義における「人々の平均的な欲求と専門家の最も高等な欲求との間の関係」(114)、つまり世論と専門的知識との間の齟齬という問題を抱えることになる。この問題はどのように解決されるべきであろうか。もっと言えば、「同意」調達のための経済的・社会的条件を実現し、かつ、複雑な「巨大社会」的状況に対応するために必要とされる「正しい」判断が専門家によって提供されるのであれば、世論にもとづく人民の政治的「同意」は必要とされないのだろうか。この問いが、同意を調達する際の代議制民主主義の有効性という問題と関わってくる。

その際、まずウォーラスが対決しなければならなかったのは、プラトンの哲人王思想に典型的に代表される議論、つまり、エリートによる専制の思想であった。ウォーラスにとってこのような議論には単なる論理的可能性以上の現実味があった。というのも、すでに二十世紀初頭の段階において、「英国と同様、米国においても、社会変革を願う心は強烈でありながら民主主義の経験に失望して、職業政治家による民衆の衝動と思想との冷然たる操縦の代案として『プラトンへ帰ろう』とする思想家の数が次第に増えつつある(115)」状況を目の当たりにしていたからである。

たとえば、彼の親しい友人でもありフェビアンでもあったH・G・ウェルズは、その『現代のユートピア』において、「サムライ」と呼ばれる公共心に満ちた社会工学者たちからなる慈善的な独裁によって生まれるユートピアを描いていた。(116)また、群集心理に注目する精神物理学者のウィリアム・マクドゥーガルや神経外科医のウィルフレッド・トロッターも、理性と本能・群集心理とを切断することにより、エリートによるマスの支配を正当化した。(117)

しかも、一九二〇年代後半から三〇年代にかけて、このエリートによる専制という思想は、「中国・ロシア・ポーランド・ハンガリー・イタリア・スペイン・中南米といった国々、つまり、そのほとんどが半産業国と描写され得る国々」からなる「ファシスト・ベルト」において広く主張されることとなった。これらの国々では、「独裁は、民主主義では不可能な決意と一貫性とをもって、巨大社会が必要とする調整された政治的・経済的計画を形成し、実行することができる」と考えられ、「小規模で厳密に訓練された集団」が軍事力を背景として少数者支配を行ったのである。こうした趨勢のなかで、ショウも一九二〇年代後半にはムッソリーニを擁護する態度を見せることとなる。[118]こうした議論に対し、ウォーラスは、社会的・経済的条件の実現による同意だけでなく政治的同意の必要性をも主張し、次のように専門家による専制の限界を指摘した。

まず注目されるのは、「あらゆる人々は、いかに注意深く選ばれ訓練されていようとも、やはり『見かけばかりの世界』に住んでいるに違いない」という指摘に端的に示されるように、たとえ専門家であってもプラトンの哲人王のように「現象の背後にある実在の認識を体験」することは完全にはできないというウォーラスの認識である。[119]彼が、「ベイコン的」民主主義の観念について論じる際に、英雄崇拝論を唱えたトマス・カーライルについて一定の評価を与えつつも、「ベイコン的民主主義者」は「隣人から矯正される必要から免れている」カーライルの「英雄たち」になることを期待していない点でそれとは重要な差異をもつと指摘しているのも、まさにこの認識に由来する。[120]

したがって、確かに、ウォーラスは、「巨大社会」においては統治・行政の専門家として「計画」を立案し実行する「非凡な諸個人」が重要だと考えながらも、知的自由に基礎づけられた民主主義の必要を説く。

たとえ巨大社会の高度に組織された経済的条件の下においても、もし、それらの計画を受諾・拒否・改定する権力が、検閲のない議論と、自らの意見が公正に聞き届けられた際に少数派が多数派に道を譲る習慣とに基礎づけられれば、そして、もし多数派が自らの権力を穏健に利用するならば、民主主義は、個々の市民に、どんな形態の専制の下で得られるよりも完全で満足できるような生活の機会を与える……。[121]

逆に言えば、「スパイ行為・密告・徒党の体制によって支配」する「ファシスト・ベルト」下の「二十世紀的独裁」は、「それらの権威に対する命がけの反逆に行き着くか、統制を受ける人々の間で幸福と進歩双方の源泉を干上がらせてしまう可能性がある」のであった[122]。

しかも、ウォーラスは、このように「巨大社会」下においてヨリ優れた「計画」を得るために自由な批判の必要性を説くだけでなく、エリートとマスとを完全に分断する議論そのものにも批判的であった。これは、彼が、「最も自由で最も民衆的な政府はもちろんのこと、最も専制的で最も軍事的な政府」であっても「政府は世論にのみ……もとづいて立てられる」とするデイヴィッド・ヒュームの指摘から学んだ「理性と世論との間の関係」に関わる。

つまり、この議論に従えば、たとえプラトンの哲人王支配においても世論の影響を免れ得ず、それに支えられる必要がある。そして、もしそうであれば、支配者の「正しい」判断が世論と大きな懸隔を見せる場合、支配者は被支配者階級の忠誠を「一つの堂々たる嘘」である宗教的信仰によって確保しなければならなくなる。しかし、ウォーラスにとって、「この嘘は支配者たちの支配の性格に及ぼす究極の影響においては、それが癒そうとする病気そのものよりもなお悪かったかもしれないような療法[123]」に他ならなかった。

このようなウォーラスの議論の背景には同質性と偏差・差異との両方を認める彼の人間像が控えていたと言ってよい。

> 個人がその叡智を増すことができる方法について議論する際に、〔個人的資質に関する〕差異のために与えられる忠告が大きく異なってくることはない。非凡な人間がその知恵を増すことができる方法は、平均的な人間が用いるべき方法となんら変わりはないのである。しかし、組織について議論し、異なった機能を諸個人に割り当てる際には、彼らの間の差異は極めて重要となる[124]。

この引用に窺われるように、確かにウォーラスは個人的資質における「共通の類型」からの「偏差」を重視し、この「偏差」に適合した職業や教育の割り当てを主張していた。彼が統治や行政に携わる「非凡な」専門家を重視するのもそのためである。しかし、ウォーラスにとって、そのような「偏差」をもちながらも諸個人の「人間性」は共通した「諸性向」を要素としてもっているのであり、いかなる人間も「本能的性向」だけでなく「知的性向」をももっている。「知恵を増すための方法」が「非凡な」個人と「平均的な」個人とでたいして変わらないと考えているのは、そのためである。したがって、ウォーラスにとって、合理的思考に対する適性は「非凡な」専門家と一般人との間で差はあるものの、その差はあくまでも程度問題にすぎなかった。このような立場に立っていたウォーラスは、エリートとマスとを完全に分断してしまうエリート主義の議論を受け入れることはできなかったのである。

こうして、ウォーラスは政治的同意をも調達する必要性を説く。「代議制統治の本質は、それが住民の相当な部分の周期的に更新される同意に依存すること」(125)であるというウォーラスの主張からもわかるように、彼が代議制民主主義の意義を認めたのも、まさにこの点に関わっていた。もっとも、その彼も、代議制民主主義における同意調達の方法については改善の必要があることを認める。彼が腐敗行為取締法や秘密投票制を評価し、比例代表制と頻繁な選挙の実施とを批判したのは、これらによって投票者の「正しい」判断がもたらされるだけでなく、「一つの堂々たる嘘」による同意調達を回避できる可能性が高くなるからでもあった。つまり、彼は、投票者が「正しい」政治的判断を下しやすい制度的条件を整えることで、エリートとマスとを断絶するエリート主義の問題性を克服しようとしたのである。

だが、同意調達の方法の有効性を考える際にウォーラスが注目したのはこのような代議制民主主義下における選挙制度改革だけではない。サンディカリズムやギルド社会主義に代表される職能団体の理論もその一つであった。そこで、次にウォーラスによる職能団体理論の評価を検討することとしよう。

5　政治論③——職能団体理論の問題

一八九四年に出版されたウェッブ夫妻の『労働組合運動史』を草稿の段階からショウとともに読んでいたことを考えても、ウォーラスが、初期の頃から英国の労働組合運動等を通じて職能団体に一定の関心をもっていたことは間違いない。[126] しかし、彼自身がはっきりと職能団体の問題に思想的に応答する姿勢を見せたのは、第一次世界大戦勃発直前に発表された『巨大社会』においてであった。その背景には、一九一一年から一二年にかけて頻発し大戦勃発直前まで社会的緊張をもたらしていた海員・港湾労働者・鉄道員・炭坑夫等によるストライキと、そこにおける英国でのサンディカリズムの高揚とがあった。その後、彼は、労働組合主義、ギルド社会主義、法曹・医師・軍人・教員等の「専門家主義（professionalism）」に対しても、これらの思想の相違点よりはむしろ共通点に注目して、サンディカリズムの場合と同じ視点から検討している。こうした視線・関心は、また、ウォーラスが一度思想的に袂を分かったウェッブ夫妻にも見出される。[127]

ウォーラスによる職能団体理論への評価は、積極的・消極的の両面がある。しかし、最も重要な点は、この評価が、「巨大社会」的状況の下で「同意」調達を通じた「協働」の実現のために職能団体理論はどの程度有効かという問題意識と関わっていることである。このことは、「〈規律（Ordnung）〉の状態」こそ「効率的な全国規模の組織の条件」とする第一次世界大戦中のドイツ側の議論を批判して、「個人の自発性」もしくは「共通の決定への個人の継続的な参加」という意味での「自由」と「効率的な組織」との「両立」を模索したウォーラスが、職能団体理論にそのための一つの可能性を見ようとしたことに示されている。[128]

ウォーラスによれば、職能団体理論は、同意調達機構としての代議制民主主義の有効性に深刻な批判の矢を向けた点に重要な意義があった。その批判は、十九世紀末までは社会民主主義の実現によって産業管理や社会的・経済的平等をもたらそうとしていた「思慮深い労働者」の経験から生まれていた。煽情的な「プラカードや新聞記事や演説」によって「その目・耳・思考が混乱させられる」ことに対して「スペインの闘牛場の牛に見られる怒りに満ちた無力さのようなものをしばしば感じる」ようになった彼らは、「メディア(the means of publicity)のほとんどを管理し高等教育の多くを独占している所有者や経営者の階級が、投票の利用によって経済的平等をもたらそうとするどのような努力をもくじくことができる」ことを発見した。要するに、彼らは、代議制民主主義の抱える世論操作と階級性との問題を批判したのである[129]。

ウォーラスによれば、ここで職能団体理論の主唱者たちが注目したのが、代議制民主主義が「地理的」「地域的」な選挙区にもとづいていることであった。「地理的」選挙区は、「地域の住民としてお互いに関わりがあるだけの有権者からなる」ため、「そのような関係をもつ人々がたとえ一つの政党に所属するとしても、彼らの外見上の結束は表面的」にすぎないと考えられたのである[130]。そこでは、「政党は、意見の類似性という人工的な絆によってまとめられた異質な要素の集合にすぎ」ず、「すべての社会階層から集まった人々は、お互いに牽制し合い、漠然として不毛な決まり文句を交換し、本質的には敵対的な利害関心を不誠実な妥協によって調和させようとする[131]」。

こうした問題点を克服し、「地理的」選挙区よりも「なんらかの強力な情緒(emotion)[132]」を喚起するために主張されたのが、「産業上の共通の雇用[133]」にもとづく職能団体による政治、つまり、「なんらかの特定の職業に雇用されている人々が、その自由に選ばれた代表を通じて、〔その産業を〕完全かつ独占的に管理する[134]」ような政治制度であった。

職能団体理論の背景をこのように理解したウォーラスは、この理論に対し一定の積極的評価を与えている。たとえば、同意調達の問題に関して言えば、ウォーラスは、この理論が、「〔職能団体の〕個々の構成員が共同体の活動に対して行使することを望み得る圧力が継続的である」点で大きな利点をもち、「炭坑夫が自分の連合について考えるか、教員が自分の組合について考える際、彼は、ルソーが英国の投票者について言ったように、ある選挙から次の選挙への奴隷だと感じることはない」点において大きな積極的意義をもつと評価する。(135)

しかも、職能団体理論は、こうした政治的側面のほかに経済的・産業的側面においても積極的な意義をもち得る可能性を秘めていた。それは、職能団体が、「協働」をもたらす産業的条件となる「自尊心」を労働者の間に育成し、労働と芸術とを関連づけて捉え、さらに、「協働」達成の際に問題となる「自由」と「効率」との間の問題をある程度解決する可能性をもつからである。

まず、「自尊心」の問題に関して見れば、ウォーラスは、労働者が組合に加入することによって、「自分が生活する条件について『発言権をもつ』ことができる」ようになるため、「自分自身の生活がヨリ高貴になるとともに幸福になったことに気づく」と指摘する。この「自尊心」は生産者に対して「個人的な幸福」をもたらすだけではない。生産者によるサーヴィスの向上を惹起し、「公共善」をもたらすはずであった。「もし郵便配達夫や炭坑夫の組合が郵便管理や炭坑経営に関与することになれば、私は、手紙や石炭をもっと規則正しくかつ便利に受け取る可能性が高いし、もし組織された大学教員が大学の管理に手を貸すことになれば、どんな大学の学生も、ヨリ良い授業を受けることになるだろう」という指摘は、ウォーラスのこのような理解をよく示している。(136)

また、ウォーラスは、たとえばサンディカリズムにおいて、「労働組合によって組織された産業では、職人は芸術家となる(137)」と主張され、職能団体理論において労働と芸術とが関連づけて考えられている点にも注目している。この点に関連して、ウォーラスは、職能団体理論における「自治的な仕事場」や「自治的な手工業」といった観念が中世のギルドと大きな類似性をもつことから、中世ギルドのもった利点についても触れている。それによれば、「ギルドの組合員は、画家であろうと織工であろうと法律家であろうと、活気にあふれた興味深い人生を送り、同僚との密接な結合は、伝統的手法の利用、そしておそらくときにはその発展において、高い水準を維持する傾向を生んだ」(138)のであった。すでに検討したように、労働における職人技や芸術的要素の重視は、工場制機械工業における「単調さ」に対するアンチ・テーゼとして捉えられており、特にウォーラスの場合、自発的な「協働」を担保するための重要な条件と考えられていた。

以上のような議論からわかるように、ウォーラスは、職能団体理論が、「協働」を実現する際に必要となる自発的な同意を引き出すために一定の有効性をもっていると考えていた。しかしその反面で、全く同じ観点から、彼はこの理論がもつ問題性をも批判することとなる。それらの批判点は、①職能団体のもつ「保守性」と②職能団体による狭隘な利益代表という二点に大きく分けられる。

まず職能団体のもつ「保守性」について見れば、これは、職能団体における労働が「喜び」だけでなく大量生産をも達成できるのかという問題と関わる。焦点となったのは、労働上の多様性や変化が、一時的な「喜び」を超えて生産効率のためにも必要とされるとき、職能団体はそれを受け入れることができるかという問題であった。つまり、確かに「喜びに必要とされるのは……相異なる人々に対してその生得的な差異に適合する形で与えられ、そして、各人に対しては年ごとに異なる形で与えられる多様な仕事である」(139)。その意味では、労働における変化や多様性は「喜び」をもたらす重要な条件である。しかし、ここでウォーラスが強調するのは、この同じ「多様な労働」が一時的な「喜び」のためではなく、生産上の効率から半ば強制的に必要とされる場合があることである。

多様性に対する我々の要求は、〔喜びに対する要求だけでなく〕安全および物質的富の十分な供給に対する我々の要求とも調整されなければならない。その際、安全と富とが要請するのは、訓練と職業との多様性が、その時々の衝動への追従からだけでなく、組織的である程度までは規律づけられた目的からも起因することなのである(140)。

このような問題の状況を考えたとき、ウォーラスは職能団体理論に大きな欠点があることを指摘する。それが、職能団体の「保守性」であった。職能団体は、多くの場合、伝統的手法に習慣づけられ、それに「審美的感情」まで抱いているため、変化に対応することが難しい。これは、「大規模生産」を可能とする新しい手法の開発とそれへの対応が必要とされ、さらに、単純反復労働を軽減する機械化の進展によって「分業」よりもむしろ「労働の統合」が進み、需要に応じて複数の機械や過程に対応できることが必須となってきている「巨大社会」的状況においては、致命的な欠陥であった。(141)

しかし、ウォーラスが職能団体理論を批判する際にはるかに重要だと考えたのは、次の問題であった。「職業的組織が支配的な共同体の構成員と、国家的組織が支配的な共同体の構成員と、どちらの方が……共同体の他の構成員すべて……に対する自らの大規模な行動の影響を計算したうえで、行動する可能性が高そうか」(142)という問題がそれである。この問いに対して、ウォーラスは、明らかに「職業的組織が支配的な共同体」の方が劣ると考えていた。

それはなぜなのか。その理由の一つとして、ウォーラスは職能団体理論における代表の観念がもつ問題性を指摘する。彼によれば、人々は、職能団体理論が当然視しているほど、職能によって区分することはできない。たとえば、「教育という機能は、もし教育者として作家・科学上の発明家・医師・建築家・委員・雇用者、そしてとりわけ両親が含められるならば、人口のヨリ大きな部分によって果たされている」。したがって、もし教育の管理が教員の職能団体だけに任されるとするならば、それは「まずく方向づけられる」ことになるのである。(143)しかも、職能代表の狭隘性という問題は、職能団体がもつ独占的・排外的性格によってさらに強められた。職能団体は、中世ギルドに典型的に見られるように、新規参入者を厳しく制限する傾向があるため、徒弟や見習いといった不熟練労働者の意見を代表できない可能性が高いのである。

また、ウォーラスは、職能団体理論の下では、「現代的な大規模の条件の下での……善き生」に必要とされる「資本の蓄積」も進まないことも指摘する。それは、この理論の下では、生産上の差益である「レント」が、国家によって税として徴収されるよりは、労働者の賃金に吸収されてしまう傾向が強いからであった。ウォーラスは、この一例として、一九二一年に活発に活動した炭坑夫の連合における「ギルド社会主義的」政策を挙げ、職能団体理論は社会全体の利益よりはむしろ個々の職能団体の利益を優先してしまうと指摘する。[144]

職能団体理論のもつこうした傾向の根底にウォーラスが見据えていたのは、職能団体理論が、代議制民主主義の「地理的」代表を「人工的」で「表面的」であると批判し、「なんらかのヨリ強力な情緒」を喚起するために職能代表の観念を提唱した点であった。このような職能代表の考え方は、少数者支配を正当化する傾向をもっていたからである。

ここの論理連関を説明する際にウォーラスが最も注目したのが、特にサンディカリズムに深い影響を与えたアンリ・ベルクソンの哲学である。すなわち、ウォーラスによれば、「考えすぎれば何事も為し得ない」と主張し、「直観に第一の地位を与える行動の哲学」であるベルクソン哲学は、サンディカリストに、「感情や行動は投票よりも本物であり、感情や行動は〔投票権と異なり〕平等ではない」と考えさせることになった。そして、ここから、彼らは、「精力的で情熱にあふれた少数者は、暴力によって、無気力で無関心な多数者を強制する力と権利とをもっている」と結論づけることになったのである。こうした理論的基盤のうえに、サンディカリストが実際の政治に際して唱え正当化したのは、「共同体の残余」に「全般的な不便」をもたらす、運輸労働者・電気技師・炭坑夫等の「少数者」によるたび重なるストライキであった。[145]

結局、ウォーラスによれば、職能団体理論は、職能団体という卑近な利害関心に注目することで労働者の「自尊心」を高め、その継続的な政治参加をも可能としたが、まさにその利害関心の卑近さによって限界をもつことになった。ウォーラスは、職能団体がこのような限界を露呈した歴史的実例として中世のギルドを引き合いに出している。彼は、中世都市においてさえも、「産業の管理だけが共同体の組織された意志の機能であったわけではなく、警察や公衆衛生、とりわけその都市の対外関係の管理も提供されなければならなかった」と指摘したのち、次のように述べている。

もし、そのような問題において、市民たちが妥協の過程を偽物だとして回避するか無視するかしたならば、この妥協の過程こそ選挙区の住人が都市参事会への共通の代表を選出できる唯一の手段である以上、彼らは、組織化されて敵対的となった利害関心をあとになって調停するというもっと難しい仕事を創り出したにすぎなかった。二十もの嫉妬深いギルドの紋章を捺された拘束力のある取り決めをもたず、ある業界の紛争の間、通りにおいて秩序を保つことができない都市は、十六世紀から十七世紀にかけて登場し始めたヨリ高度に組織された国民国家に立ち向かうにはあまりにも脆弱であることが判明した。サンディカリズムの下では、人はお互いを市民としてヨリ少なく愛することの方が、お互いをギルド組合員としてヨリ多く愛することよりも重要であることが判明したのである。(146)

この引用のなかの「ギルド組合員」と「市民」との対比に示されているように、「巨大社会」における「協働」の実現を自らの思想課題としたウォーラスにとって重要な問題は、共同体の領域的枠組が顔見知りで「自然な」人間関係を超えたとき、いわばその人工的な共同体において追求されるべき公益をどのように代表させるのかという問いであった。この視点から考えれば、職能団体理論はウォーラスにとって到底満足のいく政治制度の構想ではなかったのである。

6　政治論④——ウォーラス自身の政治制度の構想

それでは、以上検討してきたように代議制民主主義・エリート主義・職能団体理論のそれぞれの積極的側面と消極的側面とを指摘したウォーラス自身は、どのような政治制度を構想したのであろうか。彼はこの問いに正面から答える体系的な作品を残していない。ラスキがウォーラスを評して「彼自身は建造者ではない」とし、社会組織の欠陥を発見してその原因を突きとめる点では非凡な才能をもっていながらも、ウォーラスの「作品から国家像を構築しようとするものは誰でも、最後には、彼〔ウォーラス〕は望ましいものと望ましくないものとの一覧表をもっている一方で、その一覧表は現存世界の体系的な像ではないことを認めざるを得ない[147]」と指摘しているのは、まさにこの点を批判したものであった。しかし、それにもかかわらず、後期ウォーラスの作品に断片的に現れる議論から結論を言えば、彼が代議制民主主義・公務員制度・職能団体理論の三者を接合した一種のコーポラティズム的な混合政府を考えていたことは指摘できる。

たとえば、「政治権力の究極的な基礎として地域代表的な民主主義と『ギルド社会主義』とのどちらを選ぶべきかという一般的な問題」〔傍点平石〕に対して、ウォーラスは一方で「地域代表的な」代議制民主主義を選ぶべきだと論じる。それは、「議会による介入の可能性なしに、たとえば軍と労働組合との決定的な衝突が起こることは、私にとって想像し得る最悪の事件に思える」からであり、また、教育問題について考えてみても、「全国統一的な政策（national policy）は、全国教員組合執行部への平均的な候補者よりは、国会やＬＣＣへの平均的な候補者の知性や感情によって代表されている」からであった[148]。

しかし、他方で、ウォーラスは「雇用条件に影響を及ぼし、富の生産に対して自由に団結する[149]」ことを可能とする職能団体が副次的な重要性をもつことは認める。したがって、彼は、「財政と、唯一力（force）を行使できる行政的な政府を罷免する権力とが『地理的に』選挙された議院に残されているかぎり、他形態の意志の組織による代表は、立法の作業において、従属的だが有益な役割を果たすかもしれない(150)」と論じるのである。

この具体的な実例として、ウォーラスは、「新しい地方大学」の政治組織を紹介している。そこでは、確かに、税金で賄われるあらゆる補助金は庶民院の多数派の支持を得なければならないし、いかなる地方税もなんらかの地方議会の多数派によって課されなければならない。しかし、他方で、「国家によって、もしくはカウンティや都市の参事会によって多数派の議席が占められ、大学における専門家組織や教員によって少数派の議席が占められている」「大規模で永続的な組織体」が創設され、それが「学長を選出し、かつ、議会や裁判所の介入がないかぎり、提出されたすべての重要案件について最終的な決定を下す(151)」のであった。

また、「英国における真の『第二院』、真の『憲政上の抑制』」として機能すべきだと考えられていた公務員制度についても、ウォーラスは一方で、英国の公務員が現状において「その意見を聞かせる権利と義務とを有していながら、自らの意志を、正しい手段を用いてであれ悪い手段を用いてであれ、実現させる必要をもたない(152)」ことを高く評価し、あくまでも『『地理的に』選挙された議院」が最終的な政治権力を保持しつつ、公務員の専門的知識を統治や行政に取り込むべきことを主張している。

しかし、他方で、彼は「現代国家における社会改革の成功は、効率的な公務員制度の存在にかかっている(153)」と述べ、議員に対する公務員の独立を確保し、公務員の知的生産性や効率を積極的に高めるべきことを主張するのである。こうして、ウォーラスは、一九一二年から一四年にかけてのマクドネル委員会での活動を含め、公務員制度改革の具体案を数多く提言することになる。試験による公開競争制度を国家公務員だけでなく地方公務員にも適用すべきだという提言は、その一つである。これは、公務員と議員との癒着をなくし公務員の独立を成り立たせるためであった(154)。

また、公務員の知的生産性や効率を高めるために、①中・上流階級だけでなく労働者階級の優秀な子弟も公務員試験に合格できるように、試験科目からギリシア語・ラテン語といった「紳士教育」の科目をはずすこと、②高学歴で優秀な女性を積極的に採用すること、③能力・資質がある者に対して一級官・二級官の枠を超えた昇進の機会を確保し、「知的創意」が必要とされる一級官の行政的業務に積極的に携わらせること、④「省外勤務」を在外研究にまで拡張し、有給休暇期間中に「事実を採集してそれらについて建設的に考察するような本当に骨の折れる知的創造」に携わらせること等を提案している。(155)

以上、後期ウォーラスの政治論を検討してきた。そこにおいて確認されたのは、後期ウォーラスの政治論における中心的な課題が「巨大社会」において社会変革の推進と「社会的協働」の実現との二つの目的を達成できる政治制度の模索であったことである。この観点から、彼は、代議制民主主義・エリート主義・職能団体理論の可能性とその限界とを分析し、結論としては代議制民主主義に最終的な政治権力を残したうえでの三者の混合を考えていた。しかし、以上の政治論では、専ら国内での「協働」をどのように実現するかという問題が扱われているにすぎず、世界における諸国間の「協働」をどのように達成するかという問題は扱われていない。そこで、次にこの問題に対するウォーラスの思想を検討することにしよう。

IV 「世界的協働」の実現に向けて

1 「世界的協働」の必要性

後期ウォーラス思想において、「世界的協働」に関する議論は、「国内的協働」に関する議論に比べるとはるかに量が少なく断片的である。実際、国際関係に関しては、J・A・ホブソン、ギルバート・マレイ、アルフレッド・E・ジマーン、ゴールズワージー・L・ディッキンソンといった後期ウォーラスの周囲にいた自由主義的・進歩的思想家の方がはるかに充実した議論を展開している。

しかし、ボーア戦争中の講演「宗教と帝国」においてフェビアン主流派の大英帝国中心主義に代わる世界志向的な視点を打ち出していたウォーラスは、その後も一貫してこの観点から国際関係に対して関心をもち続けていた。このことは、一九〇八年出版の『政治における人間性』の最終章が「民族性(nationality)と人類性」と題されて国民国家観念の絶対性をめぐる議論を扱っていることや、第一次世界大戦に際して、彼が英国中立委員会(British Neutrality Committee)やブライス・グループにおける活動等を通じて国際関係に対して一定の発言をしたこと、さらに、第一次世界大戦後に発表された『我々の社会的遺産』のなかの一章を「世界的協働」に関する議論に割いていることに示されている。

国際関係に対するウォーラスのこのような関心の具体的内容を検討することは、「巨大社会」時代において顕著となった、共同体として考えられるべき社会規模の拡大と共同体意識の稀薄化との間の溝を埋め、共同体を再構築しようとする後期ウォーラスの中心的課題がどこまで一貫して展開されていたのかを考察するうえで重要であろう。そこで、以下、断片的なウォーラスの議論の背景を補うために後期ウォーラス周囲の思想家の議論にも目を配りながら、この問題について検討を加えたい。

『我々の社会的遺産』において、ウォーラスは「世界的協働」の必要性を次のように説明している。

北部気候地帯の工業的な人々は、自らの財や衣類のために熱帯地方の産物を必要とするし、熱帯における農業及び交通のための組織は、現在のところ冷涼な気候にのみ生まれる人種のエネルギーや科学や資本を必要とする。しかも、金属・石炭・石油は世界の地表に不規則に散らばっており、それらが発見される場所から最も効率的に利用され得る場所にまで持ってこられなければならない。通信と交通とにおける発達は、この経済的過程を常に強化し複雑にしているのである。(156)

このように「巨大社会」における経済的相互依存関係の発展を指摘するウォーラスは、その結論として、「相異なる人種および文化の接触は本能的な憎悪を刺激するので、人類は同質的な国民よりも大きな規模での協働の試みを避けるべきだ」という主張に反対し、「いまや人類は、世界的協働なくしては地球上で現在の数において存在することはできない」と主張する。(157)

しかも、ウォーラスにとって、「世界的協働」はこのような経済的利益をもたらすばかりではなく、文化的な発展をももたらすはずであった。たとえば、彼は、第一次世界大戦前までトルコの影響下にあった東南ヨーロッパおよび中東の地域に関して、「文明史が書かれれば、各世紀において、その地域が陸上交通に対して開かれていたか否かがどんなに決定的に重要であってきたかを示すかもしれない」とし、「世界の商業・芸術・哲学の発達」はこの陸上交通が可能であるかどうかにかかってきたという認識を示している。[158]

もっとも、このような視点から「世界的協働」の必要性を論じたのはウォーラスだけではない。ホブソンが自由貿易を唱えたのも同じような観点からであった。つまり、彼は、一方で、相互依存関係が発展した世界においては、企業の国際的所有が可能となり投資の流れが商品貿易に比例して重要となるため、個別的な国家単位の経済というよりは単一の世界的規模の経済という性格が強くなり、自由貿易主義にもとづく分業と特化とによって国際経済は利益を得るはずだと考えた。他方で、自由貿易は商品交換だけでなく思想の交換や文化の交流作用をも含むと考え、「商業は常に人類の最も偉大な文明の推進者であり、交易ルートに沿って文明のあらゆる果実が随伴してきた」と論じたのであった。[159]

しかし、このように同じ観点から「世界的協働」や自由貿易を論じたウォーラスとホブソンとは、現実世界の評価や自らの目標を実現するための手段に関して少なからず意見を異にしていた。このことは、ウォーラスと他の自由主義的・進歩的思想家との間の関係についてもあてはまる。以下では、この点にも注意しながら、ウォーラスの国際関係論に見られる三つの主題を検討してみたい。①国民国家の絶対性に対する批判、②第一次世界大戦における彼の反応、③「世界的協働」実現のための提言がそれである。

2　国民国家の絶対性に対する批判

ウォーラスは、すでに『政治における人間性』の最終章において、「国家の領域の可能な範囲は民族的同質性（national homogeneity）に依存している」[160]と考える国民国家の観念について考察しているが、このような彼の関心は、一民族一国家という国民国家の観念が「巨大社会」状況において「世界的協働」を実現するためにどのくらい適合的かという問いに由来していた。そのことは、「蒸気や電気による効果的な相互伝達の限界や、代表制・連邦制のような政治的方法によって統治し得る範囲をどのようにして決定することができるのだろうか」[161]という問いかけに示されている。

ここからウォーラスが導いた結論は、国民国家の観念は「十九世紀のヨーロッパの政治意識の発展において偉大で非常に貴重な役割を果たした」ものの、「それを二十世紀の諸問題に対する解決策として受け入れることは次第に不可能になりつつある」というものであった[162]。

それはなぜなのか。ウォーラスは、国民国家論の類型として、①民族的な同質性は「血と鉄」によって人為的に創り出され得ると考えるビスマルク的国民国家論と②「人類はすでにいくつかの同質的集団に分割されており、ヨーロッパの再編成にあたっては、これらの集団の境界線に沿って行うべきだ」と考えるマッツィーニ的国民国家論との二つを考える。しかし、その両者とも、「意識の面で異なる民族類型(national types)に属している人々の間には政治的連帯の感情が生じることはあり得ない」と確信している点では同一であると断じ、このような議論は、(a)現代国家のうちにばらばらの民族感情(national feelings)が存続しているだけでなく増大していること、また、(b)列強の帝国化に伴って、「ヨーロッパ人種と非ヨーロッパ人種とが以前よりも緊密な政治的関係に入った」ことによって成立し得なくなったと論じるのである。それは、多民族が現代国家ないし帝国という一つの政治的領域に並存している状況において、民族的同質性や民族的連帯(national homogeneity and solidarity)を無闇に確立しようとすれば、「戦争の危険を増すことになる」からである[163]。

このような危険性を、ウォーラスはマッツィーニ的国民国家論とビスマルク的国民国家論との両方に見ている。たとえば、マッツィーニの場合、「神の意図」によって歴史の趨勢は『『人口と面積においてできるかぎり平等に近い』

一定数の同質的な国民国家へとヨーロッパを編成し直す方向に向かっている」というその主張が端的に事実として成り立たないため、マケドニアでは、マッツィーニ的国民国家論の影響によって、ブルガリア人とギリシア人双方の愛国者の団体が相手方の住民を絶滅しようとする事態に陥ったとウォーラスは指摘する。[164]

しかし、「戦争の危険を増すことになる」点でウォーラスがヨリ注意を払っていたのは、ビスマルク的国民国家論であった。というのも、ビスマルクの「〈血と鉄〉によって人為的画一性を創り出す」という議論が「政治的エゴイズム」に根ざしていることを看破したウォーラスは、この「政治的エゴイズム」が帝国主義的拡大主義と親和性をもち、軍事的地位の優越をめぐる果てしない軍備拡大・領土拡大競争と「帝国間の戦争」＝「世界戦争」とを惹起すると見なしていたからである。[165]

一九〇八年時点におけるウォーラスのこのような認識は、単なる理論的関心に由来するのではない。十九世紀末にドイツが工業国として急速に抬頭してきてから、英国では徐々にドイツ脅威論が流行しており、ドイツを仮想敵と見なしたうえでの政策が次々と実現していた。一九〇四年の英仏協商締結と一九〇七年の英露協商締結とを通じた三国協商体制の確立や、一九〇五年におけるドレッドノート型戦艦建造の開始はその一例である。ウォーラスは、このような趨勢の背後に、「現実政治家（Real-politiker）」的思考様式としてビスマルク的な「政治的エゴイズム」がドイツだけでなく英国でも支配的となっている事情を見て取った。その具体例として考えられていたのは、『英国膨張論』を著したジョン・R・シーリーからボーア戦争において中心的な役割を果たしたアルフレッド・ミルナーに至るまでの「大英帝国主義者たち」であった。[166]

このような「政治的エゴイズム」の議論に対して、ウォーラスはいくつかの角度から批判を試みている。一つは、この「政治的エゴイズム」は自己矛盾に陥らざるを得ないという議論である。「政治的エゴイズム」に則って諸国家が戦争を進めれば、次第に国家の数は減り、最後には一つの帝国だけが残ることになるが、そこではこの「政治的エゴイズム」はもはや機能し得ない。〔『帝国的利己主義』の結果〕半減した地球上の住民は、人種の問題と地球の組織的な開発の問題とを単に人道主義の見地からのみ考慮するほかはなくなるだろう」とウォーラスは論じる。(167)

これに関連して、ウォーラスは、「政治的エゴイズム」に擬似科学的な根拠を与えていた社会ダーウィニズムも批判する。彼によれば、「個体間の『生存競争』から生じる生物学的な利益と、『諸帝国の闘争』から期待されるべき利益とを同一視」する社会ダーウィニズムは、「全く非科学的」である。このような「同一視」を前提として「諸帝国の闘争」として五十万人の選り抜きの英国人と五十万人の選り抜きのドイツ人とが殺戮しあっても、それは、「明らかに生物学的退化をもたらす」だけだからである。

しかも、「諸帝国の闘争」から期待される「進化論的利益」は、民族そのものの「生き残り」ではなく、政治的・文化的な民族類型の「生き残り」だという議論にも、ウォーラスは否定的であった。彼は、「現代世界のさまざまな文化類型は軍事的占領によって最もよく普及されるものだ」という前提は成り立たないと論じ、古代世界においてギリシア文化が急速に広まったのはギリシア帝国衰亡のあとであり、現代においても、最も西欧文化を積極的に採り入れたのは、列強に従属国化されなかった日本であると指摘している。(168)

だが、ウォーラスの国民国家論批判は以上の議論よりも根源的なところにまで達していた。というのも、彼は、国民国家の観念はなんら実体として存在するものではなく擬制にすぎないと暴露しているからである。すでに検討したように、ウォーラスは、人間の心理と行動とを諸「性向」の束としての「人間性」に対する「〔擬似〕環境」の「刺激」の結果と捉えていたが、このような心理学理論を唱えていたウォーラスは、次のように論じることができた。

現代国家は、その市民の思想と感情にとっては、直接の観察による事実としてではなく、精神的な実在〔entity——これは、ウォーラスの用法では「〔擬似〕環境」を意味する〕として、すなわち、象徴・化身・抽象として存在しているに違いない……。したがって、国家がどれだけの領域をもち得るかは、主としてそのような実在を我々が創造し利用するのを制約する諸事実にかかるであろう。[169]

ここに明らかなように、ウォーラスは国家をいわばシンボルを基盤として成立する想像の共同体と捉え、作為の産物にすぎないと考えていた。実際、彼は、「国家は政治的実在の数多くの型の一つでしかない」と論じて、地方自治体といった他の種類の政治的共同体との相対性を指摘し、十九世紀の政治家が、国旗・国歌・貨幣の創造や戦争の遂行といった手段によっていかに国民意識の形成（nation-building）に腐心したかを述べている。[170] このような論理は、国民国家の観念が生物学的「事実」にもとづいておらず、また、相互依存関係の高度に発達した「巨大社会」的実情に適合的でもないとするならば、当然それを改変することができるという議論を含意していた。

では、国民国家を「〔擬似〕環境」＝擬制として相対化し、「巨大社会」的実情に適応させるするためのいかなる対応策があるのか。『政治における人間性』でウォーラスが専ら論じているのは、国民国家や民族性という観念とそこから生じる「政治的エゴイズム」との桎梏を打ち破るために必要とされる心理的動機づけの条件である。ここで彼が注目したのは、ダーウィニズムのもつ可能性と、生存競争ではなく優生学の観念が国際的に流布することのもたらす可能性とであった。

まず、ダーウィニズムの可能性について見れば、彼は、生存競争の観念よりもむしろ進化過程における連続性の観念に着目し、ダーウィニズムによって、「我々は人類を、自分勝手に変化する個人の混沌とした集まりではなく、また同質的な諸民族（nations）からできた一枚の寄木細工としてでもなく、一つの生物学的集団として、我々の想像に描くことができるようになった」と論じる。確かに「各個人は相互に異なっている」が、それは無規則に異なっているのではなく、「有機的進化という理解し得る過程に従って異なっている」。したがって、ダーウィニズムによって、偏差の存在をも含めて人類をヒトという一つの種として想像できるようになると言うのである。[171]

また、国際的な優生学の可能性でウォーラスが着目したのは、優生学のもつ意識的管理の側面であった。つまり、優生学のこの側面が一般的に受け入れられるようになれば、英国において自由放任主義の科学的根拠が掘り崩されたように、国際社会においても、社会ダーウィニズムにもとづいて民族同士が互いに絶滅し合うことではなく、「それぞれの人種が自己の人種的類型の改良を奨励すること」によって、「生物学的遺伝の改善」を図ることが目指されるようになるかもしれないと論じるのである。

このような議論の背後には、「世界は我々のとは異なる文明と人種的類型とがともに存在してこそますます豊かになるのだ」と信じ、一八五九年の円明園の掠奪によって一千年に亘る中国文明の成果を破壊したことを恥じ、ヒンドゥー人やペルシア人の古い哲学的伝統が西欧のキリスト教と同等の価値をもつと認め、過去において成功した雑婚の著しい実例はいくつも存在すると考えるウォーラスの文化相対主義的な視点が控えていた。こうして、ウォーラスにとっては、「必ずしも流血と憎悪との惨禍を経なくても人類にはよき未来がくると期待しても、知的な不誠実を犯すことにはならない」のであった。[172]

しかし、このようにして狭隘な「政治的エゴイズム」を克服できたとして、国民国家に代わる新たな政治的共同体の在り方についてはどうなのか。特に、彼の眼前で進んでいた列強の帝国化という政治現象についてはどのように考えていたのか。実は、この問題に関するウォーラスの議論はそれほど明快ではない。

確かに、すでに検討したように、彼は、一方で、シーリーからミルナーに至るまでの「大英帝国主義者」をその「帝国主義的利己主義」から批判していた。しかし、このように国民国家だけでなく帝国という観念の背後にも控えている「利己主義」を看破したウォーラスは、帝国という政治的共同体の枠組みそれ自体を否定することはなかった。むしろ、世界連邦の即時実現の可能性が低いなかでは、帝国を多民族が共存できる政治的共同体の枠組みとして利用できる可能性があると考えていた。このことは、彼が「今日即座に地球連邦（Federation of the Globe）ができると期待する人はいないし、最終的には地球連邦ができると確信をもって予言する人もいない。しかし、人類には一つの共通の目的があるということが認識されれば、あるいはそのような共通の目的があり得るということが承認されただけでも、世界政治の様相は一変するであろう」と指摘し、そうした状況においては、「自分たちは利己的な目的を目論んではいないという植民地化を進める列強による熱心な言明も、一種の貪欲で無益な偽善から変化して、各民族がその政策を適合させる一つの事実になるかもしれない」と論じていることから窺われる。[173]

それにしても、一方で帝国主義の背後に控える「政治的エゴイズム」をはっきりと見据えていたウォーラスが、なぜ、他方では政治的共同体の枠組みとして帝国のもつ可能性を論じることができたのか。この問いに対する明快な解答を見つけることは難しい。しかし、一つには、大英帝国の実情に対する彼の楽観的な観察があったと言ってよい。彼によれば、大英帝国の植民地では、次第に「民族的同質性」ではなく「民族的偏差（national variation）」の観念が見られるようになっており、「利己主義」的な動機が克服されてきていた。たとえば、カナダのフランス人や南アフリカのオランダ人は、確かに大英帝国の市民権を受諾したが、「フランスやオランダが海に呑まれるかどうかといった問題に対する絶対的無関心」を見せることはなく、その意味で、「帝国主義的利己主義ほど島国的ではなくもっと世界市民主義的な」傾向を見せていた。同じような傾向は、大英帝国内の非白人種にも見られた。ウォーラスによれば、彼らが「民族性に対する独自の観念をもってい」ながらも、「それらの観念が結局のところわが帝国を破壊しない」のは、「それらの観念が、帝国主義的利己主義の感情によってではなく、帝国または国民の境界にほとんど注意を払わないような一段と広い宗教的・倫理的概念によって拡張され、かつ抑制されることによる」のだった。[174]

だが、あまりにもナイーヴに見えるウォーラスのこのような楽観的観察は、いつ世界戦争が生じるかわからないという危惧の念のなかでなんとか現実的な解決法を見つけようとする必死の努力の裏返しだったとも言える。娘のメイ・ウォーラスの証言によれば、ウォーラスは「一九一四年のずっと以前から戦争の危惧に苛まれていた」のであり、あまりにもその不安を口にするので、妻が、まだ幼い娘の前でそのような話題をたびたび出すなと言ったという。メイ・ウォーラスによれば、ここに示されているように、ウォーラスの「〈晴朗さ〉は、非常に敏感で〈心配性〉の気質と混ぜ合わされていた」[175]。このような条件を考えてみると、ウォーラスが帝国という政治的共同体の枠組みのもつ可能性を論じたのは、積極的に現状維持を望んだからではなく、むしろ、「地球連邦」の即時実現は不可能という状況観察のなかで、戦争回避を可能とする少しでも現実的な選択肢を探そうとしたためだとも考えられるのである。

3　第一次世界大戦に対する評価

それでは、このように戦争は絶対に回避すべきだと考えていたウォーラスは、実際に第一次世界大戦が勃発した際にはどのように反応したのか。ここでは、この問題を、第一次世界大戦に対するウォーラスの態度という問題と、大戦後の国際秩序の在り方に関するウォーラスの提言という問題との二つに分けて考えてみたい。

まず、第一次世界大戦をどう評価するかという問題であるが、これに対するウォーラスの態度は非常に複雑である。確かに、英国による第一次世界大戦参戦直前までは、彼の態度は明瞭であり、参戦に断固反対であった。実際、英国による参戦直前の一九一四年七月末から八月初めにかけて、ホブソンとともに、幾人かの知識人や政治家の署名を集めて英国が参戦する必要がないことを訴える声明文を新聞に発表し、自由党の大物政治家でありビアトリス・ウェッブの義兄にあたるレナード・H・コートニーに働きかけて英国の中立を守ろうとし、英国中立委員会を立ち上げたのは、他ならぬウォーラスであった[176]。

しかし、ドイツが条約を無視して中立国であるベルギーに侵攻し、これを受けて英国が参戦すると、ウォーラスやホブソンとともに英国の中立を支持していた人々も、戦争遂行支持派と反戦派との大きく二つに分かれることとなる。

そのなかで、戦争遂行支持派の代表的論客は、著名な古典学者であり自由主義者でもあったギルバート・マレイであった。当初英国の中立を望んでいた彼は、八月三日の外相エドワード・グレイの庶民院演説を聞いて、ドイツはあらゆる平和工作を拒絶し、意図的に戦争に突入しようとしているという確信を抱くこととなった。その結果、彼は、第一次世界大戦を、条約を破棄してベルギーの中立を蹂躙し侵攻したドイツの軍国主義に対する「公的正義（Public Right）」と「自由」とのための戦いと位置づけ、「物事のなかには、私がそのために死に、私がそのために殺し、私がそのために同胞に殺し死ぬことを要求するようなものがある。そして、この戦争に含まれている大義はそのようなものの一つである」と論じたのであった。このように参戦を正当化する議論は、グレイのほか、首相H・H・アスキスによってもなされており、当時の政権の公式見解と近いものであった。[177]

これに対し、反戦派の幾人かは民主管理同盟（the Union of Democratic Control）を結成し、グレイによる戦前の秘密外交と戦争という行為そのものとを批判した。そのなかでも、バートランド・ラッセルは、法の支配の観念を論拠としてドイツ軍国主義を批判するマレイのような議論に対して、制裁措置が欠如し権力政治が展開された第一次世界大戦以前の国際政治においては、国家間における法の支配は確立されておらず、条約の破棄は常態であったと指摘した。したがって、彼によれば、「ヨーロッパ各国には、自分たちの仲間の一人が通常の習慣に従った場合に、戦慄を公言する権利はない」。それは、「その習慣がよいからではなく、それらの国々の戦慄には偽善が潜んでいる」からであった。

しかも、ラッセルの見るところ、この戦争は、ドイツ軍国主義に抵抗する民主主義のための戦争ではなく、いくつかの保守系の新聞で表明されているように、大英帝国の覇権の保持と大国間の勢力均衡とのための戦争にすぎなかった。このような認識をもつラッセルにとって、戦争が功利主義的観点に照らした場合に利益をもたらすものではない以上、英国は中立を貫くべきだったのであり、また、戦争ではなく「無抵抗（non-resistance）」の原理に従って行動すべきであった。その背後には、同じ文明国同士の場合、甘んじて恭順の姿勢を見せれば、かえって侵攻し支配することはできないものだという楽観的な判断が控えていた。(178)

このように二つに意見が分かれたなかで、ウォーラス自身の立場はどのあたりにあったのか。結論的に言えば、彼は、決して反戦派ではなかったが、マレイのような断固たる戦争遂行支持派でもなかった。むしろ、戦争遂行をやむを得ないとしながらも、その早期決着を強く望むという微妙な立場であった。このようなウォーラスの立場を明らかにするために、いくつかの彼の議論を検討してみよう。

まず、ウォーラスが反戦派でなかったことは、彼が、英国中立委員会でともに活動したラッセルやホブソンが参加していた民主管理同盟に加わらなかったことに暗示されている。それは、彼が決して「グレイを嫌っていない」からであった。(179)しかも、彼は、ドイツによるベルギー侵攻について、ラッセルのように権力政治によってもたらされた国際政治の常態と相対化して見るよりは、むしろ、マレイのように法の支配の観念に背く違法行為と考えていたと言える。このことは、ウォーラスが、「将来の歴史家はこの点に関して私が間違っていると判断を下すかもしれない」という但し書きを付けながらも、「私自身は、ドイツの方が他のどの国にも増して戦いたがっていたと信じる」と述べ、ドイツによるベルギー侵攻という行為に対して批判的であることに窺われる。(180)

実際、彼はドイツの行動に対して、「無抵抗」を唱えるラッセルの楽観的観測とは正反対の印象をもっていた。たとえば、彼は、休戦の条件に関して、エドゥアルト・ベルンシュタインのような社会主義者ならともかく、ドイツ皇帝とは到底合意に達することはできないと判断している。というのも、ウォーラスが確信するところでは、ドイツ皇帝ならば、英国側に戦争続行か降伏しか提示せず、そのどちらの場合でも、英国をドイツ帝国の一州として併合し、アルザスの人々にしたように、子孫の世代に至るまで英国民を「侮辱」し「悲惨な」状態におくことを望むだろうからである。ウォーラスは、もしこのような条件が提示されたとするならば、自分は、「そのような条件で生きることを

望まない。我々が勝とうが負けようが、我々は最期まで戦うだろう」と言うに違いないと述べている。(181)

このようにドイツ側の行動に批判的であったウォーラスは、また、ドイツによるベルギー侵攻という行為の「違法」性を等閑視してその行動の背景を指摘し、弁護しようとする議論に対しても批判的であった。これは、彼によるサイモン・N・パッテン批判に示されている。

パッテンはドイツで博士号を取得したペンシルヴァニア大学教授で保護主義でも知られた経済学者だが、彼の議論の要点は、ラッセルと同じように権力政治的な観点からドイツの侵略行為を捉えるものの、ラッセルとは異なって積極的にそれを評価しようとしたところにある。

つまり、彼によれば、「侵略者」と見えるドイツの行動は、実はヨーロッパ大陸に「社会進歩」をもたらそうとするものであった。というのも、ドイツの意図するところは、「文化」に訴えることで、「憎悪」や「不和」をもたらす「人種的感情」を克服し、類似の文化をもつ人々を結合して「一つの調和的全体」である「超人種的単位」を創り出すことにあったからである。その際、確かに小国の利害は無視されるが、「成長期にあるどの国民もヨリ弱小な隣国の権利を無視してきた」以上、それは仕方ないことであった。「ベルギーにおけるドイツの行動は、英国がモロッコやペルシアで行ったことの繰り返しにすぎない」のであり、米国自体、先住民や黒人、併合した地域の権利を無視してきた。要するに、「成長とは、強者の利益のために弱者を抹殺する中央集権化を意味してきた」のである。(182)

このようなパッテンの議論に対して、ウォーラスは、「いつの日か、全ヨーロッパではないとしても少なくとも中欧と西欧との合衆国のようなものが存在することを望む」点ではパッテンに同意しながらも、「ヨーロッパに私が望む統一の種類は、単一のもしくは集団の列強国の軍事的勝利によってはもたらされ得ない」と論じ、戦争による統一運動という考えを否定する。というのも、①征服による統一は困難であり、②戦争が半世紀も続けばヨーロッパそのものが失墜し、③征服による統一が可能だとしても、それが本当に成功するのは被征服者の忠誠を勝ち取ることができたときだけであり、これはドイツやオーストリアの伝統的な政策によっては無理だからである。したがって、ウォーラスの見解では、ヨーロッパ諸人民（European peoples）間の内輪もめの戦争を不可能とするか起こりそうもないものとするような統一は、軍事的征服ではなく、「究極的には連邦組織に接近するかもしれないような、すべてのヨーロッパ国家による国家間相互の権利概念（a conception of inter-state right）の容認からこなければならない」のであった。[183]

ウォーラスによるこのパッテン批判は、彼がドイツの軍事行動に対して批判的であった一方で、戦争がなんらかの利益をもたらすという議論に対して懐疑的であったことを示している。実際、ウォーラスは、右に引用したドイツ皇帝への不信感を露わにしている同じ手紙のなかで、「この戦争から生じた全文明に対する恐るべき災禍のために私は非常に憂鬱だ。私は、もし私の死が戦争を防止することができたならば喜んで死んでいただろうし、いまでも、もしそれを止めることができるならば喜んで死ぬだろう」[184]とも述べており、諸手を挙げて戦争賛成ではないことを示している。その背後には、「どの列強もその国民的存亡を賭けて戦わなければならないと感じている」状況では、「もし力が完全に均衡していることがわかれば、ヨーロッパ文明は、その片方が平和について考える前にほとんど破壊されてしまうかもしれない」という認識があった。[185]

したがって、ウォーラスは、マレイらのように民主主義を守るための戦争として第一次世界大戦を積極的に評価することはなかった。むしろ、彼は、大義のために戦争を積極的に評価する立場にははっきりと否定的であった。ウォーラスのこのような立場の一例は、ローレンス・P・ジャックスの議論に対する彼の批判に示されている。[186]

ジャックスは、ウォーラスも寄稿したことのある「ヒバート・ジャーナル」の編集人でユニテリアンの聖職者でもあった人物だが、大戦勃発から一年経った一九一五年八月に「戦時状態にあることの平穏」と題する論文を発表し、「過去一二ヶ月の間、英国（Great Britain）の生活は……統一した目的を手にしてきている。その目的自体は軍事的だが、結果として精神的平穏を増大させてきた」と論じたのであった。つまり、ジャックスによれば、戦争勃発以前の英国民は、用途についてなんら考えることなく富を蓄積するような「国民として目的を欠いたまま生きている」状態にあり、「端的に道徳的混沌」の状態にあった。しかし、「わが人種の自由の擁護」という「自身の肉体と精神とを捧げることのできる大義」ができたいま、たとえ人的・物質的損害を被っているとしても、人々はヨリ「非利己的」になり、「同胞の精神」が満ち溢れるようになった。「この連帯感は……素晴らしいものだ」とジャックスは述べている。[187]

このような議論は、戦時中の英国における感情をかなり忠実に表現したものであった。[188]そして、すでに第一章で検討したように、ウォーラス自身、かつて、無目的な富の蓄積という観念に反対して古典派経済学を批判したことがあり、また、社会問題の解決に際して「利己的な」動機が無視できないことを認めつつ、いかにそれを克服するかという問題意識をもっていた。そう考えると、ウォーラスもジャックスと同じように戦時下の英国民の心理状態を賞賛してもおかしくはなかったはずである。しかし、彼は、ジャックスのように、自己と国民的大義との間の一体感を称揚することはなかった。それはなぜなのだろうか。

ウォーラスはいくつかの観点からジャックスの議論を批判しているが、ここでは二つの点に注目しておく。一つは、民主主義を守るための戦争という大義は、それ自体逆説であるというウォーラスの理解である。実際、彼の眼前では、ヨーロッパの「すべての諸国民が（nations）、その議会・教会・大学・産業とともに『動員』され、ヨーロッパの知的生活は軍事的検閲の下におかれている」事態が現れていたのであり、彼は、戦争が終わって諸国民が気づくのは、「激昂した敵集団の面前における軍事的規律が国民にとって最も必要となってしまった」ために、「西欧民主主義が危機にさらされている」状況だろうと主張している。[189]

こうした指摘は、単なる理論的な可能性として論じられているのではない。実際に、国民的一体感を伴って民主主義のための戦争が叫ばれるなかで、戦争反対という少数意見はその言論の自由を奪われるような経験をしている。たとえば、ウォーラス自身、英国中立委員会のドアに匿名で「敵国幇助（Help for England's Enemies）」という紙片を貼りつけられたことがある。また、頑強に反戦運動を続けたラッセルは、一九一六年にハーヴァード大学に一年間の講義のために招聘された際、米国で反英的なキャンペーンを展開することを当局に懸念されて出国を阻まれただけでなく、ケンブリッジ大学の講師職をも失い、監獄に入れられる経験までしている。マレイは、反戦派を批判するなかで、英国の政治における自由の保障を賞賛し、「どの政府も彼ら〔反戦派を指す〕を迫害したりしない。どの群衆も深刻に彼らを虐げることはない。彼らは不人気であるが、それ以上ではない」と述べているが、これはあまりにも楽観的な観察であった。民主主義が危機にさらされているというウォーラスの認識の方がはるかに事態を正確に捉えていたのである。(190)

しかも、ここで注目されるのは、実際の社会的制裁・刑罰によって言論の自由が奪われる可能性だけでなく、制裁・刑罰を受けるかもしれないという懸念によって「真実の討論」が失われている状況が問題視されている点である。ウォーラスは、友人であり、当時アスキス政権下の内相としてラッセルの処遇にも肯定的であったハーバート・サミュエルに対して、自分はウォルター・リップマンから長い手紙を受け取ったが、「陸軍省の検閲が私に何を言うことを許すのか本当にわからない」から何週間も返事を出せないでいると伝えたうえで、次のように批判している。

内閣の一員にとっては、私が〔外国への手紙のなかで話題を〕天候にかぎり、事実を本当に知る人々に思考や討論を委ねるのが可能な最善のことであると見えるに違いない。しかし、私にとって、世事に関した討論に対する現在の軍事的統制は恐ろしい戦略だ。……実効ある討論のすべては、交戦国の労働過剰な数名の政治家と、軍事的本能が勝利か全滅しか主張しない数名の将軍とに委ねられている。軍における討論は徹底的に阻まれており、家庭に残った者による真の討論は、どんなものであっても、月ごとにヨリ困難になってきている。(191)

サミュエルは、ウォーラスからのこの手紙を受け取る前に、すでに、ウォーラスはラッセルのような行動を起こしていないのだから何も心配しなくていいと伝えている。[192] その手紙を受け取ったうえでこの批判がなされていることを考慮すると、ウォーラスがサミュエルに指摘したかったのは、時局談義を行うならばラッセルと自分と一般市民との間に原理的区分は立てられず、だからこそ、軍による検閲は討論を圧殺する決定的効果をもってきたという点にあったと考えられる。

戦争はそれ自体がもつ性格として画一化を要求し、異なる意見の存在を認めようとしないというウォーラスの認識と関連しているのが、戦争がもたらした「精神的平穏」はいわば精神的麻痺状態にすぎないという彼の理解である。これがここで注目する第二の点である。彼は次のように主張する。

塹壕にいる兵士にとっては……それ〔戦時における精神的平穏〕は、鎮痛剤であるばかりでなく、おそらく、軍事的効率の重要な源泉なのであろう。しかし、自己の精神状態を観察する習慣をもち、したがって、ある程度はそれらを統御できるジャックス博士や私のような非戦闘員は、熟慮された選択にまで辿り着かなければならない。[193]

ウォーラスによれば、「熟慮された選択」を放棄することは、「自国の政策を理性的な思考によって統御する試みを一切諦める」ことを意味する。しかし、彼が信ずるところでは、「わが国の政策は、戦時にあっても、征服しようとする意志だけではなく、永続的な平和を可能とする意志によっても導かれなければならない」のであり、その意味で、「思考の不安」を選ばなければならない。こうして、彼は、「年老いすぎて戦えない者が自国に負っているのは、どんなに計算の過程が辛く不確かであっても、自国の政策の結果をすべて計算する義務だ」と論じ、敵国ドイツの、しかもしばしば軍国主義の祖とも目されるビスマルクを引照して、「彼が、戦時下にあっても政治的思考によって軍事的行動を統御することの重要性を主張したとき、その意味するところはまさにここにあった」と主張したのであった。[194]

4　大戦後の国際秩序に関する構想

それでは、ウォーラス自身は、平和回復と戦後の国際秩序についてどのような構想をもっていたのだろうか。まず注目しておきたい事実は、ウォーラスが、一九一四年暮れ頃から始まったブライス・グループの会合に参加し、大戦後の平和維持構想について討論していることである。このブライス・グループは、ウォーラスの友人でケンブリッジ大学の古典学者G・L・ディッキンソンが、「報復的なナショナリストによって要求される見込みの高い条件に対する代案として、戦争終結時に利用できるような特定の綱領を立案する」[195]ためにジェイムズ・ブライスを擁して立ち上げた団体で、参加者のなかにはJ・A・ホブソンら、ウォーラスが英国中立委員会でともに活動した知識人や政治家が多く含まれていた。

思想史的に見ると、この団体は、英国における国際連盟構想の草分け的存在となり、フェビアン協会のレナード・S・ウルフによる「国際政府」構想や米国の平和強制連盟（The League to Enforce Peace）運動に影響を与えたほか、ロバート・セシルやヤン・C・スマッツによる英国政府案にも影響を与え、最終的にはそのいくつかの条項が国際連盟規約に反映されている。その意味で、非常に重要な団体であった。[196]

このブライス・グループは、会合の結果できあがった試案を何度か内密に国内外の知識人・政治家・活動家等に送って批判を仰いだのち、一九一七年にその提案書を公刊している。[197]しかし、委員会内の意見は最初から統一的であったわけではなく、たとえば、国際機関の具体的な構想においては、「政策に対する国家間の多かれ少なかれ非公式な同意」から「組織された世界連邦」まで幅広い意見が存在した。[198]そのなかでも、最も急進的な意見の持ち主だったのが世界連邦を構想したホブソンであった。そこで、ここでは最初にブライス・グループの多数派意見とホブソンの意見との相違点を確認し、そのあとで、この両者の間におけるウォーラスの位置を、大戦後の彼の議論をも視野に入れつつ検討したい。

まずブライス・グループ多数派意見の特色について見てみると、敵対する勢力同士を含めた包括的な国際組織を目指した点に第一の特色がある。その背景には、大戦後のヨーロッパ国際秩序として、「勝者を強め、敗者を打ち砕き、暫時的に一集団によるヨーロッパの実質的覇権を創造する」ような在り方は、「解決では全くなく、武装された休戦にすぎない」という認識があった。

敵対する勢力間の勢力均衡や覇権争いといったこのような観念に代えて、委員会が目指したのは、「ヨーロッパに永久平和を与える」ことであった[199]。そのため、委員会案においては、委員会が提案する国際機関への参加国として、双方の戦争当事国である、オーストリア・ドイツ・イタリア・フランス・ロシア・英国（Great Britain）のヨーロッパ主要六ヶ国と、米国および日本が考えられている。しかも、以上の参加国案は国際機関を即時的に立ち上げるための暫時的な提案にすぎず、したがって、参加国は以上の列強にかぎられないともしている[200]。

ブライス・グループ案の第二の特色は、紛争解決の手段として二つの国際機関を提唱した点にある。すなわち、委員会は、国際紛争を、①条約、国際法、国際的義務等の解釈をめぐる裁判に付託できる紛争（justiciable disputes）と②裁判に付託できない紛争（non-justiciable disputes）とに分類した。そのうえで、裁判に付託できる紛争についてはハーグの常設仲裁裁判所の権能を拡大した仲裁裁判所に附し、裁判に付託できない紛争については、新しく創設する調停理事会（council of conciliation）に解決させようとしたのである。この調停理事会は、従来の外交代表者会議に代えて、国内の世論に通じながらも自国政府の指示は受けず、ヨリ公平な視野をもった各国の代表によって構成されるべきことが提案されていた[201]。

しかも、ブライス・グループ案では軍事的・経済的制裁措置が認められていた。これが第三の特色である。ここでは、加盟国は、紛争発生時から一年という猶予期間を待たずに相手国に対して武力を用いてはならず、もし用いた場合はその国に対して制裁措置が採られるべきだと提案されていた。

しかし、この制裁措置はかなり限定されたものでもあった。というのも、制裁措置は、戦争猶予期間条項が破られた場合にのみ適用され、紛争解決にあたった調停理事会の決定に従わなかった場合には適用されないからである。換言すれば、調停理事会の役割は提案に止まり、立法・行政の役割を果たすわけではない。したがって、紛争当事国以外の第三者も含めた調停理事会は、「公平な」観点から報告書を提示し、当事国だけでなく国際世論にも訴えかけて戦争猶予期間内の和解を促すが、それでもなお、当事国には戦争に訴える「自由」が認められている。要するに、交戦権という加盟国の国家主権はそのまま保持されるのである。

この点に関連して、ブライス・グループ案では、「国際軍」も「国際行政府」も存在しない。制裁措置は「通常の外交的・政府的機構を通じて」行われ、軍事的制裁措置に利用されるのは各国の軍隊である。その意味で、制裁措置の「自動的適用」は考えられていなかった。もっとも、制裁に関する決定は全会一致ではなく多数決で行うべきとする点では、それまでの国際秩序の伝統を破るものではあった。(202)

最後の特色としては、ブライス・グループ案では民族問題に関する提言が見られないことが挙げられる。しかし、これは委員会がこの問題を意識していなかったことを意味しない。事実、少なくとも一九一五年一月十九日の段階までは、①国境改定・領土分割が提案されている箇所については、住民の意向を尊重し、実現可能であれば住民投票その他の手段によってこの意向が確認されるべきこと、②このような手段が「非実際的」である場合には、人種的・言語的・宗派的条件について調査を行い、各国に対して「ヨリ良い領土分配」を確保すること、③帝政の場合も含めて各国の内政には干渉しないが、主権国家内の特定の領土に対する自治（autonomy）の問題については「そのかぎりではない」こといった提案がなされている。(203) のちに触れるように、ウォーラス自身もこの問題に言及している。しかし、なぜか実際に回覧された提案書ではこの問題は抜け落ちている。

このように見てくると、ブライス・グループ案は、包括的国際機関の設立、「常設の公平な理事会」の創立、制裁措置の設定といった点で革新的であったが、紛争に対する対症療法的な機関の提案に止まり、民族問題解決といった紛争の原因を除去するための提案まではしていないこと、さらに、国際機関の機能は非常に限定的で、立法・行政の機能は果たさないことといった問題があった。

委員会参加者自身、このことには自覚的であった。たとえばディッキンソンは、試案の序説のなかで、自分たちの目的は「世界国家（a World-State）」や「ヨーロッパ連邦（a European Federation）」を設立することではなく、すぐに実現可能な国際機関を提唱する「もっと穏健な」ものだが、それは将来的に「国際政治体（an international polity）」が発達する可能性を否定するものではないと断っている。[204]

以上のようなブライス・グループ案のなかの積極的な側面を引き継ぎながらも、戦争防止のためにヨリ抜本的な提案を行ったのが、ホブソンであった。その議論の要点は、加盟国の包括性の原則や国際裁判所の設立の重要性を認めたうえで、ブライス・グループがあえて提案しなかった司法的・行政的・立法的機能をもった「国際政府」を提唱することにあった。仲裁にそぐわない問題への対処には、審議会による諮問・裁定だけでなく、その裁定を強制し、情勢の変化に対応して立法できる常設の「国際評議会（International Council）」が必要と論じられたのである。[205]

こうしたホブソンの革新的な提案の背景には、次の二つの判断が控えていた。一つは、国際社会において、「私的暴力（private force）」に代えて「国際法と公的正義と」を優位に立たせ、「侵略戦争および防衛戦争がもはや生じないようにする」ためには、「世論と正義の共通意識とでは安全装置として不十分であることがわかっている」という判断であった。そこで、ホブソンは、国際機関に行政的機能をもたせてこれに経済資源と国際軍とを利用する権限を与え、各国の軍備縮小を促そうと考えたのであった。[206] その際、ホブソン案ではブライス案と異なり、加盟各国の交戦権は認められず国際機関に譲渡される。さらに、加盟各国は自らが当事者でなくとも、基本的には違反国に対する制裁には参加しなければならないとされた。つまり、加盟各国の主権は縮減されるべきだとされている。[207]

次に、ホブソンが「国際政府」に立法的機能をもたせることを提案した背景には、国際機関にとって「難局が紛争に熟すまで待つことは安全ではない」という判断があった。[208] つまり、ブライス・グループ案のように、紛争が生じた際に戦争に至らないようにする「純粋に予防的な機能」をもつ機関を考えるだけでなく、紛争の「深くて根源的な原因を治す」ための「建設的な」方策を考える必要があると考えたのである。具体的には、ホブソンは、民族問題と経済問題とを国際紛争の二大原因と考え、民族問題については「自治（autonomy）」を、経済問題については「門戸開放」を原則として、立法府が、「早晩潜在的に危険となる状況」について調査にもとづいた審議を行い、提案を立案し実施すべきだと主張した。[209]

それでは、以上のようなブライス・グループ案とホブソン案との間にあって、ブライス・グループにおけるウォーラスの立場はどのあたりにあったのだろうか。ウォーラスは一九一五年の二月と三月とにブライス・グループのメンバーに回覧した覚書を残しているが、それらを見ると、彼はホブソンの「国際政府」のような世界連邦を理想像として念頭に置きつつ、政治的判断から「穏健な」多数派の意見に賛成していたことがわかる。

たとえば、国際機関のもつべき権能について検討してみると、ウォーラスが提案したのは、せいぜい法的解決が不可能な問題を解決すべき審議機関を「多かれ少なかれ常設の」組織とすることぐらいである。これは、元来のブライス案ではこの審議機関を常設と考えていなかったことからすれば、ある程度の革新性をもった議論ではある。しかし、ホブソン案のような抜本的な国際政府の提言には至ってはいない。[210] また、戦争抑止の手段についても、ブライス・グループ案で主張された猶予期間規定には賛成し、将来的な国際軍設立の可能性についても触れているが、国際軍を即座に設立するべきだという主張まではしていない。[211] 事実、彼は、現状を最大限に改革するか最小限に改革するかという問題に対して、自ら「最大主義者（maximiser）」ではなく「最小主義者（minimiser）」だと規定している。[212]

ウォーラスがこの立場に立ったのは、ブライス・グループ参加者が「連合国側は成功するだろう」と見込むなか、彼が「早期の平和を望」んだからであった。つまり、連合国が勝利する見込みがあるならば、即時に必要なのは平和実現に必要な最低限度の国際機関の設置であり、それ以上の組織は平和裡に進めればよいと考えたのである。その背後には、諸国家が協調して平和を回復し、新たな民族問題が生じるのを防ぐことができれば、大戦の経験から、別の大戦を防ぎ全般的な軍縮を可能とするような方向に国際的な政策は発展するのではないかという楽観的観測も確かにあった。[213]

しかし、ここでヨリ強調しておきたいのは、「観念の戦争（wars of ideas）」は、「一度多くの諸国民を巻き込むと、耐えがたいほどに長期間続き、皮肉にも利己的な同盟同士の戦争に陥り、最後には自らが公言していた目的を達成できないものだ」という非常に切迫した認識も控えていたことである。すでに示したように、ウォーラスは民主主義のための戦争という考え方に批判的であったが、ここではさらに踏み込んで、民主主義のための戦争は長期化するイデオロギー戦争にすぎないと見なし、「一般原理は戦時よりも平和時に効果的に広まる」と主張して、民主主義の流布のためにもまず早急に平和を回復するべきことを主張しているのである。[214]

このように、ウォーラスの「最小主義者」の立場は、特定の政治状況に対する特定の政治的判断にもとづいていた。しかし、逆に言えば、彼は、ホブソンの唱えていたような世界連邦の構想を将来的な理想像としてはもっていたのである。たとえば、彼は、平和交渉の最中もしくはあとに続くであろう「さらなる国際機関の創設」について次のように述べている。

平和交渉の最中ないしはその後において、さらなる国際機関を創設するための別の交渉が続くだろう。私の思うに、こうした交渉がまず目的とすべき原則は、多くの諸国（powers）に関係するすべての重要な問題が現在のように半ダースほどの異なった首都ではなく一箇所で（望むらくはハーグで）議論されるべきだというものである。この目的のために、平和交渉に参加している諸国は、ハーグに常駐秘書官をおき、国際政策の問題のための代表者を送ることができるかもしれない。そして、あり得る国際行動が国民（nations）間の紛争という形態をとる前に、そうした国際行動が公平な専門家の助けを借りて議論されるかもしれない。

そうした定期的な会議（conferences）における諸国の代表者の討論が交渉という形式しかとり続けないのであれば、投票する必要も、多様な諸国に相対的に与えられる投票権を考える必要もないだろう。もしそうした活動が準連邦的な共同行動（joint action）に発展するのであれば、投票がなされるだろうし、比例した投票権も割り当てられるだろう。

諸国の政策は、一種の国際首都となるようなものに、郵便組織、熱帯性疾病の阻止、年季奉公労働の規制等といった現存する協働を集中することによって、国際的協働の習慣と観念とを鼓舞することとなるはずである。郵便制度等のいくつかの事例においては、最初から、ヨリ小さい諸国家のすべてもしくはほとんどすべてを含み、比例投票のシステム……を用いる代表者会議（convention）をつくることが望ましいかもしれない。最終的に、もし、文明諸国の連邦的もしくは準連邦的組織化に向かう十分に力強い傾向が現れるならば、そのような代表者会議は国際議会（an International Parliament）に成長するかもしれない。その際、当初存在した大国の交渉会議は準連邦的な行政府となるだろう。(215)

この引用からもわかるように、ウォーラスは、将来的な国際秩序として、主権国家システムに代わる世界連邦システムを考えていた。ここで注意しておきたいのは、彼が、郵便制度・熱帯性疾病の阻止・年季奉公労働の規制といった社会経済面における国際協調が政治的統合の契機となり得るという見通しをもっていることである。これは、①将来的な国際機関が「予防的な」機能だけでなく「建設的な」機能をももち得るという見解をウォーラスがホブソンと共有していたこと、さらにこの点に関連して、②限定的な意味においてであるが、彼の議論がホブソンの議論とともに、後年デイヴィッド・ミトラニーによって体系化される国際機能主義の議論の先駆けとなっていることという二点において興味深い。これまでミトラニーに対する影響としてはホブソンやウルフの名前が挙げられてきたが、ロンドン大学経済学政治学学校（LSE）におけるミトラニーのチューターがホブハウスとウォーラスとであったことを考えると、ウォーラスもそこに含めることは可能かもしれない[216]。

将来的・理想的な国際秩序像として世界連邦システムを考えるというウォーラスのこのような立場は、ボーア戦争に際してフェビアン主流派の大英帝国中心主義を批判し、『政治における人間性』において国民国家観念の相対性を暴露したウォーラスにとっては、ある意味で当然の思想的帰結だったであろう。彼は、第一次世界大戦中とその後を通じて、このような世界秩序を少しでも実現すべくさまざまな提案をしているが、ここでは最後に一点だけを取り出して検討しておきたい。それは、民族自決主義の問題と密接に関連する、国際秩序における政治的単位の問題である。

すでに明らかにしたように、ウォーラスは『政治における人間性』においてすでに一民族一国家を達成すべきだという国民国家の観念には批判的であったが、この立場は、戦中・戦後とも一貫している。換言すれば、彼は、民族ごとに独立国家を樹立すれば良いという単純な民族自決主義には懐疑的であった。

たとえば、一九一四年十一月に書かれた手紙では、アルザス・ロレーヌ地方のフランスへの返還、オーストリア治下のポーランド人やスラヴ人に対する「現段階よりも大きな自由」の保障、さらにドイツに奪われたベルギーの独立の回復については論じているが、バルカン半島の諸民族が独立すべきだという議論は展開していない[217]。これは、たとえばブライス・グループにおいて当初民族問題が取り上げられた際、実現可能の場合には住民投票その他の手段によって住民の意向を確認し、独立を認めるべきだとしていたのとははっきりと異なる立場である。(218)

事実、ウォーラスは、「できるだけ多くの人種的・民族的単位の主張を満たすべく世界地図を描きかえるか、それとも、戦闘の結果として実際に政治的地位が変わってしまった地球上の表面の部分だけに対処するか」という問題に対して、「戦争の結果として、住民が反対している政府の下に彼らをおくことはできるかぎり避ける」という目的と一致すれば、できるだけ「最小主義者」の立場に立つとしている。(219) ここからも、ウォーラスは民族主義の勃興による諸国乱立という状態には賛成ではないことが窺われるであろう。民族自決主義に対する批判的な態度は、『我々の社会的遺産』においても繰り返されている。(220)

ウォーラスのこのような批判的態度は、一方で、戦前と同じように、大英帝国が帝国固有の利害関心にのみ拘泥せず「世界的協働の発展」に資することに対する彼の強い期待を生んだが、(221) 他方で、「世界的協働」を実現するうえでの議決方式に関して、主権国家の平等と絶対性とを前提とした全会一致の法則に対する批判的態度を生むことになった。たとえば、ウォーラスは次のように論じている。

諸国民は、共通決定の形成において自分たちの個別的な利害が公正に考慮されたと感じないかぎり、自らの個別的利害を人類のヨリ大きな利害に服従させはしないだろう。もし、すべての国が同じ大きさで、すべての問題に対して同等に関心を抱いていれば、国民代表間の多数決投票によってそのような公正な考慮は表されるかもしれない。しかし、諸国民〔の規模〕は数億から二・三百万までさまざまであり、しかも、これまで同意されてきた唯一の国際的協働の方法は理論的平等の方法であった。だが、これは、投票ではなく暴力〔force〕の常なる脅威によって、強国が弱小国に対して実質的な優位をもつことを含意したのである。(222)

このように、ウォーラスは、主権国家の平等性という観念から生まれた「全会一致という旧来の外交原則」は、かえって「個々の国家の側における戦争もしくは分裂の脅威」によって担保されているにすぎないと見ていた。実際、彼によれば、一九〇七年のハーグ会議が失敗に終わったのは、ドイツがいかなる形であっても得票数で負けまいと決心していただけでなく、南米・中米の数多の独立した共和国が、「実効的な国際的協働から得られる利益よりも、ドイツ・米国・大英帝国との理論的平等を欲した」からであった。

こうして、彼は、諸国家と国際組織との間の関係を個人と国家との間の関係に類比したうえで、「強く支配的な個人や集団」にはそれに見合った権能をもたせ、リーダーシップの本能を満足させることで、「協働」体制のなかに引き込むことを提案するのである。このような立場から、ウォーラスは国際連盟における全会一致の原則を批判し、それに代えて、可航水路の管理、伝染病に対する予防措置、海事法廷（court for sea-law）の形成といった特定の問題のそれぞれに対して、それぞれ異なった「不平等な投票権」をそれぞれの国に与え、「世界的協働」の実現を図ることを提案している。[223] このような議論も、また、後年ミトラニーに見られるものであった。[224]

以上、「世界的協働」に関するウォーラスの議論を検討してきた。そこから立ち現れたのは、経済的・文化的理由から「巨大社会」において要請される「世界的協働」を平和裡に実現するため、民族自決主義や主権国家の平等性といった議論を批判し、帝国という政治的枠組を認めつつ、究極的には世界連邦に行き着くような世界秩序を模索するウォーラスの姿であった。その議論には、確かに大国主導的な性格もあるが、それは積極的に現状を肯定するというよりも「実効的な国際的協働」を実現するためであった。

だが、ここで一つの問題が浮上する。「実効的な国際的協働」を実現するためにウォーラスが期待を寄せた大英帝国等の列強が、自国の利益ではなく世界全体の利益のために行動するという保証をどこから得るのかという問題が、それである。事実、ウォーラスは、大国にリーダーシップをもたせるべきだという議論をする際に、平和を望む人々は、リーダーシップを与えれば大国は「協働」体制から離脱しないだろうという事実を信用しなければならないと論じ、この点に議論上の弱点が潜んでいることを暗示しているのである。(225) 人間の思考力や判断力に対するウォーラスの高い関心は、このような問題点と深く関わっている。そこで、次にこの問題について検討することにしたい。

V　思考・判断の問題

1　後期ウォーラス思想における思考論・判断論の背景

後期ウォーラス思想において、思考・判断の問題は一貫して取り扱われている。しかし、この問題が正面から考察されたのは、『我々の社会的遺産』（一九二一年）の発表ののち、彼の晩年と死後とに発表された『思考の技術』（一九二六年）および『社会的判断』（一九三四年）においてであった。ウォーラスは、『社会的判断』を執筆している途中の一九三二年八月に保養先のコーンウォルで逝去している。その意味で、人間の思考と判断とは、彼が最期まで強い関心をもち続けた問題であった。

それはなぜなのか。ウォーラス自身はこの問いに対して体系的に答えてはいない。しかし、初期ウォーラスの社会主義論において展開された知性の発達による利他的な社会性の涵養という議論や、社会規模の拡大と共同体意識の稀薄化とが同時進行する「巨大社会」の問題状況を解決しようとする後期ウォーラスの思想的課題を考慮に入れると、次の二つを考えることができる。

一つは、「巨大社会」において「協働」を実現するために、稀薄化した共同体意識のレベルを引き上げることはできないかという問題意識である。「我々を投票させ、投資させ、クラブで政治について独断的に断定させる衝動が微温的で中途半端なものであるという事実によって、遠方ではあるが現実に存在する人間が我々の決定によって影響を受ける際に、その影響の強烈さが減らされることは全くない[226]」というウォーラスの指摘に窺われるように、彼は、選挙や株式投資等を通じた「巨大社会」の成員による政治参加や経済活動は、高度な連鎖性を特徴の一つとする「巨大社会」においては、「社会的動機（social motive）」にもとづく必要があると考えていた。

ウォーラスは、この「社会的動機」を「他者に対する善意（benevolence）の本能」、もしくは「私利私欲のない善の選好」「利他（altruism）」とも言い換えている。この「散漫な善意という微弱な本能」を強化するために彼が最も注目したのが、「他の人々はどのような存在なのかについて明確かつ知的に把握すること」、つまり知的な想像力であった[227]。彼が、「社会的動機」と題された一九一三年のフェビアン協会における講演や『巨大社会』第一部において、「哲学」や「自由意志」の観点からではなく「心理学」の観点から「人類は……他者に対する善意の本能をもっているのかという問題」を問い、ベンサムの快苦の原理、ヘンリー・メインの習慣の原理、ウォルター・バジョット、ギュスターヴ・ル・ボン、ガブリエル・タルドが唱える模倣にもとづく群集心理の原理等を既存の人間性論として検討したのち、思考の問題に行き着いたのは、まさにこのような視角からであった。

第一章において検討したように、ウォーラスはその初期から、T・H・グリーンの「永久意識」のような形而上学とは別の利他的な動機の根拠を模索し、想像力を伴った知性の発達を通じてこの利他的な社会性を涵養すべきことを論じていた。この意味では、分析が心理学的になったという特徴は付け加わるものの、後期ウォーラスは前期ウォーラスの関心をそのまま引き継いだと言える。

しかし、晩年のウォーラスがヨリ関心を寄せていたのは、「協働」実現のためにいかに思考を伸張して「社会的動機」を高めるかという問題のなかでも、特に、「協働」をもたらす制度改革に直接従事する「非凡な」人々の思考・判断をいかに高めるかという問題であった。彼は次のように論じている。

巨大社会は、社会的組織の規模をとてつもなく増大させてきたが、それは人間生来の力の範囲を同時に増大させることはなかったので、一世代前の比較的に短期的な条件にもとづく場合よりも、平均もしくは平均以下の人間の機能に比べて、ヨリ大きな規模で思考し、感じ、行動し、発明することができる諸個人の機能の方が必須になってきた。(228)

ウォーラスは、その後期の政治論において統治・行政の専門家の重要性を説いていたが、そのような議論と並行して、彼は、自ら「国内的協働」および「世界的協働」をもたらすためのさまざまな制度改革を提言することに飽き足らず、そうした制度改革を提言し議論する「政治的発明家」や「社会的発明家」の思考・判断の在り方自体を問うたのである。そこには、「巨大社会」のもつ複雑性と「非凡な」専門家の限界とに関するウォーラスの認識が窺われる。これは、「巨大社会」における知的自由の重要性を説いた彼の立場に通じる。

すなわち、彼によれば、「巨大社会」に必要不可欠な「計画」は「当代の知識」にもとづかなければならないが、その知識が蓄積され続け複雑さを増している以上、あらゆる問題に通暁する一人の専門家を求めることはできない。したがって、「巨大社会」下において望めるのは、「将軍」「政治家」「戦略家」「科学者」「金融家」「社会哲学者」といった、特定の職務にだけ個人的資質において最適なそれぞれの専門家が「ある程度までお互いの過失を矯正することができるように社会を組織する」ことまでであった。(229)このような議論を考慮に入れると、晩年のウォーラスが思考や判断の問題を扱ったのは、自由に「計画」を討論できるヨリ多くの「政治的発明家」や「社会的発明家」を養成しようとしたためとも考えられるのである。

だが、ここでさらに注目しておきたいのは、ウォーラスが、特に晩年になって「手段」だけでなく「目的」をも問うことの重要性を強調したことである。たとえば、彼は、一八八〇年代後半の状況と一九三〇年のそれとを比較して次のように論じる。それによれば、一八八〇年代後半の初期フェビアンは、J・S・ミルが伝える父ミルと同じように、「最大多数の最大幸福」を求める自らの崇高な「感情」や「動機」を問うことはせず、「目的よりもむしろ手段を扱った」。つまり、彼らは、「人々はある特定のもの――それは、ヨリ多くの金・余暇・幸福と大まかに考えられていたが――を望んでいると前提し」、自分らはその「目的」を得るための「手段」を発見し世に広めることに精力を注いだのである。彼らが、モリスのように「社会主義者をつくる」ことよりも「科学的に課税する」方法を問うたのは、そのためであった。[230]

しかし、晩年のウォーラスから見れば「その状況は変化してしまった」[231]。なぜ初期フェビアンの場合とは異なって「目的」は自明視できなくなったのか。彼はいくつかの理由を示しているが、最も重要なのは、「我々が、ヨリ効率的に戦争を遂行することはできるが戦争を防ぐことはできず、世界を探検することはできるが人種間の世界政策を考案することはできず、各国内で政治・哲学・芸術において同じように知的統御が欠如している」のは、「過去二世紀の間、人間は自然に対する力を途方もなく増大させてきたが、思考によるその力の統御を増大させてこなかった」ためだという彼の指摘である。[232]

ウォーラスにこのような認識をもたらした要因のなかでも、最も大きな衝撃を与えたのは、第一次世界大戦であったと言ってよい。というのも、彼は、そこにおいて「自然科学の組織全体が、人間の生・健康・福祉を破壊することに注ぎ込まれた」状況を目の当たりにしたからである。第一次世界大戦は、道具的理性と理論・科学における価値判断とが抱える問題の重要性をウォーラスに気づかせたのであった。

ウォーラスにとってこれは深刻な状況であった。というのも、既述したように、彼自身、「巨大社会」の問題状況を解決するには「知的指針」の抜本的な見直しが必要であると考え、人間性の問題を科学的に理解しようとして、哲学ではなく心理学をその中心に据えたからである。実際、彼は、ここから「人間性と環境」という心理学的な分析枠組を生み出し、「巨大社会」の問題状況を解決するための理論的支柱とした。しかし、第一次世界大戦が突きつけたのは、科学にもとづいて「知的指針」を得る場合には、その「方向性」と密接に関連する価値判断を問わないと大きな被害がもたらされる可能性だったのである。

こうして、彼は、「我々が自らの科学的知識を一般的な人間の善のために利用できるようにする判断の技術を獲得する」[233]こと、つまり、「手段」だけでなく「目的」をも問うことができる思考・判断の在り方を最期まで考察することになる。以下では、ウォーラスが理論・科学と価値判断との間のあるべき関係をどのように考えたのかという問題をまず検討し、次に、彼が理想的と考えた思考・判断のあるべき姿を考察することとしたい。

2　理論・科学と価値判断との間の問題

理論・科学と価値判断との間の問題をめぐってウォーラスが直面した立場には次の二つがあったと見てよい。それは、アーネスト・バーカーの用語を借りれば、「科学学派（scientific school）」と「理想主義学派（idealist school）」という対照的な二つの立場であり、ウィリアム・ジェイムズの用語法に従えば、事実への科学的な忠誠およびこれらの事実への適応の精神を唱える経験論・「固い精神の」哲学と、人間的な価値と自発性とに対する古くからの信頼を固守しようとする合理主義・「柔らかい精神の」哲学との二つの立場であった。[234]

すなわち、ベンサム主義やスペンサー主義といった、ウォーラス以前に心理学的・生物学的「事実」を基盤として展開された「科学的な」政治理論においては、理論における価値判断の問題は、事実と価値とを等値化する自然主義によって解決された。「どうすべきか」という当為の問題は、経験的「事実」の集積のうえに定式化された「普遍的」法則から客観的に導出されるはずだったのである。こうして、人間は快楽を追求し苦痛を忌避するものだというベンサムの快苦の原理は、最大多数の最大幸福を目指すべきだという議論につながり、「適者生存」が社会進化をもたらしたと見るスペンサーの社会進化論は、自由放任を固守すべきだという議論へとつながった。

しかし、価値や理念は経験的「事実」と等値化されていいのか。特に、ウィリアム・マクドゥーガルやウォーラスの社会心理学・政治心理学によって社会・政治行動における人間の非合理的・本能的な側面が強調されたとき、「科学派」のもつこの問題を鋭く指摘した政治理論家の一人が、アーネスト・バーカーであった。

「理想主義学派」の立場に立つバーカーは、政治学者は「推移」ではなく「存在」を扱う「政治理論」に携わり、本質・目的・価値といった時空を超えた基本的実体を扱うべきだと考えた。この立場から、彼は、社会現象を分析する際に人間性の現実的側面＝非合理的側面を強調しすぎることは、決定論・機械主義・唯物論に堕してしまって、人間の尊厳や人間意識の高次の部分を看過してしまうと論じた。[235]そこには、「政治理論は、最善のものが最も真なるものであり、そして、最も真なるものが研究の固有の主題であると考える。政治学と倫理学とはともに、最高の能力における人間に関わるのであって、その最低の能力における人間を扱うのではない。というのは、『事物の真の性質は、その成長が十分に達成させられたときのそのものの状態である』からである」というバーカーの確信があった。[236]彼は、政治理論を、変遷する現実よりも確固たる理念のうえに築くべきだと考えたのである。

このようなバーカーの主張は、ウォーラスの理論に対する正面からの挑戦でもあった。実際、バーカーはウォーラスに宛てた手紙のなかで、自分にとって「心理学は常に……意識状態の叙述――そのうえ、高度に仮定的で想像的な叙述——に見える」のだが、その「叙述は説明ではない」と論じ、「我々が社会を説明したいならば、我々は、仮説上の意識状態ではなく合理的目的との関連でそうしなければならない」と主張している。(237)

それでは、事実と価値とを同一視する「科学学派」と、超越的な理念にもとづいて理論を構成すべきだと考える「理想主義学派」との間に立って、ウォーラスはどのような立場を選んだのか。まず、彼による「理想主義学派」批判から検討してみよう。すると、注意されるのは、バーカーらの「理想主義学派」を直接批判したわけではないが、ウォーラスが、プラトンおよびトマス・モアの共和国やベイコンのアトランティス等に言及しながら、理念の提示のみで満足する思考形式の限界を指摘している点である。彼は、「ダーウィン以前には、大概の政治理論家は、自分たちの原理を完全に採用すればできあがるという完全な政治体を描き出すのを常としていた」が、「ダーウィン以後に生きている我々は、いかに完全な知識も我々を完全性に導いてくれるなどと期待してはならないという厳しい教訓を学んでしまった」と指摘する。というのも、人間の本能的側面を生物学的に明らかにしたダーウィンの影響によって、理念を説いてもその実現可能性を考えなければ意味がないことが明らかになったからである。ここには、ダーウィニズムの影響から十九世紀的な素朴な合理的人間像を批判したウォーラスだけでなく、社会主義の問題においてプラトンの共産主義に対して批判を展開したアリストテレスを高く評価したウォーラスの姿、さらに、歴史認識の問題において、実現可能性を問わずに理念のみを強調したオーウェンらの初期社会主義者を批判したウォーラスの姿をも見ることができる。

しかし、たとえ実現が困難であったとしても理念を掲げることは人々の行為の指針＝当為として一定の役割を果たし得るのではないのか。実際、歴史認識においても、ウォーラスは歴史の自動的な発展という観念に批判的であり、歴史における人間の理念に一定の役割を見出したはずである。

この点に関連して彼がさらに指摘するのは、具体的な現実と乖離した超越的・抽象的・独断的な理念は信頼できる行動指針として機能し得ないということである。彼は、「理想主義学派」批判に関連して「事実」にもとづく理論の必要性を次のように主張する。

確かに、どんな人間も客観的な世界における詳細な事実のすべてについて考えることはできない。……しかし、そのできるかぎり多くを考えるべきであることは確かである。政治思想は行動のために存在しているのであり、行動は、我々にとって実に不幸なことに、具体的な世界全体を扱う。それゆえに、我々の思想がその世界についての十分な絵を与えることができないかぎり、我々の最も注意深く考察された行動は失敗してしまうだろう。(238)

「理想主義学派」を批判する際のウォーラスのこのような視角と密接に関連しているのが、価値判断の源泉として宗教的確信に頼ることに対する彼の批判である。彼はこの批判をさまざまに展開しているが、重要な点は、①「確実性は真理と同じものではない」以上、「確信の感じ（feeling）は決して不可謬ではない(239)」という彼の議論と、②宗教的確信は不寛容に陥る傾向が強く道徳的価値の間の絶えざる争いをもたらす可能性が強いという彼の観察とである。逆に言えば、ウォーラスにとって、ある特定の宗教的確信がもつ価値は、それが「平和的で思いやりがあり進歩的なヨーロッパ文明(240)」をどれほど発展させてきたかによって決まるべきであった。

こうした立場から、ウォーラスは、たとえば英国はインドの独立を認めるべきか否かという問題について、「もし決定はすでに神意によって我々のために下されていると半分信じてしまうと、その問題に関する我々の判断の勇気や一貫性は低減するだろう」と論じ、その先例として、第一次世界大戦においてドイツ軍のベルギー侵攻を神意によって正当化したため、一九一六年にベルギー撤退を受け入れられなかったドイツ皇帝ヴィルヘルムを批判的に取り上げている(241)。また、教義の盲目的な信仰こそ「至高の義務となり、不信は至高の罪」となって過激な異端狩りを正当化してしまったカトリック教会に対して、「カトリック・キリスト教の創設者は、結論が導かれるに際しての方法よりも自らの論証の結論である教義を強調した点において決定的な過ちを犯した」と批判するのである。[242]

こうして、ウォーラスは、抽象的・独断的な理念を振りかざして行動の指針とするよりは、具体的な「事実」を重視し、その「事実」の間に見られる因果関係を明らかにすることで行動の指針を得ようとすることになった。ウォーラスが、「巨大社会」の問題状況を解決するために心理学を基礎としたのもこのような彼の立場からであった。その意味では、彼は「科学学派」の立場を採った。しかし、彼が第一次世界大戦を通じて科学の道具性に気づいたことに暗示されるように、ここには検討すべきいくつかの重大な留保が存在する。

その一つは、ウォーラスが、ベンサム主義やスペンサー主義といった彼以前の「科学学派」の大きな特徴であった、事実と価値との同一視という自然主義的立場を採らず、したがって、価値判断を内包した普遍的法則という観念にも懐疑的であったことである。

ウォーラスのこのような態度は、元来は、こうした普遍的法則が経験的に成立しないという論拠からきていた。この立場は彼の人間性論や歴史認識のなかに見出すことができる。たとえば、彼がベンサム主義を批判した論拠の一つは、快苦を人間行動の二大源泉と考えるその「普遍的な」原理は人間行動の動機を単純化しすぎているというものであった。彼が、J・S・ミルやプレイスの精神の危機から学び取ったのも、この「単純化の誤謬」である。[243]

また、ウォーラスが、『巨大社会』第一部において「習慣」「恐怖」「憎悪」「模倣」「愛情」「思考」といった複数の人間の「性向」を取り上げ、「それらがいかに巨大社会の必要に適応され得るかを発見しようという目的のもとに」[244]検討したのも、普遍的法則と自然主義とに対する懐疑的な態度と密接に関連していた。というのも、このとき、ウォーラスは、これらの「性向」が「特別に社会学的に重要」[245]であることを認めつつも、それらをあくまでも種の存続のための進化上の産物と捉え、起源が古いゆえに衝動力も強い「性向」に対してなんら規範性をもたせていないからである。

それぞれの「性向」は「巨大社会」に適合的であるかどうかという基準で判断される。「思考は進化において遅れているかもしれないし、衝動力において嘆かわしいほど薄弱かもしれない。しかし、その指導がなければ、いかなる人・組織とも……宇宙の広大で非人格的な複雑さのなかで安全な道を見出すことはできない」[246]というウォーラスの主張は、この点をよく示している。

さらに、歴史の自動的発展という観念に批判的であり、歴史における人間の理念の役割を強調していたウォーラスは、スペンサーが主張する普遍的な社会進化の法則という観念にも懐疑的であった。このことは、ウォーラスが、スペンサーの主張する「適者生存」の過程が「自動的に始まり」、「さらなる思考を必要ともせず、また、新たな道徳的困難を始めることもなしに人類を急速に改善する」ことを前提としていると批判し、さらに、一八五九年以後のヨーロッパ史は、スペンサーの軍事的社会から契約的社会へという「必然的な社会進化の法則」に対する「冷酷な反駁」であると論じていることに示されている。[247]

しかも、自然主義および普遍的法則に対するウォーラスのこのような懐疑的態度は、晩年に至って当時最新の自然科学に触れることで、さらに確固たるものとなった。すなわち、彼は、天体物理学者で相対性理論にも多大な関心を寄せていたアーサー・S・エディントンらがニュートンのビリヤード的イメージにもとづく原子論に異を唱えて力と物質との間の区別を放棄し始めていること、さらに、生物学者のジュリアン・ハクスレーが生物と無生物との区別の困難性を主張していることに注目し、自然科学においてさえも、唯物論的で機械主義的な世界観、つまり超自然的な主体の介入を峻拒する普遍的法則を主張できなくなったと指摘する。そのうえで、彼は、二十世紀の社会が迎えた危機に対して社会科学が義務とするのは、「人々が不可避的に従わざるを得ない社会行動の法則を発見することよりもむしろ、彼らが従うことを選択し得る社会行動の型を発明することだ」と論じるのである。[248]

しかし、ウォーラスによる「科学学派」批判を検討する際にはるかに注目しておきたいのは、彼が、「科学学派」を経験的側面から批判しただけでなく、自然主義と普遍的法則の観念とから生じる傾向が強い「科学的な心的態度」に対しても批判的になっていったことである。具体的に言えば、その批判は、普遍的法則という観念に由来する「普遍的決定論」が陥りやすい「狂信的態度（fanaticism）」や「宿命論（fatalism）」といった傾向に向けられていた。

たとえば、ウォーラスは、普遍的法則を物神的に崇拝してしまう「狂信的」傾向を十九世紀前半に英国の巨大な産業化をもたらした産業資本家層に見ている。ウォーラスの理解によれば、彼らが、「『科学』の権威を主張する」功利主義者や古典派経済学者に倣って快苦計算という「人間行動における特定の『均一性』や『傾向』」に注目し、古典派的な経済法則を「〔それに〕『従う』ことが道徳的義務である命令」と見なしたのは、それによって自分たちが「人間生活の未来全体を豊かにすることを約束する社会進歩の一部」となると考えたからであった。同じように、ソヴィエト・ロシア指導部がマルクス主義的な歴史解釈に則って資本集中と労働者窮乏化とを不可避的法則と捉え、革命を正当化し産業化を進めたのも、それによって「あらかじめ決められた『救済計画』」を実現しようとしたためであった。

しかし、ウォーラスによれば、「進歩」や「救済」をもたらそうとしたこれらの議論は、自らの信じる法則を絶対視してしまったために、一方で、十九世紀前半の産業資本家が「自らの憐憫の情を意図的に押し殺して女性や児童に対する容赦ない搾取を正当化」することにつながり、他方で、ソヴィエト・ロシア指導部による「非情な」支配を認めることとなってしまったのであった[249]。

このように「科学学派」のもつ「狂信的な」傾向を批判する一方で、ウォーラスは、「過去に起こってきたことは起こらなければならないし、我々の誰かが為すことのなに一つとして、未来に起こることを大きく変化させることはできない[250]」という「宿命論」的な現実追認主義にも批判的であった。

晩年のウォーラスが、米国において次第に支配的となった「道徳的仮面を払拭する」という意味での「暴露（debunking）」的な政治学を批判し、A・F・ベントレーの『統治過程論』をその槍玉に挙げたのも、こうした政治学が現実追認主義に陥っているからであった。すなわち、ウォーラスの理解によれば、ベントレーは「我々は社会全体の集団利益を見出すことは決してなく……社会それ自身は、それを構成している諸集団の複合体にすぎない」と論じ、政治過程において「公共善」は問題にされず、諸集団は自己利益を追求するだけであることを「暴露」したのであった。

ウォーラスは、確かにそのような「事実」や「傾向」を正面から認識すべきであることは認める。しかし、それらを価値化し、その「傾向を強める」ことには断固反対であった。ウォーラスによれば、経験的に見ても政治過程において「公共善」は確かに追求されている以上、ウォルター・リップマンのように、「真実の公衆」＝「善き市民」と「利己的な集団」とを区別して、「特別な利益」と「一般的な利益」とを調和できる主体を提示する方がはるかに実り多い議論なのであった。[251]

このように普遍的法則や「事実」を価値化する「科学的な心的態度」を批判したウォーラスは、しかし、社会科学から価値判断の要素を一切排除すべきだという議論にも反対であった。これは、『経済学の本質と意義』（一九三二年）を発表したLSEの若き同僚ライオネル・ロビンズに対する彼の批判と関わる。

ウォーラスの紹介によれば、ロビンズは、「経済学は『規範的』ではない」と考え、「経済学は諸目的の間で完全に中立的であり……目的それ自体には関わりをもたない」と主張した。それは、分析から導出される結論の「論理的一貫性」を重視するあまり、「情念的で情緒的な選好（preferences）」のような実証できない「非合理的な要素」（傍点部は原文イタリック）を経済学的分析から排除することを意味する。したがって、ロビンズによれば、「効用逓減の法則は……累進的な所得税の方が非累進的な人頭税よりも社会的配当に対して害が少ないと我々に示すことはない」のであった。

しかし、ウォーラスから見れば、このようなロビンズの議論は、これまで内閣や労働組合といった政治的主体に実際的な助言を与えてきた「経済学の有用性を著しく損ないかねない」ものであった。というのも、ロビンズの議論に従えば、「投票者として……市民は、累進的な所得税に対する自らの個人的な選好を示すかもしれないが、自分の決定を裏づけるために経済学に訴えてはいけない」ことになるからである。ウォーラスにとって、経済学を含めた社会科学は社会変革との指針として機能すべきなのであり、ロビンズのような判断停止の態度とは全く逆に、思想家は価値判断を理論に含めなければならないのである。[252]

しかも、ウォーラスは、この没価値的な社会科学の在り方が道具的理性の観念と結びつき、一種のニヒリズムに陥る危険性をも見出していた。彼は、ロビンズの次のような議論を紹介している。

政治的闘争の混乱においては、意見の相異は、目的についての相異の結果か目的を実現する手段に関しての相異の結果として現れ得る。さて、最初の型の相異に関しては、経済学であろうと他のどの科学であろうといかなる解決策も提供することはできない。もし我々が目的について同意をみないのであれば、それはそちらかこちらが血を流すこと――もしくは、相異の重大さや相手の相対的な強さに応じて互いに我慢して生きていくこと――となる。[253]

しかし、この結論は、「自然科学の組織全体」が価値判断を捨象したうえで応用科学として第一次世界大戦中に利用され、「人間の生・健康・福祉の破壊に注ぎ込まれた」と考えていたウォーラスにとって、到底受け入れられないものであった。彼にとって、社会科学の理論は、「人々が闘争や取引よりも同意によって目的を解決する」ために存在するはずだったのである。[254]

このように、ウォーラスは確かに「事実」を強調する「科学学派」の側に立ったが、それは「事実」そのものを価値化することも一切の価値判断を行わないことも意味しなかった。「我々は原因が結果を生み出す世界に生きている」以上、「ときとしてある種の努力は我々を助ける」[255]と彼が主張していることからわかるように、ウォーラスにとって重要なのは、問題状況の因果関係を解明することを通じて問題を解決することであった。彼が、アリストテレスに倣って政治学は「認識のためよりもむしろ行動のために」学ばれるべきだと論じ、また、自らの学問を「社会治療学（social therapeutics）」と称したこともあったのは、この意味においてである。[256]

したがって、彼は、「人類の歴史を通じて、また、科学のあらゆる部門を通じて、原因および結果に関する我々の知識を本当に進歩させてくれた人々は、自分たちが学んだことによって、自分たちのエネルギーさらには『自由』の感覚でさえもが、麻痺させられるよりは増大させられたのを感じてきた」[257]と主張する。彼にとっては、理想を夢想することではなく因果関係を解明することこそ人間に「自由」をもたらすはずだったからである。

しかし、一方で社会科学の理論における価値判断の重要性を説きながらも、他方で理念・教義・普遍的法則を物神的に盲信することを厳しく批判するウォーラスは、道具的理性に陥らない価値判断の可能性をどこに求めたのか。ウォーラスがその思考論・判断論において理想的な「動機」もしくは心理過程の型を論じたのは、まさにこの論点に関わっていた。そこで、次にこの問題について検討を加えておきたい。

3　ウォーラスの思考論・判断論——予備的考察

ウォーラスの思考論・判断論を検討するに際して予備的に考察しておかなければならない問題が一つある。それは、『政治における人間性』から『社会的判断』までの後期ウォーラス思想において、さまざまな名称で呼ばれている理想的な「動機」もしくは心理過程を、同一の心理過程を示すものとして考えていいのかという問題である。[258]

この問題を考える際、まず、『政治における人間性』から『思考の技術』までは、扱われている理想的な心理過程は基本的に同じであると考えてよい。なぜならば、『思考の技術』の序文において、ウォーラス自身が、「過去二十年の間、私は、折に触れて、現代心理学によって蓄積された知識が活動的な思想家の思考過程の改善にどれほど有用であり得るかという問題を探究するよう試みてきた」と述べ、その例として、『政治における人間性』から『我々の社会的遺産』までで思考論を扱った諸章を挙げているからである。(259)

したがって、ヨリ重要な問題は、ウォーラスが『思考の技術』までで専ら扱った「思考」と『社会的判断』で扱った「判断」とを異なる心理過程として考察していたかどうかという問題である。(260) ウォーラス自身は、この問題に答えていない。しかし、いくつかの理由から、この問題に関しても、ウォーラスはやはりこれら二つの心理過程を同一のものと見なしていたと考えてよい。

その理由の一つは、ウォーラスがときとして自らの理想的な心理過程に言及する際に同じ用語や例を用いていることである。たとえば、主として『思考の技術』において理想とされる「創造的思考」は、『社会的判断』において「社会的判断」と同一のものとして用いられている。(261) さらに、『思考の技術』や『社会的判断』において、ウォーラスは、詩人パーシー・B・シェリーによって為された「理性」と「想像」との間の対照に多大な関心を寄せ、シェリーの「想像」の観念を自らの「創造的思考」もしくは「社会的判断」の観念に非常に近い概念として言及している。(262) また、ウォーラスは、「創造的思考」つまり理想的な心理過程の産物として、「新たな一般化、発明、新たな観念の詩的な表現」「科学的発見」「詩作や劇作」だけでなく「重要な政治的決定の形成」をも挙げている。(263) ここからも、ウォーラスが、思考過程と判断過程とを心理的な過程としては区別せず、その過程の結果において区別しているだけであることがわかるであろう。

それにしても、なぜウォーラスは思考過程と判断過程とを心理学的に区別しなかったのだろうか。ウォーラスの「思考」概念を検討する手がかりとしてまずこの問いから考察してみよう。

まず注目されるのは、「思考の過程は、人間生活において、常に行動の過程の一部であり続けてきた」[264]という指摘に端的に示されているように、ウォーラスの「思考」の概念は、なんらかの「行動」もしくは問題の解決を前提としていることである。したがって、ウォーラスにおいて「思考」は決定と切り離すことはできず、かくして「思考」それ自身が判断の要素を含んでいた。

4　ウォーラスの「思考」の概念

このような見方は、心理学理論においてウォーラスに大きな影響を及ぼしたウィリアム・ジェイムズにすでに見られる。たとえば、彼は、精神もしくは論証をも含めた人間の思考は常に選択的であると言い、「すべての論証（reasoning）は、精神が、合理的に理解された（reasoned）現象の全体を打ち壊して部分にし、これらのなかから、我々の与えられた危急時に適切な結論に導き得る特定の一つを摘み取ることができるかどうかにかかっている」[265]と論じている。こうした議論の存在を考慮すれば、ウォーラスが思考過程と判断過程とをあえて区別しなかったのも、当時の標準的な心理学の立場にもとづいた当然の態度と考えることができよう。

ウォーラスの場合、このような「思考」概念から、思考＝判断過程は「理性（reason）」と「情緒・情念（emotion, passion）」との相互作用と見なされることとなった。たとえば、彼は、「人の心は、すべての弦が共振する竪琴のようなものであり、したがって、情緒、衝動、推論（inference）、論証（reasoning）と呼ばれる特殊な種類の推論の四つはしばしば同時的であり、単一の心的経験の混ぜ合わされた諸側面なのである」[266]と論じ、思考における情緒的側面と合理的側面との不可分性を強調している。「論理的分析」は判断過程を「想像された行動のあり得る結果に関する『合理的な』もしくは『科学的な』計算と、他の結果よりもある結果に対する情緒的な選好との二つの過程」とに区別するかもしれないが、ほとんどの決定においては「人は合理的計算と感情的衝動との間の区別を意識しない[267]」のである。

その際、ウォーラスは、この思考＝判断過程には、「理性」と「情緒」との間の比率に応じて、「自動的連想」から「明確に合理的な思考」まで相当の偏差があると考えていた[268]。「決定の過程は、どんな特定の事例においても、主として合理的か主として情緒的であり得る。しかし、情緒は多かれ少なかれ意識的な『論証』を伴いがちであり、論証は多かれ少なかれ意識的な情緒を伴いがちなのである[269]」という議論は、この点を明確に示している。したがって、「賢明な判断は、正しい論証と正しい情緒との結合を要請する[270]」〔傍点平石〕。つまり、「創造的思考」や「賢明な判断」を得るためには、この思考＝判断過程を理想的な状態に改善しなければならないのである。

この理想的な思考＝判断の在り方を、ウォーラスは、プラトンから引照して「理性と情緒との調和」と表現している[271]。具体的に言えば、それは、すべての論理的含意を「考え抜く」だけでなく、それらがもたらす意味を「感じ抜き」、そのうえで、「情緒」と「論証」とを「想像」へ導くように単一の過程にもち込むということであった[272]。また、心理学的に説明するために、ウォーラスはこの同じ過程を「準備（preparation）」「潜伏（incubation）」「解明（illumination）」「立証（verification）」の四段階に分けて分析している。

この四段階説によれば、「準備」と「立証」との段階においては、意識的に知識を集め、論理的規則によって問題の領域を分割し、新しい観念が得られたのちには、その妥当性を試験するために、論理的推論が優位的に機能する。これに対して、「潜伏」「解明」の段階においては情緒的要素が加わる。つまり、「潜伏」期の段階では、特定の問題について自発的もしくは意識的に考えることはないものの、無意識的で無自覚な心理過程が起こっている。そして、この段階の次の「解明」に至って、創造的な観念が即時的にかつ予期せぬうちに現れるのである。

この「潜伏」から「解明」への過程を説明する際に、ウォーラスが特に注目したのは、「解明」に先行し一連の暫時的で不成功に終わる連想の連鎖が起こる「暗示（intimation）」である。というのも、この「暗示」が、新たな観念を求めて、意識下もしくは「我々の『焦点のあった』意識の周囲にある意識の『縁』[273]」で起こると考えたウォーラスは、ここにこそ、「情緒」もしくは「感情」が機能し既存の論理連鎖を超越するために必要とされる場を見出したからである[274]。

このような思考＝判断過程は、宗教的教義や独断的理念の盲信、さらに、事実や普遍的法則の絶対視に由来する「宿命論」や「狂信的態度」といったウォーラスが批判した「心的態度」とは対照的に、一方であらゆる先験的・形而上的原理から自由でありながら、他方で論理的一貫性を追求する「心的態度」をもたらすはずであった。もっと言えば、この理想を提案することでウォーラスが狙ったのは、「不偏の思考（unbiassed thought）[275]」の動的で弁証法的な概念の可能性を示すことであった。

それを示唆するのは、ウォーラスにおける理想的な思考＝判断過程の特徴の一つが、「思考」の主体ができるだけ多くの要素を考慮に入れ、独断的・先験的な原理から自由である点に求められることである。ウォーラスが「先験的な演繹」や「単純な原理からの演繹的思考」と対照させる形で「数量的思考」の観念を主張した理由はここにあった[276]。

その際、この「数量的思考」とは「必ずしも、もしくは一般的にさえも、数量的な統計との関連で思考することを意味」しない[277]。むしろ、この「数量的思考」の重要性は、対象の独自性や偏差を十分考慮に入れることにある。「個物の独自性は非常な重要性を有する[278]」。したがって、「政治思想家」は、「すべての個別的な事例は他の事例とは異なること、どの結果も多くの可変的な原因の関数であること、それだからこそ、どの行為の結果についての計算も、その条件のすべてとそれらの相対的重要性とが考慮に入れられないかぎり正確ではあり得ないこと[279]」を心に留めておかなければならないとされる。

ウォーラスが「原理」や「一般化」に対して「経験」の重要性を説いたのも同じような理由にもとづく。彼は、もし、ある政治的伝道者が「自分は『原理』の人であると宣伝し、自分の一般化から自分の経験を乖離させ続ければ、彼はうるさいだけのシンバルになるだろう」と論じ、「経験は、常時、単純で壮麗な一般化を大量の細部に代える」ことを認識しなければならない、つまり、先験的・独断的な原理・理念・法則を常に「個別的な事例」や「経験」によって相対化しなければならないと説くのである。[280]

だが、このような「数量的思考」を実践する際に、思考＝判断過程の主体が行う価値判断の問題はどうなるのか。ウォーラスが、「数量的思考」という観念を提示したとき、J・A・ホブソンやディッキンソンが批判したのは、まさにこの点に関わっていた。

たとえば、ホブソンは、ウォーラスが、次元の異なる政治的争点に対する政治家の判断の在り方に関して「行動するものは誰でも、自らの前にあるすべての選択肢をなんとかして秤にかけるものだ」と論じたことを取り上げ、選択肢を数量化しようとする議論を次のように批判する。

感情（feeling）にさまざまに訴えかけてくるいわゆる質的相異は、すべて数量に還元されて均衡状態にされ、行為は天秤の傾きによって決まってくるのであろうか。絶対に確かなことは、主体である私はいくつかの考察すべき問題に重要性を付し、その重要性は……私の本性という資質に由来していること、そして、私の本性の一体性と独自性とは、意識的・無意識的な計算者の過程よりは、むしろ、芸術家のそれにしたがって立ち現れるということである。[281]

したがって、ホブソンにとって、重要な政治的判断等は、確かに「数量的な」過程によって多くの考慮すべき問題の間の均衡をとることを「含んで」いるが、そこに「存する」わけではなく、「単なる均衡過程の研究によっては評価され得ない」のであった。要するに、「質的相異を数量に還元することは最終的に不可能」なのである。[282]

また、ディッキンソンも、ウォーラスの「数量的思考」という観念に対して、「答に辿りついたから答に至るまでの過程が数量的であるはずだと言うことは容易だが、これは純粋な仮定であるように見える」と述べ、「選択という行為は……神秘的で説明不可能だ。我々は、『賛成』と『反対』とを『意識下の自己』という魔法の泉に投げ込む。すると、ほどなく決定が表面に浮かんでくるのである」と論じている。結局、ディッキンソンにとっても、思考＝判断過程において注意すべきなのは、数量的な均衡化過程よりも「価値判断」なのであった。ここから、政治における「理念」の重要性が主張される(283)。

ホブソンやディッキンソンによるこのような批判に対し、ウォーラスは次の二つの応答を用意していたと言ってよい。一つは、理想的な思考＝判断過程を論じるに際して、彼は「価値判断」の問題を決して看過したわけではなく、むしろ、「情緒」「感情」「情念」の重要性を強調することでこの問題を考慮に入れていたというものである。というのも、ウォーラスが思考＝判断過程におけるこれらの「情緒的な」要素の重要性を強調したのは、これらが思考上の「動機」を与えるだけでなく、「価値の尺度を決定する」と考えていたからである(284)。

その際、重要なことは、ウォーラスが、こうした「情緒的な」要素をホブソンやディッキンソンのように所与の固定的なものと前提するよりは、それを豊かにすることを強調している点である。たとえば、彼は次のように論じている。

もし論理的一貫性のない連想の豊かさが信頼できないとすれば、連想の豊かさを伴わない論理的一貫性は不毛である。持続的な思考のすべての段階――最初の仮説の形成、実験の発明、予期されなかった証拠の重要性の看破、我々の結論に含まれるすべてのことの評価――において、我々は観念の流れに依存しており、その観念の流れは、我々が人間的な材料を取り扱っているときには、大部分において、我々の論証的過程と同様、我々の情緒的過程の豊かさにも依存している(285)。

もっと言えば、思考＝判断の主体が、なんらかの厳格な「原理」や「先験的な演繹」から自由となり、さらなる「経験」とヨリ新しい連想の流れに開かれるためには、豊かな「情緒」を必要とするのである。ウォーラスが理想的な思考＝判断過程を論じるに際して、「考え抜く」だけでなく「感じ抜く」ことの必要性を強調したのは、まさにこのためであった。

しかし、豊かな「情緒」によって新たな「経験」を受け入れられるとして、この心理過程の結果が「不偏」である保証をどこに見出せるのか。この問題が、価値判断の問題に関してウォーラスがホブソンらの批判に対して用意した第二の応答と関わってくる。

このとき、ウォーラスがなんとしても避けようとしたのは、「情緒」と「本能」とを等値化し、「情緒」＝「本能」が価値判断の淵源である以上、「理性」は「情緒」＝「本能」の道具にすぎないという「機械的な」思考概念であった。ウォーラスは、このような思考概念の代表的論者として、「思考にはなんら独自の影響力はなく」、それは「情念の奴隷であるし、それだけであるべきであり、それらに奉仕し従う以外になんの機能も主張できない」[286]と考えたヒュームを挙げているが、このような概念は当時の心理学・生理学でもかなり広く受け入れられていたものであった[287]。そうした「機械論」学派の理解によれば、脊髄、それに関連した交感神経の中枢、そして脳底部 (lower brain) といった神経組織の原始的な部分が「力」をもち、脳上部 (upper brain) といったヨリ最近に発達した神経組織はその「機械」であった。ここから、『『本能』『情緒』『本能的情緒』は『力』であり……『知性』や『理性』は『機械』である」という結論が導かれる[288]。

このような「機械論的な」思考概念は、道具的理性の観念が第一次世界大戦等の甚大な不幸をもたらしたと考えていたウォーラスにとって、理想的な思考＝判断過程としてとても受け入れられるものではなかった。したがって、彼は、「本能」や「本能的推論」は「思考」の「動機」として作用し得るし、「思考」の材料となり得、我々の連想や推論の範囲を増大することによって「思考」を助けることを認めながらも、次のように主張するのである。

> 思考は……真実の性向であるがゆえに、他の性向〔つまり、ヨリ本能的な他の性向〕のすべてと同じように、それが適切な刺激の一団や行動の適切な軌道を有するだけでなく、適切な情緒――情念にまで高められ、秩序づけられた美の感覚によって調和され得る情緒――をもっている。[289]〔傍点平石〕

つまり、ウォーラスは、思考＝判断過程が、ヨリ「本能」的な「性向」によって生み出される「情緒的選好」とは別の自らの「衝動」をもち、自発的に始まり得ると論じるのである。彼は、この特有の「情緒」を「重要性の情緒」とも呼び、「我々の前にあるなんらかの物質的対象が宇宙全体に対してもつ関係を見る感じ」もしくは「なんらかの常識的な事実やことわざが新しくヨリ強烈な独特の意味をもつ突然の感覚」と描写している。[290]

加えて、彼は、「機械論」学派が生理学にもとづいて「機械的な」思考概念を裏づけたのに対抗するため、同時代の著名な教育学者であったトマス・P・ナンの「ホーミズム（hormism）」という概念を援用している。この「ホーミズム」によれば、有機体としての人体は、全体としては組織の善を確保するために協働する傾向があるが、各部はある程度の自発性を保持している生きた要素の結合であった。ここから、ウォーラスは、「脳上部の皮質は……自身の自発性によって、行動についての自身の必要を満たし、有機体全体における自身の機能を実行するために、思考の過程を開始するかもしれない」という可能性を指摘する。[291]

こうして、ウォーラスの理想的な思考＝判断過程においては、たとえこの過程のなかに「本能的情緒」の要素が組み込まれているとしても、「理性」は「情緒」の道具として機能することはない。したがって、その過程の産物である思想および判断は、「創造的」であるだけでなく「不偏」であり、「非利己的」であるという意味で「社会的」であるはずであった。[292]

しかし、このような思考・判断過程によってもたらされた新たな観念ないし「真理」も、今度は逆に、究極的・絶対的な「真理」として君臨するのではないのか。そうだとすれば、ウォーラスのいう理想的な思考＝判断過程もまた、彼が批判した「科学的な心的態度」や「宗教的な心的態度」と同じように、独断性という問題を生んでしまうのではないだろうか。これらの問いに対するウォーラスの回答こそ、ここで触れるべき最後の論点となる。

結論的に言えば、ウォーラスにとって、理想的な思考＝判断過程の結果としての「創造的思考」や「社会的判断」は、究極的な真理や最善の判断と同じものではない。というのも、理想的な思考＝判断過程は、ほとんど終わりのない弁証法的過程として考えられているからである。

ウォーラスの見解では、世界は広大であり自我の外側に存在する。したがって、人ができることは、この世界における網羅的ではなくいくつかの部分的な因果連関を把握することにすぎない。この観念は、ウォーラスが科学、特に社会科学において普遍的法則の概念を峻拒したことと密接に連関している。しかし、ウォーラスは、これらの部分的な因果連関の鎖の長さが各人の価値体系によってかぎられたままだとは考えなかった。むしろ、彼は、各人は「考え抜く」だけでなく「感じ抜く」ことを通じて、「新たな真理」、つまりヨリ普遍的・創造的で賢明な観念に到達することができると考えていた。

ウォーラスが、一方で、人々は「行為の整序（ordering）を通じて思考の整序を達成する」と『思考の方法』（一九一〇年）で主張するジョン・デューイを批判し、他方で、宇宙の矛盾する解釈をもてあそぶ傾向のあるショウの精神的習慣に留保を付したのは、まさにこの理由からであった。

確かに、ウォーラスはデューイと同様に「行為」が「理性」と「情緒」との間のなんらかの連携（co-ordination）をもたらすことを認める。[293] 実際、ウォーラスの「思考」の概念自体、なんらかの行為を前提としていた。しかし、ウォーラスの見解によれば、この結合は、思考＝判断過程において、「情緒」もしくは「感情」が「新たな真理」のために働いている段階である「暗示（intimation）」のために犠牲にされなければならないのであった。

〔ある思想家の〕仕事の効率が究極的に依存しているのは、新しく確信に満ちて一体化した自己の部分では全くなく、曖昧に心を乱すようななんらかの暗示であろう。その重要性は、自己の外側にある世界における原因と結果との関係から生じ、それのみが、意志の困難な努力によって意識の表面にもち来たらされ得るのである。[294]

他方で、ショウの精神的態度を批判しながら、ウォーラスは、思考＝判断過程において、思想家は、「暗示」のあと、新たな観念の論理的一貫性が実証される最後の段階である「立証」を行い、「理性」と「情緒」との間の連携を再生しなければならないと論じる。それゆえに、ショウの好む矛盾した解釈、つまり「暗示」の産物は、「決定の選択や連想のヨリ広い領域を生み出す際に、その分だけ助けになるかもしれない」ものの、それだけで「申し分なくはあり得ない」。「不自由な足で痛みを伴う歩みとともに、証明が暗示に続かなければならない」のである。[295]

このように、ウォーラスにとって、理想的な思考＝判断過程は実質的に終わりのない弁証法的過程であった。この過程において、精神は絶え間なく広大な世界に曝され、新たな真理を求めてなんらかの新たな連想群を把握しようとするゆえに、精神の「調和」は継続的に犠牲にされ再生される。ここにこそ、ウォーラスが古代ギリシアの思想家を高く評価した理由があった。というのも、思考の結論を強調したカトリック・キリスト教の創設者と異なり、ギリシアの思想家たちは、真理が獲得され得る方法を強調し、「よし何処に行こうとも、ロゴスの導くところまで」と主張したからである。[296]

かくして、ウォーラスは、決定論や独断論から自由ではあるが論理的な一貫性にもとづいている「不偏の思考」もしくは「公平無私な思考（disinterested thought）」の可能性を考察した。そして、これこそ、彼が探し求めた理想的な「動機」だった。というのも、もし「政治的発明家」や「社会的発明家」がこれらの「動機」をもつようになれば、彼らは、独断的・抽象的・先験的な理念・教義・法則に拘泥することなく常に新しい「事実」を考慮に入れながら「一般的な人間の善」を目指し、「巨大社会」にヨリ適合的な制度改革を構想し続け、またその実現を図り続けるはずだったからである。(297)

VI　小括

以上、後期ウォーラスの思想を、①その問題設定、②問題解決のために考案された心理学的理論の構造、③その理論的枠組にもとづいた具体的な改革案という三つの側面から検討してきた。そこから明らかになったのは、後期ウォーラスにおいて展開される一見雑多なほど多様な論点が、実は一貫した問題関心に由来していたことである。その問題関心とは、社会規模の拡大と共同体意識の稀薄化とが同時進行する「巨大社会」の問題状況をいかに解決するかという問いであった。

具体的に言えば、ウォーラスは、「人間性と環境」という心理学的理論を通じて、（a）「巨大社会」のもたらす問題が、高度な組織化や非人格化が進む〔現実〕環境」＝「巨大社会」と太古に進化して以来一定である「人間性」との間の「調和の欠如」に由来することを明らかにし、さらに、（b）制度・習慣・観念といった「〔擬似〕環境」を積極的に改変することでこの問題状況の克服が可能であることを示した。そして、ここから、彼は、社会経済制度や政治制度に関するさまざまな改革案を示しただけでなく、最終的には、理想的な思考＝判断過程の在り方の模索に焦点を合わせ、国内と世界との両方における「協働」の可能性を模索したのである。

すでに指摘したように、ここに見られる後期ウォーラスの問題関心は、政治的・経済的平等をいかに達成するかという初期ウォーラス＝フェビアン社会主義の問題関心の狭隘さを克服しようとして生まれたものであった。その意味では、初期ウォーラスと後期ウォーラスとの間には非連続性を認めることができる。しかし、他方で、両者は、①共同体を再構成する重要性の認識と②産業化・都市化を不可逆的趨勢とする歴史認識とを特徴とする思考枠組において は連続していた。たとえば、後期ウォーラスの思想も、初期のそれと同じように、「個人主義」＝自由放任主義に対する批判に根ざしていた。というのも、合理的な個人による自由な私益追求が予定調和的に公益を達成するという「個人主義」的図式を根底から問い直し、「協働」の人為的創出によって「人間性」と「巨大社会」との間の齟齬をなんとか調和させようというのが後期ウォーラス思想の狙いだったからである。

だが、このような議論は、改めて、ウォーラスにとって共同体とは何を意味していたのかという疑問を提起する。この疑問は、ウォーラスにおいて、①共通の利害関心が設定されるべき空間としての「巨大社会」と、具体的に領域的枠組が設定される現実の共同体との間の関係がどう考えられていたのか、②「協働」と個人の自由との関係がどう考えられていたのか、③それとの関連で、思考＝判断の重要な主体たる「非凡な諸個人」と「同意」「討論」との関係がどう考えられていたのかという三つの問題につながる。そこで、最後に、ウォーラスの議論は現代に対してどのような問題を投げかけるかを考えながら、これらの点についてこれまでの議論も踏まえつつ検討し直し、本書を締め括ることとしたい。

（1）本書第二章第Ⅳ節の3を参照せよ。
（2）*HNP*, p. 269.（邦訳、二二八頁）
（3）*GS*, p. 3.
（4）Ibid., p. 4.
（5）Ibid.
（6）Ibid., p. 8.
（7）'A Short Report of the Speech of Mr. Graham Wallas at the Meeting in the Shoreditch Town Hall' in *Shoreditch Observer*, p. 46.
（8）Ibid.
（9）Ibid.
（10）Ibid.
（11）*GS*, p. 3.
（12）本書第一章第Ⅴ節の4を参照。
（13）本書第三章第Ⅵ節の1を参照。
（14）*HNP*, p. 271.（邦訳、二二九—二三〇頁）
（15）Ibid., p. 272.（邦訳、二三〇—一頁）
（16）Ibid.
（17）*GS*, p. ix.
（18）*HNP*, p. 271.（邦訳、二二九頁）
（19）*GS*, pp. 6-7. また、*HNP*, pp. ix-xi.（邦訳、「第三版への序文」五—六頁）
（20）*GS*, p. 8.
（21）Ibid., p. 4.
（22）Ibid., p. 12.
（23）Ibid., p. 10.

(24) Ibid., p. 11.
(25) Ibid.
(26) Ibid., p. 14.
(27) Ibid., p. 13.
(28) Ibid., pp. 11, 13.
(29) Ibid., pp. 14-5.
(30) ここでウォーラスが「科学」としての心理学をその政治理論の土台に据えたこと自体、重要な態度決定を含んでいるが、この問題については本章第Ⅴ節で扱う。
(31) *GS*, p. 5.
(32) Ibid., p. 6.
(33) Graham Wallas, 'Decay of Liberalism' (at South Place, Oct. 1901), W. P. File 6/7, p. 288.
(34) Ibid., p. 291.
(35) Ibid., pp. 288-90.
(36) Ibid., p. 289.
(37) Ibid., p. 291.
(38) ウォーラスが、一八七〇年代にはベンサム主義の「最大幸福」に代わってスペンサーの「適者生存」が支配的となったという理解をしていたことについては、Wallas, 'The English Radicals', pp. 68-9 や、*HNP*, pp. 13-4（邦訳、二二―三頁）を参照せよ。
(39) *GS*, p. 8. なお、ウォーラスは、一九二一年に、ショウの著した『メトセラへ還れ』の序言の草稿に感想を寄せるなかで、二十年前の自分は「純粋なダーウィン主義者」で「自然淘汰によって小さな偶然の変異が新しい種に変わると信じていた」が、いまでは「大きくて突然の遺伝可能な変化」が重要なのだと突然変異説から学んだと記している。その意味では、「人間類型」自体の変化の可能性をヨリ受け入れるようになったと言える。しかし、こうした修正にもかかわらず、ウォーラスが受け入れなかったのは、獲得形質の遺伝であった。彼は、やはり同じ手紙のなかで、進化の原動力としてショウが提示する「生命力」の理念を念頭に置きながら、ベルクソンの「生命主義」や「生の躍動」を突然変異の「原因」に関する「役に立つ形而上学的仮説」としてもいいが、「習慣の遺伝」を生物学的に認めるショウの立場はとらないと述べている。ウォーラスによれば、ある男性が、自転車に乗れるようになる前後で一人ずつ息子を授かったとしても、最初の息子の方が二番目の息子よりも自転車に乗れるようになる「自然な能力」において劣っていることはない。(Graham Wallas to George Bernard Shaw (1921), British Library, Shaw Papers, Add. 50553, pp. 7-10.)

なお、ショウは、ダーウィンを批判したサミュエル・バトラーの進歩観から影響を受けているが、これらの点に関しては、たとえば、Basil Willey, ***Darwin and Butler: Two Versions of Evolution*** (London, 1960)（松本啓訳『ダーウィンとバトラー――進化論と近代西欧思想』みすず書房、一九七九年）を参照。

(40) *HNP*, p. 59.（邦訳、五八頁）

(41) ウォーラスは、『政治における人間性』では、ジェイムズの用語法に倣って「人間性」の要素を「本能」や「衝動」としていたが、『巨大社会』では、自分が単なる「反主知主義者」ではなく知性を重視する立場であることを鮮明にするために、「性向」というヨリ中立的な用語に置き換えている。(*GS*, pp. 42-3 n.)

(42) William James, ***Psychology: Briefer Course*** (New York, 1892), p. 3.（今田寛訳『心理学』（上）岩波書店、一九九二年、二四頁）

(43) *HNP*, pp. 25, 27.（邦訳、三〇、三二頁）

(44) Wallas, 'Darwinism and Social Motive' reprinted in *ML*, p. 91.

(45) *GS*, pp. 66-7.

(46) *HNP*, pp. 270-1.（邦訳、二二九頁）

(47) Ibid., p. 272.（邦訳、二三〇頁）

(48) Ibid.

(49) *GS*, p. 67.

(50) Ibid., p. 33.

(51) ウォーラスにおける「環境」概念の混乱については、拙稿「グレーアム・ウォーラスにおける〈世界観〉としての〈科学〉――ある忘れられた思想家の忘れられた試み」（『成蹊大学法学政治学研究』第一九号、一九九八年十二月）、一四四―七頁を参照のこと。また、田口『社会集団の政治的機能』、二九八頁をも参照。なお、周知のように、本文でこれら二つの

「環境」概念を整理するために借用した「擬似環境」および「現実環境」の観念を生み出したリップマンは、ウォーラスが一九一〇年にハーヴァード大学で講義をした際の聴講生の一人であり、ウォーラスから強い影響を受けていた。

（52）*HNP*, p. 61.（邦訳、六〇頁）

（53）Ibid., p. 64.（邦訳、六二頁）

（54）E. g. *HNP*, ch. 2.

（55）E. g. *OSH*, ch. 1.

（56）たとえば、『政治における人間』でのウォーラスの次のような議論を参照せよ。「ときとして、〔(擬似) 環境の〕かかる重要性が自然によって我々に自動的に示されている。野獣の唸り声、流血の光景、苦しさに泣く子供の泣き声は経験や教授の必要なしに、人間感覚の流れのなかで際立つ。……ときには、ある感覚の意義は個々の動物によって一生の間に学び取られなければならない。たとえば、鼠の意義を本能的に知っている犬も、鞭……の意義を経験と連想とによって学び知る場合がそれである。」（*HNP*, pp. 62-3.〔邦訳、六一頁〕）

ほとんど同じことを、ウォーラスは『我々の社会的遺産』では次のように述べる。「我々の『育ち』は二つの部分に分けられるかもしれない。第一の部分は、我々の各人が他の人間から学び取ることなしに自分自身で獲得するものからなる。第二の部分は、元来は個人が自分で獲得したものの、のちに教授や取得といった社会的過程によってある世代から別の世代へ受け継がれてきた知識・方便・習慣からなる」（*OSH*, p. 16）。そして、この第二の「育ち」を彼は「社会的遺産（social heritage）」と呼び、「人はその社会的遺産の範囲とそれに対する依存の程度とにおいて他の動物と大きく異なる」と論じている。（Ibid.）

（57）*GS*, p. 22.

（58）*OSH*, p. 15.

（59）杉田敦「人間性と政治」（上）、一〇一—二頁。

（60）Wallas, 'Darwinism and Social Motive' reprinted in *MI*, p. 90.

（61）Graham Wallas, 'The Criticism of Froebelian Pedagogy' reprinted in *MI*, p. 137.

（62）*HNP*, p. 5.（邦訳、一六頁）

（63）*GS*, pp. 9-10.

(64) また、この著作の発表と同じ頃に行われた講演のシラバスをも参照せよ。この講演で、ウォーラスは、「病気や飢餓によって人類の数が急激かつ大きく減ることは望ましくない」以上、「人間は、現代の産業国家（modern industrial state）よりも小さくない単位において、特定の経済的・社会的・知的目的のために協働し続けることが望ましい」としている。(Graham Wallas, 'The Limits to Political Democracy' (Oct., 1921), W. P. File 6/9, p. 40 v.)

(65) *OSH*, p. 25.

(66) Ibid., p. 86.

(67) Ibid., pp. 86–7. ウォーラスが、「巨大社会」における習慣の重要性を認めながらも、「我々自身と同じような変革の時代」にあったペロポネソス戦争前後の古代ギリシア世界に生きた「アリストテレスにとって、徳とは単なる習慣ではなく、『確立した道徳的選択の状態』」であり、そこには「プラトンが哲学と呼んだもの」「思考」が含まれると強調するのも、このような心理学的分析にもとづく（*GS*, pp. 74–7）。

(68) *OSH*, p. 87.

(69) Graham Wallas, 'English Teacher's Organisations' in *The New Statesman*, Vol. 5 (Sep., 1915), p. 586 でのフリードリヒ・ナウマンに対する批判を見よ。なお、ナウマン批判は、*OSH*, pp. 160–1 でも繰り返されている。

(70) *OSH*, pp. 87–8.

(71) Ibid., p. 101.

(72) Ibid.

(73) *HNP*, pp. 121–34（邦訳一〇九―一二〇頁）; *GS*, pp. 20, 57-8. このような「人間性」における「偏差」の重要性を、ウォーラスは生物学を数理的に研究した優生学者カール・ピアソンから学んでいるが、ダーウィン主義の間接的な影響を受けているとも言える。というのも、ダーウィンの従弟であるフランシス・ゴールトンによって始められた優生学は、生物的な変異が環境への適応・不適応をもたらし適者生存と進化とをもたらすというダーウィン主義的観点から強い影響を受けていたからである。(Duane Schultz, *A History of Modern Psychology* (New York, 1981, 3rd ed.).〔村田訳『現代心理学の歴史』培風館、一九八六年、一二〇―一二頁〕)

(74) *OSH*, p. 89.

(75) Ibid., pp. 89–90.

(76) *GS*, pp. 6–7.
(77) *OSH*, p. 90.
(78) Ibid., pp. 91–2.
(79) Ibid., p. 92.
(80) Ibid., p. 93.
(81) *GS*, p. 326.
(82) Ibid., pp. 331–2. See also, *OSH*, pp. 31–2.
(83) *GS*, pp. 337–8.
(84) *OSH*, pp. 93, 101.
(85) Ibid., pp. 95–6.
(86) Ibid., p. 97.
(87) Ibid., pp. 99–100.
(88) Ibid., pp. 97–9, 100.
(89) *AT*, pp. 266–78.
(90) *OSH*, p. 93; cf., PUS, pp. 135–6.
(91) *OSH*, pp. 93–4.
(92) Ibid., p. 102.
(93) Ibid., pp. 101–2.
(94) Graham Wallas, 'Government' in *Public Administration*, Vol. 6 (1928), p. 3. なお、この論説は、'British Civil Service' として *MI* に再録されている。
(95) Graham Wallas, 'The American Analogy' in *The Independent Review*, Vol. 1 (1903), p. 511.
(96) Graham Wallas, 'Part II The Organisation of Wisdom: Unfinished Introductory Chapter', W. P. File 3/4, Box 4, p. 8. これは、『社会的判断』第二部の未定稿の一部である。頁数は、ウォーラス文書としては未整理なので、ウォーラスもしくは娘のメイ・ウォーラスによって付されたものである。

(97) Graham Wallas, 'Democracy and the Dangers of Reaction' in *The Christian Commonwealth* (Nov., 1916), p. 74. See also, *GS*, pp. 296–7.

(98) Wallas, 'The American Analogy', p. 507. なお、「新しい社会」の「解剖学」としての性格をもつオストロゴルスキーの民主主義論・政党論をM・ウェーバーのそれと比較した例として、亀嶋庸一『ベルンシュタイン――亡命と世紀末の思想』みすず書房、一九九五年、第II部第三章「オストロゴルスキーとウェーバー」。

(99) Wallas, 'The American Analogy', pp. 507–8.

(100) Ibid., p. 507.

(101) Ibid., pp. 508–10.

(102) Ibid., pp. 509–10.

(103) Ibid., p. 513.

(104) *HNP*, pp. 209–11.（邦訳、一八一―三頁）

(105) Ibid., pp. 211–3.（邦訳、一八三―四頁）

(106) Ibid., pp. 214–7.（邦訳、一八五―七頁）

(107) Ibid., p. 218.（邦訳、一八八頁）

(108) Ibid., pp. 217–26.（邦訳、一八七―九四頁）

(109) Ibid., pp. 226–8.（邦訳、一九四―六頁）

(110) Graham Wallas, 'Fragment (6): Eighteenth Century and Modern Conceptions of Democracy', W. P. File 3/4, Box 4; 'Fragment (7): Modern Conceptions of Democracy', W. P. File 3/4, Box 4.

(111) *HNP*, p. 254.（邦訳、二二六頁）

(112) Ibid., p. 249.（邦訳、二二二頁）

(113) Ibid., pp. 244–9（邦訳、二〇九―一二頁）; Wallas, 'Government', pp. 3–4. この点に関して、杉田は、「特定の社会的・経済的利害関心と結びついていないという判断のもとで、官僚制は投票者の『思考』条件の整備機関として期待されているにすぎず、それ自体が『思考』の場として評価されたわけではない」と論じている（杉田「人間性と政治」（下）、一三一―二頁）。しかし実際には、ウォーラスは、問題があることも意識しつつ、（特に上級）公務員の知的生産性を高く評価していた（E. g., *GS*, pp. 268–70）。公務員に対するウォーラスのこのような態度は、フェビアン時代からの彼の友人であるシドニー・ウェッブやシドニー・オリヴィエが非常に優秀な植民省の公務員であったこと、特にオリヴィエに至っては、ジャマイカ総督としてその有能さが知られていたことがあったと言ってよい。事実、ウォーラスは、公務員の「知的発明や知的自発性」の養成について語る際、たびたび二人を例にとっている（Wallas, ‘Government’, pp. 10–2; Graham Wallas, ‘Conditions of Organised Purpose’（A Report of the Lecture to the Institute of Public Administration）（Nov. 9, 1922）, W. P. File 2/7, p. 11）。ここで重要になるのは、公務員と政治家・国民との間のあるべき関係だが、この問題に対してウォーラスは正面から十分に答えてはいない。この点に関してラスキやジマーンから批判がなされた所以である（H. J. Laski, ‘Mr. Wallas as Social Analyst’ in *The Nation and the Athenaeum*, Vol. 29（April, 1921）, p. 61; Alfred Zimmern, ‘Democracy and the Expert’ in *The Political Quarterly*Vol. 1, No. 1（Jan., 1930）, p. 10）。なお、この点に関連して本書終章を参照。

(114) Wallas Syllabus [6], p. 11.

(115) *HNP*, p. 201.（邦訳、一七四頁）

(116) MacKenzie, *The First Fabians*, pp. 325–6.（邦訳、三八一―二頁）なお、ウェルズのこうしたユートピア観に対する批判の一例として、J. A. Hobson, ‘The New Aristocracy of Mr. Wells’ in *CR*, No. 89（1906）, pp. 487–97.

(117) Reba N. Soffer, *Ethics and Society in England: The Revolution in the Social Sciences 1870-1914*（Berkeley, 1978）, pp. 3–4.

(118) Graham Wallas, ‘Fragment（5）: Problem of Form of Government. Dictatorship v. Democracy’, W. P. File 3/4, Box 4; ‘Fragment（5 a）: Dictatorship or Democracy. Not Consecutive’, W. P. File 3/4, Box 4. また、G. B. Shaw to Graham Wallas（Feb. 7, 1927）, W. P. File 1/89 に添付されたW・S・ケネディー宛の手紙を参照せよ。

(119) *HNP*, pp. 200–2.（邦訳、一七四―五頁）

(120) Wallas, ‘The American Analogy’, p. 509.

(121) Wallas, ‘Fragment（7）: Modern Conceptions of Democracy’.

(122) Graham Wallas, ‘Fragment（8）: Democracy and Intellectual Freedom’, W. P. File 3/4, Box 4.

(123) *HNP*, pp. 203–4.（邦訳、一七七頁）

(124) Wallas, ‘Part II The Organisation of Wisdom: Unfinished Introductory Chapter’, pp. 12–3.

(125) *HNP*, p. 200.（邦訳、一七三頁）

(126) Weintraub (ed.), *Bernard Shaw: The Diaries*, Vol. 2, pp. 964–5.

(127) Sidney and Beatrice Webb, 'What is Socialism?' in *The New Statesman*, Vol. 1 (June 21, 1913; August 23, 1913), pp. 332–4, 622-3.

(128) Wallas, 'English Teacher's Organisations', p. 586. その意味では、ウォーラスが職能団体理論に注目したのは、その特徴として一般によく取り上げられる国家主権批判に関心をもったからではない。（職能団体理論や政治的多元主義のこのような理解については、たとえば、藤原保信『二〇世紀の政治理論』岩波書店、一九九一年、一頁、第一部を参照）

(129) *OSH*, pp. 102–3.

(130) *GS*, p. 305.

(131) Ibid. F. Challaye, *Le Syndicalisme révolutionnaire et le Syndicalisme réformiste* からのウォーラスによる引用。

(132) *GS*, p. 305.

(133) Ibid., p. 306.

(134) Graham Wallas, 'Mr. Graham Wallas on Syndicalism' reported in *The Sociological Review*, Vol. 5 (1912), p. 248.

(135) *OSH*, p. 105.

(136) Ibid., p. 106.

(137) Wallas, 'Mr. Wallas on Syndicalism', p. 249.

(138) *GS*, pp. 307–8.

(139) *OSH*, p. 108.

(140) Ibid.

(141) Ibid., pp. 110–3. See also, *GS*, p. 308; Wallas, 'Mr. Graham Wallas on Syndicalism', p. 249.

(142) *OSH*, p. 116.

(143) Graham Wallas, 'Acquisitive Society' in *The Nation and the Athenaeum*, Vol. 29 (June, 1921), p. 401.

(144) *OSH*, pp. 115–6.

(145) *GS*, pp. 306–7. See also, *OSH*, p. 105. なお、『我々の社会的遺産』では、ウォーラスは、サンディカリストによるこのようなベルクソン理解が一種の誤解であり、ベルクソンの直観哲学は、合理的論理が働くはずの因果の領域 (sphere of causa-

tion）の外側に、計算しきれない人間の衝動を考えることで、決定論のジレンマを克服しようと構想されたものだと評価し直している（*OSH*, pp. 248–9）。

(146) *GS*, pp. 308–9.

(147) Laski, 'Mr. Wallas as Social Analyst', p. 61.

(148) Wallas, 'English Teacher's Organisations', p. 587. See also, *OSH*, p. 107.

(149) Ibid.

(150) *GS*, p. 318.

(151) Ibid., p. 317.

(152) *HNP*, p. 249.（邦訳、二一二頁）

(153) A Correspondent, 'Parliament and the Report on the Civil Service' in *The New Statesman*, Vol. 3 (April, 1914), p. 71. この記事は、匿名になっているがウォーラスによるものとされている。

(154) *HNP*, pp. 256–8（邦訳、二一八―二〇頁）; Graham Wallas, 'Local Officials and the Municipal Reforms: An Urgent Need' in the *Local Government News*, Vol. 6, No. 2 (Feb., 1929), p. 18.

(155) これらの改革案については、*HNP*, pp. 260–7（邦訳、二二一―六頁）のほか、Wallas, 'Parliament and the Report on the Civil Service', pp. 72–3; Wallas, 'Government', pp. 12–4; Herman Finer to May Wallas (July 13, 1939), W. P. File 19/3 を参照のこと。

(156) *OSH*, p. 200.

(157) Ibid., pp. 199–200.

(158) Graham Wallas, 'The Eastern Question' in *NR*, Vol. 9 (27 Jan., 1917), p. 348.

(159) デーヴィッド・ロング／ピーター・ウィルソン編著（宮本・関訳）『危機の20年と思想家たち――戦間期理想主義の再評価』ミネルヴァ書房、二〇〇二年、一八三―六頁。

(160) *HNP*, pp. xxi-ii.（邦訳、一〇頁）

(161) Ibid., p. 273.（邦訳、二三一頁）

(162) Ibid., p. 277.（邦訳、二三五頁）

(163) Ibid., p. xxii.（邦訳、一〇—一頁）
(164) Ibid., pp. 277–8.（邦訳、二三五—六頁）
(165) Ibid., pp. 278–80.（邦訳二三六—八頁）
(166) Ibid., pp. 280–1.（邦訳、二三八頁）逆に、一九〇八年時点においてウォーラスがなぜマッツィーニ的国民国家論とその問題性とに注目したのかという問いへの回答は、本文で述べたようにバルカン半島の状況に対する注目を背景として指摘しうるとはいえ、ビスマルクの場合に比べてそれほど簡単ではない。一つの理由として、J・A・ホブソンのように、反帝国主義的でありながらも「一般意志」や「人民の意志」を強調し、ともすれば「国民（nation）」を実体化するように見える一部のニューリベラルに理論的反省を促したことが考えられる。（J. A. Hobson, ‘Socialistic Imperialism,’ pp. 54–8; J. A. Hobson, ‘The Restatement of Democracy,’ in *CR*, Vol. 81 (1902), pp. 266, 272; David Long, *Towards a New Liberal Internationalism: The International Theory of J. A. Hobson* (Cambridge, 1996), pp. 51–3.)
　また、ウォーラスにとってマッツィーニは身近な思想家であった。例えば、彼の古い友人であるウィリアム・クラークはマッツィーニのエッセイ集を編んでいるし、『フランシス・プレイス伝』では言及がないが、チャーティストや急進派はマッツィーニから知的影響を受けていた。すでに第一章で紹介したフェビアン協会におけるウォーラスの最初の講演「現体制下での個人的義務」でも、マッツィーニの義務の観念が肯定的に言及されている。（See, William Clarke (ed.), *Essays: Selected from the Writings, Literary, Political, and Religious, of Joseph Mazzini* (London, undated), pp. vii-xxviii; Graham Wallas, ‘Personal Duty under the Present System,’ Pt. 2, p. 125; Eugenio F. Biagini, *Liberty, Retrenchment and Reform: Popular Liberalism in the Age of Gladstone, 1860-1880* (Cambridge, 1992), pp. 46–50; 松本佐保「マッツィーニとイギリス社会運動——一八四八年革命を中心に」（『史学』第六九巻第一号、一九九九年八月）、七九—一〇五頁）
(167) *HNP*, p. 284.（邦訳、二四〇—一頁）
(168) Ibid., pp. 289–91.（邦訳、二四五—七頁）
(169) Ibid., pp. 273–4.（邦訳、二三二頁）
(170) Ibid., pp. 77–82.（邦訳、七三—七頁）
(171) Ibid., pp. 286–7.（邦訳、二四二—三頁）
(172) Ibid., pp. 292–4.（邦訳、二四八—九頁）なお、掠奪は一般に一八六〇年とされるが、ウォーラスは五九年としている。また、こうした文化相対主義がホブソンにも見られる点については、本書第三章IIの2を参照せよ。

（173）Ibid., pp. 294–5.（邦訳、二四九頁）

（174）Ibid., pp. 282–3.（邦訳二三九頁）なお、このように帝国主義と帝国の観念とを区分する議論は世紀転換点において自由帝国主義・社会帝国主義に批判的であったホブハウスにも見られ、ウォーラスにとっては受け入れやすかったとも言える。See, L. T. Hobhouse (James Meadowcroft (ed.)), *Liberalism and Other Writings* (Cambridge, 1994), pp. 115–6.（吉崎祥司監訳『自由主義――福祉国家への思想的転換』大月書店、二〇一〇年、一七六―七頁）

（175）May Wallas to Gilbert Murray (June 28, 1939), W. P. File 19/3.

（176）英国中立委員会に関する資料は、W. P. File 4/4に収納されている。ちなみに、新聞に発表された声明文に署名した知識人・政治家のなかには、コートニー卿、J・R・マクドナルド、ギルバート・マレイ、G・M・トレヴェリアン、L・T・ホブハウス、J・L・ハモンドらがいた。また、英国中立委員会に参加した知識人のなかには、トレヴェリアン、ハモンドらのほかに、G・L・ディッキンソン、バートランド・ラッセルらが含まれていた。

（177）Gilbert Murray, *The Way Forward: Three Articles on Liberal Policy* (London, 1917), p. 19. このほか、マレイの基本的立場については、Gilbert Murray, *The Foreign Policy of Sir Edward Grey* (Oxford, 1915), pp. 5–12を見よ。グレイの立場については、Murray, *The Way Forward* に寄せられたグレイによる序文を参照せよ。また、アスキスの見解については、一九一四年九月二十五日におけるダブリンでの演説を見よ。この演説は、のちに触れるブライス・グループが回覧した冊子 *Proposals for the Prevention of Future Wars* (unpublished, Feb. 15, 1915), W. P. File 4/5に収録されている。

（178）Bertrand Russell, 'The Ethics of War' in *IJE*, Vol. 25, No. 2 (Jan., 1915), pp. 127–30, 138–40; 'The War and Non-Resistance: A Rejoinder to Professor Perry' in *IJE*, Vol. 26, No. 1 (Oct., 1915), pp. 26–8.

（179）Michael Bentley, *The Liberal Mind: 1914-1929* (Cambridge, 1977), p. 168. なお、引用はベントレーによるもので、一九一五年六月二十二日付けのウォーラスからマレイへの手紙による。

（180）Graham Wallas to Y. G. R. Larsson (Nov. 11, 1914), W.P. File 1/88, p. 78. v.

（181）Ibid., pp. 81. v.-82. v.

（182）S. N. Patten, 'Responsibility for the War' in *NR*, Vol. 1, No. 2 (Nov., 1914), pp. 21–2.

（183）Graham Wallas, 'United States of Europe' in *NR*, Vol. 1, No. 9 (Jan., 1915), p. 24.

(184) Graham Wallas to Y. G. R. Larsson (Nov. 11, 1914), p. 78. v.

(185) Graham Wallas to Y. G. R. Larsson (Oct. 11, 1914), W. P. File 1/88, p. 77.

(186) ウォーラスのこの立場は、A・E・ジマーンと好対照をなす。というのも、ジマーンもドイツの「文化」がその軍国主義の基盤となっていることを批判したが、彼の場合、この批判はそのまま、ドイツの行動を、法の支配と自由な政治制度とを理想とする英国の理想に対する挑戦と見なし、参戦を正当化する論拠となっていたからである。See, Paul Rich, *Race and Empire in British Politics* (Cambridge, 1986), p. 61. また、ロング／ウィルソン編著『危機の20年と思想家たち』、九七頁も参照のこと。

(187) L. P. Jacks, 'The Peacefulness of being at War' reprinted in *MI*, pp. 98–102.

(188) S. K. Ratcliffe to May Wallas, (Sep. 14, 1935), W. P. File 19/3.

(189) Graham Wallas, 'Comment on Dr. Jacks's Article "The Peacefulness of being at War"' reprinted in *MI*, pp. 96, 98. ちなみに、ウォーラスによるこの論評は、一九一五年九月の「ニュー・リパブリック」誌に発表された。戦争によってもたらされる国民的一体感を批判する議論は、参戦直前の新聞への投書にすでに見られる。See, Graham Wallas, 'Revolutions Followed by War' in *The Manchester Guardian* (Aug. 1st, 1914), W. P. Box 39.

(190) 英国中立委員会に貼り付けられた紙片はW. P. File 4/4に収納されている。単なるノートの切れ端のような紙片なので、ウォーラスがそれを捨てずにとっておいたことを考えると、彼がこのような事件を冗談と捉えていなかったことがわかる。また、ラッセルの経験については、たとえば、Alan Wood, *Bertrand Russell: The Passionate Sceptic* (London, 1957), chs. 10, 11（碧海純一訳『バートランド・ラッセル――情熱の懐疑家』みすず書房、一九六三年、第十、十一章）を参照せよ。ラッセルの言論の自由を奪おうとする試みに対しては、ウォーラスも批判を展開している。たとえば、一般的な哲学に関する講演でなければグラスゴウにおけるラッセルの講演を許可しないという軍の命令に対して、ウォーラスは新聞に投書を寄せ、「一般的」哲学と「特定の」哲学との区別などは哲学の性質上できるわけもなく、哲学は「平和か戦争にある国民生活の特定の事実」と切り離すことはできないと指摘している（Graham Wallas to *The Manchester Guardian* (Oct. 19th, 1916) and to *The Daily News* (Oct. 20th, 1916), W. P. File 15/5)。マレイについては、Murray, *The Foreign Policy of Sir Edward Grey*, p. 5を見よ。なお、マレイについて付言しておくと、この立場に立つ彼は、したがって戦争反対派に対する弾圧を批判している。ラッセルが多少とも楽な条件で監獄に収容されたのは、上訴審でマレイらが活躍したからであった。

(191) Graham Wallas to Herbert Samuel (Oct. 27, 1916), W. P. File 1/88, p. 105.

(192) Herbert Samuel to Graham Wallas (Oct. 13, 1916), W. P. File 1/59, p. 83.

(193) Wallas, 'Comment on Dr. Jacks's Article' reprinted in *MI*, p. 97.

(194) Ibid., pp. 97–8.

(195) Martin David Dubin, 'Toward the Concept of Collective Security: The Bryce Group's "Proposals for the Avoidance of War," 1914-1917' in *International Organisation*, Vol. 24, No. 2 (Spring, 1970), p. 290.

(196) Ibid., pp. 297–305. Cf. Henry R. Winkler, 'The Development of the League of Nations Idea in Great Britain, 1914-1919' in *The Journal of Modern History*, Vol. 20, No. 2 (June, 1948), pp. 98–9.

(197) Viscount Bryce, et. al., *Proposals for the Prevention of Future Wars* (London, 1917). 但し、本書ではこの最終案を入手できず、検討できなかった。代わりに検討したのは一九一五年段階における三つの試案、つまり、① *Proposals for the Prevention of Future Wars* (Feb. 15, 1915), ② *Proposals for the Avoidance of War* (Feb. 24, 1915), ③ *Proposals for the Avoidance of War* (August, 1915) である。便宜のため、以下、①を Proposal [1], ②を Proposal [2], ③を Proposal [3] とする。これらはいずれも W. P. File 4/5 に収納されている。

(198) Graham Wallas, 'Mr. Graham Wallas's Notes [for the Discussion at the Bryce Group]', W. P. File 4/5, p. 1. 日付は不明だが、ウォーラス自身の筆跡で、「一九一五年三月頃に書かれたと思う」というメモ書きがある。

(199) Anonymous, 'Draft Circular' (undated), W. P. File 4/5, p. 2. これは、ウォーラスがGLDと手書きでメモしていることや内容から考えて、G・L・ディッキンソンがブライス・グループを立ち上げるに際して参加希望者を募った手紙だと思われる。

(200) Proposal [2], p. 8; Proposal [3], p. 8.

(201) Proposal [2], pp. 9–11; Proposal [3], pp. 10–2.

(202) Proposal [2], pp. 8–9, 11-2; Proposal [3], pp. 8–10, 12-3. Winkler, 'The Development of the League of Nations Idea in Great Britain', p. 99.

(203) 'Lord Bryce's Memorandum with E. Richard Cross's Notes and the Revisions made up to Jan. 19th 1915 by the Group in Conference', W. P. File 4/5.

(204) Proposal [2], p. 7.

(205) J. A. Hobson, *Towards International Government* (London, 1915), pp. 44-58, 101-16; Winkler, 'The Development of the League of Nations Idea in Great Britain', p. 100.

(206) Hobson, *Towards International Government*, p. 6.

(207) Ibid., ch. 6, esp., p. 81.

(208) Ibid., p. 6.

(209) Ibid., ch. 9, esp., pp. 116, 118. なお、ここでの「自治」の観念は「分離と民族（nation）の主権」とを常に強調する「民族性（nationality）」とは異なるもので、国家ないしは帝国において、被支配民族が強く関心をもち、また密接に生活に関連する事柄については、自由に処理できるような状態を指すとされている。したがって、この段階におけるホブソンは、既存国家ないし帝国を崩壊させてまで一民族一国家を樹立するべきだという議論には反対である。(Ibid., pp. 124-7.)

(210) Wallas, 'Mr. Graham Wallas's Notes', W. P. File 4/5, p. 5. See also, Dubin, 'Toward the Concept of Collective Security', p. 293.

(211) Graham Wallas, 'Memorandum by Mr. Graham Wallas [For the Bryce Group]' (Feb. 1915), W. P. File 4/5, pp. 3-4.

(212) Wallas, 'Mr. Graham Wallas's Notes', pp. 3-4.

(213) Ibid., pp. 1, 4.

(214) Ibid., p. 4.

(215) Wallas, 'Memorandum by Mr. Graham Wallas', p. 3.

(216) ロング／ウィルソン編著『危機の20年と思想家たち』、二四二頁。Long, *Towards a New Liberal Internationalism*, p. 187. もっとも、ミトラニーの機能主義は、国際統合の在り方として連邦主義のように領域的統合は考えないという立場をとっている。したがって、この点において、ウォーラス、ホブハウスとミトラニーとは決定的に異なっていると言える（ロング／ウィルソン編著前掲邦訳、二五六―八頁）。

(217) Graham Wallas to Y. G. R. Larsson (Nov. 11, 1914), p. 83.

(218) また、ブライス・グループが回覧した試案に附した一九一五年九月二十五日のアスキスによる演説においても、「ヨリ小さな諸民族の独立した存在と自由な発展」とが認められなければならないとされ、その具体的な例として、ベルギー、オランダ、スイスといった西欧の小国のほかに、スカンジナビア諸国、ギリシア、バルカン諸国が挙げられている。

(219) Wallas, 'Mr. Graham Wallas's Notes', p. 3.

(220) *OSH*, pp. 208–9.

(221) Ibid., pp. 210–1.

(222) Ibid., pp. 213–4.

(223) Ibid., pp. 214–6.

(224) ロング／ウィルソン編著『危機の20年と思想家たち』、二五二―三頁。

(225) *OSH*, p. 214.

(226) Ibid., p. 82.

(227) Graham Wallas, 'Social Motive' reported in *FN*, Vol. 24, No. 6 (May, 1913), pp. 42–3.

(228) Wallas, 'Part II The Organisation of Wisdom: Unfinished Introductory Chapter', p. 13.

(229) Ibid., p. 18. ちなみに言えば、ウォーラスは、自身の分析や改革案でさえも完全なものではなく、将来的に克服されるべきものだと考えていた。また、心理学にもとづく自身の案は、「巨大社会」の問題状況に対する重要な貢献をしているとは思っていたが、それが包括的なものだとは全く考えていなかった。See, e. g., *GS*, pp. 17, 19; *OSH*, p. 24.

(230) Graham Wallas, 'Ends and Means' (undated), W. P. File 2/11, pp. 46–50. See also, Graham Wallas, 'Ends and Means in Democracy' reported in *FN*, Vol. 16, No. 12 (Dec., 1930), p. 45.

(231) Wallas, 'Ends and Means', W. P. File 2/11, p. 50.

(232) *AT*, pp. 7, 23. See also, Graham Wallas, 'From a Speech by Professor Graham Wallas, D. Litt., at Morley College on November 14th, 1931' (Nov., 1931), W. P. File 2/11, p. 55. ここでは、「これまでの諸世紀では、我々の祖先が飢餓に苦しんだのは彼らが十分な食料を育てられる力をもたなかったからであり、また、病気に苦しんだのは十分な住居を建てられなかったからであった。今日、我々が苦しんでいるのは、我々が自ら利用できる以上の力をもっているからであり、また、世界が、我々の現存の制度やかぎられた想像力の下で売買できる以上の小麦や住居をもっているからである」と論じられている。

(233) *SJ*, p. 131.

(234) バーカーについては後述。ジェイムズに関して言えば、彼のプラグマティズムの試みは、まさにこれらの二つの立場を接合しようとするところに由来していた。See, William James, *Pragmatism* in Frederick H. Burkhardt (ed.), *The Works of William James* (Cambridge, Mass., 1975), ch. 1, esp., pp. 16–7.（桝田啓三郎訳『プラグマティズム』岩波書店、一九五七年、一八―二〇頁）

(235) Barker, *Political Thought in England*, pp. 148–60.（邦訳、一二五―三五頁）Ernest Barker, 'The Study of Political Science' in *Church, State and Study* (London, 1930), pp. 200–1, 207-8.

(236) Barker, *Political Thought in England*, p. 80.（邦訳、六五―六頁）

(237) Ernest Barker to Graham Wallas (July 15, 1914), W. P. File 1/57.

(238) Graham Wallas, 'Oxford and English Political Thought' in *The Nation*, Vol. 7 (May, 1915), p. 227. なお、具体性を強調するこのような議論をさらに進めた結果、ウォーラスのような心理学的アプローチの限界を指摘し、歴史学的アプローチを採る必要を唱えたのが、H・J・ラスキであった。(Harold J. Laski, *On the Study of Politics: An Inaugural Lecture* (Oxford, 1926), pp. 7–11.)

(239) *AT*, pp. 221, 225.

(240) Ibid., p. 227.

(241) *SJ*, p. 158.

(242) Ibid., pp. 74–7.

(243) *HNP*, p. 13（邦訳、一二頁）; *GS*, pp. 104–5. Cf. *LFP*, pp. 91, 194-6.

(244) *GS*, p. 235.

(245) Ibid., p. 69.

(246) Ibid., p. 45. なお、この論点に関しては、ibid., pp. 61, 88–90, 159ff.; *HNP*, p. 26（邦訳、三一頁）等も参照せよ。

(247) Wallas, 'Darwinism and Social Motive' reprinted in *MI*, p. 90; *SJ*, p. 115.

(248) Graham Wallas, 'Physical and Social Science' reprinted in *MI*, pp. 203–5. なお、本書第三章第三節で検討した宗教教育の議論とも関連するが、結論の異同はともかく、晩年のビアトリス・ウェッブも科学・宗教・価値に関連するウォーラスと同じような問題関心を抱いていた。そのことは、「社会組織の科学は存在しうるか」「科学的発見に対する人間の能力だけが、理想に沿って社会を再組織するために必要とされる能力なのか」という二つの問いが少女時代から老年に至るまでの自分の一貫した問いだったと回顧し、ウォーラスの「行動の型」という議論に言及しているビアトリスの証言から明らかである。(W. H. Auden et al., *I Believe* (London, 1940), pp. 325, 330.)

(249) *SJ*, pp. 108–10, 144; *OSH*, pp. 245–7, 249. なお、ここでウォーラスはレーニン、トロツキー、スターリンといったソヴィエト・ロシア指導部に対する批判を具体的には展開していないが、少数の前衛による革命の正当化という議論に対してだけでなく、工業の急速な国有化と食料割当徴発制とを柱とする戦時共産主義にも批判的だったと考えられる。たとえば彼は、他の論説で、一九二一年八月からソ連における飢餓問題と関わりその様子をおさめたフリチョフ・ナンセンの写真に言及している。(Graham Wallas, 'Mental Training and the World Crisis' reprinted in *MI*, p. 187.)

(250) *SJ*, p. 141.

(251) Graham Wallas, 'Fragment (13) : The Doctrine of "Debunking" ' (undated), W. P. File 3/4, Box 3, pp. 3–10. 頁数は、ウォーラス文書として付された方に従っている。

(252) *SJ*, pp. 117, 120-7.

(253) Ibid., p. 125.

(254) Ibid., p. 127.

(255) Wallas, 'Decay of Liberalism', p. 294.

(256) *HNP*, p. 168 (邦訳、一四七頁); Ernest Barker, *Reflections on Government* (Oxford, 1942), p. 105 n. なお、これはバーカー宛てのウォーラスの手紙におけるウォーラス自身の用語法である。

(257) *GS*, p. 25.

(258) たとえば、『政治における人間性』では、ウォーラスはこの理想を主として「数量的思考 (quantitative thought)」とし、『巨大社会』では、「思考 (thought)」「創造的思考 (creative thought)」「不偏の思考 (unbiassed thought)」としている。また、『我々の社会的遺産』では専ら「思考」、『思考の技術』では「創造的思考」を用いるが、『社会的判断』では「社会的判断 (social judgment)」もしくは「賢明な判断 (wise judgment)」と名づけている。

(259) *AT*, p. 5.

(260) なお、ウィーナーは、「判断」は「思考」を「含みかつ超克する」と理解している。Wiener, *Between Two Worlds*, p. 197.

(261) *SJ*, p. 96.

(262) *AT*, pp. 12, 125-32; *SJ*, pp. 77, 131-2, 160.

(263) See, *AT*, pp. 79, 87.

(264) Wallas, 'Mental Training and the World Crisis' reprinted in *MI*, p. 192.

(265) William James, *The Principles of Psychology* (London, 1950 ed.) Vol. 1, p. 287. また、ジェイムズは、「論証（reasoning）」を論じる際に、「ある一つの事物に絶対的に本質的な特質というものはない。ある場合に一つの事物の本質となっているものが、他の場合には非常に非本質的な特徴となる」と述べ、「我々の眼界は狭い。したがって、我々は大自然の要素を包含する統一的全体を無視し、事物を一つずつ攻め、時々刻々推移する我々の小さな興味に合うようにそれらの要素を一つ一つ繫いでいかなければならない」と論じている（James, *Psychology: Briefer Course*, pp. 355-6.〔邦訳（下）、一七七―八頁〕）。つまり、ジェイムズは、心は常に選択的だと言うのである。このような立場の背景には、彼が、連合主義心理学に対して「意識の流れ」という動的な心理的観念を提出し、そこにおいて、「我々が自然に研究できる唯一の意識状態は、人格的意識、心、自我、具体的で特定的な私および君のなかにあるものにかぎられている」以上、「誰の考えでもない単なる考え」は存在しないと見なしていることがある。（Ibid., pp. 151-4, 170-5.〔邦訳（上）、二一一―五、二三七―四四頁〕）

(266) *HNP*, p. 99（邦訳、九一頁）; See also, *OSH*, pp. 39-40.

(267) *SJ*, pp. 16-7.

(268) *HNP*, pp. 101-2.（邦訳、九二―三頁）

(269) *SJ*, p. 20.

(270) Ibid., p. 72.

(271) Ibid., p. 51. *HNP*, pp. 187-9.（邦訳、一六三―五頁）

(272) *SJ*, p. 77.

(273) *AT*, p. 95.

(274) Ibid. pp. 97-107. この意味で、杉田が、ウォーラスの「解明」の概念を、ジェイムズが「意識の縁」や「信ずる意志」に見出そうとした自由意志を心理学的に基礎づけようとした試みと理解しているのは全く正しい。但し、杉田は、①ウォーラス自身は、「信じる」ことを強調しすぎるジェイムズの「信ずる意志」という観念に一定の危惧感を抱いていたこと（*AT*, pp. 212-3）、また、②ウォーラスによる自由意志の可能性の模索が、「巨大社会」状況における共同体の再構築という彼の政治思想の基本枠組と密接に関わっていることについて十分に論じていない。（杉田「人間性と政治」（下）、一一五―七頁）

（275）See, e. g. *GS*, p. 231; *AT*, p. 307.

（276）*HNP*, pp. 139, 164.（邦訳、一二四、一四四頁）

（277）Ibid., p. 162.（邦訳、一四二頁）

（278）Ibid., p. 130.（邦訳、一一七頁）

（279）Ibid., p. 149.（邦訳、一三二頁）

（280）Graham Wallas, 'Psychology of Propaganda' reported in *FN*, Vol. 23, No. 4 (1912), p. 28.

（281）J. A. [Hobson], 'The Qualitative Method' in *The Sociological Review*, Vol. 2, No. 3 (July, 1909), p. 294. なお、これはウォーラスの『政治における人間性』に寄せた書評である。

（282）Ibid.

（283）Anonymous, 'Can There be a Science of Politics?' in *The Nation*, Vol. 4 (Dec., 1908), p. 439. これも、ウォーラスの『政治における人間性』に寄せられた書評である。匿名だが、G・L・ディッキンソンによるものであることが知られている。

（284）*HNP*, p. 188.（邦訳、一六四頁）

（285）*OSH*, p. 40.

（286）Quoted in *AT*, p. 32.

（287）たとえば、社会心理学者としてウォーラスとともに著名であったウィリアム・マクドゥーガルもその一人であった。（杉田「人間性と政治」（上）、一一三―五頁）

（288）*AT*, pp. 30-2.

（289）*GS*, pp. 231-2.

（290）*AT*, pp. 12, 122.

（291）Ibid., p. 42.

(292)「社会的」「非利己的」の用法については、*SJ*, p. 24.

(293) *AT*, pp. 163–4.

(294) Ibid., p. 164.

(295) Ibid., pp. 164–5.

(296) *SJ*, p. 74. ウォーラスはソクラテスのこの言葉を非常に好み、事あるごとに言及している。また、プラトンを愛しながらもその神秘主義を受け入れられなかったアリストテレスが言った言葉、「プラトン愛すべし、真理さらに愛すべし」も言及されている。こうしたことから考えても、彼が常に開かれた思考・判断をいかに重要と感じていたかがわかるであろう。See, Graham Wallas, 'A Revolution in Education' in *The Nation*, Vol. 5 (1909), pp. 520–1; Graham Wallas, 'The R. P. A. Annual Dinner and Reunion' in *The Literary Guide* (July, 1926), p. 126 (W. P. File 2/9, p. 188); Graham Wallas, 'The Annual Dinner and Re-Union of the Rationalist Press Association' in *The Literary Guide* (July, 1928), p. 121.

(297) See, *HNP*, pp. 196–7.（邦訳、一七一頁）ここでは、「信念は決して固定されず、新たな証拠の最小の兆候にも常に開かれていなければならないが、行為は……もしそれが利用できる最善の知識であるならば、最も完璧な証明にもとづくときと同じように、不完全な知識にもとづいて断固として為されなければならない」というジョゼフ・バトラーの「行為における蓋然性の教義」が好意的に紹介されている。

終章

これまで本書で検討してきたウォーラスの政治思想を、「巨大社会」と現実の共同体との関係、および、そこにおける「協働」と個人との関係を鍵として振り返った場合、彼の政治思想の特徴のなかでいくつか考えるべき点が浮かび上がってくる。ウォーラスの政治思想における名目論的要素と実在論的要素との混在は、その一つである。

ウォーラスの思想における名目論的側面に関してはこれまでもしばしば指摘されてきた。[1] これは、ウォーラスの「環境」概念がリップマンの言う「擬似環境」の側面をもち、しかも、ウォーラスがその人為的可変性を認めていた点を考えれば、全く正しい。実際、ウォーラスが「巨大社会」の問題状況を解決する手段として注目したのは、他ならぬこの「〔擬似〕環境」の改変であった。

しかし、ウォーラスの思想的特徴を考えるうえで忘れてならないのは、そこに実在論的側面も存在したことである。「巨大社会」という「環境」こそ、それにほかならない。というのも、リップマンの言う「現実環境」の側面をもっていた「巨大社会」という概念は、不可逆的な歴史的趨勢がもたらした与件として考えられていたからである。ウォーラスがその英国史研究において産業化・都市化の進展を指摘した際にも、彼が注目したのは、産業化・都市化がもたらした諸問題に対してどのような対処がなされてきたかという問題であり、産業化・都市化の淵源は何かという問題ではなかった。つまり、彼の英国史研究は歴史の原動力を暴き出したわけではない。その意味で、彼の英国史研究は、たとえばマルクス主義的な歴史分析とは全く性格の異なるものであった。

ウォーラス思想がもつこの実在論的側面は、彼が深い影響を受けたダーウィン進化論に起因すると考えられる。というのも、生物学的ロシアン・ルーレットの理論という特徴をもつダーウィン進化論では、生物を取り巻く環境は絶対的所与として想定され、進化は、その環境に適応している生物のみが生き残るという自然選択を通じて引き起こされるからである。したがって、環境がどのように変化するか、そしてその変化の原因は何かという問題は問われない。後期ウォーラスが、この進化論のイメージで自らの政治思想を構想していたことは、彼がしばしば社会状況や「巨大社会」への「適応（adapt, adaptation）」を説いていることからわかる。とすれば、彼が「巨大社会」という「〔現実〕環境」を絶対的所与と観念したことはむしろ当然であった。逆に言えば、彼の「環境」概念における名目論的要素こそ、人間の理念と作為の論理とを重視したウォーラスによって、進化論的な構図にあとから付け加えられた要素だったのである。(2)

では、この名目論的要素と実在論的要素とが混在するウォーラスの思想的構図のなかで、「巨大社会」において共通の利害関心の設定を可能とするために、現実に領域を設定する実際の共同体はどこに位置づけられるのか。

すでに指摘したように、ウォーラスの場合、世界秩序の将来的な理想像として世界連邦が構想されていた。ここからもわかるように、共通の利害関心が設定されるべき「巨大社会」と具体的な共同体の領域とは、究極的には、地球規模で一致させられるべきだと考えられていた。これは、世界的規模における相互依存関係の進展を不可逆的な歴史的趨勢と捉え、人類はこの趨勢に適応するよりほかに生き残る方途はないと考えていた彼にとって、当然の結論であったろう。彼が一民族一国家を唱えるナショナリズムに批判的であり、「帝国的利己主義」にもとづいて民族的同質化を強制しようとする帝国主義に反対だったのも、この立場に由来する。

しかし、他方で、世界連邦の即時的実現は不可能と考えていたウォーラスは、国家や帝国といった世界規模には達しない政治的共同体の枠組みがもつ可能性をも模索していた。彼が、職能団体理論の有効性を認めつつもその限界を指摘して国家の重要性を指摘し、また、自治領を包摂する大英帝国の可能性を論じたのは、このためである。独断的な「理念」の一人歩きに批判的だった彼は、与えられた現実のなかでの改革を試み、ヨリ規模の大きな共同体のなかでヨリ公的な利益が実現される方法を探っていた。

このように考えてくると、ウォーラスの思想における共同体の特異な位置づけが浮かび上がる。すなわち、ウォーラスは、いまだ完全な形で実現していない世界連邦はともかく、職能団体・国家・帝国といった現実の共同体に関しては、「巨大社会」下において「協働」を実現するためにどれほど有効かという機能的側面から注目していた。これは、職能団体・国家・帝国といった政治的共同体は、実在よりはむしろ名目として捉えられていたことを意味する。事実、ウォーラスは国民国家を擬制と看破していた。

社会有機体の観念に対するウォーラスの態度も、以上のような彼の政治思想の特徴に由来する。第一章において紹介したように、たとえば、初期フェビアンにおいても、共同体が個人を「超越する」と捉えるシドニー・ウェッブに対し、シドニー・ボールはそれを神秘的実体と見なすことに批判的であった。また、ニューリベラルにおいても、社会有機体における有機的精神の存在を暗示したホブソンに対して、ホブハウスは、神秘主義的な社会有機体観に対する批判から一般意志は存在しないとしつつ、個々人の相互作用の結果として社会内に働く交信可能な諸観念の総体としての「社会精神（social mind）」は認め、その重要性を認識していた。社会有機体観をめぐるこうした二つの立場のなかで、ウォーラスは、初期の頃はともかく、後期においては、ボールやホブハウスと近い立場に立っていたと考えていいだろう。『巨大社会』において、彼は、「生命・意識のうえで互いに影響し合う協同的な人間（associated human beings）」を意味するだけでなく、構成する諸個人の多くの生とは別に協同体（association）それ自体が意識的な生をもつ」ことを含意する傾向があるために「有機体」という用語を用いることを避けたからである。その際、ホブハウスとの比較で言えば、ウォーラスは、本書で確認した彼の歴史認識の特徴を考えてもわかるように、「社会精神」の「定向的進化」を認めるホブハウスの傾向にさえ懐疑的であった。(3)

このように、ウォーラスの政治思想は、共同体の観念を強調しつつも、現実の共同体を実在と見ずに「巨大社会」に適合するよう人為的に改変すべきだと考え、共同体にその意味における擬制的性格をもたせていた点で、特異であった。彼が、その知的生涯において、最終的に「巨大社会」に生きる個々人の思考＝判断過程に焦点を合わせたのは、おそらく彼の思想のこのような特徴と密接に関連している。「巨大社会」における「協働」を最終的に支えるのは、結局のところ個々人の「社会的動機」、つまり、利他的・社会的な思考・判断だからである。では、このようなウォーラスの政治思想において、共同体・「協働」と個人の自由との関係はどのように考えられていたのか。

まず指摘できるのは、ウォーラスが、政治的共同体にはその支配の後ろ盾として物理的暴力が控えているという事実を認識していたことである。たとえば、彼は、「国家」を「主権的」で「全権を有する」組織であるとし、「決められた領域のなかで物理的力（force）の独占的使用を要求し、また、それを行使できる組織(4)」と定義している。さらに「統治」については、「国家の市民が、物理的力もしくはその脅威によって、従うように強制されなければならない計画の発明と執行(5)」と定義している。

しかし、ウォーラスは「物理的力」そのものを支配の正当性に据えることはなかった。逆に、「我々は、物理的力の現実を十分に認識すると同時に、討論を実践するべきだと私自身は信じている(6)」と強調するのである。エリートとマスとの分極に反対し、政治的同意を強調したウォーラスからすれば当然であろう。もっとも、ここでさらに問題となるのは、「討論」や政治的同意を強調すると同時に「正しい判断」にもとづく政治をも志向したウォーラスがイメージしている「協働」の具体像である。それは、被治者に対する統治者の「政治における権威」をどう基礎づけるかという問題につながる。ここでウォーラスが注目したのは、「我々が現段階の物質文明に到達することを可能」としてきた

「科学的専門家の権威」に対する「一般市民の積極的な信頼」であった。

すなわち、ウォーラスによれば、十七・八世紀を通じて、「科学的専門家」と「一般人」との間の関係は大きく変化し、その結果、専門的知識をもたない「一般人」でさえも「ある特定の型の人格的特徴や能力、知的方法を……信頼できるようになり、革命なしに、失敗した人物・方法から別の人物・方法へと権威を移すことが可能になった」のであった。しかも、「一般人の間に科学的権威に対する尊敬を創り出した」同じ条件が、「科学者の心的態度」にも変化を与えた。科学者たちは、「自らの仮説が正確に記録され、正確かつ公的に試験される」かぎり、「難しい思考方法よりも易しい思考方法を好む誘惑に抵抗し、同胞の市民たちの騙されやすさや暗示のかかりやすさを自分自身の目的のために利用したいという誘惑に抵抗することができる」ようになったからである(7)。

「政治においては、そのような変化がいまだに生じていない」というウォーラスの批判からもわかるように、彼が目指したのは、政治においてもこれと同種の関係を成立させることであった。後期ウォーラスにおける代議制民主主義や専門家支配に関する議論は、このような彼の問題関心と密接に関わっていたのである。

ウォーラスの自由観も、こうした「政治における権威」に関する理解と関連させて理解する必要がある。確かに、これまでのウォーラス研究が示してきたように、ウォーラスには消極的自由の概念と積極的自由の概念との両方が見られる(8)。たとえば、彼は一方で、第一次世界大戦時に言論の自由の観点からラッセルを弁護しただけでなく、第一次世界大戦後には米国において高まった反社会主義・反共産主義的風潮に反対して言論や思想の自由を擁護し(9)、また、一九二〇年代後半にショウが民主主義の行き詰まりに対して独裁とムッソリーニとを擁護した際にも、言論の自由の保障という観点から彼を諭している(10)。

しかし他方で、ウォーラスは、ペリクレスの有名な葬送演説に関心を寄せて、ペリクレスの自由概念が、「外国による専制の欠如」という消極的概念ではなく、「多面的な積極的概念」であることにも注目している。その際、彼は、シドニー・ウェッブによる「我々の能力を発揮し、我々の欲望を満たすために有する実際の機会」という自由の定義や、アスキスによる「本当に自由であるためには、人や社会は能力・機会・精力・生命を十分に活用できなければならない」という「積極的概念」としての自由の定義さえ、「自由の観念を、別のものだがほとんど同じくらい重要な平等という観念に対する主たる支持として」利用しているにすぎず、不十分と評価している。また、J・S・ミルの自由観についても、思想・言論の自由や多数派の専制に関する有名な議論にはほとんど注意を促さず、むしろその中核を「人の自然な衝動のしかるべき満足」に求め、批判している。逆にウォーラスが高く評価したのは、ハーバート・サミュエルの自由観であった。サミュエルは、自由を、ミルのように「人間の精力の自動的な概念」と見ずに「行為を意欲する（conative）概念」と捉え、そのうえで、自由をウェッブのように「自らの能力を発揮する……実際的な機会」と見るだけでなく、そこに「そうしようとする意識的で組織化された意志」をも含めたからである。(11)

ウォーラスの自由観におけるこの二面性を考えるとき、「個人主義」＝自由放任主義への反逆がウォーラスにおける一貫した特徴であったことを考慮すれば、彼にとって積極的自由の概念が重要であったことは容易に首肯できよう。実際、ホブソンやホブハウスらのニューリベラルが、徴兵の実施といった第一次世界大戦時の国家統制の経験を通じて消極的自由の観念を強調するようになったのに対して、(12)ウォーラスは、戦後に発表した『我々の社会的遺産』においても積極的自由の観念の重要性を主張している。しかし、彼がウェッブやアスキスの定義さえ不十分と断じているとすれば、その積極的自由とは具体的に何なのか。

ここでは、二つの側面を確認しておきたい。一つは、「社会的判断」「創造的思考」と呼ばれた思考＝判断過程が自由と結合されている点である。これは、自由を「行為を意欲する」概念として理解し、そこに「意識的で組織化された意志」の側面を認めたサミュエルをウォーラスが高く評価した態度に示されている。その裏には、「巨大社会」に「適応」するためには「社会的判断」「創造的思考」への積極的・意識的な努力が必要だという認識があった。ウォーラスによれば、現代の都市において実際に医療・上下水道・教育等を整備しようとする者にとって、ミルが『自由論』で論じたように「各個人が、自らの肉体的・精神的な健康の適切な保護者である」と考えることは、なんの助けにもならない。逆に、「賢明な法や健全な政策の目的」は「人間の善き生」であり、そこには「共通の行動を実効的にするための便法を意図的に発明し組織すること」が必要とされる。すなわち、問題は、ミル以外のベンサム主義者がしたように、「進歩という自動的な流れに運ばれていくだろうという期待」によってではなく「意図的で建設的な知的努力をもって」対処されなければならないのである。ウォーラスが「多面的で積極的」なペリクレスの自由概念を評価した理由もここにあった。ペリクレスは、自由を、「アテネにおいて部分的にすでに実現されていたある類型の政治的・社会的組織」としてだけでなく、「その類型の存続を唯一可能とする意識的な道徳的・知的努力」〔傍点平石〕としても捉えたからである。[13]

ウォーラスが消極的自由概念の重要性を見出したのは、まさに積極的自由のこの側面と関わる。ウォーラスにおいて、消極的自由は、「巨大社会」の問題状況を解決するうえで、意識的な知的努力が「真理」を積極的に探究できる条件を保障するために要請されたからである。このことは、彼が、「現存の政治的・経済的便法によって解決され得ず、新たな便法の辛抱強い発明が必要とされるような新しい諸問題」が噴出する「現在」においては、「自由な議論の許可」が必要とされるだけでなく、「自由な議論の積極的な奨励とそのための実際的な機会の提供とが決定的に重要である」と論じていることに示される。その背後には、「知識の進歩」は「真理の探究に命を捧げる人々によるその拘束なき探求という手段」によってしかもたらされないという、ウォーラスがローレンス・ローウェルと共有した見解が控えていた。[14]

このようなウォーラスの消極的自由の概念は、その思想構造内における位置づけにおいて特異であると言ってよい。というのも、それは個人の自然権や判断権を絶対的な与件として措定したところに成立しているわけではないからである。実際、自然権概念の形而上学的性格を痛烈に批判したベンサムから強い影響を受けたウォーラスは、消極的自由の概念を受け入れにくい思想的基盤をもっていた。(15)しかも、彼の場合、快苦計算を最終的に個人の判断に委ねることによって「個人主義」との親和性をもつ側面があったベンサム主義とも異なり、「人間性」に能力的な「偏差」を認めたため、個人の判断に快苦計算を委ねることが「最大多数の最大幸福」を達成するはずだというベンサム主義的結論を導出できない。(16)ウォーラスにおける消極的自由の存在理由は、あくまでも「巨大社会」に「適応」しなければならないという「〔現実〕環境」からの要請だったのである。

同じ特異性は、ウォーラスの積極的自由の概念にも見出すことができる。確かに、自らの能力を積極的に行使しようとするその概念の内容だけを見れば、それは、たとえば、諸能力の実現による人格の完成を善とし、自主的に人格の成長のために努力する能力を「自由」と呼んだグリーンの自由観と類似している。実際、ホブソンやホブハウスといった後期ウォーラスの周辺にいたニューリベラルは、このグリーンの自由概念から大きな影響を受けていた。しかし、ウォーラスの場合は思想構造における自由の位置づけにおいてグリーンと決定的に異なっていた。ウォーラスの第一次的な思想課題は、グリーンとは異なって人格の完成ではなかったのである。(17)

以上のような特徴と並んで、ウォーラスの積極的自由概念にはもう一つの特徴がある。この第二の特徴も、やはり「巨大社会」への「適応」という彼の思想的課題と密接に関連している。「協働」と積極的自由との関連が、それである。すでに紹介したように、ウォーラスは、ドイツ側における「規律（Ordnung）」最重視の議論に反対して「自由」を強調したが、その「自由」とは「個人の自発性」もしくは「共通の決定への個人の継続的な参加」を意味しており、「効率的な組織」と「両立」するために要請された観念であった。

この「両立」の可能性を探るために、ウォーラスは「自由」を心理学的に分析している。すなわち、彼によれば、「政治的原理としての自由」を考えた場合、「不自由」に対する抵抗は「妨害の性質よりは妨害している原因や主体の性質に依存する」。それは、「妨害が通常の人間関係と矛盾すると感じられる場合にのみ不自由という特別な感情が生じる」ことを意味するが、「協働」との関係で言えば、群居的な動物である人間には、「先導したい衝動」だけでなく「先導に従いたい衝動」があり、ある特別な必要に対する断続的な「協働」を本能的に受け入れられる余地があることを意味する。ウォーラスが、ウェッブやJ・S・ミルの自由観を批判した前述の理由とは別の理由もここにあった。彼らは「政治的な」自由のこうした側面を見落としているからである。特に、ミルにとって「服従は自然の衝動の結果ではない」ため、「従うことへの衝動のはけ口も、『巨大な精力』や『強い意志』や『原始的喜び』を生み出し得る」とは考えられないのであった。[18] 結局、「政治における権威」は、積極的自由のこの第二の側面によって下支えされることになる。権威と自由との間の緊張関係は、むしろ、「相互奉仕」と「相互感謝」という形で解消されることが期待されている。[19]

もっとも、ウォーラスにおける自由と権威との関係をこのように見る際、注意すべき点が二つある。一つは、すでに杉田敦が指摘しているように、「そこで期待されているエリートは、ニーチェの『超人』やカーライルの『英雄』よりもはるかに理想化の度合いの低い」ものだという点である。ウォーラスにおける具体的なエリート像は、「詩人・芸術家・政治家」に加えて「男女ほぼ同数の労働者代表」「女性社会学者」「博愛的な雇用者」をも含んでおり、さらに、「官吏」「経営者」「医師」「法曹」にまで拡げられていた。[20]

しかし、もう一点注意すべきなのは、おそらくウォーラスにおいて、先導する側と先導される側とは社会構造的に完全に固定化されているわけではない点である。そのことは、「先導に従いたい衝動」が人間の場合には断続的であり、蜂や蟻とは異なるというウォーラスの議論からも推測されるが、[21] すでに紹介した「国際的協働」のあり方にも暗示されている。そこでは、国際連盟における全会一致の原則が批判される一方で、可航水路の管理、伝染病に対する予防措置、海事法廷の形成といった特定の問題のそれぞれに対して、それぞれ異なった「不平等な投票権」をそれぞれの国に与えることが提案されていたからである。

ここに暗示されるウォーラスの社会階層観は、おそらく同時期のシドニー・ウェッブの「階層化された民主主義」論と重なる。ウェッブのこの議論では、「すべての人が自身の領域においては命令する立場にあり、同時に、自身の領域以外のことすべてに関しては服従する立場にある」「責任の共有」が主張される。すなわち、「どんなに高い地位であっても、あなたは共同体全体の僕であるが、その共同体全体の僕として、あなたは、自らに割り当てられた領域内で命令を下し、権威を行使する」。その意味で、「自由が要請するのは、あなたが機会と権力とをもつこと」であった。[22] 先に見たように、確かにウォーラスは同時期のウェッブの自由観に異議を唱えている。しかし、「責任の共有」を強調するウェッブのこの社会階層観に関しては、おそらく同意していた。ウォーラスが強調したのは、その「責任」遂行のために、意識的・積極的に知的努力を怠らないことだったのである。

以上に見てきたようなウォーラスの思想を、現代に生きる我々はどう受け止めたらよいであろうか。

一つ指摘できることは、ウォーラスの政治思想の「画期的意義」を「なによりもその問題設定の決定的重要性」のみに求め、「巨大社会」の問題状況に対する彼の具体的な思想的応答を検討しないことは、彼の政治思想に対する不当な評価だということである。本書でこれまで検討してきたように、後期ウォーラスのみに焦点を合わせても、その思想的応答は、「人間性と環境」という心理学的な理論枠組にもとづいたうえで、「巨大社会」における「協働」の実現という一貫した観点から構想されており、社会経済的平等の実現、代議制民主主義の問題性と可能性、国民国家・帝国にもとづく国際秩序の再検討といった問題が幅広く扱われていた。彼の政治思想は、複雑で多様な問題を提出する「巨大社会」に対して、個別的にではなく総合的観点に立って応答している点で、大きな特徴をもつ。こうした視点は、市場経済のグローバル化や国民国家の相対化が進み、環境問題等のグローバル・イシューが深刻化する一方で、ウォーラスが危惧したような知識の専門化もますます進んでいる現代において、いまだに大きな意義をもっていると言えよう。

同時に、ボーア戦争・関税改革・教育改革という世紀転換点における三つの争点を通じた初期ウォーラスから後期ウォーラスへの思想的発展が、フェビアン社会主義からニューリベラリズムへの単なる宗旨替えではなく、そこに思想的座標軸の再設定が含まれていることを考えた場合にも、ウォーラスの政治思想がもつ現代的意義は認められる。たとえば、特に一九八〇年代以降、中央集権的・官僚制的な福祉国家体制でもなく、自由市場中心的なネオリベラリズムでもない第三の道が模索され、そのなかで、個人・政治的共同体・公共性の関係性が考察され続けている現代において、思想的座標軸の焦点を国内における経済的・政治的平等の実現から「巨大社会」における「協働」の実現へと移したウォーラスの思想的特徴は、一つの引照枠組を提示するだろう。実際、現代英国において論じられ日本でも紹介されているシティズンシップやナショナリティの議論は、その根幹において問題をウォーラスと共有していると言えるのである。

しかし、ウォーラスの思想がもつ以上のような現代的意義を認めたうえで、最後に一点だけ、ウォーラスが我々に残している課題について触れておきたい。本章の最後に触れた「政治における権威」「協働」「自由」の間の関係性がそれである。ウォーラスにおいて「政治における権威」との「協働」は「先導に従いたい衝動」をも「自由」に含める心理学的接近によって「相互奉仕」と「相互感謝」とに帰着すると理解されていた。しかし、そこにおいて「非凡な諸個人」に含まれない者の異議はどこまで認められるのであろうか。

すでに検討したように、ウォーラスはプラトンの「高貴な嘘」には反対であった。また、「代議制統治の本質は、それが住民の相当の部分の周期的に更新される同意に依存すること」だと理解したうえで、投票者の「正しい」判断によって政治的同意が得られるような選挙制度も模索していた。先導する者とそれに従う者の関係も、おそらく社会構造的に固定されていない。それにもかかわらず、たとえばホブソンが、有機体的な比喩をとりながら、「それぞれの手足・細胞は、しかるべき血液の供給に対する『権利』をもつ」だけでなく、最終的には「拒否権もしくは反乱の権利」をもち、それは「人民統治の基盤だ」と論じるのに対して、ウォーラスはどこまで同意したであろうか。(23) 本書で確認できたかぎりでは、ウォーラスは、必ずしも十分にこの問いに答えてはいない。(24)

しかし、これは我々自身がウォーラスから引き受けて考えるべき課題であろう。むしろ、我々は、ウォーラスがアリストテレスに対してそうだったように、眼前の社会に対する根本的なスタンスのとり方、すなわち、社会に現れる諸問題にトータルに応えようとした彼の「精神」から多くを学べるはずなのである。その意味で、ウォーラスは、単に現代政治学に心理学的な基礎づけを与えただけの政治学者ではなく、現代にまで射程が及ぶスケールの大きな思想家であったと言えるであろう。

（1）たとえば、杉田「人間性と政治」（上）、一〇七頁、（下）、一二六―七頁。また、川口浩による『政治における人間性』の解説（邦訳、二五八頁）をも参照せよ。
（2）See, *GS*, pp. 8, 75–6, 80, 235, 308, 345, 359; *OSH*, pp. 22, 117.
（3）*GS*, p. 236; L. T. Hobhouse, *Social Evolution and Political Theory* (New York, 1911), pp. 96–7; Clarke, *Liberals and Social Democrats*, pp. 147–50; Michael Freeden, *New Liberalism: An Ideology of Social Reform* (Oxford, 1978), pp. 105–9. なお、田中治男「『新自由主義』研究覚書」（「成蹊法学」第四五号、一九九七年）、二九〇―一頁をも参照。
（4）Graham Wallas, 'Fragment I Introductory' (undated), W. P. File 3/4, Box 4.
（5）Graham Wallas, 'GOV. III. 1.' (undated), W. P. File 3/4, Box 4, p. 1.
（6）Graham Wallas to G. B. Shaw (Feb. 13, 1927), British Library, Shaw Papers, Add. 50553, p. 21.
（7）Graham Wallas, 'Authority in Politics' in *The Nation and Athenaeum*, Vol. 40 (Nov. 6, 1926), pp. 171–2.
（8）たとえば、名古『イギリス社会民主主義の研究』、一四〇―五頁。Qualter, *Graham Wallas and the Great Society*, pp. 154–60.

（9）Graham Wallas, 'The Price of Intolerance' reprinted in *MI*, pp. 108–13. この論説の執筆動機は、メイ・ウォーラスの解説にもあるように、一九一九年から二〇年にかけて激化した米国司法省の「赤狩り」に対する批判にあったが、さらに指摘しておけば、文中でハーヴァード大学学長ローレンス・ローウェルが好意的に引用されていることに窺われるように、ラスキの擁護もあったかもしれない。ラスキは、大きな社会的混乱を惹起した一九一九年秋のボストン警官ストライキに際して警官側を擁護したために、強い非難を受けていた。これに対して、ラスキが当時在職していたハーヴァード大学総長のローウェルは、大学の自由を守るためではあったが、ラスキを擁護していた。この頃に渡米していたウォーラスの取りはからいもあり、ラスキは一九二〇年夏に英国に戻り、LSEで教鞭をとるようになる。（Kingsley Martin, *Harold Laski (1893-1950): A Biographical Memoir* (London, 1953), pp. 35–44.〔山田文雄訳『ハロルド・ラスキ——社会主義者の歩み』社会思想研究会出版部、一九五五年、四二—五五頁〕See also, Isaac Kramnick and Barry Sheerman, *Harold Laski: A Life on the Left* (London, 1993), pp. 144–6.）

（10）G. B. Shaw to Graham Wallas (Feb. 7, 1927), W. P. File 1/89; Graham Wallas to G. B. Shaw (Feb. 13, 1927), British Library, Add. 50553.

（11）*OSH*, pp. 156, 163, 164–71, 181-2. なお、ウォーラスがホブハウスの『自由主義』（一九一一年）をどのように評価していたのかは興味深い問題だが、ウォーラスの自由論が展開されている『我々の社会的遺産』では言及されていない。

（12）Freeden, *Liberalism Divided*, ch. 2.

（13）*OSH*, pp. 163, 167, 171.

（14）Wallas, 'The Price of Intolerance' reprinted in *MI*, pp. 109–11.

（15）*HNP*, p. 119.（邦訳、一〇七頁）

（16）西尾孝司「主知主義的人間観批判と近代政治学の形成」、七—九頁参照。

（17）なお、以上のウォーラスにおける積極的・消極的自由の位置づけに関連して、Qualter, *Graham Wallas and the Great Society*, pp. 157–8 のほか Mary Peter Mack, 'Graham Wallas' New Individualism' in *The Western Political Quarterly*, Vol. 11 No. 1 (Mar., 1958); Eric Hobsbawm, *The Lesser Fabians* (Our History Pamphlet No. 28) (Winter, 1960), pp. 1–2, 8-11; Isaiah Berlin, *Four Essays on Liberty* (Oxford, 1969)（生松敬三訳「二つの自由概念」〔小川他訳『自由論』新装版、みすず書房、二〇〇〇年所収〕); David Nicholls, 'Positive Liberty, 1880-1914' in *American Political Science Review*, Vol. 56, No. 1 (Mar., 1962);

田中『新自由主義』研究覚書」、二九四―五頁を参照。また、グリーンの自由観に関しては、たとえば、日下喜一「T・H・グリーンの政治思想」（行安・藤原編『T・H・グリーン研究』御茶の水書房、一九八二年、所収）、八三―六頁、行安『トマス・ヒル・グリーン研究』、一〇七―一九頁を参照せよ。

(18) *OSH*, pp. 156–7, 159–60, 164, 166.

(19) See, ibid., pp. 100–1.

(20) 杉田「人間性と政治」（下）、一四〇頁。

(21) *OSH*, p. 160.

(22) Sidney Webb, 'A Stratified Democracy' in *Supplement to the New Commonwealth* (Nov. 28, 1919), pp. 7–8.

(23) J. A. Hobson, 'The Restatement of Democracy', p. 269. なお、この点に関連してウォーラスが国民投票制度についてどのように考えていたのかという問題は興味深いが、管見のかぎり、彼は主著でこの問題をほとんど扱っていない（cf. *HNP*, p. 228〔邦訳、一九六頁〕）。これは、例えば、ウェッブ夫妻が『産業民主制論』で労働組合の経験にもとづいてそれに批判的であり、ホブハウスが『自由主義』でむしろその可能性を評価しようとしているのを見ても、奇妙な印象を受ける。ちなみに、尾崎邦博によれば、二院制には賛成するが貴族院の階級利益には反対するホブソンが、英国における民主主義再構築のために注目したのがスイスの直接民主政であった。See, Sidney and Beatrice Webb, *Industrial Democracy*, p. 834（邦訳、一〇二三頁）; L.T. Hobhouse (James Meadowcroft (ed.)), *Liberalism and Other Writings*, p. 118.（邦訳、一八〇―一頁）尾崎邦博「J・A・ホブスンと直接民主主義」（『経済科学』第五四巻第二号、二〇〇六年）、三一―四七頁。

(24) なお、ウォーラスの自由観が抱えるこの問題をおそらく鋭く意識していた一例として、ラッセルの『権力』が挙げられる。ウォーラス没後の一九三八年に、ヒトラーやムッソリーニの勢力拡大を目の当たりにしながら発表されたこの書は、ほかの動物と比較した人間の特徴を欲望の無限性に求め、その最も顕著な例の一つを権力欲に見て、権力を「エネルギーが物理学の根本概念であるのと同じ意味で、社会科学の根本概念」と見なしている（Bertrand Russell, *Power* (London/Sydney/Wellington, 1960), ch. 1.〔東宮隆訳『バートランド・ラッセル著作集5　権力――その歴史と心理』みすず書房、一九五九年、第一章〕）。その権力分析は、両大戦間期における国際連盟体制の失敗を受けて理想主義に対する現実主義の重要性を同時期に主張したE・H・カーによっても高く評価されているが（E. H. Carr, *The Twenty Years' Crisis, 1919-1939* (Hampshire/New York, 2001), p. 131〔原彬久訳『危機の二十年――理想と現実』岩波書店、二〇一一年、四七八頁〕）、本書との関連で注意されるのは、そこでは、ウォーラスと同じように指導者と追随者との存在に注意が向けられ、積極的追随は奴隷道徳にもとづくものではないとされながらも、それが自由よりは「権力愛」「権力衝動」の一表現とされる点である（ibid., pp. 10, 12〔邦訳、一〇、一二頁〕）。

ラッセルは、また、①技術が発達した「機械」の時代である現代社会においては、個々人の幸福や福祉を増進させるために組織体が重要であり、実際に組織体がその目的に資している場合も多いこと、しかし、②組織体の運営には常に権力の再分配＝政治という問題が控え、現代社会では、ともすれば国家を中心に「機械にもとづいた権力」が生まれて肥大化し、その「馴致」が困難であることを指摘する（see. ibid., pp. 21-3, 108, 113-5, 141, 143, 194〔邦訳、二八、三〇―一、一七三―四、一八二―六、二二七、二二九、三一七―八〕）。組織化や「機械力」に注意するラッセルの現代社会観は、ウォーラスの「巨大社会」観と重なるが、権力が問題の根幹に据えられている点が異なる。この相異は重要と言える。

しかし、同時に興味深いのは、ラッセルも、権力の具体的な「馴致」策を考察する際には、政治的条件・経済的条件・プロパガンダの条件と並んで心理的・教育的条件を指摘しており、この最後の条件がウォーラスの「創造的思考」「社会的判断」と重なった特徴をもっていることである。ラッセルによれば、権力馴致を可能とする民主政治に必要な気質とは、個々人がある程度の自恃の精神をもち自分の判断を積極的に支持すると同時に、多数者の決議にはたとえ反対の場合でも喜んで従うという一見相反する態度であるが（ibid., p. 202〔邦訳、三三〇頁〕）、それは、「知的生活における科学的気質がまさに占める位置」、つまり、「懐疑主義と独断主義との中間点」（ibid., p. 203〔邦訳、三三三頁〕）とも説明される。「このような気質からすれば、真理は完全に到達可能でもなければ、完全に到達不能でもない。それは、ある程度まで到達可能だが、苦しんで初めて到達し得るものとなる。」（Ibid.）

ラッセルの『権力』にウォーラスへの言及がないため、以上に若干試みたウォーラスとの比較は、思想史として見当違いに見えるかもしれない。ただ、マレイが、『権力』に関する感想を寄せたラッセル宛の手紙のなかで、必ずしもラッセルの権力論との関連を示してはいないものの、ウォーラスの思考論に言及し、それを高く評価しているのを読むと（Bertrand Russell, *The Autobiography of Bertrand Russell Volume Two 1914-1944* (London, 1971), pp. 245-6〔日高一輝訳『ラッセル自叙伝II　1914年―1944年』理想社、一九七一年、三三一頁〕）、同時代的にはむしろ両者の関連が意識されていた可能性を疑いたくなる。もし、この「読み」が正しければ、田口富久治や松下圭一が注目したリップマンやラスキとは異なるウォーラス思想への応答という観点から、ラッセルを再読することも可能かもしれない。と同時に、ラッセルの権力馴致の議論に見られる民主政治と妥協との関係には、のちのバーナード・クリックにおける「創造的妥協」としての政治観や彼のシティズンシップ論と重なる特徴もある。クリックがLSEにおけるウォーラスの後任者であるラスキの薫陶を受けていること、また、彼が大きな影響を受けているマイケル・オークショットの父親は、ウォーラスとも知己の活動的なフェビアンであったことをも考え合わせれば、ここから探る思想史的文脈も、興味深い。しかし、いずれにせよこれらの点は今後の課題としたい。

あとがき

本書の原型は、二〇〇三年十二月に成蹊大学法学政治学研究科に提出され、翌年三月に政治学博士を認められた論文『グレアム・ウォーラスの思想世界――世紀転換期における新たな〈共同体〉論の構想』である。公刊にあたり全編にわたって修正・補足を施し、副題も変更したが、ウォーラス理解の基本線に大きな変更はない。

発表までに十年近い年月が経ったのはひとえに筆者の怠惰による。ただ、博士後期課程を修了したあと、参考文献を収集しロンドン大学経済学政治学学校付属図書館のウォーラス文書に改めて足を運ぶ余裕がなかったことも一因ではある。それだけに、二〇〇八年春以降、早稲田大学政治経済学術院や成蹊大学法学部に職を得たことで、定期的にロンドンに資料調査に訪れ思い通りに資料を購入できるようになったことは、筆者にとって大きな喜びであった。同時に、それは博士論文出版の義務を痛感させるきっかけともなった。

本書の発表までに時間がかかってしまったために、その間、ウォーラスと同時代の英国思想史に関して陸続と研究が積み重ねられていることは否めない。一瞥しただけでも、例えばA・ジマーンとG・マレイとを扱ったモノグラフとしては、Jeanne Morefield, ***Covenants Without Swords*** (Princeton / Oxford, 2005) が発表された。Gregory Claeys, ***Imperial Sceptics*** (Cambridge, 2010) は、帝国批判の思想的淵源の一つとしてコント主義に着目し、その文脈のなかでホブソンを位置づけ直そうとしている。フェビアンに関しては、ウェッブ夫妻とソ連共産主義との関連を考察したKevin Morgan, ***The Webbs and Soviet Communism*** (London, 2006) や、初期フェビアンにおける倫理的・進化論的側面を改めて浮き彫りにしたMark Bevir, ***The Making of British Socialism*** (Princeton / Oxford, 2011) がある。日本においても、長い間フェビアンやニューリベラルの研究を牽引してきた名古忠行、姫野順一や本書で紹介した江里口拓、尾崎邦博による研究のほか、B・ボザンケの思想を正面から読み解こうとする芝田秀幹『イギリス理想主義の政治思想』（芦書房、二〇〇六年）やW・モリスの社会主義論を再評価しようとする木村竜太『空想と科学の横断としてのユートピア』（晃洋書房、二〇〇八年）や大内秀明『ウィリアム・モリスのマルクス主義』（平凡社、二〇一二年）が出ている。また、山本卓、寺尾範野、馬路智仁、大井赤亥、毛利智といった若手の気鋭の研究者も、L・T・ホブハウス、A・ジマーン、A・トインビー、H・J・ラスキなどに関する研究を次々と発表している。本書では必ずしもそれらすべての成果を反映してはいない。ただ、管見のかぎり、この間に本書の解釈を訂正しなければならないような重要なウォーラス研究は発表されなかったようである。その意味では、本書はウォーラスに関連するモノグラフとして研究史の空白を埋めるとともに、十九世紀末から二十世紀初頭にかけての英国政治思想史の理解を深める一つの手助けとなるだろう。

本書がもう一つ意義をもちうるとすれば、それは現代英国における政治思想の歴史的源泉を考察する一つの手がかりとなりうる点である。筆者は、近年、第二次世界大戦後の英国政治思想にも関心をもち始めているが、その際にしばしば驚かされたのは、例えば、福祉国家体制やネオリベラリズムに対する批判の引照枠組として、十九世紀末から二十世紀初頭の政治思想がたびたび言及されていることである。社民派で知られたD・マーカンドが、その *Unprincipled Society* において、本書でも紹介したP・クラークによる *Liberals and Social Democrats* を引照し、そこで提示されている「機構的改革」と「道徳的改革」との対立項を議論の一つの基軸にしているのは、その一例である。また、労働派のR・プラントは、A・ヴィンセントとの共著であるその英国理想主義研究 *Philosophy, Politics and Citizenship* で知られると同時に、サッチャリズムやネオリベラリズムに対する活発な批判を展開してもいる。さらに、一九九〇年代に保守系の市民社会派として知られたD・G・グリーンも、その著書のなかでボザンケと縁の深い慈善組織協会について論じている。

しかし、本書の出発点は、実はこうしたアカデミックな関心にあったわけではなかった。むしろ、それは、筆者が学部三年生であった一九九五年に、阪神淡路大震災や地下鉄サリン事件を通じて強烈に自覚させられた、自身も含めたバブル崩壊後の当時の日本の若者の精神的空虚さとその危うさとであった。ウォーラスが『巨大社会』で活写した生の実感の喪失という状況は、まさに筆者の眼前にある社会と重なったのである。

こうした学部時代の筆者のぼんやりとした問題関心を曲がりなりにも学問的な成果に昇華させるに際して、筆者と本書とは実に多くの方々に負っている。ここでは、そのほんの一部の方々に謝辞を述べさせていただきたい。

まず筆頭に挙げなければならないのは、博士前期課程・後期課程を通じて指導教授を引き受けて下さった加藤節先生である。先生は、十七世紀西洋政治思想史の大家として筆者に西洋政治思想史の基礎を叩き込んで下さっただけでなく、政治思想史の研究がいかに現実問題と切り結ぶものでなければならないかを身をもって示して下さっている。筆者が研究上で行き詰まった際には、時には温かく時には厳しく筆者を励まして下さった。本書が先生の学恩に少しでも報いるものになっていることを願うばかりである。

また、筆者がかつては学生として在籍し、現在はスタッフとして在職している成蹊大学大学院法学政治学研究科の先生方・職員の方々にもお礼を申し上げたい。特に、田中治男先生（現名誉教授）、亀嶋庸一先生、安念潤司先生（現中央大学）、李静和先生には博士論文審査の際に、小原隆治先生（現早稲田大学）、西崎文子先生（現東京大学）には修士論文審査の際に、それぞれ審査員として大変お世話になった。三谷太一郎先生（現東京大学名誉教授）、富田武先生、宮村治雄先生、宮本光雄先生、遠藤誠治先生は、ゼミや授業・研究会を通じて、筆者に学問の厳しさと面白さとを伝えて下さり、筆者の研究を厳しくも温かい目で見守って下さった。本書では、先生方がさまざまな機会に投げかけて下さった課題・問題に必ずしも応えきれていないが、それらは今後の課題として引き続き考えていきたい。

法政大学の飯田泰三先生（現島根県立大学）、鈴木佑司先生、杉田敦先生にも一言触れたい。飯田先生は、筆者の博士論文に目を通していくつかの根源的な問題を問うて下さり、蔵書の中からいくつか貴重な文献を貸して下さったほか、法政大学で開催されている思想史の会での発表の機会を与えて下さった。鈴木先生には学部時代の国際政治関連のゼミでお世話になったが、特に助けていただいたのは筆者が大学院に進学する際であった。先生が筆者の漠然とした悩みを正面から聞いて下さり、加藤先生を紹介して下さらなければ、到底筆者は学問の道に進めなかったからである。また、杉田先生はウォーラス研究の先達として筆者の研究に関心を寄せて下さり、博士論文にもコメントを下さった。

筆者は、一九九九年夏から一年ほど英国のケンブリッジ大学に留学したが、その際にも多くの方々にお世話になった。ここでは、三人のお名前だけ紹介させていただきたい。一人は、私の指導教授を務めて下さったピーター・クラーク先生である。九ヶ月というやや短い期間で三本のエッセイと一本の論文とを書き上げるマスター・オヴ・フィロソフィのコースで、先生は筆者のつたない英語を辛抱強く読み、添削し、アドヴァイスして下さったのであった。二人目は、故クライヴ・トレヴィルコック先生である。先生が客員教授として成蹊大学にいらっしゃることがなければ、筆者は留学を決断しなかったであろう。先生には、エッセイの一本を添削していただくなど、留学中も本当に色々とお世話になった。三人目は、故塚田富治先生である。たまたま当時サバティカルでケンブリッジにいらした先生は、筆者とそれまで面識がなかったにもかかわらず、筆者が声をかけたその場で食事に誘って下さり、研究会を開く段取りまでつけて下さったのであった。当時コースワークの厳しさに少しバテていた筆者には、先生のその温かさが身にしみた。

その研究会で筆者の発表に色々と質問を投げかけて下さった一人が、立教大学の松田宏一郎教授であった。松田教授は帰国後も筆者に目をかけて下さり、そこで知り合った宮地忠彦氏、遠山隆淑氏、菅原光氏といった同年配の研究者との付き合いは、筆者にとってやはり重要な知的財産となっている。

また、二〇〇六年の政治思想学会の自由論題報告に際しては、北海道大学の辻康夫先生から貴重なご質問とアドヴァイスとを受けることができた。先生には加藤ゼミの「先輩」としてもなにかとお世話になっている。お茶の水女子大学の杉田孝夫先生も何かにつけ筆者の研究に関心を示して下さり、博士論文を早く出版するよう励まして下さった。あわせて謝意を表したい。

早稲田大学の先生方にもお礼を申し上げなければならない。本書成立において、筆者が早稲田大学政治経済学術院の助教に採用されたことは非常に大きい。在職中は、松本礼二先生、飯島昇藏先生、佐藤正志先生、齋藤純一先生をはじめ各先生にお世話になった。梅森直之先生には初期社会主義研究会での発表の機会を与えていただいた。大阪教育大学の田中ひかる先生からの質問をはじめ、そこでの討論は筆者にとって非常に勉強になった。

筆者は、また、同世代の研究者にも多くを負っている。例えば、大学院のゼミや研究会では、李暁東、木花章智、江口伸吾、森分大輔、愛甲雄一、三宅麻理、佐藤高尚、畑野勇、新藤達也、平尾貴といった諸先輩方から知的刺激を受けることができた。二〇〇八年冬に立ち上げられた「社会政治史研究会（仮）」という小さな研究会での議論も、筆者にとっては大きな知的喜びをもたらしてくれた。そこで得られた山本卓、寺尾範野、井上弘貴、石田徹、森達也、小野寺健、馬路智仁、大井赤亥ら各氏との知的交流は、筆者にとってかけがえのない宝である。この研究会では、また、筆者の博士論文を丁寧に読み、さまざまなコメント・疑問・論点を寄せてくれたのであった。本書では必ずしもそのすべてに応えきれていない。それらの点は、今後の課題とさせていただきたい。

未來社の西谷能英社長と編集を担当して下さった高橋浩貴氏にもお礼を申し上げたい。出版事情が厳しい昨今、特に本書のようなあまり名の通っていない思想家のモノグラフの出版を認めていただいたことに、筆者としては感謝の意を尽くせない。特に、本書が少しでも読みやすくかつ誤りの少ないものになっているとすれば、それは高橋氏の丁寧な編集のおかげである。氏にはまた索引の作成にあたり多大な助力を頂いた。

最後に、父であり研究者の先達である平石直昭とその父および二人の息子を支えてきた母のさつき、そして、パートナーである桜庭相里に感謝の意を表したい。家族の支えがなければ、本書の刊行どころか研究の進展さえままならなかったことは確かだからである。

二〇一三年二月　武蔵野の研究室にて

平石 耕

本書は成蹊大学学術研究成果出版助成を受けて刊行される。また、資料調査にあたっては、二〇〇九年度早稲田大学政治経済学術院特定課題研究助成、財団法人櫻田会による第二九回（平成二十二年度）政治研究助成、科学研究費助成（基盤研究〔B〕研究課題番号二四四〇二〇〇八、研究代表者若松邦弘）を受けることができた。あわせて感謝の意を示したい。

人名索引

ア行

アーノルド、トマス（Thomas Arnold） 111, 195
アシュリー、ウィリアム（William J. Ashley） 230
アスキス、ハーバート・H（Herbert Henry Asquith） 75, 182, 223, 224, 294, 299, 348, 351, 363
アトウッド、トマス（Thomas Attwood） 152
アリストテレス（Aristotle） 17, 19, 20, 22, 24, 28, 30, 36, 37, 52–56, 61, 63, 69–73, 76, 77, 81, 83, 85, 86, 94, 99, 237, 248, 249, 317, 324, 341, 357, 369
アレヴィ、エリー（Élie Halévy） 223, 227
石井健司 91, 103
ウィーナー、マーティン・J（Martin J. Wiener） 19–22, 27, 28, 92–94, 103, 105, 169, 178, 185, 222, 226, 228, 229, 232, 354
ウィックスティード、フィリップ・H（Philip Henry Wicksteed） 41–46, 96, 97
ウィットブレッド、サミュエル（Samuel Whitbread） 131, 132, 142, 171
ウィリー、バジル（Basil Willey） 339
ウィルソン、シャーロット（Charlotte M. Wilson） 32, 35, 61, 100, 102, 103, 116, 166
ウィルソン、ピーター（Peter Wilson） 346, 349, 351, 352
ヴィルヘルム２世（ドイツ皇帝、Wilhelm II） 295, 297, 318
ウィンクラー、ヘンリー・R（Henry R. Winkler） 350, 351
ウィンステン、スティーブン（Stephen Winsten） 224
ウェーバー、マックス（Max Weber） 343
ウェッブ、シドニー（Sidney Webb） 14, 25, 30–32, 34–36, 40, 60, 61, 63, 65–69, 88–90, 92–98, 100, 101, 103, 104, 108, 110, 112–117, 135, 150, 151, 159, 163, 166, 174, 176, 180, 182, 184, 189–195, 200, 203, 205, 207–210, 212, 213, 219–222, 224, 227–235, 239, 274, 344, 345, 360, 362, 363, 366, 367, 371
ウェッブ、ビアトリス（Beatrice Webb） 89, 90, 92, 104, 108, 110, 174, 175, 184, 193–195, 200, 203, 204, 219, 221, 222, 224, 227–232, 235, 274, 293, 345, 353, 354, 371
ウェリントン公爵（1st Duke of Wellington） →ウェルズリー
ウェルズ、H・G（Herbert George Wells） 241, 270, 344
ウェルズリー、アーサー（Arthur Wellesley） 151
ウォーラス、エイダ（Ada Radford Wallas） 90, 108, 223, 293
ウォーラス、メイ（May Wallas） 22, 28, 29, 93, 94, 105, 292, 293, 342, 346, 349, 370
ウッド、アラン（Alan Wood） 349
ウルフ、ウィラード（Willard Wolfe） 95, 96, 100, 104
ウルフ、レナード・S（Leonard S. Woolf） 104, 301, 308
エディントン、アーサー・S（Arthur Stanley Eddington） 320
エマーソン、ラルフ・W（Ralph Waldo Emerson） 98
江里口 拓 104, 105, 231
エリザベス１世（Elizabeth I） 125, 129, 138, 139

オーウェン、ロバート（Robert Owen）　158, 317
オークショット、マイケル（Michael Joseph Oakeshott）　373
オースティン、ジョン（John Austin）　63
オーストラー、リチャード（Richard Oastler）　154
大田直子　227, 228
岡 真人　104, 105
オコンナー、ファーガス（Feargus Edward O'Connor）　153, 154, 156
尾崎邦博　371
オストロゴルスキー、モイセイ（Moisei Ostrogorsky）　265, 266, 343
オッペンハイム、ジャネット（Janet Oppenheim）　93
オリヴィエ、シドニー（Sydney Haldane Olivier）　31-34, 40, 43, 44, 92-97, 100, 112, 116, 344
オリヴィエ、マーガレット（Margaret Olivier）　93, 94

カ行

カー、E・H（E. H. Carr）　371
カートライト、ジョン（John Cartwright）　158
カーペンター、エドワード（Edward Carpenter）　35
カーライル、トマス（Thomas Carlyle）　111, 271, 366
亀嶋庸一　343
川口 浩　94, 369
ギッフェン、ロバート（Robert Giffen）　107
キャンベル＝バナマン、ヘンリー（Henry Campbell-Bannerman）　182
クォルター、テレンス・H（Terence H. Qualter）　20-22, 28, 169, 228, 369, 370
日下喜一　371
クラーク、ウィリアム（William Clarke）　98, 105, 159, 181, 184, 185, 223, 224, 347
クラーク、ピーター（P. F. Clarke）　21, 22, 28, 96, 98, 101, 105, 178, 222, 225, 232, 369
グラッドストン、ウィリアム（William Ewart Gladstone）　31, 35, 150, 151, 181, 205
クラムニック、アイザック（Isaac Kramnick）　370
グリーン、トマス・ヒル（Thomas Hill Green）　74-76, 101, 312, 365, 371
クリック、バーナード（Bernard Crick）　104, 105, 373
クリューガー、ポール（Stephanus Johannes Paulus Kruger）　184, 225
グレイ、エドワード（Edward Grey）　182, 223, 294, 295, 348
グレイ、チャールズ（グレイ卿、Charles Grey）　151, 152
クロス、E・リチャード（E. Richard Cross）　350
クロポトキン、ピョートル（Pyotr Alekseevich Kropotkin）　103, 116
桑原莞爾　230
ケイス、トマス（Thomas Case）　75
ケイン、ピーター（Peter Cain）　232
ケネディー、W・S（W. S. Kennedy）　344
コートニー、レナード・H（Leonard Henry Courtney）　293, 348
ゴールトン、フランシス（Francis Galton）　341
コールリッジ、サミュエル・T（Samuel Taylor Coleridge）　112

コブデン、リチャード（Richard Cobden）　201
コベット、ウィリアム（William Cobbett）　157
コリングウッド、ロビン・G（Robin George Collingwood）　75, 105
コント、オーギュスト（Isidore Auguste Marie François Xavier Comte）　→実証主義も見よ。
33, 34, 93, 96, 100, 104, 112, 113

サ行

サミュエル、ハーバート（Herbert Louis Samuel）　101, 108, 159, 176, 184–186, 223–226, 299, 300, 350, 363
シーアマン、バリー（Barry Sheerman）　370
シーリー、ジョン・R（John Robert Seeley）　288, 291
ジェイムズ、ウィリアム（William James）　21, 245, 246, 301, 315, 326, 339, 353, 355, 356
ジェヴォンズ、スタンリー（William Stanley Jevons）　41, 42, 44
ジェイムズ2世（James II）　130
ジェファソン、トマス（Thomas Jefferson）　207
シェリー、パーシー・B（Percy Bysshe Shelley）　325
ジマーン、アルフレッド・E（Alfred Eckhard Zimmern）　284, 344, 349
清水幾太郎　93
ジャックス、ローレンス・P（Lawrence Pearsall Jacks）　297, 298, 300, 349
シャレイユ、フェリシアン（Félicien Challaye）　345
シュミット、カール（Carl Schmitt）　18
シュミット、ブライアン・C（Brian C. Schmidt）　226
シュルツ、デュアン（Duane Schultz）　341
ショウ、ジョージ・B（George Bernard Shaw）　14, 25, 30–33, 36, 39, 62, 63, 66, 68, 69, 71, 88, 92, 93, 95, 98, 100–104, 107, 108, 116, 117, 150, 174, 180, 182–185, 201–207, 209, 223, 224, 226, 230–234, 271, 274, 333, 334, 338, 339, 344, 345, 362, 369, 370
ジョージ、ヘンリー（Henry George）　39, 98
スウィージー、ポール（Paul M. Sweezy）　98, 99
杉田 敦　21, 22, 28, 29, 105, 228, 251, 340, 343, 355, 356, 366, 369, 371
スタージ、ジョゼフ（Joseph Sturge）　153
スターリン、ヨシフ（Iosif Vissarionovich Stalin）　104, 354
スタンリー、アーサー・P（Arthur Penrhyn Stanley）　194, 195
スティーブンズ、ジョゼフ・R（Joseph Rayner Stephens）　154
スペンサー、ハーバート（Herbert Spencer）　102, 112, 243, 245, 247, 316, 319, 320, 338
スペンス、トマス（Thomas Spence）　158
スマッツ、ヤン・C（Jan Christiaan Smuts）　301
関内 隆　230
セシル、ロバート（Edgar Algernon Robert Gascoyne-Cecil）　301
センメル、バーナード（Bernard Semmel）　196, 200, 230, 234
ソクラテス（Socrates）　357
ソッファー、リーバ・N（Reba N. Soffer）　344
ソルト夫人（Kate Salt）　93

ソルト、ヘンリー（Henry Salt）　35, 93

タ行

ダーウィン、チャールズ（Charles Darwin）　16, 33, 76, 93, 97, 113, 115, 217, 251, 317, 339, 341
田口富久治　18, 21, 27, 339, 372
タッカー、ベンジャミン・R（Benjamin Ricketson Tucker）　102, 103
田中治男　16, 27, 369, 371
タルド、ガブリエル（Jean-Gabriel de Tarde）　312
チェスタトン、ギルバート・K（Gilbert Keith Chesterton）　101
チェンバレン、ジョゼフ（Joseph Chamberlain）　32, 184, 196–198, 204, 221–223, 226, 230, 232
チャールズ２世（Charles II）　130
チャドウィック、エドウィン（Edwin Chadwick）　176
都築忠七（Chushichi Tsuzuki）　94, 95, 97
ディズレーリ、ベンジャミン（Benjamin Disraeli）　31, 35
ディッキンソン、ゴールズワージー・L（Goldsworthy Lowes Dickinson）　284, 301, 304, 329, 330, 348, 350, 356
ディルク、チャールズ（Charles Dilke）　181
デューイ、ジョン（John Dewey）　18, 333
デュビン、マーティン・D（Martin David Dubin）　350, 351
デル、ロバート（Robert E. Dell）　201, 202, 209
トインビー、アーノルド（Arnold Toynbee）　75
トーニー、リチャード・H（Richard H. Tawney）　110, 261
遠山隆淑　26
トクヴィル、アレクシ・ド（Alexis-Charles-Maurice-Clérel de Tocqueville）　16
トムスン、E・P（Edward Palmer Thompson）　95
トレヴェリアン、ジョージ・M（George Macaulay Trevelyan）　348
トロツキー、レフ（Lev Davidovich Trotskii）　262, 354
トロッター、ウィルフレッド（Wilfred Batten Lewis Trotter）　270

ナ行

ナウマン、フリードリヒ（Friedrich Naumann）　341
名古忠行　22, 29, 369
ナン、トマス・P（Thomas Percy Nunn）　332
ナンセン、フリチョフ（Fridtjof Nansen）　354
ニーチェ、フリードリヒ（Friedrich Wilhelm Nietzsche）　366
ニコルズ、デイヴィッド（David Nicholls）　370
西尾孝司　27, 370
ニュートン、アイザック（Isaac Newton）　320
野村 博　105

ハ行

バーカー、アーネスト（Ernest Barker）　102, 315–317, 353, 354
バーク、エドマンド（Edmund Burke）　148
ハーコート、ウィリアム（William George Granville Venables Vernon Harcourt）　181
ハーディ、ケア（James Keir Hardie）　150
パーネル、チャールズ・S（Charles Stewart Parnell）　150
バーリン、アイザイア（Isaiah Berlin）　370
ハインドマン、ヘンリー・M（Henry Mayers Hyndman）　32, 38, 39, 94
バカン、ノーマン（Norman Buchan）　105
ハクスレー、ジュリアン（Julian Huxley）　320
バジョット、ウォルター（Walter Bagehot）　26, 312
バックス、ベルフォート（E. Belfort Bax）　32, 38, 94
パッテン、サイモン・N（Simon Nelson Patten）　296, 297, 348
バトラー、サミュエル（Samuel Butler）　339
バトラー、ジョゼフ（Joseph Butler）　357
ハモンド、ジョン・L（John Lawrence Hammond）　101, 110, 348
ハリソン、ロイドン・J（Royden J. Harrison）　97, 104, 235
バロウ、ジョン・W（John W. Burrow）　165, 166
バロウズ、ハーバート（Herbert Burrows）　159
ビアジーニ、エウジーニオ・F（Eugenio F. Biagini）　347
ピアソン、カール（Karl Pearson）　341
ピーズ、エドワード・R（Edward R. Pease）　33, 35, 37, 56–58, 90, 93, 94, 100, 116, 178, 179, 205, 222, 223, 226, 227, 229, 231–233
ビートン、ヘンリー（Henry R. Beeton）　51
ビスマルク、オットー・フォン（Otto Eduard Leopold Fürst von Bismarck）　287, 288, 300, 347
ピット、ウィリアム（William Pitt）　127
ヒトラー、アドルフ（Adolf Hitler）　371
ピュー、パトリシア（Patricia Pugh）　181, 223, 226
ヒューインズ、ウィリアム・A・S（William Albert Samuel Hewins）　221
ヒューゴー、レオン・H（Leon H. Hugo）　226
ヒューム、デイヴィッド（David Hume）　272, 331
ヒル、クライブ（Clive Hill）　166
ヒル、ローランド（Rowland Hill）　157, 160
ファイナー、ハーマン（Herman Finer）　346
フーリエ、シャルル（Charles Fourier）　261
フォースター、ウィリアム・E（William Edward Forster）　142, 143, 173
藤原保信　105, 345, 371
ブライス、ジェイムズ（James Bryce）　301, 350
プライス、L・L（L. L. Price）　165
ブライト、ジョン（John Bright）　201
プラトン（Plato）　36, 54, 55, 61, 76, 270–272, 317, 327, 341, 357, 368

ブラン、ルイ（Louis Blanc）　261
ブランド、ヒューバート（Hubert Bland）　33, 150, 205, 232, 233
フリーデン、マイケル（Michael Freeden）　23, 29, 225, 369, 370
プリムローズ、アーチボルド・P（Archibald Philip Primrose）　151, 182, 212
プルードン、ピエール・ジョセフ（Pierre Joseph Proudhon）　32, 39
ブルーム、ヘンリー（Henry Peter Brougham）　131, 132, 142
プレイス、フランシス（Francis Place）　25, 66, 110, 133, 149, 152, 156–165, 176, 196, 319
ブルック、ストップフォード（Stopford Brooke）　98, 101
ベア、マックス（Max Beer）　110, 165
ベイコン、フランシス（Francis Bacon）　266–268, 271, 317
ヘーゲル、フリードリヒ（Georg Wilhelm Friedrich Hegel）　16, 63
ヘザリントン、ヘンリー（Henry Hetherington）　152, 154
ベザント、アニー（Annie Besant）　33, 93, 150
ヘッドラム、スチュアート（Stewart Headlam）　189
ペリクレス（Pericles）　362, 364
ベル、アンドリュー（Andrew Bell）　130
ベルクソン、アンリ（Henri Bergson）　279, 338, 345
ベルンシュタイン、エドゥアルト（Eduard Bernstein）　295
ベロック、ヒレア（Joseph Hilaire Pierre Belloc）　101
ベンサム、ジェレミー（Jeremy Bentham）　27, 28, 63, 112, 158, 159, 161, 176, 312, 316, 365
ヘンダーソン、アーチボルド（Archibald Henderson）　92
ベントレー、アーサー・F（Arthur Fisher Bentley）　14, 27, 321, 322
ベントレー、マイケル（Michael Bentley）　348
ヘンリー８世（Henry VIII）　124, 125, 129, 139
ボウラー、ピーター・J（Peter J. Bowler）　111, 165, 166
ポーター、バーナード（Bernard Porter）　223
ボール、シドニー（Sidney Ball）　63, 66, 88, 101, 102, 108, 360
ホールデイン、リチャード・B（Richard Burdon Haldane）　75, 182, 223
ホッブズ、トマス（Thomas Hobbes）　248
ホブズボウム、エリック・J（Eric J. Hobsbawm）　104, 105, 229, 370
ホブソン、ジョン・A（John Atkinson Hobson）　14, 159, 184, 185, 187, 204, 214, 221, 224, 226, 230, 234, 284, 286, 293–295, 301, 304–306, 308, 329–331, 344, 347, 348, 351, 356, 360, 363, 365, 368, 371
ホブソン、サミュエル・G（Samuel George Hobson）　182, 187, 205, 224
ホブハウス、レナード・T（Leonard Trelawney Hobhouse）　101, 214, 224, 234, 308, 348, 351, 360, 361, 363, 365, 369–371
ポリット、エドワード（Edward Porritt）　165

マ行

マーシャル、アルフレッド（Alfred Marshall）　230
マーティン、キングズレイ（Kingsley Martin）　370
前田康博　21, 22, 29
マクドゥーガル、ウィリアム（William McDougall）　21, 270, 316, 356

マクドナルド、ジェイムズ・R（James Ramsay MacDonald）　159, 182, 176, 187, 224, 348
マクブライア、A・M（Alan Marne McBriar）　96, 97, 104, 105, 178, 181, 222, 223, 226, 227, 230, 231, 233, 234
マクロスティ、ヘンリー・W（Henry William Macrosty）　227
マコーレー、トマス・B（Thomas Babington Macaulay）　112
マシュー、コリン（Henry Colin Gray Matthew）　223
マック、メアリー・P（Mary Peter Mack）　370
マッケンジー、ノーマン（Norman MacKenzie）　229, 233
マッケンジー夫妻（Norman and Jeanne MacKenzie）　28, 92–94, 108, 174, 175, 232, 344
松下圭一　18, 19, 21, 27, 372
マッツィーニ、ジュゼッペ（Giuseppe Mazzini）　287, 288, 347
松本佐保　347
マルクス、エレノア（Eleanor Marx）　38
マルクス、カール（Karl Marx）　16, 32, 37–39, 41–46, 48, 51, 59, 92, 94–97, 99, 113, 261
マレイ、ギルバート（Gilbert Murray）　29, 284, 294, 295, 297, 299, 348, 349, 372
マン、トム（Tom Mann）　156
マンデヴィル、バーナード・デ（Bernard de Mandeville）　171
マンハイム、カール（Karl Mannheim）　18
ミトラニー、デイヴィッド（David Mitrany）　308, 310, 351
ミュアヘッド、ジョン・H（John Henry Muirhead）　105
ミル、ジェイムズ（James Mill）　133, 251
ミル、ジョン・スチュアート（John Stuart Mill）　75, 100, 104, 112, 113, 223, 268, 288, 291, 314, 319, 363, 364, 366
ミルナー、アルフレッド（Alfred Milner）　75, 223, 288, 291
ミレー、ジョン（John Everett Millais）　107
ムッソリーニ、ベニート（Benito Mussolini）　104, 271, 362, 371
ムルホール、マイケル・G（Michael George Mulhall）　106
メイン、ヘンリー（Henry James Sumner Maine）　102, 312
メリアム、チャールズ・E（Charles Edward Merriam）　13, 27
モア、トマス（Thomas More）　317
モーズリー、ヘンリー（Henry Moseley）　142
モートン、アーサー・L（Arthur Leslie Morton）　95
モーリー、ジョン（John Morley）　181
モラント、ロバート（Robert Morant）　227, 228
モリス、ウィリアム（William Morris）　28, 31, 32, 38, 39, 94, 95, 248, 258, 314

ヤ行・ラ行・ワ行

安川悦子　92, 94, 95
行安 茂　105, 106, 371
ラーション、Y・G・R（Yngve Gustaf Rickard Larsson）　348, 349, 351
ラヴェット、ウィリアム（William Lovett）　152–154, 161
ラサール、フェルディナント（Ferdinand Lassalle）　94, 261

ラスウェル、ハロルド・D（Harold Dwight Lasswell）　13
ラスキ、ハロルド・J（Harold J. Laski）　18, 110, 165, 281, 344, 346, 353, 370, 372, 373
ラスキン、ジョン（John Ruskin）　28, 38, 247, 258
ラッセル、バートランド（Bertrand Russell）　97, 104, 294–296, 299, 300, 348, 349, 362, 371, 372
ラトクリフ、サミュエル・K・（Samuel Kerkham Ratcliffe）　349
ラマルク、ジャン＝バティスト（Jean Baptiste Pierre Antoine de Monet de Lamarck）　245
ランカスター、ジョゼフ（Joseph Lancaster）　130–132, 171
リカード、デイヴィッド（David Ricardo）　47, 63, 96, 257
リッチ、ポール（Paul Rich）　349
リッチー、デイヴィッド・G（David George Ritchie）　105
リップマン、ウォルター（Walter Lippmann）　18, 27, 249, 299, 322, 340, 358, 372
リヒター、メルヴィン（Melvin Richter）　101
ルソー、ジャン＝ジャック（Jean-Jacques Rousseau）　251, 276
ルター、マルティン（Martin Luther）　33
ル・ボン、ギュスターヴ（Gustave Le Bon）　312
レイクス、ロバート（Robert Raikes）　130–132, 141
レーニン、V・I（Vladimir Il'ich Lenin）　262, 354
ロイド・ジョージ、デイヴィッド（David Lloyd George）　182
ロウ、ロバート（Robert Lowe）　142
ロウバック、ジョン・A（John Arthur Roebuck）　152
ローウェル、A・ローレンス（Abbott Lawrence Lowell）　364, 370
ローズベリ伯爵（5th Earl of Rosebery）　→プリムローズ
ロビンズ、ライオネル（Lionel Robbins）　322, 323
ローレンス、ダン・H（Dan H. Lawrence）　232
ロング、デイヴィッド（David Long）　226, 346, 347, 349, 351, 352
ワイラー、ピーター（Peter Weiler）　98, 224
ワイルド、オスカー（Oscar Wilde）　82
ワトソン、ジェイムズ（James Watson）　152, 154

事項索引

ア行

アイルランド　31, 68, 150, 208
赤狩り　370
アナキズム　60–62, 67, 68, 100, 102, 103, 116
アメリカ　13, 16, 32, 119, 126, 136, 182, 196, 197, 199, 212, 216, 261, 269, 270, 296, 299, 301, 302, 310, 321, 362, 370
　南――　124, 128, 270, 310
アフリカ　112, 187, 215, 223, 234
　南――　182–184, 187, 208, 211, 215, 223, 225, 292
アルザス・ロレーヌ　295, 308
意識的管理・統御　17, 63–66, 190, 201, 206, 208–210, 220, 263, 264, 269, 271, 272, 291, 300, 313, 314, 361
イタリア　248, 270, 302
一般意志　347, 360
移民問題　89, 199, 203, 231, 307
印紙税廃止運動　133
インド　112, 179, 187, 264, 291, 318
ヴィクトリア朝　19, 54, 111
ウィッグ　131, 158, 159
ウォーラス（グレアム）
　出自と経歴　14, 22, 30–36, 109, 110
　キリスト教との関係（精神の危機）　22, 34
　古典古代の影響　19, 20, 24, 28, 36, 37, 52–56, 69–74, 77, 78, 81–85, 248, 249
　支持する政治的イデオロギー・政党　22, 29, 150
　ニューリベラルとの関係　22, 214, 347, 363, 365
　フェビアン協会との関係　14, 17, 20, 22, 25, 31–34, 90, 91, 178, 186, 192–196, 203–205, 220, 222, 224, 229, 232
　レインボウ・サークルとの関係　159, 160, 186, 187, 225
　「社会主義下の財産」（1898 年）　56, 59, 91, 179, 203
　『フランシス・プレイス伝』（1898 年）　15, 20, 91, 110, 117, 156, 158, 160, 165, 167, 347
　『政治における人間性』（1908 年）　13, 14, 18, 20, 22, 28, 91, 94, 165, 252, 284, 286, 290, 308, 324, 325, 339, 354, 356, 369
　『巨大社会』（1914 年）　27, 28, 165, 238, 239, 252, 256, 274, 312, 319, 339, 354, 360
　『我々の社会的遺産』（1921 年）　28, 165, 252, 284, 285, 309, 311, 325, 340, 345, 354, 363, 370
　『思考の技術』（1926 年）　28, 311, 324, 325, 354
　『社会的判断』（1934 年）　28, 311, 324, 325, 342, 354
　『人と思想』（1940 年）　28

英国中立委員会（British Neutrality Committee）　14, 185, 284, 293, 295, 298, 301, 348, 349
英仏協商　288
英露協商　288
エリート（主義）　71, 104, 269, 271–273, 281, 283, 336, 366, 368
円明園　291
オーウェン主義（者）　152, 153
オーストリア　254, 297, 302, 308
オクスフォード大学　14, 31, 109
コーパス・クリスティ・カレッジ　14, 31, 75
　ベイリオル・カレッジ　76, 224
オランダ　197, 292, 351

カ行

カール・マルクス・クラブ　→ハムステッド歴史クラブを見よ。
階級
　──社会　16–18
　──社会、──闘争をめぐる議論　38, 41, 46, 48, 58, 60–63, 67–70, 73, 81, 82, 84, 94, 96, 102, 104, 126, 127, 129, 150–154, 157, 158, 161, 227, 228, 260, 261, 275, 283, 371
カウンティ　89, 118, 122, 143–145, 168, 174, 191, 228, 282
顔見知りの社会・人間関係　238, 240, 247, 259, 280
科学　25, 26, 28, 34, 35, 39, 41, 45, 46, 53, 66, 76, 84, 93, 113, 117, 133, 148, 155–158, 162–164, 176, 237, 239, 243, 264, 267, 285, 289, 291, 313–326, 333, 353, 362, 372
　──と宗教　34, 154–156, 158, 162, 318, 319
獲得形質　→進化論を見よ。
学務委員会　14, 90, 108, 132, 141–145, 173, 174, 188, 189, 191–193, 226–229
囲い込み運動　124, 128, 134
価値判断（社会科学における）　314–324, 329–331
カナダ　292
環境（ウォーラスの理論枠組と関係する概念としての）　→心理学、人間性も見よ。240, 289, 290, 335, 339–341, 358, 359, 365
　「人間性と──」　→人間性を見よ。
関税改革　17, 25, 27, 90, 91, 178, 180, 186, 196–206, 209, 214, 221, 230, 232, 236, 368
簡素な生活　35, 241
官僚（制）　→公務員（制度）も見よ。104, 113, 185, 343, 368
議会　39, 66, 88, 94, 95, 118, 119, 122, 130, 131, 137, 146, 147, 153, 168, 265, 268, 281, 282, 298, 307
貴族政　102, 131, 371
技術教育委員会　90, 226, 228
義務　27, 29, 51, 57–59, 61, 73, 78, 79, 84, 86, 87, 124, 131, 164, 207, 209, 267, 300, 321, 347
急進主義、急進派　261, 347
　哲学的──　→ベンサム主義も見よ。66, 133, 159, 160, 176
　トーリー──　152, 154
救貧法　118, 119, 122–129, 133, 134, 138, 139, 143, 149, 153, 154, 159, 164, 168, 170, 176

教育
技術—— 50, 51, 84, 90, 143, 202, 203, 209
公—— 83–85, 87, 118, 119, 123, 129–134, 141–143, 145, 172, 209, 210, 213
公民——（civic education） 164
宗教（宗派）—— 79, 132, 142–144, 173, 188–195, 206, 213, 214, 219, 220, 227, 229, 353
教育法
技術——（1889 年） 226
初等——（フォースター法、1870 年法） 129, 132, 133, 142, 143, 173, 188, 227
バルフォア——（1902 年法） 90, 188, 193, 227, 228
ロンドン——（1903 年） 229, 233
教会 →キリスト教も見よ。80, 125, 138–140, 155, 172, 298
教区（parish） 87, 118, 122, 125–128, 136, 138–141, 145, 148, 168–170, 172, 173, 227
教区委員（churchwarden） 138, 139, 172
教区会（vestry） 139, 140, 141
教区民代表（vestrymen） 140
修道院 124, 128, 129
庶務役員（parish clerk） 139
大執事（archdeacon）裁判所 138
リーヴ（reeve） 138, 172
共産主義 54, 55, 76, 95, 103–105, 317, 354, 362
郷土愛（local patriotism, localist） 136, 137, 143–145, 163, 207
協同組合 89, 119
共同体（community, common weal）
——意識 →郷土愛も見よ。17, 25, 146, 237, 241–245, 247, 251, 285, 311, 312, 335
——の理念の特徴と問題性 19, 20, 28, 86–89, 113, 220, 221, 358–361
巨大産業（Great Industry） 65, 67, 103, 239, 258
巨大社会（Great Society）
特徴 16, 25, 237–240, 246, 247, 263, 285, 335, 372
問題 16, 17, 25, 237, 241–247, 251–254, 263, 280, 285, 307, 311, 335
ギリシア 15, 20, 69, 77, 81, 94, 103, 240, 247, 248, 283, 288, 289, 334, 341, 352
キリスト教 →教会も見よ。33, 34, 57, 75, 79, 93, 130, 170, 188, 194, 195, 214, 217–219, 230, 291
ウェズリー派 130, 141
英国国教会 19, 22, 34, 79, 128, 130, 131, 138, 141–143, 151, 188, 191, 194, 195, 227
カトリック 195, 319, 334
クエーカー教徒 130, 131, 141
広教会派 93, 194, 195
福音主義 19, 20, 22, 33, 34
ユニテリアン派 98, 297
キリスト教知識普及協会（Society for the Promotion of Christian Knowledge） 129–131, 141, 170
規律 138, 237, 253, 254, 266, 274, 277, 298, 365
ギルド（制） →社会主義も見よ。136, 137, 276, 278, 280
ギルバート法 126

義和団の乱 216, 218
クーパー・テンプル条項 188
グラマー・スクール 34, 129, 170
軍（事） 112, 213, 271, 272, 281, 289, 296–300, 302–305, 318, 349
軍国主義 182, 237, 294, 300, 349
群集心理 270, 312
計画 →意識的管理を見よ。
経験論 →科学も見よ。315
警察 118, 122, 139, 168, 198, 212, 253, 280
芸術 38, 69, 81, 82, 85, 87, 95, 107, 117, 136, 137, 145, 179, 190, 258, 261, 276, 277, 286, 314, 329, 366
決定論 →普遍的法則も見よ。21, 316, 334, 346
　普遍的——、宿命論 321, 328
　本能—— 21
　史的—— 92
限界効用論 41, 42, 59
ケンブリッジ大学 299, 301
権利 89, 102, 182, 195, 198–200, 207, 208, 213, 215, 217, 225, 279, 282, 294, 296, 297, 369
権力
　権威（authority） 73, 139, 161, 272, 321, 361, 362, 366, 367, 368
　権力（power） 68, 86, 155, 281–283, 294–296
　主権（sovereignty） 70, 225, 303, 305, 345, 351, 361
　（物理的）力、暴力、実力（force） 41, 48, 63, 161, 279, 304, 309, 361
公開講座 14, 35, 109, 110, 117, 167–169
公共
　——の利益に関連する理念（「公共善」「公的利益」「全体善」） 54, 63, 194, 220, 242, 276, 322
　——精神 71, 73, 81, 87, 106, 137, 140, 146, 267
公的正義（public right） 294, 304
公衆衛生 118, 119, 122, 134, 137, 139, 140, 148, 159, 176, 200, 213, 280
工場法 119, 122, 134, 200, 201, 204, 213
交通・通信網の発達 →コミュニケーションを見よ。
高等批評 34, 93
公務員（制度） →官僚（制）も見よ。14, 118, 119, 122, 146–148, 207, 237, 259, 268, 269, 281–283, 343, 344
公有化、公有産業 56, 64, 88, 106
　国有化、国有産業 62, 64, 80, 88, 158, 202, 203, 209, 225, 354
功利主義 →ベンサム主義も見よ。25, 74, 78, 113, 130, 141, 144, 158, 160, 217, 294, 321
合理（性） →理性も見よ。16, 160, 176, 243–245, 266, 273, 317, 326, 336, 345
　——主義 27, 315
効率（理念としての） 104, 194, 210, 212, 213, 254, 274, 276, 300, 365
国際連盟（League of Nations） 14, 301, 310, 366, 371
国民の観念 →ネイション、ナショナリティの観念を見よ。
国民協会（National Societies for the Education of the Poor in the Principles of the Established

Church) 130, 131, 141, 171
国民協会 (National Association) 153
国民的最低基準 189, 190, 200, 202–204, 212, 213, 221
国有化、国有産業 →公有化、公有産業を見よ。
個人主義 13, 40, 41, 43, 55, 66, 67, 86, 89, 102, 103, 113, 206–208, 241, 259, 336, 363, 365
国家
——干渉 (積極的統治) 102, 150, 184, 201, 202, 225, 263, 265, 270
——の廃絶 68, 116
——の用語法 62–65, 87–89, 108
(現代) 国民—— 146–148, 162, 237, 239, 240, 280, 284, 286–291, 308, 347, 360, 367
古代帝国 (ローマ〔帝国〕含む) 198, 242
主権—— 307, 309, 310
都市—— 20, 73, 81, 94, 107, 146, 237, 240, 247–249
福祉—— 159, 368
夜警—— 63
古典派経済学 28, 52–54, 66, 127, 137, 158, 159, 254, 257, 298, 321
コミュニケーション
政治的—— 21
ウォーラスの公開講座で論じられた—— 119, 122, 146–148
交通・通信網の発達—— 16, 198, 215–217, 219
マス・—— 122, 148, 237

サ行

財産権 →私有財産も見よ。55, 89
産業革命 35, 54, 67, 69, 113, 126, 128, 132–135, 163, 172, 239, 240
三国協商 288
サンディカリズム →職能団体 (理論) も見よ。237, 273, 274, 276, 279, 280
ジェイムソン侵入事件 181, 184, 224, 225
シカゴ学派 13
自然権 →権利も見よ。102, 364, 365
自然主義 74, 316, 319, 320, 321
慈善組織協会 75
自尊心 211, 259, 276, 279
自治 →地方自治 (体) も見よ。55, 65, 68–71, 147, 261, 276
帝国・民族と—— →ネイション、ナショナリティの概念も見よ。184–187, 197, 303, 305, 351, 360
七月革命 151, 152
失業問題 32
実証主義 (コント主義) 34, 60, 93, 100, 112
自発的結社 →職能団体 (理論) も見よ。88, 89, 130, 143
資本主義 28, 35, 38–41, 48, 51–54, 57, 78, 79, 87, 99, 113, 182
市民 69–71, 83–85, 87, 89, 103, 118, 122, 164, 168, 169, 192, 208, 210, 212, 213, 234, 239, 240, 247, 266, 267, 271, 280, 289, 300, 322, 361, 362

──たること、──権（citizenship）　164, 292
市民社会（欲望の体系としての）　16–18
社会主義　→資本主義、社会主義連盟、社会帝国主義、社会民主連合、集団主義、フェビアン協会、マルクス主義も見よ。14, 15, 17, 22, 24, 30–32, 35, 37–41, 43, 48, 55–57, 59, 60, 62, 65, 67, 73, 86–92, 95, 100, 101, 103, 104, 109, 113–116, 135, 150, 152, 158, 159, 162, 163, 177, 179, 180, 182, 187, 189, 201–203, 206–208, 210, 213, 221, 223, 237, 256, 261, 295, 311, 314, 317, 362
　ギルド──　→職能団体（理論）も見よ。273, 274, 279, 281
　──と革命　38–41, 43, 46, 48, 58, 92, 94–97, 117, 150, 252, 254, 262, 321, 354
　国際──　200, 231
　──の復活　32
　労働者階級の独占　40, 43
　フェビアン──　25, 30, 178, 182, 206, 210, 236, 242, 257, 336, 368
社会主義連盟（Socialist League）　32, 38, 39, 95, 113
社会有機体　→ホーミズムも見よ。63–65, 79, 80, 83, 88, 102, 113, 114, 148, 332, 360, 368
社会帝国主義　→帝国主義を見よ。
社会的
　──動機（social motive）　268, 312, 313, 361
　──富　43
　──な観念（social idea）　→利他（主義）も見よ。80, 81
社会民主連合（Social Democratic Federation）　32, 38, 39, 113
自由　22, 66–69, 74–76, 82, 89, 102, 116, 124, 132, 134, 146, 147, 186, 191, 207, 210, 211, 219, 225, 234, 254, 264–267, 271, 272, 274, 276, 294, 298, 299, 303, 308, 313, 324, 334, 336, 349, 351, 361–367, 370, 371
　──意志　21, 158, 312, 355, 356
習慣　84, 85, 133, 245, 246, 249–251, 253, 254, 312, 319, 339–341
私有財産　財産権も見よ。52, 54, 55, 60, 72
自由主義　→自由帝国主義、自由放任（主義）、ニューリベラルも見よ。21–23, 28, 29, 31, 66, 101, 108, 112, 181, 186, 201, 206, 207, 209, 222, 225, 237, 244, 284, 286, 294
集団理論　→職能団体（理論）、政治的多元主義も見よ。18, 21
集団主義（Collectivism）　→社会主義、フェビアン協会も見よ。39, 40, 56, 60, 62, 90, 108, 204, 210, 214
自由帝国主義　→帝国主義を見よ。
自由党　22, 29, 31, 32, 48, 132, 150, 159, 162, 174, 181, 182, 184, 189, 225, 232, 293
自由貿易　153, 179, 196–205, 207, 209, 210, 213, 214, 230–233, 286
自由放任（主義）　13, 16, 17, 19, 20, 23, 24, 28, 54, 63, 86, 112–114, 150, 159, 201, 206, 209, 237, 244, 254, 291, 316, 336, 363
主知主義（intellectualism）　→合理性も見よ。27, 243, 339
首都運営法（Metropolitan Local Management Act）　140
首都工務局（Metropolitan Board of Works）　140
小英国主義　181, 225
荘園　118, 122–125, 128, 134, 138, 139, 141
職能団体（理論）　→自発的結社、集団理論、政治的多元主義も見よ。237, 274–283, 345, 360
進化（論）　→ダーウィニズムも見よ。33, 35, 65, 66, 93, 110, 112, 114, 119, 166, 245–248, 250, 251, 289, 290, 316, 338, 341, 359
　獲得形質　245, 247, 250, 251, 253, 255, 259, 260, 262, 338

生得的資質　245, 250, 251, 255, 259, 260, 262
定向（的）進化　245, 247, 361
突然変異説　338
人種（race）　185, 187, 208, 211, 213, 215–218, 221, 225, 231, 252, 285, 287, 289, 291, 292, 296, 298, 303, 309, 314
新生活同志会（Fellowship of the New Life）　32
人道性（humanity）、人道主義（humanitarianism）　→人類性を見よ。
進歩（観）　65, 69, 82, 97, 102, 111–113, 117, 161, 166, 186, 187, 225, 245, 248, 272, 296, 318, 321, 324, 339, 364
進歩派（Progressives）　160, 176, 260
人民憲章（People's Charter）　152–154, 158, 161
心理学　→人間性、環境も見よ。
ウォーラスにおける——　13–15, 243, 253, 255, 256, 259, 260, 289, 315, 316, 319, 325, 327, 331, 338, 352, 353, 355, 365, 367–369
ジェイムズにおける——　21, 245, 246, 326, 339, 355, 356
政治——　15 , 316
人類性（humanity）　60, 79, 217, 284, 289
心霊研究　33, 34, 93
スイス　234, 352, 371
数量化（quantification）　22, 29, 328–330, 354
スカンジナビア諸国　352
スチュアート朝　136
ストライキ　153, 252, 256, 274, 279
ボストン警官——　370
マッチ女工——　32, 33
ロンドン・ドック——　32
スペイン　248, 270, 275
スピーナムランド法　127
生得的資質　→進化（論）を見よ。
政治心理学　→心理学を見よ。
政治的多元主義　→集団理論、職能団体（理論）も見よ。21, 345
政党（政治）　22, 116, 147, 150, 151, 155, 156, 158, 159, 161, 174, 176, 265, 266, 268, 275, 343
世界市民主義　→人類性も見よ。292
世界政治（World Politics）　215, 240, 244, 264, 292
世界大戦　14, 16, 17, 179, 185, 221, 222, 238, 242, 252, 254, 257, 274, 284–286, 293, 294, 297, 301, 302, 306, 308, 314, 315, 318, 319, 323, 331, 362, 363
世界倫理　→倫理を見よ。
セツルメント運動　75
世論　147, 263, 270, 272, 275, 302–304
選挙（制度）
国民投票制　371
——法改正　16, 102, 110, 117, 132, 149, 151, 152, 154, 158, 161
秘密投票制　268, 273

比例代表制　268, 273
全国憲章協会（National Charter Association）　153
全国労働者階級同盟（The National Union of the Working Classes）　161
漸進主義（gradualism）　37, 40, 150
「浸透」（permeation）　48, 150, 151, 156, 162, 174, 222
専制　→独裁も見よ。73, 113, 157, 270–272, 362
多数者の――　67, 68, 363
専門家　15, 148, 265, 269–271, 273, 282, 307, 313, 362
――主義（professionalism）　→職能団体（理論）も見よ。274
相互奉仕と相互感謝　259, 366, 368
相対主義　→文化相対主義を見よ。
ソ連　→ロシアを見よ。

タ行

ダーウィニズム　→進化（論）も見よ。33, 76, 245, 247, 251, 255, 266, 290, 317, 338, 341
社会――　65, 66, 160, 289, 291
大衆社会　16–18, 27
大衆民主主義　→民主主義を見よ。
大不況　32
団結禁止法撤廃運動　110, 149, 157
地区工務局（District Board of Works）　140
血の日曜日事件　32
地方自治（体）　61, 108, 113, 119, 122, 127, 137, 139–141, 143, 144, 148, 170, 174, 188, 190–193, 206, 208, 226, 227, 229, 237, 268
――と国家、中央政府との関係　64, 88, 136, 137, 146, 162, 163, 290
地方自治行政院（Local Government Board）　127, 170
地方自治法（1888年）　188, 268
チャーティスト運動　117, 149, 151–154, 156, 158, 347
中国　187, 198, 199, 215, 216, 223, 270, 291
中世都市　136, 137, 164, 248, 280
チューダー朝　125, 136, 139
調和の理念　16, 85, 241, 247–249, 254, 275, 296, 322, 327, 332–336
帝国主義　16, 178, 181–187, 196, 203, 206–208, 210, 214, 216, 221, 224–226, 264, 288, 291, 292, 347, 348, 359
社会――　196, 348
自由――　182, 196, 197, 212, 222–224, 226, 348
出来高払い制度　142
ドイツ　16, 32, 112, 182, 196, 199, 212, 216, 237, 252, 254, 274, 288, 289, 293–297, 300, 302, 308, 310, 318, 349, 365
ドイツ社会民主主義　37, 97
統一党　182, 188, 189
討論　→コミュニケーションを見よ。

トーリー　158, 159
——急進派　→急進主義を見よ。
独裁　→専制も見よ。253, 270, 272, 362
独立労働党（Independent Labour Party）　156, 174
都市改革法（Municipal Reform Act）　137, 159, 176
都市自治体法（Municipal Corporation Act）（1835 年）　172
図書館設立運動　133
都市国家　→国家を見よ。
トランスヴァール共和国　→南アフリカを見よ。
トルコ　285

ナ行

内外学校協会（the British and Foreign School Society）　130, 131, 141, 143, 149, 171, 176
内閣　268, 299, 322
ナショナリズム　→ネイション、ナショナリティの観念も見よ。213, 301, 359
日曜学校　130, 131, 141
日本　27, 216, 218, 289, 302, 368
ニューカースル委員会　142
ニューカースル綱領　150
ニューリベラリズム（New Liberalism）　22, 184, 186, 214, 224, 226, 347, 360, 363, 365, 368
人間性（human nature）　→心理学、環境も見よ。54–56, 71, 74, 77, 86, 87, 112, 243, 245–247, 249–251, 255, 273, 289, 312, 316, 319, 335, 336, 339, 341, 365
「——と環境」　21, 26, 245–251, 315, 335, 367
ネイション、ナショナリティの観念（国民意識の形成、〔理念としての〕国民的運動、民族性、民族自決）　→自治も見よ。151–154, 158, 183, 207, 208, 210, 221, 255, 256, 284, 290, 292, 308–310, 351

ハ行

ハーヴァード大学　299, 340, 370
ハーグ　302
——平和会議　310
——仲裁裁判所　307
バーミンガム政治同盟　152
陪審制度　267
ハムステッド歴史クラブ　32, 35, 92, 97, 116
バルカン諸国　308, 347, 352
バルフォア教育法　→教育法を見よ。
ハンガリー　270
平等　17, 21, 22, 25, 52, 55, 57, 72, 73, 102, 132, 179, 180, 192, 218, 221, 222, 236, 237, 242, 254, 256, 257, 260–263, 265, 266, 275, 279, 287, 336, 363, 366–368
「巨大社会」における——の位置づけ　254–257, 259–265

　公正な取り分　51, 52, 54, 56–59, 61
　諸国家の——　287, 309, 310
　——と自由　363
非合理性　13, 16, 112, 266, 316, 322
貧困問題　16, 23, 24, 35, 51, 54, 56, 61, 124, 125, 135, 179, 208
ファシズム　270, 272
フェビアン協会　14, 17, 20, 22, 25, 30–35, 90, 91, 93, 108, 116, 150, 151, 154, 156, 162, 164, 178–182, 189, 192, 203, 204, 206, 207, 213, 220–225, 229, 233, 301, 312, 347
不可知論　22, 33, 34, 57, 194
福祉国家　→国家を見よ。
仏教　→宗教も見よ。58, 217–219
普遍的法則　→科学も見よ。319–322, 324, 328, 333
ブライス・グループ　14, 284, 301–306, 309, 348, 350, 351
プラグマティズム　353
フランス　126, 127, 151, 152, 288, 292, 302, 308
　——革命　93, 113, 127, 131–135, 158, 172
フランドル　248
浮浪者取締法（Vagrancy Acts）　124
文化相対主義　187, 291, 348
文明　→文化相対主義も見よ。15, 18, 69, 71, 82, 84, 94, 104, 111, 112, 133, 166, 183, 185–187, 199, 200, 210–212, 234, 240, 248, 252, 253, 256, 259, 264, 285, 286, 291, 295, 297, 307, 318, 361
平和強制連盟（The League to Enforce Peace）　301
ベドフォード討論協会（Bedford Debating Society）　98, 101
ベルギー　293–296, 308, 318, 351
ペルシア　291, 296
偏差（variation）　21, 218, 255, 256, 259–261, 272, 273, 290, 292, 328, 341, 365
ベンサム主義　→急進主義も見よ。17, 19, 20, 25, 66, 111, 112, 164, 237, 243, 316, 319, 338, 364, 365
法の支配　294, 295, 349
ボーア戦争　→南アフリカも見よ。17, 25, 27, 178–185, 187, 188, 206, 207, 209, 218, 223–225, 236, 242, 252, 284, 288, 308, 368
封建制　113, 114, 123, 135
ホーミズム（hormism）　332
ポーランド　270, 308
保護貿易　→関税改革を見よ。
保守党　32, 159, 232
ポリス　→国家を見よ。
本能　→人間性、非合理性も見よ。16, 21, 74, 82, 218, 246–248, 270, 273, 285, 299, 310, 312, 316, 317, 331, 332, 339, 340, 366

マ行

マクドネル委員会　14, 282
マス・コミュニケーション　→コミュニケーションを見よ。

マッチ女工ストライキ　→ストライキを見よ。
マルクス主義　→マルクスも見よ。24, 37–46, 48, 51, 57, 66, 92, 94, 96, 97, 99, 116, 117, 167, 321, 359
マンチェスター学派　201, 204
民主管理同盟（the Union of the Democratic Control）　294, 295
民主主義　14, 16, 26, 86, 104, 113, 116, 119, 122, 132, 140, 141, 371–373
　ウォーラスにおける――の意義　71–74, 179, 180, 221, 262, 263
　ウォーラスのみる英国での――発展の歴史とそれへの評価　142–169
　産業――　67
　社会――　21, 37, 56, 61–69, 73, 77, 87, 89, 97, 100, 102, 104, 113, 116, 257, 263, 264, 275
　大衆――　13, 16, 17, 21, 23, 263, 265
　代議制――　55, 64, 65, 67, 252, 262–283, 362, 367, 368
　直接――　104, 371
　――と教育　132, 189, 210, 261
　――と戦争　294–300, 306
　――と中流階級　72, 73, 151–154, 252–254
　――の抱える問題　66–71, 102, 147, 148, 237, 278, 279
民族の観念　→ネイション、ナショナリティの観念を見よ。
門戸開放　198, 199, 305

ヤ行・ラ行

夜警国家　→国家を見よ。
唯物論（materialism）　94, 97, 166, 194, 195, 219, 316, 320
優生学　245, 255, 290, 291, 341
ユートピア　→歴史観も見よ。115, 270, 344
善き生　28, 36, 72–74, 77, 78, 85–87, 94, 189, 237, 244, 279, 364
理性　→合理（性）も見よ。33, 65, 85, 160, 161, 244, 265–267, 270, 272, 300, 325–327, 331–334
　道具的――　314, 323, 324, 331
理想主義（Idealism, idealist school）　74–76, 105, 106, 315–318, 346
利他（主義）（altruism）　13, 17, 24, 58, 60, 61, 77–87, 311, 312, 361
猟官制　269
倫理　→善き生も見よ。15, 19, 20, 24, 28, 36, 37, 40, 51, 56, 57, 60, 86, 92, 106, 163, 164, 177, 180, 198, 214–219, 230, 240, 292, 316
　――論（初期ウォーラスにおける）　74–85
　世界――　214–220, 240
レインボウ・サークル　160, 184, 186, 224, 225
歴史観（歴史認識）　94, 97, 109–117, 135, 149, 160, 162, 163, 166, 247, 317, 319, 320, 336, 358, 359, 361
連帯（solidarity）　26, 213, 214, 242, 287, 298
レント（論）　47–52, 54–62, 66, 86, 88, 96–99, 182, 198, 256, 257, 279
労働組合　→職能団体（理論）も見よ。49–51, 89, 104, 110, 119, 152, 157, 208, 237, 252, 259, 274, 276, 281, 322, 371
労働党　22, 29, 204, 232, 261
連邦　185, 287, 291, 297, 304–308, 310, 351, 359, 360

英国——（British Commonwealth）　211
世界——（Federation of the World）　183, 211, 301
地球——（Federation of the Globe）　292, 293
帝国——（Imperial Federation）　183, 207, 211
ヨーロッパ——（European Federation）　304
——共同体派（the party of the federatic commune）　62
ロシア　199, 212, 216, 234, 252, 254, 262, 270, 302, 321, 354
ロンドン・カウンティ参事会（LCC）　14, 140, 192, 193, 281
ロンドン大学経済学政治学学校（LSE）　14, 97, 110, 168, 169, 193, 221, 308, 322, 370, 373

参考文献・引用文献

ここでは本書で触れた文献を中心に紹介する。ウォーラス文献目録については、M. J. Wiener, *Between Two Worlds*, pp. 217–21 も参照されたい。

一次資料

［ウォーラスによるもの］

投書・講演・論説

以下はウォーラスが執筆したか彼の講演がレポートされたテキストである。W. P. の記載があるものはロンドン大学経済学政治学学校（LSE）の付属図書館（BLPES）のウォーラス文書（Wallas Papers. 以下 W. P. と略記）に収納されている。その頁番号は特に注意がないかぎり W. P. として付された頁番号である。

なお、ウォーラス文書は娘のメイ・ウォーラスが整理を中途まで行ったのち、永らく未整理だったようである。2000 年夏から秋にかけて筆者が初めて BLPES でウォーラス文書の調査を行った際、資料の収納先が File の場合と Box の場合とで分かれていたのはおそらくそのためである。その当時は、十分に行き届いたカタログもなく、同じファイル番号の資料が二種類存在して求める資料がなかなか見つからない場合もあった。

このような状態は、しかし、2001 年から 2002 年にかけての BLPES のアーキヴィストの多大な努力によって大きく改善された。現在では、BLPES Archives のウェブ・サイト上でウォーラス文書のカタログを参照することができる。その際、文書の一部も再整理された。筆者が 2000 年に BLPES のウォーラス文書で参照した一部の資料も、メイ・ウォーラスと縁のあるケンブリッジ大学ニューナム・カレッジに移管され、やはりニューナム・カレッジ図書館のウェブ・サイトでカタログを参照できる。

本書の刊行にあたって、筆者は、2010 年から 2013 年にかけての調査でもう一度 LSE のウォーラス文書およびケンブリッジ大学ニューナム・カレッジ図書館ウォーラス家文書（Wallas Family Papers. 以下、W. F. P と略記）と利用した資料とを対照し、本書では基本的に新しいファイル番号で統一している。しかし、一部、所在不明の資料もあった。それらについては、以下の参考文献表で断ってある。

'Education' (1886), W. P. File 6/1, pp. 1–38.

'On Tithe' (1886), W. P. File 6/1, pp. 204–39.

'Personal Duty under the Present System' in *The Practical Socialist*, Vol. 1, No. 7 (July, 1886), pp. 118–20; Vol. 1, No. 8 (Aug., 1886), pp. 124–5.

An untitled lecture (undated), W. P. File 7/5, pp. 32–55.

おそらく 1886 年 11 月 10 日に発表されたアリストテレスの『政治学』に関する講演のための原稿（日付については拙稿「グレアム・ウォーラスはアリストテレスをどう読んだか」〔「成

蹊大学法学政治学研究」第24号、2001年〕、80–1頁を参照せよ)。便宜のため Lecture on Aristotle とする。なお、W. P. としての頁番号は記されていないので頁番号はウォーラス自身によるものである。

An untitled lecture (undated), W. P. File 6/13, pp. 240–56.

講演の場所・時期についての記載はないが、講演の内容からおそらく1887年か1888年のものと思われる芸術論についての講演。日付の特定については、第一章註(133)を参照のこと。便宜のために On Art とする。

'Aristotle on Wealth and Property' in *To-Day*, Vol. 10, No. 56 (July, 1888), pp. 16–20; Vol. 10, No. 57 (Aug., 1888), pp. 49–53.

'The Chartist Movement' in *Our Corner*, Vol. 12, No. 2 (Aug., 1888), pp. 111–8; Vol. 12, No. 3 (Sep., 1888), pp. 129–40.

'Property under Socialism' in *Fabian Essays* (London, 1948), pp. 123–39.

初版は1889年出版。

'An Economic Eirenicon' in *To-Day*, Vol. 11, No. 64 (March, 1889), pp. 80–6.

'The Morals of Interests' (May, 1889), W. P. File 6/13, pp. 194 (actually 193) –202.

ウォーラス文書として、194頁の頁番号が誤って二回ナンバリングされている。実際には193頁にあたる頁番号を参照する場合にはその旨を記載してある。

An untitled lecture (undated), W. P. File 6/1, pp. 2–23.

ストップフォード・ブルック主宰のベドフォード討論協会で講演されたもの。'That as long as land and capital subject to private monopoly the reward of the individual worker will not permanently increase' という長い題名が付されているが、便宜のために Wages and Rents とする。2000年の調査時には鉛筆で「1880年代後半?」の記載があったが、2012年の調査ではその記載は見当たらなかった。但し、BLPES のカタログでは1889年とされている。

An untitled lecture (undated), W. P. File 6/1, pp. 259–80.

Wages and Rents と同様、ベドフォード討論協会で使用されたもの。ウォーラスが自らを社会主義者と名乗っていることから時期はおそらく1880年代後半か90年代前半である。便宜のために Defence of Socialism とする。

'The Story of Eleven Days' in *Fortnightly Review*, Vol. 52 (1892), pp. 767–79.

'The Conditions of Self-Government' reported in *Fabian News*, Vol. 2, No. 2 (April, 1892), p. 5.

'The Coming School Board Election' reported in *Fabian News*, Vol. 4, No. 2 (April, 1894), p. 6.

'The Issues of the County Council Elections' in *Fabian News*, Vol. 5, No. 1 (March, 1895), p. 1.

'The Issues of the School Board Election' reported in *Fabian News*, Vol. 7, No. 9 (Nov., 1897), p. 33.

'The English Radicals' in *The Speaker*, Vol. 1, No. 3 (Oct. 21, 1899), pp. 68–9.

'The English Utilitarians' in *The Speaker*, Vol. 3, No. 74 (March 2, 1901), p. 600.

'The Local Authority for Secondary Education' in *The Speaker*, Vol. 3, No. 76 (March 16, 1901), pp. 651–3.

'Religion and Empire' in *The Inquirer* (29th June, 1901), pp. 409–10.

'Decay of Liberalism' (Oct., 1901), W. P. File 6/7, pp. 284–97.

おそらく、サウス・プレイス倫理協会で行われたウォーラスの講演のための覚え書き。

'The Control of Education in London' (1903), BLPES Archives, Coll Misc 0162.

'The American Analogy' in *The Independent Review*, Vol. 1 (1903), pp. 505–16.
'A Short Report of the Speech of Mr. Graham Wallas at the Meeting in the Shoreditch Town Hall' in *Shoreditch Observer* (30th Jan., 1904), W. P. File2/2, p. 46.
'"Ad Hoc" or not?: The Agitation for a New Educational Body in London' in *The Daily Chronicle* (23rd July, 1906), p. 4.
'A Revolution in Education' in *The Nation*, Vol. 5 (1909), pp. 520–1.
'The Future of Cowper-Templeism', in *The Nation*, Vol. 5 (24 July, 1909), pp. 597–8.
'Psychology of Propaganda' reported in *Fabian News*, Vol. 23, No. 4 (March, 1912), pp. 27–8.
'Mr. Graham Wallas on Syndicalism' reported in *The Sociological Review*, Vol. 5 (April, 1912), pp. 247–50, 256–7.
'Social Motive' reported in *Fabian News*, Vol. 24, No. 6 (May, 1913), pp. 42–3.
'Parliament and the Report on the Civil Service' in *The New Statesman*, Vol. 3 (April, 1914), pp. 71–3.
'Revolutions Followed by War' in *The Manchester Guardian* (Aug., 1, 1914).
2000年の調査ではW. P. Box 39に収納されていたが、現段階では所在不明。
'United States of Europe' in *The New Republic*, Vol. 1, No. 9 (Jan., 1915), p. 24.
'Memorandum by Mr. Graham Wallas [For the Bryce Group]' (Feb., 1915), W. P. File 4/5.
'Mr. Graham Wallas's Notes [for the Discussion at the Bryce Group]' (March, 1915?), W. P. File 4/5.
'Oxford and English Political Thought' in *The Nation*, Vol. 7 (May, 1915), pp. 227–8.
'English Teacher's Organisations' in *The New Statesman*, Vol. 5 (Sep., 1915), pp. 586–7.
'Democracy and the Dangers of Reaction' in *The Christian Commonwealth* (Nov., 1916), pp. 74, 80.
'The Eastern Question' in *The New Republic*, Vol. 9 (27 Jan., 1917), pp. 348–9.
'Acquisitive Society' in *The Nation and the Athenaeum*, Vol. 29 (June, 1921), p. 401.
'The Limits to Political Democracy' (Oct., 1921), W. P. File 6/9, p. 40 v.
これは、1921年10月から11月にかけて 'The Limitations of Social Democracy' と題されてフェビアン協会で行われた連続講演におけるウォーラス担当部分のシラバスである。
'Conditions of Organised Purpose' (A Report of the Lecture to the Institute of Public Administration) (Nov. 9, 1922), W. P. File 2/7, pp. 3–20.
なお、頁数はウォーラス文書としてのものではなく、オリジナルにもとづく。
'How Karl Marx was found wanting' in *The Morning Post* (Jan. 1st, 1923), p. 3.
'The R. P. A. Annual Dinner and Reunion' in *The Literary Guide* (July, 1926), pp. 126–7 (W. P. File 2/9, p. 188–9).
'Authority in Politics' in *The Nation and Athenaeum*, Vol. 40 (Nov. 6, 1926), pp. 171–2.
'Government' in *Public Administration*, Vol. 6 (Jan., 1928), pp. 3–15.
'The Annual Dinner and Re-Union of the Rationalist Press Association' in *The Literary Guide* (July, 1928), pp. 119–21.
'Local Officials and the Municipal Reforms: An Urgent Need' in *The Local Government News*, Vol. 6, No. 2 (Feb., 1929), p. 18.
'Ends and Means' (undated), W. P. File 2/11, pp. 46–54.
日付は不明だが、おそらく次に示すフェビアン協会での講演のために準備されたと思われるメモ書きの原稿。現存しているのは一部のみで後半は失われている。

'Ends and Means in Democracy' reported in ***Fabian News***, Vol. 41, No. 12 (Dec., 1930), pp. 45–6.
'L. T. Hobhouse' in *New Statesmen and Nation*, Vol. 1 (25th April, 1931), pp. 326–8.
'From a Speech by Professor Graham Wallas, D. Litt., at Morley College on November 14th, 1931' (Nov., 1931), W. P. File 2/11, p. 55.

ウォーラス関連の手紙類（差出人・宛先がメイ・ウォーラスのものも含む）

Graham Wallas to E. R. Pease (Sep. 5, 1900), BLPES Archives, Fabian Society/A/9/2.
Sidney Webb to Graham Wallas (Sep. 6, 1900), W. P. File 1/25.
Graham Wallas to E. R. Pease (March 13, 1903 (?)), BLPES Archives, Fabian Society/A/9/2.
　なお、日付の特定については、第三章の註（40）を参照されたい。
Graham Wallas to E. R. Pease (Oct. 23, 1903), BLPES Archives, Fabian Society/A/9/2.
Graham Wallas to E. R. Pease (Jan. 21, 1904), BLPES Archives, Fabian Society/A/9/2.
Earnest Barker to Graham Wallas (July 15, 1914), W. P. File 1/57.
Graham Wallas to Y. G. R. Larsson (Oct. 11, 1914), W. P. File 1/88.
Graham Wallas to Y. G. R. Larsson (Nov. 11, 1914), W. P. File 1/88.
G. L. Dickinson to Graham Wallas (undated), W. P. File 4/5.
　'Draft Circular' と題されており、恐らく、ディッキンソンがブライス・グループを立ち上げるために回覧した手紙。
Herbert Samuel to Graham Wallas (Oct. 13, 1916), W. P. File 1/88.
Graham Wallas to *The Manchester Guardian* (Oct. 19, 1916) and to *The Daily News* (Oct. 20, 1916).
　どちらもラッセルの講演に関する投書で W. P. File 15/5 に収納されている。
Graham Wallas to Herbert Samuel (Oct. 27, 1916), W. P. File 1/88.
Graham Wallas to G. B. Shaw (1921), British Library, Shaw Papers, Add. 50553.
Graham Wallas to Gilbert Murray (April 14, 1922), W. P. File 1/93.
Graham Wallas to Gilbert Murray (April 17, 1922), W. P. File 1/93.
G. B. Shaw to Graham Wallas (Feb. 7, 1927), W. P. File 1/89.
Graham Wallas to G. B. Shaw (Feb. 13, 1927), British Library, Shaw Papers, Add. 50553.
S. K. Ratcliffe to May Wallas (Sep. 14, 1935), W. P. File 19/3.
John Muirhead to May Wallas (Sep. 20, 1936), W. P. File 19/9.
May Wallas to Gilbert Murray (June 28, 1939), W. P. File 19/3.
Herman Finer to May Wallas (July 13, 1939), W. P. File 19/3.

シラバス類

University Extension Lectures: Syllabus of a Course of Lectures on the English Citizen—Past and Present (London, 1891)
University Extension Lectures: Syllabus of a Course of Lectures on the English Citizen—Past and Present (London, 1893)
Oxford University Extension Lectures: Syllabus of a Course of Lectures on the Growth of English In-

stitutions in Town and Country or the English Citizen, Past and Present（Oxford, undated）
‖出版年は不明だが、シラバスの内容から考えて1893年前後と推測される。

University Extension Lectures: Syllabus of a Course of Lectures on the English Citizen Past and Present PartII（London, 1894）

Oxford University Extension Lectures: Syllabus of a Course of Lectures on the English Citizen, Past and Present PartIII（Oxford, undated）

University Extension Lectures under the Auspices of the American Society for the Extension of University Teaching: Syllabus of a Course of Six Lectures on English Institutions（Philadelphia, 1896）

University Extension Lectures under the Auspices of the American Society for the Extension of University Teaching: Syllabus of a Course of Six Lectures on the Story of English Towns（Philadelphia, 1896）

University Extension Lectures: Syllabus of a Course of Ten Lectures on the Evolution of Modern English Government（London, 1907）

'Civic Life and Duty'（undated）, W. P. File 6/13, pp. 69–72.
‖これは、ウォーラス自身による講義シラバスの手稿である。

講義ノート類

'The Parish'（20th Oct., 1892）, W. P. File 6/2, pp. 53–91.

'The Poor Law'（3rd Nov., 1892）, W. P. File 6/2, pp. 93–135.

'Education in England'（1st Dec., 1892）, W. P. File 6/3, pp. 136–164.

'The Parliament Part 2（Lecture 6）'（8th Nov., 1893）, W. P. File 6/3, pp. 165–85.

'The Poor Law Part 1（Lecture 7）'（15th Nov., 1893）, W. P. File 6/3, pp. 187–209.

'The Poor Law Part 2（Lecture 8）'（22nd Nov., 1893）, W. P. File 6/3, pp. 211–34.

'Public Elementary Education（Lecture 9）'（29th Nov., 1893）, W. P. File 6/3, pp. 236–60.

Untitled（19th Feb. to 26th March, 1900）, W. P. File 6/6, pp. 106–84.
‖これは、1900年2月19日から毎週LSEで行われた英国教育史に関するウォーラスの講義のノートであり、講義六回分がレポートされている。正式な題は付されていないが、便宜のためにOn Educationとする。

著　書

The Life of Francis Place 1771–1854（London, 1928, 4th ed.）.
‖初版は1898年出版。

Human Nature in Politics（London, 1920, 3rd ed.）.（石上良平・川口浩訳『政治における人間性』創文社、1958年）
‖初版は1908年出版。

The Great Society: A Psychological Analysis（London, 1925）.
‖初版は1914年出版。

Our Social Heritage（London, 1921）.

The Art of Thought（London, 1926）.

Social Judgment（London, 1934）.

Men and Ideas（London, 1940）.

以下は、未完に終わった『社会的判断』第二部の遺稿である。いずれも日付は不明だが、引用される資料等から判断して、1931年から1932年にかけてのものだと思われる。また、ウォーラス文書としては未整理のため、本書ではウォーラスかメイ・ウォーラスが付した頁数を示してある。

W. P. File 3/4, Box 3に収納されているもの
'Fragment (13) : The Doctrine of "Debunking" '
W. P. File 3/4, Box 4に収納されているもの
'Fragment I Introductory'
'Fragment (5) : Problem of Form of Government. Dictatorship v. Democracy'
'Fragment (5 a) : Dictatorship or Democracy. Not Consecutive'
'Fragment (6) : Eighteenth Century and Modern Conceptions of Democracy'
'Fragment (7) : Modern Conceptions of Democracy'
'Fragment (8) : Democracy and Intellectual Freedom'
'Part II The Organisation of Wisdom: Unfinished Introductory Chapter'
'GOV. III. 1.'

［他の著述家によるもの］

Auden, W. H., et al., *I Believe* (London, 1940).

Barker, Ernest, *Political Thought in England: from Herbert Spencer to the Present Day* (Oxford, 1915). (堀豊彦・杣正夫訳『イギリス政治思想IV——H. スペンサーから1914年』岩波書店、1954年)

——, 'The Study of Political Science' (1928) in *Church, State and Study* (London, 1930).

——, *Reflections on Government* (Oxford, 1942).

Beer, Max, *A History of British Socialism* (London, 1940). (大島清訳『イギリス社会主義史』全4巻、岩波書店、1968–1975年)

Bryce, James, 'Lord Bryce's Memorandum with E. Richard Cross's Notes and the Revisions made up to Jan. 19th 1915 by the Group in Conference', W. P. File 4/5.

Bryce, James, et al., *Proposals for the Prevention of Future Wars* (Feb. 15, 1915)

——, *Proposals for the Avoidance of War* (Feb. 24, 1915)

——, *Proposals for the Avoidance of War* (Aug., 1915)

Carr, E. H., *The Twenty Years' Crisis 1919–1939: An Introduction to the Study of International Relations* (Hampshire/New York, 2001). (原彬久訳『危機の二十年——理想と現実』岩波書店、2011年)

原著初版は1939年に発表されたが、本書では、マイケル・コックス (Michael Cox) が序文を付したPalgrave版を参照している。

Clarke, William (ed.), *Essays: Selected from the Writings, Literary, Political, and Religious, of Joseph Mazzini* (London, undated).

但し、大英図書館のカタログによれば、これと同一と思われる資料は1887年刊。

Collingwood, Robin George, *An Autobiography* (London, 1939). (玉井治訳『思索への旅——自伝』未來社、1981年)

Dickinson, G. L., 'Can There be a Science of Politics?' in *The Nation*, Vol. 4 (Dec., 1908).

Hobhouse, L. T., 'The Foreign Policy of Collectivism' in *The Economic Review*, Vol. 9, No. 2 (April, 1899).
——, *Democracy and Reaction* (London, 1904).
——, *Social Evolution and Political Theory* (New York, 1968).
原著は 1911 年出版。
——, (James Meadowcroft (ed.)), *Liberalism and Other Writings* (Cambridge, 1994).
Liberalism の初版は 1911 年出版。なお、この邦訳として、吉崎祥司監訳『自由主義——福祉国家への思想的転換』大月書店、2010 年。
Hobson, J. A., 'Free Trade and Foreign Policy' in *The Contemporary Review*, Vol. 74 (1898).
——, 'Socialistic Imperialism' in *The International Journal of Ethics*, Vol. 12, No. 1 (Oct., 1901).
——, 'The Restatement of Democracy' in *The Contemporary Review*, Vol. 81 (1902).
——, *Imperialism: A Study* (Michigan, 1965). (矢内原忠雄訳『帝国主義論』〔上・下〕、岩波書店、1951 年、1952 年)
初版は 1902 年だが、第三版が 1938 年に出され、これをミシガン大学出版部が 1965 年に再版している。
——, 'The Inner Meaning of Protectionism' in *The Contemporary Review*, Vol. 84 (1903).
——, 'The New Aristocracy of Mr. Wells' in *The Contemporary Review*, Vol. 89 (1906).
——, 'Ethics of Internationalism' in *The International Journal of Ethics*, Vol. 17, No. 1 (Oct., 1906).
——, 'The Qualitative Method' in *The Sociological Review*, Vol. 2, No. 3 (July, 1909).
——, *Towards International Government* (London, 1915).
James, William, *The Principles of Psychology* (London, 1950 ed.) Vol. 1.
初版は 1890 年。
——, *Psychology: Briefer Course* (New York, 1892). (今田寛訳『心理学』〔上・下〕、岩波書店、1992 年)
——, *Pragmatism* in Frederick H. Burkhardt (ed.), *The Works of William James* (Cambridge, Mass., 1975). (桝田啓三郎訳『プラグマティズム』岩波書店、1957 年)
初版は 1907 年。
Laski, Harold J., 'Mr. Wallas as Social Analyst' in *The Nation and the Athenaeum*, Vol. 29 (April, 1921).
——, *On the Study of Politics: An Inaugural Lecture* (Oxford, 1926).
——, 'Lowes Dickinson and Graham Wallas' in *The Political Quarterly*, Vol. 3, No. 4 (Oct.-Dec., 1932).
MacDonald, J. R., 'The Progressive Review' (August, 1896), Parliamentary Archives (U. K.), Papers of Herbert Louis Samuel, SAM/A/10, item (5).
Macrosty, Henry W., 'The Education Bill' in *Fabian News*, Vol. 12, No. 4 (April, 1902).
Morris, William (中橋一夫訳)『民衆の芸術』岩波書店、1953 年
—— (Krishan Kumar (ed.)), *News from Nowhere* (Cambridge, 1995 ed.). (五島茂・飯塚一郎訳『ユートピアだより』(『世界の名著 41』中央公論社、1971 年所収)
なお、最初に発表されたのは 1890 年。
—— (A. L. Morton (ed.)), *Political Writings of William Morris* (Berlin, 1973).
Murray, Gilbert, *The Foreign Policy of Sir Edward Grey: 1906–1915* (Oxford, 1915).

――, *The Way Forward: Three Articles on Liberal Policy* (London, 1917).
Olivier, Margaret (ed.), *Sydney Olivier: Letters and Selected Writings* (London, 1948).
Olivier, Sydney, 'Perverse Socialism' in *To-Day*, Vol. 6, No. 33 (Aug., 1886); Vol. 6, No. 34 (Sep., 1886).
Patten, S. N., 'Responsibility for the War' in *The New Republic*, Vol. 1, No. 2 (Nov., 1914).
Pease, E. R., *The History of the Fabian Society* (London, 1963).
‖初版は 1916 年発行。
Porritt, Edward, 'The Life of Francis Place; 1771–1854' in *The American Historical Review*, Vol. 3, No. 4 (July, 1898).
Price, L. L., 'Life of Francis Place' in *The Economic Journal*, Vol. 8, No. 30 (June, 1898).
Russell, Bertrand, *German Social Democracy: Six Lectures* (London, 1896).（河合秀和訳『ドイツ社会主義』みすず書房、1990 年）
――, 'The Ethics of War' in *The International Journal of Ethics*, Vol. 25, No. 2 (Jan., 1915).
――, 'The War and Non-Resistance: A Rejoinder to Professor Perry' in *The International Journal of Ethics*, Vol. 26, No. 1 (Oct, 1915).
――, *Power* (London/Sydney/Wellington, 1960).（東宮隆訳『バートランド・ラッセル著作集 5　権力――その歴史と心理』みすず書房、1959 年）
‖初版は 1938 年。本書では Unwin Paperback 版を使用した。
――, *The Autobiography of Bertrand Russell Volume Two 1914–1944* (London, 1971).（日高一輝訳『ラッセル自叙伝 II　1914 年 -1944 年』理想社、1971 年）
Samuel, Herbert Louis, *Liberalism: An Attempt to State the Principle and Proposals of Contemporary Liberalism in England* (London, 1902).
――, *Memoirs* (London, 1945).
Shaw, George Bernard, 'A Refutation of Anarchism', in *Our Corner*, Vol. 11, No. 5 (May, 1888); Vol. 11, No. 6 (June, 1888); Vol. 12, No. 1 (July, 1888).
―― (ed.), *Fabian Essays* (London, 1948).
‖初版は 1889 年発行。本書では Jubilee Edition を使用している。
――, *The Fabian Society: Its Early History* (Fabian Tract No. 41) (London, 1892).
――, *Report on Fabian Policy and Resolutions* (Fabian Tract No. 70) (London, 1896).
‖但し、このトラクト発刊の際にはショウの名前は付されていない。
――, 'The Transvaal Meeting: Amendment by G. Bernard Shaw' reported in *Fabian News*, Vol. 9, No. 10 (Dec., 1899).
――, 'Imperialism' (Feb. 23rd, 1900), British Library, Shaw Papers, Add. 50684.
――, 'Imperialism' reported in *Fabian News*, Vol. 10, No. 1 (March, 1900).
―― (ed.), *Fabianism and the Empire: A Manifesto by the Fabian Society* (London, 1900).
――, 'Copy of Letter from Shaw to Pease on the Proposed Fiscal Tract' (Sep. 30th, 1903), BLPES Archives, Special, Folio fHF (42) 44.
――, 'Propositions Bearing on the Fiscal Question' (Oct., 1903), British Library, Shaw Papers, Add. 50680.
――, *Fabianism and the Fiscal Question: An Alternative Policy* (Fabian Tract No. 116) (London, 1904).
‖但し、このトラクトは公刊以前に他のフェビアンからの修正を受け入れており、発刊の際にはショウの名前は付されていない。

——, 'Socialism and Superior Brains' in George Bernard Shaw, *Essays in Fabian Socialism* (London, 1932).

本論文は、もともと、1894 年に *Fortnightly Review* 誌に掲載されたが、1909 年に若干加筆されて再発表された。ここで挙げたショウの全集に再録されているのは、この 1909 年版である。

——, (Dan H. Lawrence (ed.)), *Collected Letters 1898–1910* (London, 1972).

——, (Stanley Weintraub (ed.)), *Bernard Shaw: The Diaries 1885–1897*, Vols 1, 2 (University Park/London, 1986)

Shaw, G. B. to Pease, E. R. (Jan. 22, 1904), BLPES Archives, Fabian Society A/1/1.

Wallas, Ada, 'Private pages removed from A. Wallas's diaries', W. P. Box 49.

所蔵先は 2000 年当時のもので、未整理のため、頁番号は付されていない。現在所在不明。エイダ自身の日記は、参照した箇所も含めて、W. F. P. Box 8, File 2/1/4 に見つかるが、2013 年の調査のかぎりでは、本書で参照したメイ・ウォーラスによるコピーはここにも見当たらない。

Wallas, May, 'Unfinished Biographical Notes on Graham Wallas' (undated), W. P. File 19/3.

頁数はメイ本人によるもので、ウォーラス文書として付されたものではない。おそらく当初 *Men and Ideas* の序章として意図されていた（そのことは、pp. 39–41 から窺うことができる）。この草稿には、本書で参照したのと異なる版もあり、それは W. F. P. Box 21, File 4/3/2 に収納されている。

Webb, Beatrice, 'What I have learnt about Russia' in *The Listener*, Vol. 8, No. 194 (28 Sep., 1932).

——, (Norman and Jeanne MacKenzie (ed.)), *The Diary of Beatrice Webb: All The Good Things of Life* (London, 1986), Vol. 2.

—— (Barbara Drake and Margaret I. Cole (ed.)), *Our Partnership* (Cambridge, 1975).

Webb, Sidney, 'The Economics of a Positivist Community' in *The Practical Socialist*, Vol. 1, No. 2 (Feb., 1886).

——, 'What Socialism Means; A Call to the Unconverted' in *The Practical Socialist*, Vol. 1, No. 6 (June, 1886).

——, 'The Rate of Interest and the Laws of Distribution' in *The Quarterly Journal of Economics*, Vol. 2, No. 2. (Jan., 1888).

——, 'The Rate of Interest' in *The Quarterly Journal of Economics*, Vol. 2, No. 4 (July, 1888).

——, *Socialism: True and False* (Fabian Tract No. 51) (London, 1899).

——, 'Webb Education' (1903), BLPES Archives, Coll Misc 0161.

なお、この草稿が実際に発表されたものが、'The London Education Bill, 1903: Resolutions of the Fabian Society', BLPES Archives, PP/9/1/1, pp. 54–5 になる。

——, 'A Stratified Democracy' in *Supplement to the New Commonwealth* (Nov. 28, 1919).

なお、この論説は、BLPES Archives, PP/9/1/2 に草稿とともに収納されている。

——, 'Freedom in Soviet Russia' in *The Contemporary Review*, Vol. 143 (1933).

——, et. al., *Socialism and Individualism* (London, 1908).

Webb, Sidney and Beatrice, *Industrial Democracy* (New York, 1965).（高野岩三郎監訳『産業民主制論』法政大学出版局、1969 年）

本書は、初版が 1897 年に出版され、1965 年のこの版は、1920 年版を底本としている。邦訳は、1927 年初版の邦訳を 1969 年に覆刻したもの。

——, 'What is Socialism?' in *The New Statesman*, Vol. 1 (April 12 to Sep. 6, 1913).

これは、*The New Statesman* の創刊にあたってウェッブ夫妻が 22 回に分けて発表した一連の論

説である。
——, *Soviet Communism: New Civilisation?* (London, 1936).（木村定・立木康男訳『ソヴェト・コンミュニズム——新しき文明』(一・二)、みすず書房、1952年、1953年）
本書は1937年に第二版が出版されたが、それにあたって初版に付せられていた疑問符は外された。また、邦訳は、第二版を用いつつ、1947年版の序説つき新版によって補っているが、二部構成のうちの第一部途中までの部分訳となっている。
—— (Norman MacKenzie (ed.)), *The Letters of Sidney and Beatrice Webb: Partnership 1892–1912* (Cambridge, 1978), Vol. 2.
Wicksteed, P. H., 'Das Kapital: A Criticism' in *To-Day*, Vol. 2, No. 10 (Oct., 1884).
Wilson, Charlotte M., 'Social Democracy and Anarchism' in *The Practical Socialist*, Vol. 1, No. 1 (Jan., 1884).
——and others, *What Socialism is* (Fabian Tract No. 4) (London, 1886).
なお、このトラクトの発刊時にはウィルソンらの名前は扉には付されていない。
Woolf, Leonard, 'Political Thought and the Webbs' in Margaret Cole (ed.), *The Webbs and their Work* (London, 1949).
Zimmern, Alfred, 'Democracy and the Expert' in *The Political Quarterly*, Vol. 1, No. 1 (Jan., 1930).

[フェビアン協会、レインボウ・サークルの議事録]

フェビアン協会

Executive Committee minute book, 17, November 1899—26 June 1903, BLPES Archives, Fabian Society Collection Vol. C8
Executive Committee minute book, 11 September 1903—20 July 1906, BLPES Archives, Fabian Society Collection Vol. C9.
なお、これらはBLPES Archivesのホームページからダウンロードできる。(http://www2.lse.ac.uk/library/archive/online_resources/fabianarchive/minutes.aspx)

レインボウ・サークル

Freeden, Michael (ed.), *Minutes of The Rainbow Circle 1894–1924* (London, 1989)

二次文献

Bentley, Michael, *The Liberal Mind: 1914–1929* (Cambridge, 1977).
Berlin, Isaiah, *Four Essays on Liberty* (Oxford, 1969).（小川晃一他訳『自由論』新装版、みすず書房、2000年）
Biagini, Euginio, F., *Liberty, Retrenchment and Reform: Popular Liberalism in the Age of Gladstone, 1860–1880* (Cambridge, 1992).
Bowler, Peter J., *The Invention of Progress: The Victorians and the Past* (Oxford, 1989).（岡嵜修訳『進歩の発明——ヴィクトリア時代の歴史意識』平凡社、1995年）

Brennan, E. J. T. (ed.), *Education for National Efficiency: The Contribution of Sidney and Beatrice Webb* (London, 1975).
Buchan, Norman, 'Shaw and Parliamentary Democracy: A Parliamentarian's View' in T. F. Evans (ed.), *Shaw and Politics* (Pennsylvania, 1991).
Burrow, J. W., *Evolution and Society: A Study in Victorian Social Theory* (Cambridge, 1966).
Cain, Peter, 'J. A. Hobson, Cobdenism, and the Radical Theory of Economic Imperialism, 1898–1914' in *Economic History Review*, Vol. 31, No. 4 (1978).
——, *Hobson and Imperialism* (Oxford, 2002).
Clarke, Peter, *Liberals and Social Democrats* (Cambridge, 1978).
Crick, Bernard, 'Shaw as Political Thinker, or the Dogs that did not Bark' in T. F. Evans (ed.), *Shaw and Politics* (Pennsylvania, 1991).
Dubin, Martin David, 'Toward the Concept of Collective Security: The Bryce Group's "Proposals for the Avoidance of War" 1914–1917' in *International Organisation*, Vol. 24, No. 2 (Spring, 1970).
江里口拓「自由貿易とナショナル・ミニマム――世紀転換期におけるウェッブの所説をめぐって」(「社会福祉研究」第2巻第1号、1990年)
――「ウェッブ夫妻における『国民的効率』の構想――自由貿易、ナショナル・ミニマム、LSE」(「経済学史研究」第50巻第1号、2008年)
――『福祉国家の効率と制御――ウェッブ夫妻の経済思想』昭和堂、2008年
――「協同組合からガバナンスへ――ウェッブ夫妻にみる公共圏と公共性」(大野誠編『近代イギリスと公共圏』昭和堂、2009年所収)
Freeden, Michael, *The New Liberalism: An Ideology of Social Reform* (Oxford, 1978).
——, *Liberalism Divided: A Study in British Political Thought 1914–1939* (Oxford, 1986).
藤原保信『二〇世紀の政治理論』岩波書店、1991年
Halévy, Élie (Watkin, E. I. (tr.)), *Imperialism and the Rise of Labour* (New York, 1961).
Harrison, Royden J., 'Bertrand Russell and the Webbs: an Interview' in *Russell: the Journal of Bertrand Russell Studies*, Vol. 5, Iss. 1, Article 6 (1985).
——, 'Bertrand Russell: from liberalism to socialism?' in *Russell: the Journal of Bertrand Russell Studies*, Vol. 6, Iss. 1, Article 3 (1986). (越村勲訳「バートランド・ラッセル――自由主義から社会主義へ」〔都築忠七編『イギリス社会主義思想史』三省堂、1986年所収〕)
——, *The Life and Times of Sidney and Beatrice Webb 1858–1905: The Formative Years* (Hampshire, 2000). (大前眞訳『ウェッブ夫妻の生涯と時代――1858〜1905年：生誕から共同事業の形成まで』ミネルヴァ書房、2005年)
Hobsbawm, E. J., *Labouring Men: Studies in the History of Labour* (London, 1968). (鈴木幹久・永井義雄訳『イギリス労働史研究』新装版、ミネルヴァ書房、1998年)
Hugo, Leon H., 'Britons, Boers, and Blacks: Bernard Shaw on South Africa' in T. F. Evans (ed.), *Shaw and Politics* (Pennsylvania, 1991).
Hill, Clive, *Understanding the Fabian Essays in Socialism* (*1889*) (Lampeter, 1996).
平石耕「グレーアム・ウォーラスにおける〈世界観〉としての〈科学〉――ある忘れられた思想家の忘れられた試み」(「成蹊大学法学政治学研究」第19号、1998年12月)
――「グレアム・ウォーラスはアリストテレスをどう読んだか」(「成蹊大学法学政治学研究」第24号、2001年6月)
――「初期グレアム・ウォーラスの社会主義論――アリストテレス解釈との関連を中心

として」(「政治思想研究」第2号、2002年5月)
石井健司「グレアム・ウォーラスの初期における社会主義論——1880年代におけるフェビアン協会活動」(「政経研究」第33巻1号、1996年)
——「グレアム・ウォーラスとフェビアン社会主義——フェビアン社会主義の民主主義的・漸進主義的性格との関連について」(「政経研究」第34巻第4号、1998年)
——「グレアム・ウォーラスによる伝統的政治学批判の背景」(「近畿大学法学」、第47巻第1号、1999年)
——「フェビアン協会時代のグレアム・ウォーラス」(「近畿大学法学」第50巻第1号、2002年)
亀嶋庸一『ベルンシュタイン——亡命と世紀末の思想』みすず書房、1995年
Kramnick, Isaac and Sheerman, Barry, *Harold Laski: A Life on the Left* (London, 1993).
桑原莞爾「『エドワード期』経済と関税改革論争」(桑原莞爾・井上巽・伊藤昌太編『イギリス資本主義と帝国主義世界』九州大学出版会、1990年所収)
Long, David and Peter Wilson (ed.), *Thinkers of the Twenty Years' Crisis: Inter-War Idealism Reassessed* (Oxford, 1995). (宮本盛太郎・関静雄訳『危機の20年と思想家たち——戦間期理想主義の再評価』ミネルヴァ書房、2002年)
Long, David, *Towards a New Liberal Internationalism: The International Theory of J. A. Hobson* (Cambridge, 1996).
——, 'Paternalism and the Internationalisation of Imperialism: J. A. Hobson on the International Government of the "Lower Races" ' in Long, David and Schmidt, Brian C. (ed.), *Imperialism and Internationalisation in the Discipline of International Relations* (Albany, 2005).
MacKenzie, Norman and Jeanne, *The First Fabians* (London, 1977). (土屋宏之・太田玲子・佐川勇二訳『フェビアン協会物語』ありえす書房、1984年)
前田康博「G・ウォーラス考:大規模社会の民主主義——〈政治的実体 political entity〉・〈定量化 quantification〉・〈私領域 privacy〉」(「千葉大学法学論集」第1巻第1号、1986年)
Martin, Kingsley, *Harold Laski (1893–1950) : A Biographical Memoir* (London, 1953). (山田文雄訳『ハロルド・ラスキ——社会主義者の歩み』社会思想研究会出版部、1955年)
松本佐保「マッツィーニとイギリス社会運動——一八四八年革命を中心に」(「史学」第69巻第1号、1999年8月)
松下圭一『増補版 現代政治の条件』中央公論社、1969年
Matthew, H. C. G., *The Liberal Imperialists: The Ideas and Politics of a Post-Gladstonian Élite* (Oxford, 1973).
McBriar, A. M., *Fabian Socialism and English Politics 1884–1918* (London, 1966).
名古忠行「グレアム・ウォーラスの政治思想」(「同志社法学」第41巻第5号、1990年)
——『イギリス社会民主主義の研究——ユートピアと福祉国家』法律文化社、2002年
Nicholls, David, 'Positive Liberty, 1880–1914' in *American Political Science Review*, Vo. 56, No. 1 (Mar., 1962).
西尾孝司「主知主義的人間観批判と近代政治学の形成——ウォーラス、リップマン、メリアムの啓蒙合理主義批判」(「法学新報」第80巻第6号、1973年)
岡真人「ウェッブ夫妻の社会主義像試論——第一次大戦直後の確立期における『大英社会主義国の構成』を中心に」(「社会思想史研究」第2号、1978年)

——「ウェッブ夫妻における社会主義と共産主義——確立期の『大英社会主義国の構成』と晩年期の『ソヴェト・コミュニズム』との関連について」(「一橋論叢」第 80 巻第 4 号、1978 年)

Oppenheim, Janet, *The Other World: Spiritualism and Psychical Research in England 1850–1914* (Cambridge, 1985). (和田芳久訳『英国心霊主義の抬頭——ヴィクトリア・エドワード朝時代の社会精神史』工作舎、1992 年)

大田直子『イギリス教育行政制度成立史——パートナーシップ原理の誕生』東京大学出版会、1992 年

尾崎邦博「J. A. ホブスンと直接民主主義」(「経済科学」第 54 巻第 2 号、2006 年)

Porter, Bernard, *Critics of Empire: British Radical Attitudes to Colonialism in Africa 1895–1914* (London, 1968).

Pugh, Patricia, 'Bernard Shaw, Imperialist' in T. F. Evans (ed.), *Shaw and Politics* (Pennsylvania, 1991).

Qualter, Terence H., *Graham Wallas and the Great Society* (London, 1980).

Rich, Paul, *Race and Empire in British Politics* (Cambridge, 1986).

Richter, Melvin, *The Politics of Conscience: T. H. Green and His Age* (London, 1964).

Schultz, Duane, *A History of Modern Psychology* (New York, 1981, 3rd ed.). (村田孝次訳『現代心理学の歴史』培風館、1986 年)

Semmel, Bernard, *Imperialism and Social Reform: English Social-Imperial Thought 1895–1914* (London, 1960). (野口建彦・照子訳『社会帝国主義史——イギリスの経験 1895–1914』みすず書房、1982 年)

清水幾太郎『オーギュスト・コント——社会学とは何か』岩波書店、1995 年

Soffer, Reba N., *Ethics and Society in England: The Revolution in the Social Sciences 1870–1914* (Berkeley, 1978).

Sweezy, Paul M., 'Fabian Political Economy' in *The Journal of Political Economy*, Vol. 57, No. 3 (June, 1949).

杉田敦「人間性と政治——グレアム・ウォーラスの政治理論」(上・下)(「思想」第 739 号・第 741 号、1986 年 1 月・3 月)

田口富久治『社会集団の政治機能』未來社、1969 年

田中治男「『新自由主義』研究覚書」(「成蹊法学」第 45 号、1997 年)

——「ヘーゲル・マルクス・トクヴィル——一九世紀のヨーロッパ思想が残したもの」(「創価法学」第 29 巻第 3 号、2000 年 3 月)

遠山隆淑『「ビジネス・ジェントルマン」の政治学——W・バジョットとヴィクトリア時代の代議政治』風行社、2011 年

Tsuzuki, Chushichi, *H. M. Hyndman and British Socialism* (Oxford, 1961).

Weiler, Peter, 'William Clarke: The Making and Unmaking of a Fabian Socialist' in *The Journal of British Studies*, Vol. 14, No. 1 (Nov., 1974).

——, *The New Liberalism: Liberal Social Theory in Great Britain 1889–1914* (New York/London, 1982).

Wiener, Martin J., *Between Two Worlds: The Political Thought of Graham Wallas* (Oxford, 1971).

Willey, Basil, *Darwin and Butler: Two versions of Evolution* (London, 1960). (松本啓訳『ダーウィンとバトラー——進化論と近代西欧思想』みすず書房、1979 年)

Winkler, Henry R., 'The Development of the League of Nations Idea in Great Britain, 1914–

1919' in *The Journal of Modern History*, Vol. 20, No. 2 (June, 1948).
Winsten, Stephen, *Salt and his Circle* (London, 1951).
Wolfe, Willard, *From Radicalism to Socialism: Men and Ideas in the Formation of Fabian Socialist Doctrines 1881–1889* (New Haven/London, 1975).
Wood, Alan, *Bertrand Russell: The Passionate Sceptic* (London, 1957).（碧海純一訳『バートランド・ラッセル——情熱の懐疑家』みすず書房、1963 年）
安川悦子『イギリス労働運動と社会主義——「社会主義の復活」とその時代の思想史的研究』御茶の水書房、1993 年
行安茂『トマス・ヒル・グリーン研究——その思想形成と哲学』理想社、1974 年
——『近代日本の思想家とイギリス理想主義』北樹出版、2007 年
行安茂・藤原保信編『T・H・グリーン研究』御茶の水書房、1982 年

平石 耕（ひらいし・こう）
1972年生まれ。1996年、早稲田大学政治経済学部政治学科卒業。2000年、University of Cambridge, M. Phil in Political Thought and Intellectual History 修了。2004年、成蹊大学大学院法学政治学研究科博士後期課程修了。政治学博士。早稲田大学政治経済学術院助教（2008-10年）を経て、現在、成蹊大学法学部政治学科准教授。西洋政治思想史専攻。論文に、「初期グレアム・ウォーラスの社会主義論——アリストテレス解釈との関連を中心として」（「政治思想研究」第2号、2001年）、「現代英国における『能動的シティズンシップ』の理念——D・G・グリーンとB・クリックとを中心として」（「政治思想研究」第9号、2009年）ほか。共著に、『政治の発見3　支える——連帯と再分配の政治学』（齋藤純一編著、風行社、2011年）。

グレアム・ウォーラスの思想世界
——来たるべき共同体論の構想

発行————二〇一三年三月二十五日　初版第一刷発行

定価————（本体五八〇〇円＋税）

著　者——平石 耕

発行者——西谷能英

発行所——株式会社　未來社
東京都文京区小石川三—七—二
振替〇〇一七〇—三—八七三八五
電話・(03) 3814-5521（代表）
http://www.miraisha.co.jp/
Email: info@miraisha.co.jp

印刷——精興社

製本——榎本製本

ISBN 978-4-624-30119-4 C0031

〔消費税別〕

加藤節著
同時代史考

〔政治思想講義〕ホッブズ、ロックからヘーゲル、マルクスを経て丸山、福田、サイードまで、先哲の豊かな言葉をひきつつ、現実を正義と悪に二項化する言説の支配に抗う。

二二〇〇円

加藤節編
デモクラシーとナショナリズム

〔アジアと欧米〕米・英・中の研究者を交え、多元化する世界におけるトランス・ナショナルなデモクラシーのありかたを論じる。ジョン・ダン、孫歌、亀嶋庸一、平石直昭氏ほか。

三二〇〇円

丸山眞男著
〔新装版〕現代政治の思想と行動

発表より半世紀たった現在にいたるまで繰り返し読まれ、言及され、論じられるロングセラー、著者没後十年を機に新組・新装カバー装に。「超国家主義の論理と心理」他を収録。

三八〇〇円

丸山眞男著
後衛の位置から

〔『現代政治の思想と行動』追補〕英訳版『現代政治の思想と行動』著者序文、「憲法第九条をめぐる若干の考察」、「近代日本の知識人」の三篇と、英訳版への海外の書評五篇を収載。

一五〇〇円

トマス・ホッブズ著／水田洋編訳
ホッブズの弁明／異端　転換期を読む12

巧妙に自身の主張を擁護する「ホッブズの弁明」、論争の余地を封じた「異端についての歴史的説明と、それについての処罰」。主著『リヴァイアサン』の核心が凝縮された一冊。

一八〇〇円

トマス・ヒル・グリーン著／田中浩・佐野正子訳
イギリス革命講義　転換期を読む13

〔クロムウェルの共和国〕権謀術数うずまく十七世紀イギリスにおいて、ただ宗教的情熱をたよりに改革を志した異才クロムウェル。十九世紀を代表する倫理学者が語る革命の真実。

二二〇〇円